O THÉÂTRE DU SOLEIL

Le Théâtre du soleil. Les cinquantes premières années
© Actes Sud/Théâtre du Soleil, 2014
© Editora Perspectiva / Edições Sesc São Paulo, 2017
Todos os direitos reservados

EDITORA PERSPECTIVA
Supervisão editorial
J. Guinsburg

Coordenação de texto Luiz Henrique Soares e Elen Durando
Produção Ricardo W. Neves, Sergio Kon e Lia N. Marques

Tradução J. Guinsburg
Preparação José Ignacio Mendes
Revisão Sílvia Balderama
Projeto gráfico, diagramação e capa Sergio Kon
Capa a partir da fotografia de Michèle Laurent

CIP-Brasil. Catalogação na Publicação
Sindicato Nacional dos Editores de Livros, RJ

P664t
    Picon-Vallin, Béatrice, 1946-
      Théâtre du Soleil : Os Primeiros Cinquenta Anos / Béatrice Picon-Vallin ; Tradução J. Guinsburg, Gita K. Guinsburg. – 1. ed. – São Paulo : Perspectiva : Edições Sesc São Paulo, 2017.
      368 p. : Il. ; 22 cm.

      Tradução de: Théâtre du Soleil: Les cinquante premières années
      Apêndice
      ISBN: 9788527311083 (Perspectiva)/
      ISBN: 9788594930514 (Edições Sesc São Paulo)
    1. Théâtre du Soleil – História. 2. Teatro – França – Paris – História. I. Guinsburg, J. II. Guinsburg, Gita K. III. Título.

17-42398   CDD: 792.09
                            CDU: 792.03(09)

24/07/2017 25/07/2017

Direitos reservados em língua portuguesa à
EDITORA PERSPECTIVA LTDA.
Av. Brigadeiro Luís Antônio, 3025
01401-000 São Paulo SP Brasil
Telefax: (11) 3885-8388
www.editoraperspectiva.com.br

2017

SERVIÇO SOCIAL DO COMÉRCIO
Administração Regional no Estado de São Paulo

Presidente do Conselho Regional
Abram Szajman
Diretor Regional
Danilo Santos de Miranda

Conselho Editorial
Ivan Giannini
Joel Naimayer Padula
Luiz Deoclécio Massaro Galina
Sérgio José Battistelli

Edições Sesc São Paulo
Gerente Marcos Lepiscopo
Gerente adjunta Isabel M. M. Alexandre
Coordenação editorial Francis Manzoni, Clívia Ramiro, Cristianne Lameirinha
Produção editorial Antonio Carlos Vilela
Coordenação gráfica Katia Verissimo
Produção gráfica Fabio Pinotti
Coordenação de comunicação Bruna Zarnoviec Daniel

EDIÇÕES SESC SÃO PAULO
Rua Cantagalo, 74 – 13º/14º andar
03319-000 – São Paulo SP Brasil
Tel. 55 11 2227-6500
edicoes@edicoes.sescsp.org.br
sescsp.org.br/edicoes
/edicoessescsp

BÉATRICE PICON-VALLIN

O THÉÂTRE DU SOLEIL

OS PRIMEIROS CINQUENTA ANOS

Tradução de J. GUINSBURG

edições Sesc

PERSPECTIVA

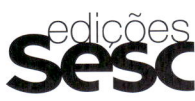

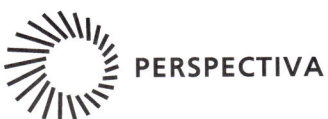

NOTA À EDIÇÃO BRASILEIRA

Logo que *Le Théâtre du Soleil – Les Cinquante premières années* foi lançado na França, a editora Perspectiva interessou-se pela sua publicação, pois tendo o teatro como um de seus temas mais acalentados, sabia tratar-se de um título de grande relevância, dadas a importância da companhia dirigida por Ariane Mnouchkine para a afirmação e o desdobramentos da cena contemporânea em nível global, e a qualificação da autora, Béatrice Picon-Vallin, hoje uma das mais notáveis estudiosas de teatro do mundo, como ressalta J. Guinsburg.

Mesmo assim, foi profundo o impacto causado pela obra quando a tivemos em mãos. Exalava os suores e os aromas, a atmosfera da companhia, em cada uma de suas páginas, com imagens marcantes que escrutinavam o processo colaborativo da trupe, sua simbiose com seu mítico espaço – a Cartoucherie –, as oficinas, o debate político. Não há dúvidas, muito de tais impressões se deve à extraordinária construção narrativa empreendida por Picon-Vallin, com um texto abrangente que aglutina história e memória, passado e presente, não de um coletivo indistinto, mas de dezenas de atores, artistas e técnicos que lhe deram forma e fama.

Para viabilizar uma edição brasileira que preservasse o impacto da original, em formato grande, colorido, com o registro fotográfico dos espetáculos visualmente impressionantes da companhia francesa, buscou-se estabelecer uma parceria entre a editora Perspectiva e as Edições Sesc São Paulo. O Sesc já havia se empenhado em trazer ao Brasil o Théâtre du Soleil em duas oportunidades: em 2007, com o espetáculo *Les Ephemères* (Os Efêmeros), e em 2011, com *Os Náufragos do Louca Esperança*, no contexto de uma experiência cultural abrangente, com apresentações acompanhadas de *workshops*, exibição de documentários, encontros com o público. Assim, configurou-se a sinergia entre o Sesc, que ao longo de sua trajetória sempre manifestou sua preocupação de aliar educação ao entretenimento por meio de ações práticas, e a Perspectiva, reconhecida pela qualidade e amplitude que caracterizam suas publicações, a fim de trazer ao público leitor as realizações daquela que é mais do que uma companhia de teatro – trata-se de um experimento social e educativo, dos mais importantes nascidos no século XX: "Um espetáculo do Théâtre du Soleil por si só é educativo", afirma Danilo Santos de Miranda, Diretor Regional do Sesc São Paulo. "Acredito que os bons espetáculos são assim, auxiliam na educação humana, colocando o ser humano numa condição de diálogo com seu tempo e seus espaços."

Não é preciso, pois, acentuar que a relevância do Théâtre du Soleil transcende em muito a cena francesa não apenas pela multinacionalidade de seus integrantes atuais. O mais longevo e bem-sucedido representante do teatro como arte colaborativa e transformadora dos que o praticam e dos que já testemunharam suas "cerimônias" – para usar um termo de Mnouchkine –, permanece em atividade até hoje, sendo por muitos considerado a principal trupe do mundo, graças aos desafios a que se propõe e às inovações que seus espetáculos levam aos teatros do planeta, causando assombro e encantamento.

Esse teatro físico, mescla de tradições ocidentais e orientais em diálogo intenso com o presente, seja reimaginando clássicos como *Tartufo* ou dando voz aos refugiados em *O Último Caranvançará*, é sempre uma jornada fantástica a um outro mundo, como afirmou The International Ibsen Award ao anunciar a premiação a Ariane Mnouchkine em 2009. Ele é, igualmente, uma ferramenta que permite aos seus integrantes não apenas enfrentar os desafios de fazer arte nesta época de crises constantes como ainda transmitir, em suas peças, nas oficinas que ministram em lugares tão díspares como Curitiba e Casablanca, em suas atividades no Camboja ou por meio deste livro, a mensagem de que o teatro é um estilo de vida, uma forma de estar no mundo, uma arma, enfrentando e expondo as manipulações alienantes, no palco ou fora dele. Assim, ao publicar *O Théâtre du Soleil – Os Primeiros Cinquenta Anos*, a editora Perspectiva e as Edições Sesc São Paulo trazem ao público de língua portuguesa, a um só tempo, o registro de que a utopia não só é necessária como horizonte, mas realizável como busca de vivência, e um convite a partilhar dessa epopeia e enfrentar o desafio proposto por uma inquietação e esperança permanentes. Que venham outros cinquenta anos!

OS EDITORES

SUMÁRIO

10   Observação e Agradecimentos

13   **DEDICADO**
           A Todos Aqueles Que Trabalharam
           e Trabalham no Théâtre du Soleil

17   **PRÓLOGO**
           Origens

47   **CAPÍTULO 1**
           Destino

77   **CAPÍTULO 2**
           A Criação Coletiva,
           Segunda Tentativa, Primeiro Esboço

117   **CAPÍTULO 3**
           O Ciclo dos Shakespeares

159   **CAPÍTULO 4**
           Um Novo Modo de Escrita Para Grandes
           Epopeias Asiáticas

187	**CAPÍTULO 5** Os *Atridas* ou A Arqueologia das Paixões
223	**CAPÍTULO 6** Onde o Soleil Agora Vai Deixar Entrar a Câmera
257	**CAPÍTULO 7** Dez Anos de Criação Coletiva Entre Cineteatro, Teatro Documentário e Epopeia Lírica
297	**VISÕES TRANSVERSAIS** Seis Dossiês Temáticos
311	**EPÍLOGO** A Galáxia do Théâtre du Soleil
	ANEXOS
330	Referências Cronológicas
333	Os Programas do Soleil: Créditos
355	Notas
363	Créditos das Fotos

OBSERVAÇÃO E AGRADECIMENTOS

As citações não referenciadas remetem a entrevistas que realizei entre outubro de 2013 e maio de 2014 em Paris, na Cartoucherie, em Moscou, por e-mail ou telefone com Jean-Claude Penchenat, Sophie Moscoso, Joséphine Derenne, Georges Bigot, Gérard Hardy, Lucia Bensasson, Guy Freixe, Liliana Andreone, Étienne Lemasson, Hélène Cixous, Maïtreyi, Erhard Stiefel, Myriam Azencot, Bernard Faivre d'Arcier, Duccio Bellugi-Vannuccini, Mauricio Celedon, Stéphane Brodt e, em junho de 2010, na Cartoucherie, com Ariane Mnouchkine, Charles-Henri Bradier e Jean-Jacques Lemêtre.

Os outros encontros estão referenciados em notas de rodapé.

Ariane Mnouchkine será muitas vezes, neste livro, chamada de Ariane, como todos a chamam, sem nenhuma formalidade. Nas notas, ela aparece sob a abreviação A.M.

Os créditos de todos os espetáculos figuram no fim do volume na forma que o Soleil lhes dá, cada vez de modo diferente. Eles constituem relatos integrais se quisermos de fato lê-los com atenção, estão recheados de informações e de poesia, testemunham a presença neste livro daqueles que cruzaram ou habitaram a vida do Théâtre du Soleil e que não pude evocar ou citar. Nessa aventura em curso durante tanto tempo, o nome dos atores evoluiu às vezes na sucessão dos espetáculos. Isso explica certas disparidades nas legendas e nas distribuições de papéis. Os dossiês de imagens agrupadas por temas devem ser consultados para completar a iconografia de cada espetáculo. Algumas fotografias são de má qualidade, porém são inéditas e têm valor de arquivo. Obrigado à BNF (Biblioteca Nacional da França), em especial a Corinne Gibello-Bernette. Agradeço a Franck Pendino, com quem naveguei com alegria num mar de imagens do Soleil, reunidas pouco a pouco junto àqueles que viveram os diferentes períodos desse teatro e, em primeiro lugar, por certo, os mais afastados, os dez primeiros anos. Agradeço a Liliana Andreone por seu apoio sem falha. Agradeço a Jean-Claude Penchenat, memória viva das pessoas e dos lugares, que me forneceu imagens e referências para o Prólogo. Agradeço a Georges Bigot por suas lembranças compartilhadas. Agradeço a Marcel Freydefont, Maurice Durozier, Georges Bonnaud e Jean-François La Bouverie. Agradeço a Sophie Moscoso, que me abriu à grande seus arquivos e me ajudou com imensa generosidade cada vez que eu estava perdida na viagem. Agradeço a Charles-Henri Bradier por suas especificações indispensáveis e seu apoio tão amigo. Agradeço, enfim, aos fotógrafos, mais particularmente à Agência Magnum (Martine Franck) e a Michèle Laurent, bem como a todos aqueles que fizeram o esforço, com o mesmo prazer contagioso, de reativar sua memória e seus arquivos, e que responderam às minhas perguntas sem fim…

B.P.-V.

DEDICADO
A TODOS AQUELES QUE TRABALHARAM E TRABALHAM NO THÉÂTRE DU SOLEIL

> Nós nos persuadimos de que uma organização corporativa bem compreendida não poderia diminuir em nada a autoridade do chefe de trupe, só se ele tivesse uma alma de estelionatário. [...] O espírito de uma trupe é, creio eu, o principal capital, e aqueles que dirigiram homens o sabem muito bem.
> CHARLES DULLIN[1]

> O teatro não é apenas um edifício com um caixa no qual se dá dinheiro para comprar uma visão [...] e depois a gente vai embora. É um lugar onde o mundo revive, se pensa e, portanto, de certo modo, se transforma. É onde as forças de transformação podem ser invocadas, compartilhadas e, portanto, espalhadas de maneira muito modesta, muito misteriosa, de maneira, penso eu, incontestável.
> ARIANE MNOUCHKINE[2]

O Théâtre du Soleil constitui, na França e no mundo, uma aventura excepcional em muitos sentidos – a duração, a qualidade, o engajamento, o questionamento permanente, a irradiação internacional. Ele não tem equivalente em parte alguma, e só podemos nos alegrar que tal teatro tenha podido se criar e existir na França, apesar de todas as dificuldades com as quais sempre esteve, e está, confrontado. E nos interrogar sobre essa longevidade em que não se percebe nenhum sinal de envelhecimento.

O título de *Les Naufragés du Fol Espoir (Aurores)* (Os Náufragos do Louca Esperança, Auroras), espetáculo do Soleil de 2010, é também

◀ Os Náufragos do Louca Esperança (Auroras). Imagem final do espetáculo. A trupe de teatro é um farol na tempestade: "Nesses dias de trevas, nós temos uma missão: [...] levar aos navios que vagam no escuro o clarão obstinado de um farol". Trecho do texto-programa (edições Théâtre du Soleil, 2010).

um autorretrato. O Louca Esperança, um cabaré de 1914, é o Soleil de 2010. A trupe de cinema mudo, que filma a última utopia de Júlio Verne, é a do Soleil. A longa história de sua "fabricação", com uma diretora bastante decidida para trabalhar onze meses ininterruptos e atores bastante cheios de paixão para manter a confiança durante esse tempo todo, mesmo quando a diretora hesita, é a história de quase todos os espetáculos do Soleil, há cinquenta anos, dos *Éphémères* (Efêmeros) e de *Tambours sur la Digue* (Tambores Sobre o Dique), mas também, remontando no tempo, a dos *Atrides* (Atridas), de *1789* ou de *L'Âge d'or* (A Era de Ouro)... Das estreias anunciadas, depois adiadas, às vezes em repetidas ocasiões. Das dívidas persistentes, apesar do sucesso. Das noites sem sono. Dos atores que põem a mão na massa – da construção do lugar ou dos cenários à cozinha. A arte como trabalho, a arte como pesquisa de novas maneiras de criar e de conviver...

A arte como risco. Uma trupe eternamente na corda bamba, financeira e efetivamente. E que se renova, em função das crises mais ou menos graves que ela deve enfrentar, como todo grupo humano, mas também de projetos, estágios, encontros que ela inicia e da abertura que ela sabe praticar.

No *Louca Esperança*, como hoje no *Macbeth*, esses atores, com os técnicos, os pilares do Escritório, toda a grande trupe solidária em sua Cartoucherie do bosque de Vincennes – província notável do País do Teatro e palácio das maravilhas – são os verdadeiros náufragos de uma louca esperança; a encarnação de uma utopia generosa, radical e radiosa, que Mnouchkine sempre procurou realizar, incrivelmente fiel a ela própria e aos sonhos de seus vinte anos. O sonho de fazer "o mais belo teatro do mundo" para um público parceiro, amplo e diversificado.

A trupe é apresentada, nesse *Louca Esperança*, como um farol na noite e na tempestade: é a imagem cênica que fecha o espetáculo, e precede a saudação coletiva final com forte intensidade emocional. Nessa última sequência, fantástica, a trupe se entrega, não como exemplo, pois há muita modéstia na sua determinação, mas pura e simplesmente à sua arte e a seus espectadores, e lhes insufla a esperança, mesmo muito tênue, de chegar por sua vez – lá onde estão, onde vivem, onde trabalham – ao rigor, à precisão, ao respeito para com o outro, ao sentido de conjunto do qual eles são prova: "não se é nada sem os outros"[3], é o segredo da representação teatral e da vida. E, para criar as cenas, precisa--se de todos – aqueles que atuam mudos, aqueles que projetam os textos representados em silêncio, aqueles que esclarecem seus colegas com demandas, aqueles que produzem os reflexos d'água, o sopro do vento, que fazem voar o pássaro-marionete (a "Gaivota" do Soleil[4]) e os flocos de neve, sacudindo os cestos cheios de finos papeizinhos brancos, aqueles que produzem a fumaça, aqueles que giram a manivela da câmera, sem esquecer aquele que faz a música e o dispositivo sonoro. Cada um atua e auxilia, sucessivamente. Tem-se aqui um superconcentrado do modo de trabalho dos atores do Soleil nos cinquenta anos de sua existência. Vejamos de novo as cenas de *A Cozinha*, de Arnold Wesker (1967), em que a ação se passa numa cozinha de restaurante na hora do *rush*, para sermos convencidos do interesse dedicado por Mnouchkine à força ao mesmo tempo produtiva e emocional do trabalho coletivo.

No *Louca Esperança*, o Théâtre du Soleil desmonta e remonta os segredos da arte teatral graças à sua visão do cinema nascente, alhures ele observou e recompôs as facetas teatrais das barracas de feira ou de seu Oriente imaginário. Ele fabrica teatro de uma maneira artesanal e um pouco mágica como tudo o que toca às sinergias humanas e, assim fazendo, ele nos transporta. No tempo e no espaço e além de nossas individualidades. Iniciado sob o signo do nomadismo necessário, o Soleil é um teatro enraizado no bosque de Vincennes, mas que arrasta atores e espectadores à viagem escolhida e que sabe ele próprio partir para longas turnês pelo mundo.

O público do Soleil cobre quatro gerações, e os "antigos" fazem festa para levar os mais jovens. Não é um teatro de repertório como nos ex-países do Leste, onde um espetáculo pode manter-se por um tempo muito longo, retomado e trabalhado periodicamente por um diretor formado para esse trabalho, e tocar assim várias gerações. O Soleil procede de outro modo, numa prática muito diferente também do sistema francês, com novos espetáculos que se repetem e se apresentam por muito tempo, depois excursionam pelo interior e pelo mundo – as turnês ajudam a viver e a continuar –, mas cada novo espetáculo traz em si mesmo, sobretudo desde que as criações do Soleil são retratadas pela câmera de Mnouchkine e por seus atores, a lembrança, a marca dos precedentes das quais ele emana, travando assim um diálogo contínuo entre eles e com o público que, rememorando-os, partilha suas experiências com os mais jovens.

Retornar às fontes daquilo que se pode chamar, sem medo de se enganar, uma obra marcante na história do teatro permitirá descobrir um percurso em que a intuição e a determinação servem de guias para uma caminhada que pode retrospectivamente parecer incrivelmente racional e pensada. Desde o início, quase tudo está lá, pois se trata de reinventar o teatro de nosso tempo, a partir do palco, do concreto, da ação, apoiando-se, conforme as descobertas, nas vozes dos grandes precursores e das autênticas tradições das artes do espetáculo que acompanharão a trupe sem jamais a limitar.

Há tanto a dizer sobre a existência do Théâtre du Soleil e dos diferentes grupos de atores que se sucederam ao redor de Ariane que este livro não poderá ser senão um reflexo. Para este retorno no tempo, eu não posso partir senão acompanhada pelas vozes daqueles que em diversos períodos cercaram Ariane Mnouchkine, e pela voz da "chefe de trupe" que fala com tanta clareza. Impossível, com efeito, abordar sozinha esse continente fervilhante. Eu convocarei essas vozes sempre que necessário, mas ainda assim aparecerão pouco, pois precisam caber nas dimensões deste livro... Em *La Ronde de nuit* (A Ronda Noturna) do Teatro Aftaab, os filhos afegãos do Soleil, diz-se que esse teatro contém os "arquivos do mundo": é verdade que, no navio ancorado no bosque de Vincennes, de onde Mnouchkine jamais desertou para criar alhures – outro traço distintivo –, tratam-se grandes problemas do mundo. O tema principal aqui é a História, uma outra maneira de considerá-la, à luz do presente, e fora de todo olhar eurocentrado.

PRÓLOGO
ORIGENS

> O teatro é a arte do outro.
> ARIANE MNOUCHKINE[1]

O Soleil é uma trupe que se estofou cada vez mais com o passar do tempo, como nenhuma outra na França e que funciona segundo regras que ela mesma se prescreveu em sua fundação, regras que perduram até hoje. Uma trupe que tem seu lugar pessoal, escolhido e restaurado pela equipe dos inícios, por seus ritos e seus métodos. Uma trupe animada pela urgência de um teatro a ser reinventado, e por uma fé: a de que "o teatro ultrapassa o teatro"[2]. Uma trupe que já tem uma lenda.

Hoje encruzilhada do mundo teatral, afamado de Viena a São Paulo e de Tóquio a Sydney, conhecido até no Afeganistão e no Camboja, o que era ele, no começo, esse Théâtre du Soleil? Ariane Mnouchkine diz muitas vezes que, nos anos sessenta, tudo era muito mais fácil do que hoje para aqueles que queriam fazer teatro juntos. Mas, se olharmos mais de perto, não foi tão simples.

"A Ásia Chega"[3]

Tudo começa em 1959, quando Martine Franck e Ariane Mnouchkine, com outros companheiros (Frances Ashley[5], Pierre Skira...), criam a Atep, Associação Teatral dos Estudantes de Paris,

> O sonho da minha infância era a viagem. Ariane Mnouchkine[4]

Os Palhaços. O Théâtre du Soleil sob o signo do circo... Verão de 1969, montagem do dispositivo no Festival de Avignon.

que se torna como que a rival do Grupo de Teatro Antigo da Sorbonne, onde Ariane não havia sido muito bem acolhida. Mas, no fundo, começa bem antes, sem dúvida nos estúdios de cinema que A. Mnouchkine, filha do produtor de cinema de origem russa Alexandre Mnouchkine, frequenta desde a infância e onde ela atua ocasionalmente (*Fanfan la Tulipe*, 1952). Acrescentemos que, do lado de sua mãe inglesa, sua família (tio e tia) está mergulhada no teatro, com o avô ator no Old Vic Company, onde atuou em peças de Shakespeare, e que ela tem por madrinha Edwige Feuillère.

A Atep, onde logo se inscreverão Jean-Claude Penchenat e Philippe Léotard, desenvolve uma atividade multidirecional: pedagogia, abertura

PRÓLOGO **ORIGENS**

para o teatro francês e estrangeiro, criação. Ariane Mnouchkine está à frente dessa associação[6] e Roger Planchon é o presidente de honra. Ela tem vinte anos, está de volta da Inglaterra, onde passou o ano de 1958-1959 fazendo, numa faculdade de Oxford, teatro universitário num grupo no qual trabalhava Ken Loach e no qual Ariane praticou muitos *métiers* do teatro. Ela se lembra de uma espécie de "amor à primeira vista" num ônibus vermelho inglês, após um ensaio de *Coriolano*: "Isso será minha vida". O trabalho de uma equipe de cinema em estúdio a fez sonhar, mas as pessoas se separam ao fim do filme. Ariane escolheu o teatro porque uma trupe pode não se separar.

Misturando as origens disciplinares dos estudantes, ela organiza a Atep segundo o modelo do teatro universitário inglês, a partir dos conselhos que lhe enviou Ken Loach, a seu pedido, numa longa carta. Ela propõe aulas noturnas com dois monitores da Educação Nacional, Charles Antonetti e M. Azaria, e Gérard Lorrin, ator da Comédie de Saint-Étienne. Pitoëff e Sartre são convidados a dar palestras. Primeiro espetáculo: *Bodas de Sangue*, de Federico García Lorca, montado por Dominique Serina, que vem da escola Dullin, apresentada no Centro Americano. Ariane cuida dos figurinos desenhados por Jacques Schmidt. Entre os atores já estavam Anne Demeyer, P. Léotard, J.-C. Penchenat e Françoise Jamet.

Depois, em junho de 1961, após um ano de preparação, A. Mnouchkine monta, para oito representações, *Gengis Khan*, de Henry Bauchau, um amigo. Através de uma personagem mítica, da conquista da China e da Pérsia, o poeta procura desvelar conflitos atuais. "Havia aí toda a China a pôr em cena", diz a jovem[7], no espaço ao ar livre das Arènes de Lutèce, ocupado por um dispositivo cênico composto de degraus e planos inclinados. Encontram-se na distribuição de papéis, entre os trinta e dois atores, uma dezena de nacionalidades, P. Léotard, Gérard Hardy, Georges Donzenac, Jean-Frédéric Brossard[8]. J.-B. Maistre, filho de A.-M. Julien, diretor do Teatro das Nações, é o autor do dispositivo. J.-C. Penchenat está na direção. Os estudantes se revezam à noite para vigiar seu material… Em 1958, A. Mnouchkine assistira a *O Bracelete de Jade* pela Ópera de Pequim no Teatro das Nações e ficara fascinada. *Gengis Khan* traz essa marca, assim como a de sua cultura cinematográfica (Pudovkin, Mizoguchi etc.). Em meio às árvores, à vegetação das Arènes e aos ruídos de Paris, ela organiza os deslocamentos dos atores, dos coros, coreografa combates e cavalgadas com estandartes brancos que, brandidos ao som dos tambores, significam o vento, ao

Gengis Khan. A primeira encenação de A. Mnouchkine (Atep) nas Arènes de Lutèce, ao ar livre, em 1961 (H. Melon e P. Léotard).

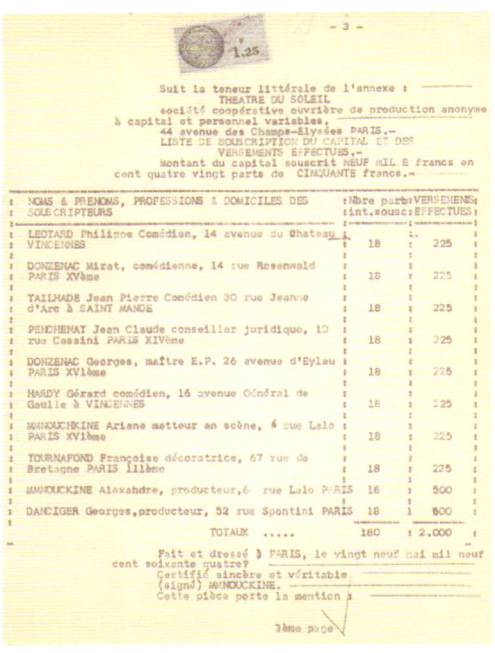

Terceira página do "pacto" da Scop com a lista dos membros fundadores.

experimentá-los sobre a maquete do dispositivo com soldados de chumbo. Françoise Tournafond, proveniente das Arts et Métiers, faz as vezes de costureira[9] e cria em alguns dias uma multidão de vestimentas rutilantes, com um estoque de cobertores americanos do Secours Populaire que ela tinge, bricolando com talento, sem dinheiro. Essa será a única encenação de Mnouchkine na Atep, que ela abandonará no fim do ano. Mas, durante a montagem de *Gengis Khan*, nascera a ideia de criar uma trupe profissional.

Os principais refrãos do futuro Soleil já são cantados em surdina: teatro popular, abertura ao internacional, atração pelo Oriente, autoformação de atores amadores (estudantes de letras, ou de ciências políticas no caso de Penchenat) que vão juntos ao teatro e, sobretudo, ao cinema. Nenhum deles, nem Hardy que vem da escola Dullin, ou Penchenat, que frequentou a escola Lecoq, tem formação em teatro. É a época do desenvolvimento do teatro universitário. No Liceu Louis-le-Grand, Patrice Chéreau enceta seu percurso. E é em 1963, em Nancy, que Jack Lang cria um grande festival de teatro universitário internacional.

Ariane trabalha no cinema como assistente de direção ou montadora, colabora (com Philippe de Broca, Daniel Boulanger e Jean-Paul Rappeneau) no roteiro de *O Homem do Rio*, lançado em 1964. Ela quer partir, ir para essa China que a atrai desde criança, mas não obtém o visto. Será então o Japão, onde permanecerá quase seis meses, e um périplo que durará cerca de quinze meses. Ela fará uma parte do caminho, passando por Tailândia, Índia, Nepal, Paquistão, Afeganistão, Irã e Turquia, com Martine Franck, que dispõe de um visto chinês. Como os grandes reformadores do início do século, Mnouchkine fica deslumbrada diante das formas coloridas, codificadas e sagradas da Ásia – o primeiro *nô* ao ar livre que ela assiste em Kobe, ao cair da tarde, à luz de braseiros, o *kabuki* em Tóquio, o grande e o pequeno (o Mokuba-Kan de Asakusa), o *bunraku* e seus grandes bonecos…

O Pacto:
A Scop: Cooperativa do Théâtre du Soleil

Para Ariane, o ano de 1963 foi de aprendizagem do ofício, no teatro e no cinema, com viagens e descobertas. Seus companheiros continuaram – estudos, serviço militar, mas também teatro: *Mon Faust*, de Paul Valéry; *Les Esprits*, de Pierre de Larivey, adaptada por Albert Camus e montada por P. Léotard na Sorbonne; *Le Petit-Maître corrigé*, de Marivaux; e *Le Retour imprévu*, de Jean-François Regnard, montadas respectivamente por Penchenat e Léotard no sul da França, no Festival da Unef e depois em Istambul[10]. Pode vir então o ato de fundar um teatro, projeto acalentado em 1961: será uma cooperativa em que atores, cenógrafo, figurinista, diretor, autor-adaptador, fotógrafo etc. poderão trabalhar em estreita colaboração, com *status* particulares, nem hierárquicos, nem especializados, que evocam a fundação da Taganka de Liubimov em Moscou, ou do Odin Teatret em Oslo no mesmo ano. Penchenat relata que esse momento, esse "vamos fazer, estamos fazendo!", lhe arrancou lágrimas de alegria. Cada um desembolsa uma parte do capital (novecentos francos) e ninguém será pago de início, salvo aqueles que serão contratados sem fazer parte da Scop. Trabalharão durante o dia para poder ensaiar ou representar à noite, das sete e meia à meia-noite ou mais. O diretor da Films Ariane, pai benevolente, participa da criação da Scop em 29 de maio de 1964 e doa até, em seu local de trabalho, um pequeno escritório que permanecerá como sede do Soleil até sua instalação na Cartoucherie.

Ato radical em 1964, que perdura até hoje e permanece exemplar. Sem dúvida, a regra não é mais a de uma igual assunção por todos do conjunto do trabalho, como no começo da companhia, em que todos têm a mesma idade e em que todo trabalho, artístico, administrativo, técnico e doméstico, é partilhado. "Eu tenho 71 anos, e o jovem Sébastien tem 19. Ele faz mais trabalho braçal do que nós, o que é bem normal", concede A. Mnouchkine, que acrescenta: "Hoje, os eletricistas são realmente eletricistas, mas quando eles têm um grande serviço a fazer, cinco atores se metem nisso também e os ajudam. De outro modo, não aguentariam". A trupe conta com atores de três ou quatro gerações diferentes, portanto a idade dispensa de certas tarefas mais penosas, cria diferenças no trabalho físico, e a especialização se desenvolveu. Charles-Henri Bradier, codiretor do Soleil desde 2009, testemunha: "O boletim da Scop já nos citou como exemplo pela longevidade e pelo sucesso de nosso funcionamento cooperativo e participativo. O essencial é a igualdade dos salários, que continua a ser defendida no seio do Soleil. Há quem se pergunte às vezes se isso continua realmente sendo justo, mas chega-se finalmente à conclusão de que é o menos ruim dos sistemas, é um fundamento primordial que garante o equilíbrio no interior da trupe, um equilíbrio entre as gerações e as datas de chegada de uns e de outros. A igualdade de salários dá, com efeito, uma responsabilidade especial àqueles que chegam diante dos que estão lá há muito tempo"[11].

Os Primeiros Espetáculos do Soleil

Voz de Jean-Claude Penchenat

Tínhamos confiança, era uma aventureira. Ela tinha um lado boêmio, despreocupado, nós a seguíamos. Ela tinha imaginação, um espírito voltado para o futuro. Tudo era possível.

Ariane escolheu de início *Os Pequenos Burgueses*, de Máximo Gorki, apresentada em novembro de 1964, na adaptação de Arthur Adamov. É, sem dúvida, a mais tchekhoviana das peças de Gorki, para ela que admira Tchékhov a ponto de inserir o fim de *O Jardim das Cerejeiras*, em sua adaptação do *Mefisto*, de Klaus Mann (quadro VI), ou de fazer a trupe trabalhar cenas de Tchékhov quando ela podia se extraviar durante a criação dos *Efêmeros*. O número dos cooperativados aumentou; é o caso de Martine Franck, convertida em fotógrafa, que se tornou membro da trupe. Representado na MJC (Maison des Jeunes et de la Culture) de Montreuil e, um ano mais tarde, em Paris devido a seu sucesso, o espetáculo será também retomado na periferia e no interior. A trupe recebe sua primeira subvenção de ajuda ao espetáculo. Depois vêm *O Capitão Fracasse* e, enfim, *A Cozinha*, que valerá ao Soleil sua consagração.

O método de trabalho se elabora por tateamentos sucessivos, mas nessa terra de França de tradição teatral textocêntrica, ele se busca resolutamente já no concreto do palco e das ações efetuadas. Ele se apoia nas ferramentas encontradas no caminho, pessoas e livros, que o ajudam a se precisar pouco a pouco. No Soleil aprende-se sem cessar.

Assim, em 1965-1966, enquanto os atores trabalham durante o dia, Ariane frequenta (irregularmente), de manhã, os cursos de Jacques Lecoq, cuja reputação é maior no exterior do que na França. Ela já havia feito, em Londres, um de seus cursos. À noite, ela retransmite a seus atores aquilo que aprendeu, pede-lhes que refaçam os exercícios, que evoluem na nova companhia e suscitam outros: em especial, o trabalho do coro, a pesquisa do equilíbrio do palco, os estudos sobre os materiais e os animais, sobre as trocas de gestos, e o exercício da "história contada", em que um recitante enceta uma história e outros, introduzidos por ele ou por vontade própria, entram em cena, pegam o fio da meada e continuam (treinamento da disponibilidade). Ela se defronta com a encenação mascarada, descobre as meias máscaras. Inicia-se nos treinamentos físicos, vocais, acrobáticos. Embora ela não goste muito da máscara neutra, os atores se recordam de tê-la trabalhado durante *A Cozinha*, bem como nos inícios da Cartoucherie. É lá que ela encontra Erhard Stiefel, hoje *maître d'art*, que se tornará o criador das máscaras do Soleil.

Os Pequenos Burgueses

Ariane quer arrastar os cooperativados para a Ardèche a fim de criar carneiros e fazer teatro. Com Philippe e Liliane Léotard, ela parte à procura de um lugar. Gérard Hardy teria a incumbência de fundar uma escola de pastoreio em Fontainebleau, mas isso permanecerá letra morta. Enérgica e convincente, a inabalável Ariane suscita confiança, todos a seguem, ela tem o espírito da aventura, o gosto pelo risco, o sentimento ardente de que tudo é possível. A preparação vai durar cinco meses – quase dois na Ardèche, em Saint-Maurice-d'Ibie, e três em Paris. Na Ardèche alugam casas, alojam-se em residências de moradores, mas cozinham juntos na casa principal emprestada pelo prefeito. Uma atriz mais velha, Martine Deriche, que atuou em *Ivanov*, na versão para a televisão de Jean Prat, de 1956, é contratada (e paga) para interpretar a mãe, mas após Ardèche abandona a trupe, e Louba Guertchikoff ingressa no grupo e toma seu lugar. Esse tipo de substituição ocorrerá com frequência daí por diante.

Organizam-se leituras em torno de Gorki. O modo de vida une o grupo. Os atores vão trabalhar não mais o texto, mas a partir do texto;

Os Pequenos Burgueses. **Da esquerda para a direita:**
G. Hardy, É. Zetlin, C. Lazarewsky, C. Merlin, P. Giuliano, L. Guertchikoff, N. Carcelli, P. Besset, P. Léotard, C. Solca, J. Sagolce, S. Kachadhourian, C. Ricard.

Mnouchkine lhes propõe um processo de improvisação, convidando-os, a partir de leituras que ela pôde fazer de Stanislavski, a procurar as motivações, as justificações dos fatos e gestos cênicos das personagens e de seu tédio de viver. Poder-se-ia dizer que eles trabalham seguindo o princípio dos estudos à russa. O treinamento é feito sob a direção de um dos fundadores do Soleil, professor de educação física, Georges Donzenac, num prado. Os figurinos são de segunda mão e o dispositivo cênico é resultado da primeira colaboração de Roberto Moscoso, imigrante italiano que fez a Rue Blanche[12], frequenta a Communauté Théâtrale dirigida por Raymond Rouleau, depois a universidade do Théâtre des Nations. Recrutado por um membro da trupe, apareceu para "dar uma mão" e permanecerá nela, integrando-se nessa "família de amigos". Ele utiliza a mobília francesa (bufê, mesa e cadeiras Henrique II, sofá e cabideiro) já adquirida por Ariane no mercado de pulgas. E estrutura o espaço por meio de tecidos e iluminação: alguns projetores, rendas, macramês, colchas com franjas, cortinas com forro de tecido patinado, para que o branco não seja alvo demais, penduradas em varas a dois metros e cinquenta de altura, fixadas em barras verticais. O conjunto, móvel, permite modificar o espaço conforme as necessidades. Ele sugere uma janela com uma luz peculiar vinda do exterior. As fotos de Martine Franck são de marcante "impregnação russa".

O Capitão Fracasse

Com *O Capitão Fracasse*, baseada em Théophile Gautier, projeto que data da Atep, trata-se de mergulhar no imaginário do teatro de tablados, dos saltimbancos, do teatro no teatro, do prazer da atuação, mas talvez, e sobretudo, da trupe. E um novo tipo de trabalho se entabula: trata-se de adaptar um romance. A leitura capítulo por capítulo é seguida de improvisações de vinte e cinco atores sobre as situações, de discussões e, depois, de uma reescrita teatral por Mnouchkine e Léotard, que assinará a adaptação final, relida e a seguir retrabalhada pelos atores. G. Donzenac treina-os nas lutas e piadas. Esse projeto ambicioso, e bastante, sem dúvida, constitui para o Soleil o primeiro contato com as figuras da *Commedia dell'Arte*, e Moscoso parte da ideia do circo, depois compõe um dispositivo teatral que pode evocar a carroça dos atores-itinerantes, o carro de Téspis: tablados girando sobre um palco a um metro do solo. Ele descreve: "Finalmente, chegamos a um tablado duplo, fechado no fundo por um teatro de marionetes, cujos panos de fundo mudariam em cada lugar". A trupe aluga elementos, constrói – um dos atores é marceneiro (P. Besset) –, empresta dos amigos. Sobre uma torre de cinco metros de largura e três de profundidade, sustentada por quatro pilares, um balcão onde atua Mata-mouros, o único a usar máscara (G. Hardy). Moscoso pinta panos de três por cinco metros ou mais para sugerir os locais, espécie de "cartazes pictóricos" (floresta, castelo, albergue, cena de teatro, de modo que o público real se encontrasse nos bastidores). Trata-se de evocar sem naturalismo, transpondo e jogando com uma gama de cores que dão ambiência à cena: madrugada, interior, noite... Ele pinta-os em profusão e somente cinco ou seis são usados. Um deles, cortado em duas metades, representa uma cortina vermelha. Quando o público entra, o castelete é fechado por esse pano que os atores abrem no início da apresentação.

O cenário é desmontável, fácil de transportar; a música (acordeão e canções) acompanha o espetáculo, há máscaras desenhadas por Moscoso, acessórios de papelão, castiçais, tamboretes empilháveis e figurinos de segunda mão, todos os apetrechos – às vezes testados durante as apresentações – do teatro de feira, desse *balagan* que Meierhold elogiou tanto no início do século XX, e que *A Carruagem de Ouro*, de Jean Renoir, tomou como tema. Sonhada por Moscoso, no decurso de suas pesquisas, a carroça de *Fracasse* anuncia as do filme *Molière*, e será seguida de numerosas carretas inventadas e declinadas

> Nós construiremos o espaço e o tempo da felicidade.
> Programa do *Capitão Fracasse*, 1966

> Ver isso como no circo.
> Ariane Mnouchkine[13]

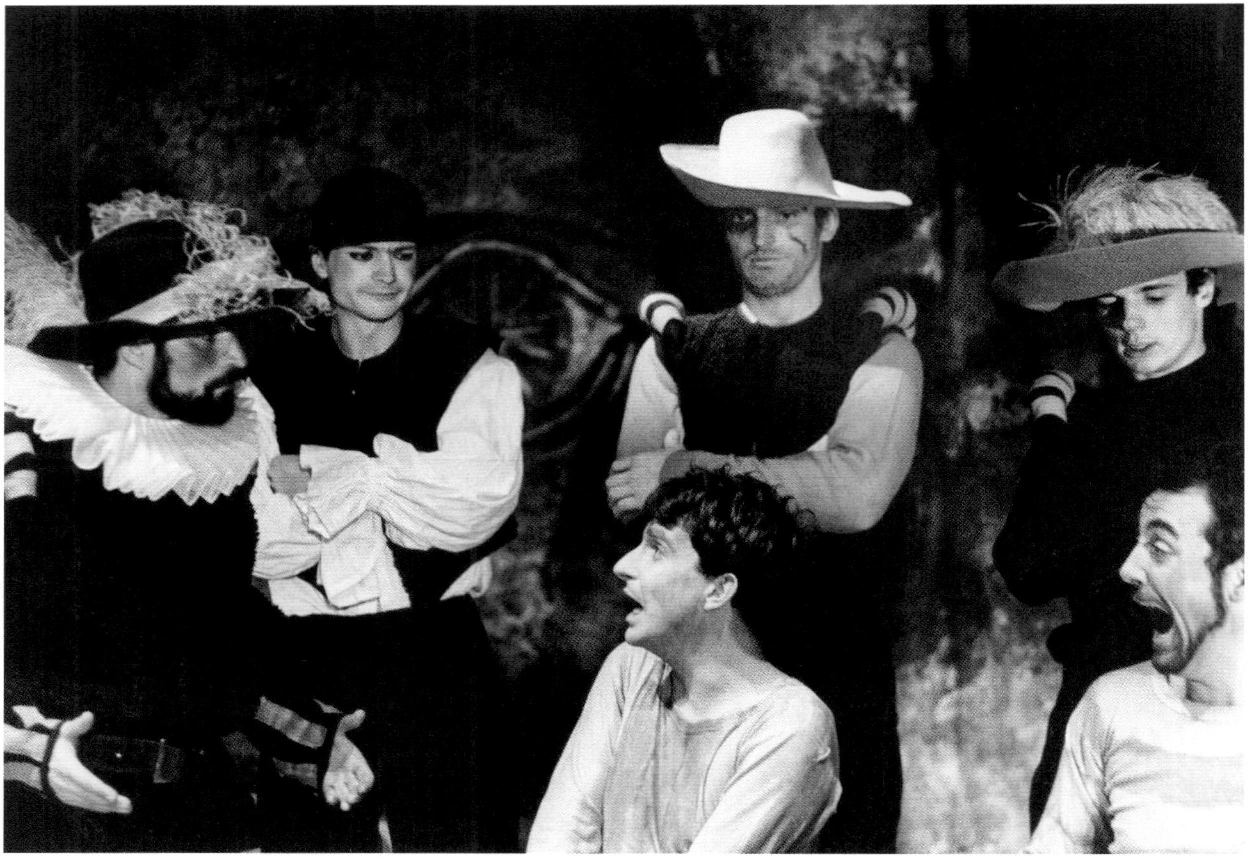

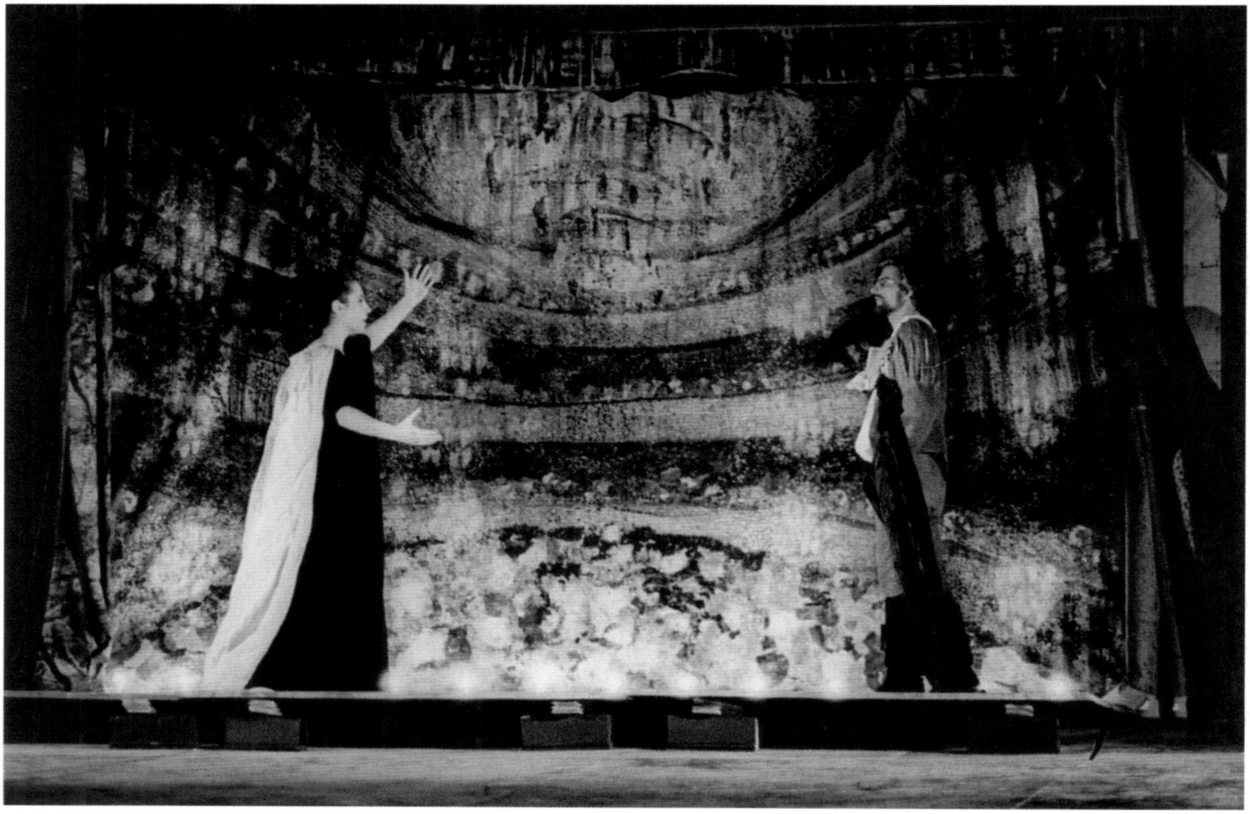

pelos saltimbancos do Soleil. As maquilagens são executadas por Nicole Félix, maquiladora de cinema que logo será atriz. *Fracasse* é montado ao ar livre numa quadra de esporte, perto da MJC de Montreuil, em 1965. A reprise nos teatros da região parisiense, depois no Théâtre Récamier, é marcada por uma transformação dos figurinos que Françoise Tournafond (que assiste a todos os ensaios esboçando croquis dos atores no trabalho) refaz com cores mais brilhantes, fúcsia, vermelho, e por um novo trabalho dos atores. No Récamier, representa-se com tudo à vista, sem bastidores.

A despeito dos primeiros sucessos, *Fracasse* não encontrará seu público, apesar de algumas críticas entusiásticas, porém muito tardias, e o Soleil enceta com ele uma longa série de empréstimos bancários. Em 1968, a trupe tentará retomar esse espetáculo-festa a cujo respeito Mnouchkine permanece crítica. O resultado lhe parece improvisado e não é isso que ela busca no trabalho que começa a conduzir. Ela sabe o que não quer, mesmo se ainda não sabe claramente o que quer.

A Cozinha

Em outubro de 1965, Mnouchkine escolheu *A Cozinha*, escrita por Arnold Wesker, um jovem autor inglês contestador, a partir de sua própria experiência nas cozinhas de um grande restaurante parisiense[15]. M. Franck traz o texto da Inglaterra e P. Léotard irá traduzi-lo e adaptá-lo[16]. "Se posso falar de uma linha na escolha de peças que eu monto, é esta. *Os Pequenos Burgueses* mostravam pessoas que não podem mais viver, *O Capitão Fracasse*, pessoas que querem viver, apesar de tudo", diz Mnouchkine. O que a interessa em *A Cozinha* é o que resta do desejo de viver nas personagens exauridas por sua função no restaurante, verdadeira fábrica de comida. Ela acrescenta: "É uma peça muito simples, não necessita de explicações, e o verdadeiro teatro popular é isso"[17].

A trupe se renova e se amplia. Um ano e meio de trabalho. No inverno de 1966-1967, ensaiam num hangar em Malakoff, num presbitério glacial da rua Pelleport, sem saber ainda onde será encenado o espetáculo. Tudo poderia conduzir a uma interpretação naturalista, mas o próprio Wesker indica que os cozinheiros não utilizam alimentos de verdade, que os pratos estão vazios e as ações mimetizadas. No começo

O capitão Fracasse

◀ Da esquerda para a direita: P. Giuliano, sentado J.-C. Penchenat sob o pseudônimo de Thomas Leiclier e M. Robert.

Atrás: C. Merlin, H. Starck e F. Decaux. Representação no Théâtre Récamier. A distribuição de papéis mudou muitas vezes.

▸ C. Solca e G. Hardy diante de uma das telas pintadas por R. Moscoso representando um teatro.

Há muitas razões para trabalhar. Mas há uma essencial e desconhecida: é a busca da felicidade.
Programa de *A Cozinha*, 1967.

Pelar um linguado que não existe é teatro. Apreender o desespero de alguns pelo modo como batem ovos é teatral.
Ariane Mnouchkine[14]

A Cozinha

◀ Representada em uma fábrica em maio de 1968. Os atores que avançam: Raymond, confeiteiro (F. Herrero), e Ida, garçonete (F. Jamet).

▶ Da esquerda para a direita: José, legumes quentes (F. Joxe); Anne, cafés (N. Félix); o Chef (S. Coursan); Philippe, caldos e ovos (R. Patrignani); Max, açougueiro (p. Forget); Liliana, garçonete (F. Jamet); Peter, peixes (P. Léotard).

▼ Da esquerda para a direita: Anne, cafés (L. Bensasson); Raphaël, ajudante (M. Gonzalès); Berta, bufê frio (L. Guertchikoff); Philippe, caldos e ovos (R. Patrignani); Max, açougueiro (p. Forget); José, legumes quentes (J. Weizbluth); Youssef, ajudante (S. Teskouk); Liliana, garçonete (D. La Varenne); Franck, segundo chefe (R. Amstutz).
No primeiro plano:
Alfredo, assados (G. Laroche), e Peter, peixes (P. Léotard). Reprise no Élysée-Montmartre, 1969.
A distribuição de papéis mudou com frequência.

do trabalho, durante dois meses, os atores do Soleil irão de novo praticar a improvisação; eles leram uma vez a peça, depois esqueceram o conteúdo dela até o acabamento da tradução-adaptação e, nessas improvisações, trabalharam cada uma das personagens e suas ocupações para chegar a compreender o que eram profissionalmente um cozinheiro, um peixeiro, um confeiteiro. A peça tornava-se, então, "quase uma redução daquilo que se havia considerado"[18], diz Mnouchkine.

Como os teatros à italiana se recusassem a acolher esse espetáculo, os ensaios continuaram no Circo Medrano[19], e no Circo de Inverno quando o Medrano não estava livre. A peça estreou na Antenne Culturelle do Kremlin-Bicêtre, depois foi para o Medrano, onde o sucesso, dessa vez, foi total.

O dispositivo de R. Moscoso é construído a partir de uma maquete sobre o assoalho do Medrano, que levanta o picadeiro um metro e vinte, aproximadamente, e o alarga[20]. Ele é frontal. Trata-se de uma estrutura metálica armada de paredes de lona translúcida, atrás das quais se veem os atores indo e vindo ou o lavador de pratos lavando a louça. Presença constante de todos, mesmo fora da cena. Portas recobertas de metal, que dão para os lados direito e esquerdo do público, levam ao salão do restaurante ou à rua. Esse dispositivo é autônomo e modulável conforme os locais de atuação. Os móveis da cozinha são de madeira envernizada amarelo-creme, as mesas e superfícies de trabalho cobertas de folha de flandres, o fogão comporta elementos profissionais (chapas metálicas, grelhas, queimadores). Tem pias, bandejas, talheres, frigideiras, panos de cozinha, garrafas, caldeirões, pratos, panelas de cobre

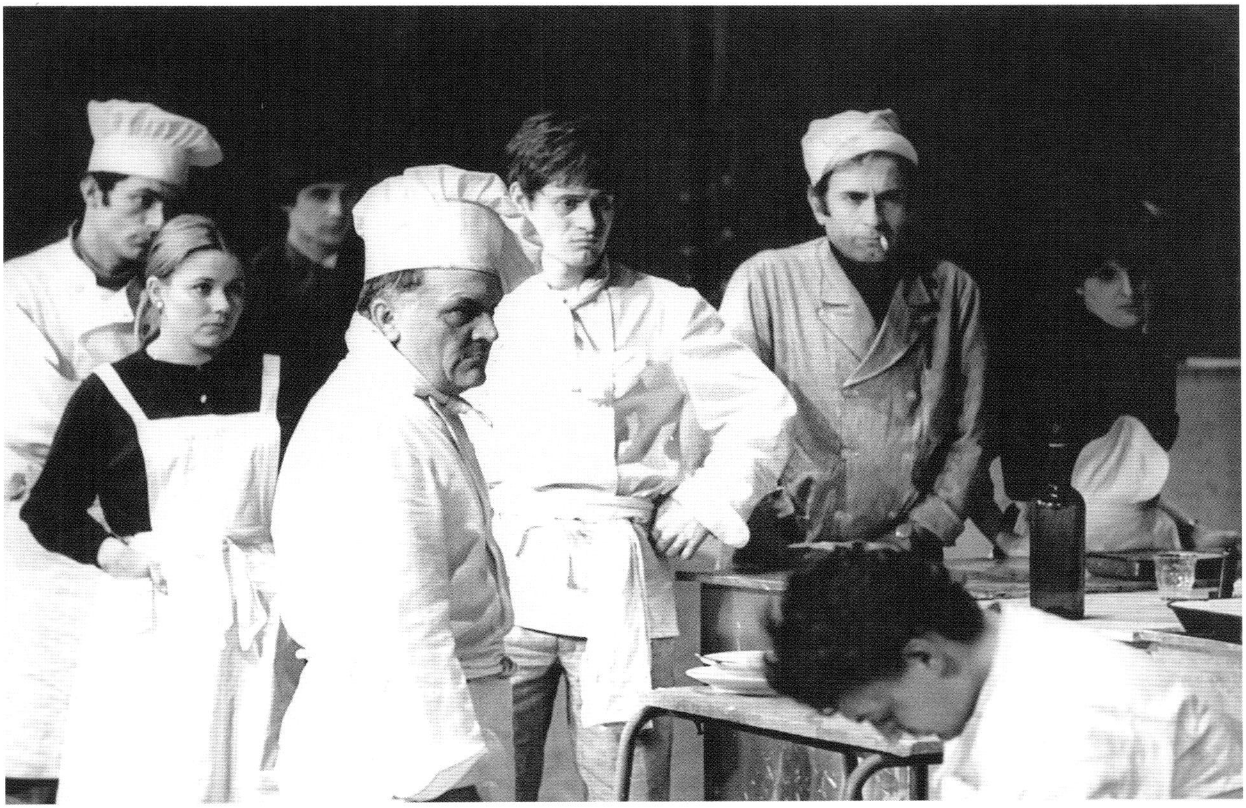

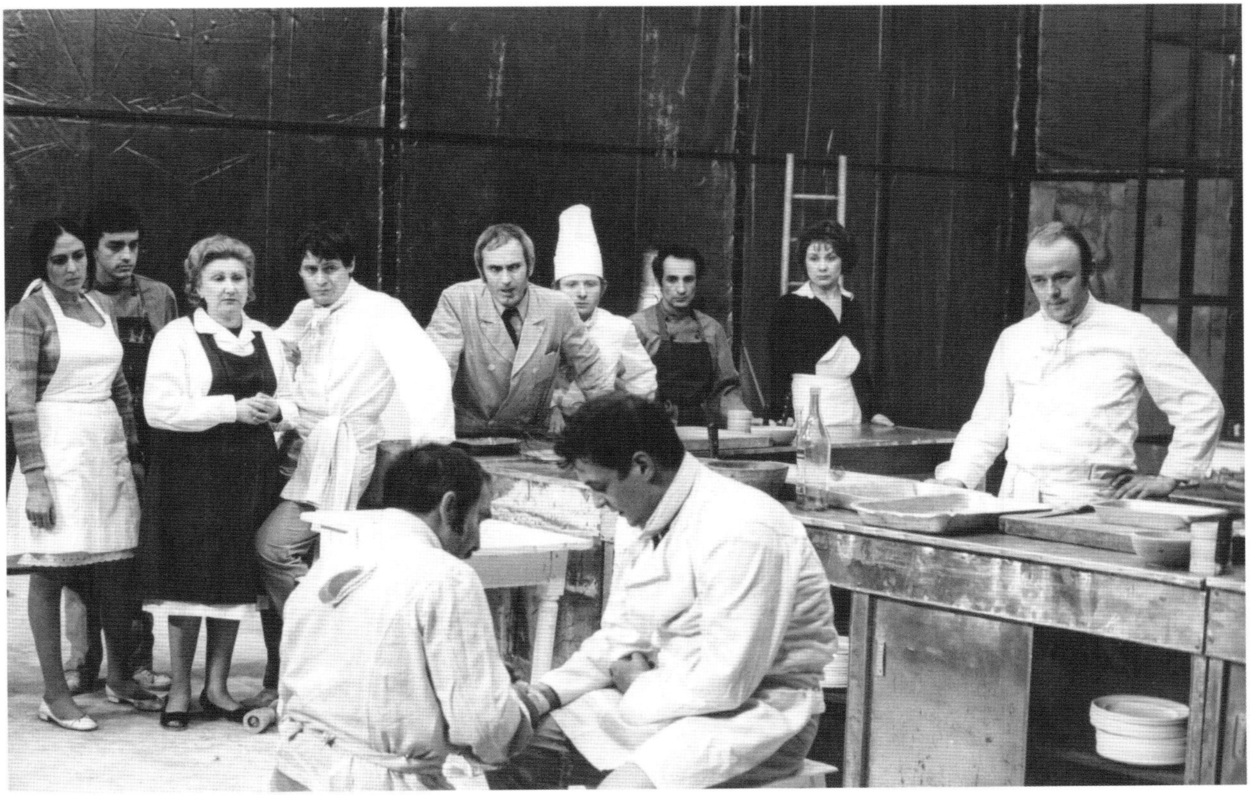

emprestadas pelo bufê da estação Montparnasse em obras, mas tudo está vazio. Os atores treinaram com improvisações sobre o quente e o frio – Nora Kretz da escola Lecoq foi trabalhar com eles essas manipulações (ela aparece como assistente nos créditos) –, sobre a gordura, o cortante, o pontiagudo...

"Em pleno inverno, a cinco graus negativos, num local não aquecido", recorda-se Mnouchkine, "fazíamos improvisações sobre o calor! Uma maravilha! Trabalhávamos sempre 'em situação'; para nos aquecer, no início, eu fazia exercícios: por exemplo, eu tinha uma pilha de pratos para quebrar, eu os atirava na direção das moças, dizendo 'está pegando fogo' ou 'está rachado, você se cortou'. As moças tornavam-se quase, no limite, prestidigitadoras."[21]

Um cozinheiro vem lhes ministrar aulas; Jean-Pierre Tailhade, que interpreta o peixeiro, e Penchenat, um confeiteiro, fazem estágio em grandes restaurantes parisienses, Roberto Moscoso, que trabalha então no Casino d'Enghien, vai visitar as cozinhas de lá. Mistura de observação e transposição, dialética entre realismo e poesia[22]. Os críticos falam dos *Tempos Modernos* de Chaplin, reconhecem o talento da diretora, falam de "direção musical", com crescendo, estases, silêncios, harmonias e dissonâncias. Mnouchkine responde: "*A cozinha* depende de um ritmo de trabalho que engendra ruídos que provocam uma emoção dramática. Esses ruídos impedem os seres de falar, os ruídos são tão importantes, até mais do que aquilo que os atores tentam dizer"[23]. Para ela, a pesquisa não é diretamente musical e o ritmo não é música porque é a expressão da justeza das situações e relações entre os atores. "Quando trinta pessoas estão na mesma situação de urgência muito grande, isso acaba parecendo algo muito musical"[24]. A partitura musical do conjunto é perfurada de solos. Um trabalho impressionante para o público, "fascinante" para os atores, que se lembram dele com emoção. A crítica louva a encenação. Retrospectivamente, Mnouchkine reconhece: "Era muito técnico, a marcação que eu fazia era muito precisa porque eu tinha medo de não dar conta".

A Cozinha ganha três prêmios em 1967: da Associação dos Espectadores, do Sindicato da Crítica e do Brigadier. Mas o Soleil não será contemplado no Concurso das Jovens Companhias: será *Os Soldados*, de Lenz, na encenação de Patrice Chéreau. Ariane se recorda sem amargura do espírito de camaradagem que reinava então, e de Chéreau exausto dormindo numa poltrona, após o trabalho em comum, enquanto outros ainda se apressavam para montar as últimas instalações elétricas. O espetáculo foi representado durante muito tempo – um cheque era enviado toda noite a Joseph Bouglione, de quem a trupe alugou o Medrano – e os atores podem, finalmente, abandonar seu trabalho diurno (Penchenat é encarregado de uma missão no Ministério do Interior, Hardy trabalha numa livraria religiosa, Philippe e Liliane Léotard são professores em Sainte-Barbe). *A Cozinha* será reprisada em 1968 e representada em fábricas em Saint-Étienne, Grenoble, depois nos arredores de Paris (na Citroën, na Peugeot e na SNECMA), com "cabarés" concebidos pelos atores, uma espécie de "carta branca". A experiência do contato com o mundo operário será decisiva para todos.

Sonho de uma Noite de Verão

Ariane agora ousa propor um grande clássico de Shakespeare, *Sonho de uma Noite de Verão*. Desde o início é assim: ela propõe, e a trupe aceita ou não. A maior parte do tempo a resposta é sim. Ela deseja, a partir desse momento, montar esse Shakespeare sensual, erótico, explorar o inconsciente amoroso que extrapola a peça e se refere a Jan Kott que, no seu livro *Shakespeare, Nosso Contemporâneo*, abre a dimensão psicanalítica do grande elisabetano. Antes de escolher o teatro em 1959, ela começou uma psicanálise nos círculos de H. Bauchau, e para o *Sonho* ela leva a trupe a penetrar não mais no mundo do trabalho, mas no dos sonhos. O programa anuncia: "*Sonho de uma Noite de Verão* é a peça mais selvagem, mais violenta com que se pode sonhar. Um fabuloso bestiário das profundezas cujo tema não é nada menos do que esse 'Deus furioso' que dormita no coração dos homens. Tudo aí é direto, brutal, 'natural'. Nada de fantasia, nada de maravilhoso, mas o fantástico com aquilo que o fantástico tem de venenosa angústia, de terror […] É também o acidente, o inesperado, a ruptura na ordem natural das coisas, o interdito transgredido". Uma leitura arriscada de uma peça de Shakespeare tida como irrepresentável na França. Mas "é preciso arriscar", afirma Mnouchkine. Ela tem necessidade, para desencadear uma criação, de uma imagem precisa do lugar. E o espaço teatral desta vez será difícil de encontrar. Ela imagina o "mundo da África", mostra fotografias – imagens de animalidade, de bestas selvagens. A trupe vai à Cinemateca assistir a filmes realizados a partir do *Sonho* que surpreendem por sua pieguice[26].

Eu desejo uma obra em que a profundeza daria a mão à ligeireza como o andar à dança. Nietzsche, no programa de *Sonho…*, 1968

Eu me recordo, Roberto e eu passamos três noites sozinhos no circo, onde se ouvia barrir os elefantes, rosnar as feras, dispondo essas peles de animais para convertê-las numa mata castanha e mágica. Ariane Mnouchkine[25]

O espetáculo é programado para o Medrano, alugado outra vez. Recorre-se a René Allio para melhorar o espaço e a acústica, investe-se no material sonoro e na iluminação, pois a trupe pensa em permanecer ali por algum tempo. A tradução é confiada a Philippe Léotard, que assina uma adaptação com escolhas que suprimem fadas e duendes alados. E uma longa pesquisa levará Roberto Moscoso à ideia de atapetar o solo do picadeiro com peles de animais para atender às necessidades do imaginário fantástico da encenação. Uma pele de cabra como musgo, lembra-se Ariane. O picadeiro está recoberto de peles de cabra bege salpicadas de castanho escuro, ele é limitado por uma cortina de finas pranchas perfuradas que deixam filtrar uma estranha luz e em que estão pendurados sóis e luas. Assim pode ser sugerida a atmosfera vegetal e animal da floresta. Descalços, os atores rolam e se enrolam no odor e na maciez das peles.

O Soleil contrata dois dançarinos para interpretar os papéis de Titânia e Oberon: Ursula Kübler e Germinal Casado, da trupe de Maurice

Sonho de uma Noite de Verão
Cena dos artesãos.
No centro: J.-C. Penchenat, P. Léotard, G. Hardy, G. Denizot, C. Merlin; à direita: S. Coursan.

Titânia (U. Kübler) e Puck (R. Patrignani) estão cercados por faunos, espécie de poupas coroadas com o rosto coberto por uma máscara de longo bico fantástico.

Béjart. Puck (René Patrignani) é visto como "o deus Eros, não o pequeno Cupido", Mnouchkine pensa na nudez, mas não se convence: "O público não veria uma personagem cuja natureza é estar nu, mas uma exibição ousada. Ora, ousar dessa maneira não me interessa", afirma ela[27].

Um compositor, Jacques Lasry, cujas obras já haviam sido utilizadas em *Gengis Khan*, escreve a música no decorrer dos ensaios, a partir das canções entoadas pelos atores. Toda a família Lasry forma a orquestra do espetáculo. U. Kübler-Vian coreografa cenas, ensaia-as com os atores no terraço de seu apartamento na rua Cité Véron, e eles param às vezes na casa de Prévert... Ela dança o acalanto que, em Shakespeare, uma fada canta para Titânia, e exprime nele todos os seus desejos secretos; os atores rastejam, dão cambalhotas no solo vivo e movediço. Misturam-se as abordagens – já experimentadas e novas: improvisações para os artistas que trabalham primeiro sem texto e que parecem ter uma maquilagem de *clown*, trabalho sob a máscara, confrontação de atores e bailarinos, introdução de uma música proveniente dos ensaios. Pesquisa-se. Visto que a madeira e as peles absorvem o som, R. Moscoso introduz microfones direcionais, que serão reutilizados mais tarde em *1789*. O *Sonho* é ensaiado paralelamente às apresentações

dinamizadoras de *A Cozinha*, em turnê. A estreia é anunciada para janeiro, mas ocorrerá somente em 15 de fevereiro de 1968. O espetáculo custou caro: houve necessidade também de rever o primeiro projeto do figurino.

O *Sonho* tem imenso sucesso, mas recebe menos críticas que *A Cozinha*, e seu público é mais restrito: as apresentações precisam ser interrompidas devido à greve geral de maio de 68. Sob a direção de Guy-Claude François, encontrado no Récamier e que se junta nesse momento ao Soleil para cuidar da organização da montagem dos cenários, construiu-se um dispositivo de turnê, desmontável, mas que será pouco utilizado. Yves Montand e Michel Piccoli emprestarão dinheiro à trupe para que ela possa retomar o espetáculo no fim de junho no Medrano. Paralelamente ao *Sonho*, um espetáculo para crianças é criado no Soleil, *A Árvore Feiticeira, Jerônimo e a Tartaruga*, encenado por Catherine Dasté numa floresta mágica onde aparecem animais, com figurino confeccionado com base em desenhos de crianças. Atores do Soleil participam do espetáculo. E, em janeiro de 1969, o *Sonho* será ainda representado em Grenoble, para compensar os cancelamentos do verão, com *A Cozinha* e *A Árvore Feiticeira*, enquanto se ensaia *Os Palhaços*.

Sonho de uma Noite de Verão
▲ De calça collant, Titânia (U. Kübler) dança sobre os forros de pele.
◀ Estada do Soleil na Salina Real d'Arc-et-Senans. Da esquerda para a direita: J.-F. Labouverie (de costas), A. Mnouchkine, P. Léotard, L. Léotard, F. Descotils (atrás), J.-C. Penchenat, M. Donzenac.

Os Palhaços

A parada forçada do *Sonho* será utilizada pelo Soleil para avaliar a situação. Ele aceita a proposta generosa do conselheiro-geral do Doubs[30] para passar as férias de verão na Salina Real de Arc-et-Senans, que Nicolas Ledoux, arquiteto visionário do século XVIII, havia concebido como uma cidade ideal para abrigar lugares de moradia e de produção. Foi lá, nesse espaço de utopia excepcional, o terceiro "retiro" do Soleil fora de Paris, que a experiência de viver e trabalhar juntos, num mesmo lugar, irá dessa vez duplicar-se com o contato próximo com outro público, não "parisiense".

Lá dorme-se em "camas militares", e, entre os turnos da cozinha coletiva e as leituras de peças elisabetanas ou russas, a trupe discute os acontecimentos de maio, os projetos de encenação do romance *Jacques Vingtras*, de Jules Vallès, do qual P. Léotard fez a adaptação; de *Michael Kohlhaas*, de Heinrich von Kleist (faroeste das Cévennes, do qual Arnaud des Pallières, que realizou uma adaptação cinematográfica em 2013, disse: "é uma das mais belas histórias políticas que existem"); ou *Baal*, a primeira peça de Brecht; a vida ao ar livre — quase todos os atores do *Sonho* aceitaram as regras de uma vida em comum, com seus filhos —, e assim todos estreitam seus laços. Claude Roy, poeta e escritor, resistente[31] e jornalista engajado, que passou certo tempo na Salina com eles naquele verão, escreveu: "Nem convento, nem falanstério, nem comuna, o Théâtre du Soleil poderia definir-se como um ateliê da amizade"[32].

Como prosseguir, como continuar? Durante as representações de *A Cozinha* e *Sonho*, o grupo trabalha durante o dia a *Commedia dell'Arte*, a improvisação e a acrobacia com Mario Redondi, que tinha um espaço não longe do Medrano. Mas principalmente as máscaras haviam surgido no palco, durante alguns novos ensaios de *Fracasse*, programado com o *Sonho* para uma turnê no Festival de Teerã, cancelada como as outras. A trupe compreende em Arc-et-Senans que não deseja mais ter um texto escrito; ela vai mergulhar num laboratório de pesquisa em tempo integral que toma uma nova direção. Pois, em vez de acompanhar, de nutrir, de enriquecer o trabalho sobre uma peça ou sobre uma adaptação, a improvisação se mostrará capaz de gerar um espetáculo, e até mesmo um texto. Esse grande estágio de verão permite imaginar a possibilidade de dispensar peças, de se envolver mais a fundo na pesquisa de formas populares. De dar um grande passo, de trabalhar "sem rede" de proteção…

Eu não voltarei atrás, não posso. Quero ir mais longe a cada espetáculo.
Ariane Mnouchkine[28]

O que esses atores fizeram com *Os Palhaços,* poucos atores franceses estão atualmente em condições de aceitar e de conseguir. Lucien Attoun[29]

Os Palhaços
▼ Projeto de F. Herrero para a maquilagem do Palhaço-Trombone (G. Bonnaud). Ele utilizava cadernos nos quais desenhava o rosto do ator incumbido e suas tentativas de maquilagem.

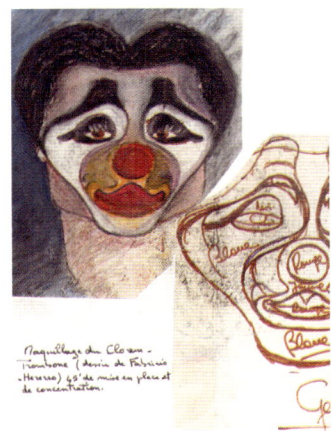

"No começo", diz Mnouchkine, "tínhamos a intenção de fazer improvisações misturando todas as personagens – Arlequim, os palhaços, queríamos até introduzir Becassine[33]. Pouco a pouco, ensaiando, percebemos que os *clowns* eram muito fortes, eles não tinham o lado um pouco anacrônico do Arlequim; eles eram mais modernos, e devoraram tudo. Acabamos tendo um espetáculo só de palhaços"[34].

Uma noite, diante dos espectadores da região, num palco iluminado por velas, os atores improvisam seguindo um roteiro, para a grande alegria do público. De volta a Paris, em setembro, após a Bienal de Veneza, que acolhe *A Cozinha,* continua-se a trabalhar num local emprestado pelo TNP (Teatro Nacional Popular) do Chaillot, perto da sala Gémier, depois sob a lona da Antenne Culturelle do Kremlin-Bicêtre, enfim no Théâtre de la Commune de Aubervilliers, onde a peça *Os Palhaços* será criada em abril de 1969, no palco de Gabriel Garran, que sustenta o espetáculo.

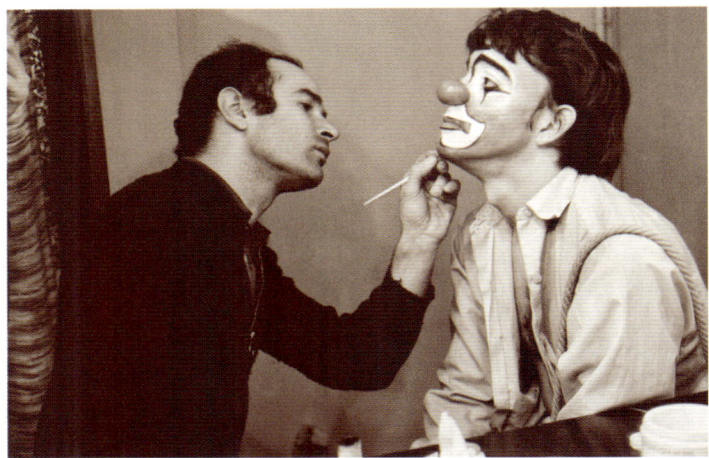

Sessões de maquilagem.
▲ F. Herrero e M. Gonzalès.
◀ A. Demeyer.

Mais de seis meses de ensaios. Duas horas e meia de espetáculo. Penchenat conserva a lembrança de um "espetáculo acima dos nossos meios físicos" – ele tremia de cansaço à noite, antes de adormecer –, salvo para Mario Gonzalès (Pépé la Moquette) e Max Douchin (Monsieur Albert), que estavam em boa forma. Douchin conduz, aliás, o treinamento coletivo. *Os Palhaços* do Soleil devem saber falar alto, com diferentes sotaques, dançar, saltar, cair, piruetar, dar saltos para trás, tocar bateria, e retomar sem descanso seus improvisos. Mnouchkine constata então que "os *clowns* demandam qualidades não só acrobáticas, mas também atléticas"[35]. Os narizes, essas pequenas máscaras dos palhaços, são bolinhas vermelhas de celuloide compradas numa loja especializada, mas as maquilagens são trabalhadas por Fabrice Herrero ao longo das improvisações, primeiro por toques de luz, depois a traço, que redesenha, transformando, o rosto de cada um. Do mesmo modo, figurinos comprados aqui e ali, reformados e combinados, compõem-se no decurso do trabalho – nem muito cedo para não fechar a personagem, nem muito tarde para não prejudicar a pesquisa.

Ainda que no plano histórico os *clowns* sejam em geral homens, o Soleil não faz diferença: moças e rapazes "buscam seu *clown*". Cada um, em improvisação individual ou em dupla, representa uma personagem criada em todos os seus componentes, a partir de si e de suas preocupações. Esboços, improvisação, exercícios físicos. Muito trabalho, mas uma grande liberdade. Não há referências, apenas alguns apoios: aulas de *clown* na escola de Lecoq, com Philippe Gaulier, o livro *Entradas Clownescas*[36], de Tristan Rémy, um filme sobre Grock visto na Cinemateca, e sem dúvida Achille Zavatta, *clown* acrobata, domador e músico então famoso, cujos tiques de linguagem ou entonações serão reconhecidos por vezes no espetáculo. A diretora olha, observa: "Os atores mostram, e eu tento fazer com que as coisas esboçadas sejam as mais legíveis possíveis"[37]. Primeira espectadora, ela escolhe, organiza. Muitas das improvisações não são conservadas. As outras se enriquecem e terminam por se estabilizar e se fixar. Mas a frustração é inerente ao método em que a diretora e os atores veem seu papel evoluir, uma não mais dirigindo, mas guiando, e os outros tornando-se autores ou, melhor, um "grupo de autores". Esse espetáculo coletivo é, entretanto, antes de tudo, uma colagem de expressões individuais, de histórias que se imbricam ou não se imbricam realmente.

Os temas são contemporâneos, com um fio condutor muito "frágil" – a pesquisa e a luta pela posse da Mandrágora (surgida no momento das leituras conjuntas de românticos alemães efetuadas em torno do projeto Kleist), que permite às personagens realizar seus sonhos infantis e que induz à confrontação dos *clowns* com diversas situações da vida humana. Os atores vão exprimir o que têm no coração, e utilizar a poesia "ao pé da letra". Quando isso vira paródia, caricatura, é abandonado. Ir a uma ilha deserta, tornar-se Casanova (M. Laïobule, de Claude Merlin, que não seduz a Sra. Patafiole – Anne Demeyer) ou um chefe (M. Appollo de J.-C. Penchenat, com roupa de acadêmico), ir ao paraíso – os homens desenvolvem jogos de poder, de dominação, de sedução. A Sra. Cléopâtre (Joséphine Derenne), dona de casa dengosa, com seu vestido de lantejoulas e seu boá de plumas, se agita entre o berço de seus cinco guris, bebês com cabeças de *clown*, e sua massa de farinha que ela torce como se os estrangulasse. Tudo isso diante da Mlle. Scampouzzi (Mireille Franchino), repórter de *Elle*, com paletó xadrez, que a entrevista ao acordeão e lhe faz experimentar botinas de rodinhas com as quais ela não cessa de cair, com graça, para ficar melhor na foto. Palhaços se lançam no ar, matam uns aos outros, morrem e ressuscitam. As piadas são retomadas três ou cinco vezes. Eram "terríveis", recorda-se uma espectadora, e isso evoca palavras utilizadas por uma admiradora dos *Atridas*: "soberbos e terríveis", esses *clowns* já o eram, com seu rosto pintado, sua "masquilagem"[38] sofisticada e seus figurinos berrantes. No fim do espetáculo, um dos *clowns* grita: "Vou mandar tudo pelos ares. Não vai sobrar ninguém. Só água para todo lado. Vou botar no meio desse grande Pacífico uma minúscula ilhazinha deserta, e nessa ilha só chegarão os melhores nadadores. É a essa escória do gênero humano que eu confio o destino do cosmo". Imagem forte e ambivalente que migrará, transformando-se no fim lírico dos *Náufragos do Louca Esperança*. Uma bomba acesa passa de mão em mão e termina com o M. Appollo, aquele que nunca era nada, que acaba de encontrar um trabalho de presidente de tribunal: ela explode entre seus dedos, mergulhando a sala no escuro antes da parada final das saudações.

Sim, é da condição humana que se trata, como em toda entrada de *clown* bem-sucedida, mas é também da condição dos jovens atores do Soleil e de sua inserção possível no mundo teatral – que é a vida deles. "Nesse momento, para um ator que tem certa consciência, a questão é saber se ele é útil", resume Mnouchkine[39].

Entradas de *Clowns* e Entradas de *Kabuki*

Cômicos e trágicos, esses *clowns* de teatro são acompanhados por um grupo (trombone, tuba, bumbo, pratos) de seis músicos *clowns* que formam uma orquestra frenética, situada à esquerda do público. A pianista *clown* (Rosine Rochette) toca a música de Teddy Lasry (maestro *clown*) que estrutura a atuação, escande as piadas e os tombos[40].

A partir de uma lembrança de Ariane Mnouchkine, que havia visto em Bangkok dois teatros chineses frente a frente que disputavam o público, em função do poder de atração dos diferentes momentos de seus espetáculos, tratava-se de tornar o palco "o mais atraente possível", diz R. Moscoso. "Primeiro uma barraca de feira", pois A. Mnouchkine falava também de um bulevar repleto de barracas de feira, depois "o

Os Palhaços.
Desenho de R. Moscoso para o dispositivo ao ar livre, em Avignon. Do lado direito do palco, a passarela ("caminho das flores") que atravessa o público como no kabuki.

mais espalhafatoso, o mais ofuscante". Enfim, simplesmente "uma barraca luminosa na qual tudo pode acontecer, tudo pode ser contado, que não ilustra nada, mas que é bela, sem deixar de ser modesta, feita de papel de chocolate e de pequenas lâmpadas". Recupera-se a madeira do cenário do *Sonho*[41].

Ao fundo, uma porta de batente duplo, coberta de espelhos, e duas pequenas portas laterais, forradas de cortinas de pérolas tremulantes como uma cortina de *nô*. Em toda a extensão ao longo dos painéis da barraca luminosa corre uma estreita banqueta. As entradas saltantes e as saídas podem ser feitas pela sala: um palco-passarela em L, inspirado no *kabuki* (*hanamichi* ou "caminho das flores"), termina esta

Os Palhaços
▲ A "caixa de luz" de Os Palhaços, J.-C. Penchenat e S. Merlin.
◣ Madame Patafiole (A. Demeyer), noiva de M. Laïobule.

Os Palhaços.
A. Mnouchkine maquilada como Mlle. Scampouzzi observa o trabalho dos atores.

"máquina de atuar" inteiramente a serviço da atuação. A passarela pode inclinar-se, subir, descer; há espelhos e uma multidão de lâmpadas em guirlanda como "nos cabeleireiros do sul da França". O sol é amarelo-vivo. Tamboretes de circo de veludo rosa com franjas, e alguns acessórios – valises, martelo, sifão de água, pistola etc. A máquina de atuar da barraca de feira é montada no palco do Teatro de Aubervilliers. Ela será simplificada para o Festival de Avignon[42] (estrutura metálica, pés telescópicos) para que o espetáculo possa ser representado ao ar livre nas praças, para onde o público será atraído por meio de desfiles. Facilmente desmontável, ela permite ao Soleil excursionar durante um mês pelas redondezas de Avignon (vinte e quatro apresentações em estádios, conjuntos residenciais, pátios de escola). Jean Vilar rirá muito. Uma noite, o mistral sopra tão forte que o diretor técnico Guy-Claude François é obrigado a certificar-se se o palco continua firme. Isso inspirará uma cena do filme *Molière* (1978).

Os Palhaços serão representados de novo em sala teatral no Piccolo Teatro de Milão, que os convidou em novembro de 1969[43]. Federico Fellini, cujo filme *Os Palhaços* sairá em 1970, vai ver o espetáculo, aprecia, mas acha que eles falam um pouco demais... Em janeiro de 1970, eles estarão no Élysée-Montmartre, em Paris, em alternância com *A Cozinha*. Joseph Bouglione levou a mal o sucesso deles e deu preferência a uma festa da cerveja, de modo que serão os Renaud-Barrault que irão ajudá-los, sobretudo Madeleine – o casal havia assistido à *Cozinha*,

Os Palhaços.
Entradas ruidosas pelas portas do dispositivo. J.-M. Verselle, M. Gonzalès, M. Douchin.

levando junto seu bando. Graças a esses apoios, o Soleil poderá representar nessa sala de luta livre em que Barrault acaba de apresentar seu *Rabelais*. Mas o sucesso já não é o mesmo.

A atuação clownesca é implacável, exigente, suscitando às vezes psicodramas. O programa enumera "desordenadamente" os criadores do espetáculo – e A. Mnouchkine está nesse grupo, não designada como diretora, ela aliás substituiu Mireille Franchino de improviso, trocando seu acordeão por um bumbo – porém distingue os que permaneceram e atuam daqueles que participaram do trabalho, mas não atuam. Atrizes conhecidas como Loleh Bellon e Josette Boulva quiseram experimentar o exercício, juntando-se ao Soleil, mas não resistiram, pois o trabalho é difícil, a vida em comum não é fácil. Há defecções – por razões pessoais, artísticas, políticas – e acontecerá o mesmo ao fim de cada grande ciclo na história do Soleil. Mas a experiência é seminal. Ela determina orientações, objetivos precisos.

Mnouchkine pode dizer: "Gostaríamos agora de atacar temas que sejam mais dirigidos. Gostaríamos de chegar a um único grande tema, e mesmo àquele em que um autor se serve de tudo o que é inventado pelos atores para construí-lo de modo mais magistral. A colaboração que exigia Brecht de seus companheiros, de seus atores, era da mesma ordem. É preciso encontrar Brecht agora"[44].

Então, para encontrar seu Brecht, o Soleil vai abandonar Brecht e, mais precisamente, *Baal*, cuja distribuição de papéis, no entanto, já havia sido estabelecida e cuja cenografia R. Moscoso havia imaginado estourada em diversos palcos, passarelas e uma tela de cinema. O autor, por agora, é a trupe e, após Avignon, os atores continuam o trabalho de improvisação que Ariane considera o pivô do trabalho do ator, mas a partir dos contos "Pele de asno", "A Bela e a Fera" e "A lenda do amor" (de Nazim Hikmet), que Geneviève Penchenat traduziu do italiano. Improvisação de outro gênero, combinando narração e corporeidade. Mas o que vai emergir desse trabalho é a necessidade de contar não histórias, mas um episódio da História e, mais precisamente, aquele que mais pertenceria ao patrimônio comum dos franceses – seu público principal –, a revolução de 1789.

A ideia vem de Mnouchkine, mas o grupo a acolhe jubilosamente. Surge do palco, do ensaio, da prática, e não de um pensamento abstrato; ela se revelará fecunda. "Eu penso que a História continuou sendo nosso conto", confessa A. Mnouchkine hoje.

Início de 1970, o teatro conta com 28 membros permanentes. Todo mundo é pago – mal, mas é pago. Ele reagrupa umas cinco dezenas de pessoas, das quais um grande número, mesmo sendo atores, assume no seio da companhia cargos técnicos ou administrativos. Nem a subvenção do Ministério dos Negócios Culturais desde 1970, nem o sucesso trouxeram estabilidade financeira ou segurança para os atores, que agora têm famílias. A situação chega a ser catastrófica. Sete anos de experiências para promover um teatro baseado em novas modalidades econômicas, numa arte encarada como um ofício que se aprende sem descanso e na concepção de um teatro direcionado, popular, e nada, nenhum lugar, para ensaiar ou armazenar os cenários…

Pois a ausência de lugar fixo é cada vez mais limitadora. Ela impede o trabalho em sinergia fluida de uns com os outros. "Trabalhamos de modo flutuante, pois não sabemos a que bairro, a que subúrbio pertencemos." Um local permitiria aprofundar as aquisições, prosseguir melhor a pesquisa. Mnouchkine repete: "Isso é vital, agora, isso é vital, ou vamos embora". Ela fala em deixar a França por um país francófono mais acolhedor.

É preciso um lugar, mas não qualquer um. "Eu não suporto mais o teatro à italiana"[46], diz a diretora, cuja experiência do espaço do circo, da caixa frontal prolongada por um *hanamichi*, ao ar livre, radicalizou a estética. Visitam o Théâtre des Bouffes du Nord, muito pequeno para a vida da trupe, um cinema da rua de Lyon. E tem Les Halles, o pavilhão Baltard[47], onde, em maio de 1970, Luca Ronconi apresenta *Orlando*

> Todo amigo do circo será tomado de felicidade vendo trabalhar uma trupe como essa que não tem igual em nenhum palco de Paris nem no de Barnum… Viva, pois, os augustos de Ariane Mnouchkine!
> Louis Chauvet[45]

Os Palhaços.
A orquestra colocada do lado esquerdo do dispositivo recheado de pequenas lâmpadas festivas.
Da esquerda para a direita: M. Gonzalès, S. Coursan, C. Contri; empoleirado: G. Bonnaud; sobre o piano: T. Lasry; ao piano: R. Rochette.

Furioso. O futuro desse lugar não está ainda decidido. "É um espaço muito grande, aberto, metálico, leve." Seria "um lugar para trabalhar, para fazer seus exercícios, ensaiar, atuar, mas não somente isso, pois, mesmo quando não se ensaia um espetáculo, trabalha-se para tentar progredir". Um local para um Soleil-escola. Mas também para um Soleil aberto aos outros, e Mnouchkine sonha: poder-se-ia "trazer aí trupes estrangeiras que buscam grandes espaços para seus espetáculos ou que já gostam bastante desse projeto"[48].

Os Palhaços assinalam o fim do primeiro período do Soleil, levando consigo crises e abandonos, mas fazendo a trupe penetrar no coração de seus desejos de teatro, acabando por liberá-la da atuação psicológica, do naturalismo, do quotidiano, e insuflando nela o espírito do circo, o qual reforça a estética da barraca de feira, assim como o espaço-circo contribui para transformar a recepção da *Cozinha* e do *Sonho*. Mas também tiveram parte na formação da trupe as condições de trabalho "duras" – todos os atores que entrevistei falaram do frio, dos odores, dos ratos –, a proximidade dos animais nos dois circos[49] que albergaram *A Cozinha*, com elefantes que engoliam os porta-níqueis ou uma pantera negra ameaçadora, a comunidade do circo com aqueles que "não sabem ler,

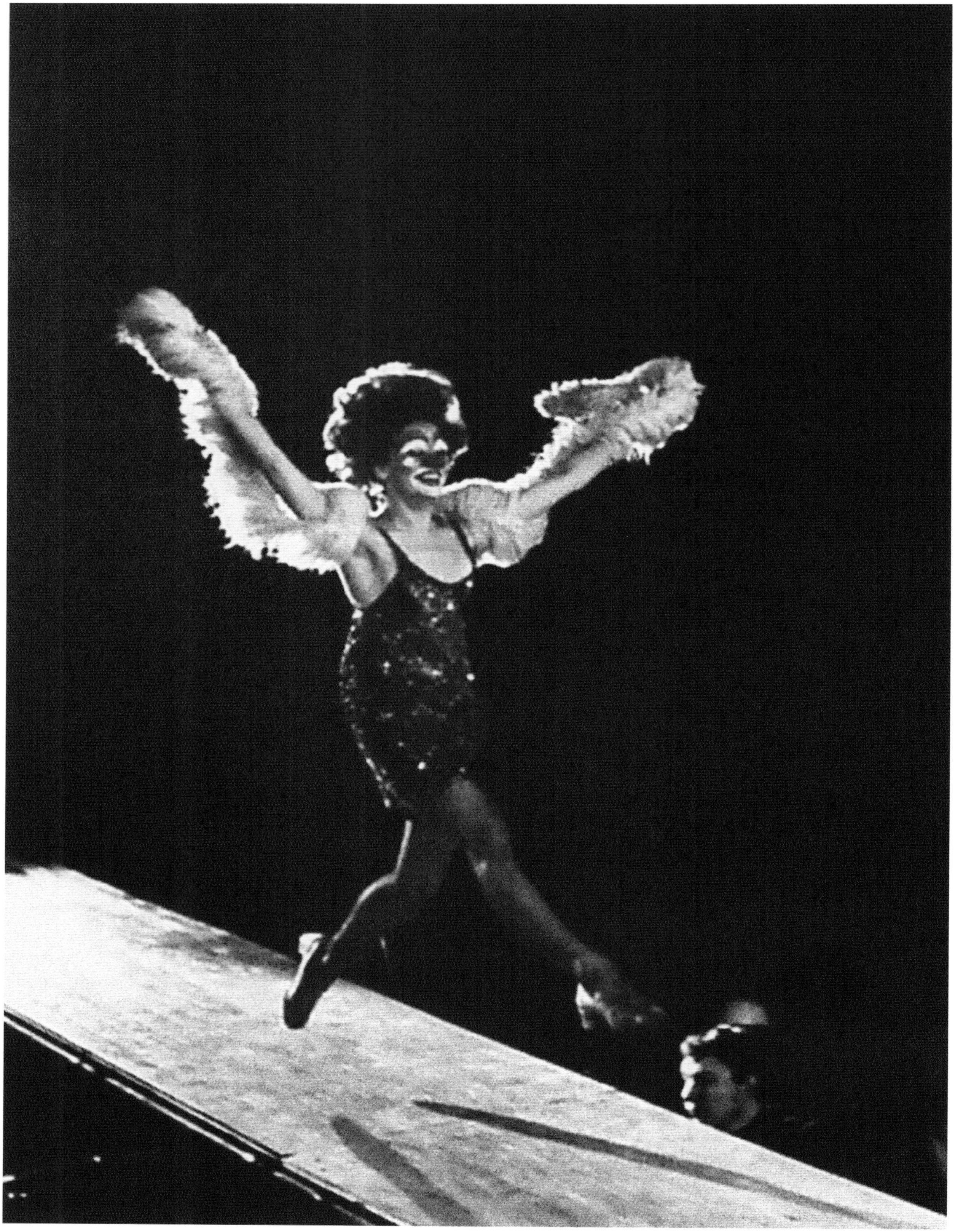

mas sabem contar", como J. Bouglione, e os enjeitados como esse M. Berthy, grande leitor do *Cinémonde* e imbatível em matéria de cinema, que o Soleil recolherá quando o Medrano fechar. É o tempo em que o "novo circo" vai dar as caras: o picadeiro será, para certos artistas, o lugar e o gênero para desenvolver sua nova concepção de teatro. Não para o Soleil, que tocou nisso de perto mas que permanece no teatro, após ter aberto o caminho da história para as mulheres-*clowns* muito antes do aparecimento de Annie Fratellini. Mnouchkine sentirá esse parentesco quando disser muito mais tarde aos artistas dos Arts Sauts que eles são "primos próximos".

Pois, após *Os Palhaços*, e fortalecido pela energia do circo – do grande picadeiro do Cirque d'Hiver onde, depois dos ensaios noturnos de *A Cozinha*, é preciso guardar os elementos do dispositivo no meio dos animais, dos atores-malabaristas que enfrentaram o desequilíbrio com os objetos de *A Cozinha*, dos atores-*clowns* que, segundo J. Derenne, "mergulharam inteiramente nus na criação" –, o Théâtre du Soleil continua a explorar seu caminho. Ele sabe agora duas ou três coisas: que esse caminho requer um lugar apropriado, um trabalho exigente e comum sobre uma forma, um reexame da questão do lugar do texto e do autor. Ator-autor/autor associado? Mnouchkine definiu assim, desde 1970, duas vias para o Soleil, ambas pertencendo ao domínio da criação coletiva: "Eu espero que nossa experiência nos conduza a uma linguagem, a uma eficácia. O teatro é o que nós, atores, podemos fazer melhor. Eu estou convencida do seu valor, não na sua forma atual, pois ele não tem lugar real a não ser que participe do conhecimento, que se torne um certo modo de informação, de esclarecimento, jamais de cultura. O que precisamos buscar é a maior clareza possível e, igualmente, uma mudança de costumes e hábitos. Seria preciso que, uma vez por todas, os arquitetos, os diretores, os autores e os atores cessassem de querer fazer sua 'obra-prima'. Seria preciso que a criação escapasse a uma ou outra pessoa. Creio que, diante desse problema, cumpre assumir uma atitude absolutamente violenta e radical. É, aliás, o que nos incita, ou melhor, me incita, pois não é a opinião de todos os membros da Companhia, a não mais me interessar pelo repertório dramático existente. Eu gostaria que houvesse no Théâtre du Soleil autores dramáticos que trabalhassem inteiramente conosco. Talvez cheguemos a isso"[50].

◂ Os Palhaços.
Entrada enérgica de J. Derenne pela passarela, peruca ao vento, os braços enrolados em uma estola de plumas que os alonga.

1

CAPÍTULO 1
DESTINO

> Um espetáculo popular é um espetáculo belo, legível, que fala de algo importante e que concerne às pessoas.
> ARIANE MNOUCHKINE[1]

> A gente fazia arte, fazia arte popular, era feliz.
> VOZ EM OFF DA RECITANTE EM *OS NÁUFRAGOS DO LOUCA ESPERANÇA*

> A gente inventa o teatro, esse continente misterioso sempre a redefinir que é para mim o teatro, descobre a todo instante arquipélagos, margens que outros com certeza já abordaram.
> ARIANE MNOUCHKINE[2]

> Tivemos de guardar a cor dos nossos sonhos
> Arriscando frustrar a esperança de alguns.
> Perdoe-nos, Público, pois as festas são breves,
> Nós nos esquecemos daquilo que te lembras.
>
> Amanhã, tu sonharás talvez como nós
> Que a beleza do mundo ainda está por vir
> Que tu e eu esta noite procuraremos o gosto dela
> Que tu somente podes me ajudar a descobri-la para ti.
> PHILIPPE LÉOTARD[3]

Após *Os Palhaços*, Mnouchkine viu que o "famoso público popular", mesmo em derredor de Avignon, não era o que ia vê-los. Ela diz: "E ele não virá, o que quer que façamos, numa sociedade como a nossa.

▲ A Cartoucherie quando da chegada da trupe do Soleil em 1970. Foi aqui que ensaiaram 1789 antes de apresentá-la em Milão, a convite do Piccolo Teatro.

▼ As obras no fim de 1970, após a apresentação na Itália. Sobre o andaime central, J.-F. Labouverie e M. Toty. Em pé no centro, R. Moscoso.

É preciso agora parar de fazer de conta [...] Eu creio que um ator faz teatro mais ou menos pelas mesmas razões que as pessoas vêm ao teatro. Deveria haver aí um encontro e ele não se produz [...] O teatro é um prazer, é uma tomada de consciência, é o contrário de uma fuga [...] Sente-se de fato que o teatro ou vai acabar por simplesmente exprimir, cada vez mais suntuosamente e com mais e mais talento, o desespero e o apodrecimento de uma sociedade como a nossa, e aí vamos parar, não diremos mais nada, ou, se ele conseguir reencontrar as raízes que são suas, achará outra coisa a dizer"[4]. Constatação radical: é preciso buscar o encontro com um novo público, é preciso reencontrar as raízes do teatro.

Artesãos-Companheiros

Esse é o balanço, ao termo de sete anos de uma aprendizagem dedicada à organização progressiva de uma trupe cada vez mais numerosa, cuja composição flutua (chegadas, partidas) em torno de um núcleo fixo. Enquanto criava seus espetáculos, a trupe se dedicou à formação dos atores longe de qualquer conservatório – instituição que suscita hoje, como ontem, extrema desconfiança da parte de Mnouchkine –, à da diretora, que experimentou diferentes maneiras, à de uma equipe técnica e aos diversos modos colaborativos de vida e de trabalho nos figurinos, cenários etc. Tudo foi feito na prática, a partir de encontros (os novos são, no mais das vezes, recrutados pelos antigos – amigos, parentes), da experiência de diferentes palcos, recusando o teatro tal como é praticado, sua estética e seus modos de funcionamento. Longe de toda forma institucional. Longe também de toda arregimentação. O Soleil é sem dúvida um lugar atravessado pelos conflitos políticos pós-68, em que comunistas, maoístas ou próximos desses movimentos procuram pregar suas doutrinas. Mas o teatro político que o Soleil pratica não é um teatro de ideólogos, e, se o marxismo é utilizado como meio de análise, a política no Soleil é sempre festiva – uma festa mais ou menos séria –, construída em torno de sonhos ou mitos comuns, numa busca da felicidade. Certos críticos de esquerda acham, depois de tê-lo incensado, que o Soleil "não é comunista o bastante". Mnouchkine comenta em 2011: "Começavam a me dizer que eu não tinha carteira. Seja carteira profissional, seja carteira do partido. Eu disse bem depressa que não teria carteira". E ela acrescenta: "Seria interessante ver quantas trupes foram ressecadas pela ideologia ou destruídas pela droga. Havia dois inimigos naquela época, eu acho: o sectarismo e a maconha. Tivemos a sorte extraordinária de escapar deles".

A ideia do teatro popular sustentada pelo movimento da descentralização é, sem dúvida, retomada pelo Soleil. Porém, com nuances importantes: um olhar crítico acerca da ausência real desse público nos teatros, a afirmação (que é primeiro uma intuição, antes de tornar-se uma convicção) de que a trupe é o fundamento do teatro, o equacionamento teatro popular = grande trupe permanente, a abertura do conceito de arte popular às obras-primas do cinema norte-americano e aos teatros orientais, que Mnouchkine caracteriza como "sofisticados, poéticos, metaforizados e musicais". Cumpre dizer também que a história da ideia de teatro popular na França soluçou muito sob o choque dos doutrinários – o "tribunal" da revista *Théâtre populaire*, por exemplo, intimou Jean Dasté "por ter-se tornado culpado de uma encenação desviacionista de *O Círculo de Giz Caucasiano* de Brecht"[5] – ou sob as tomadas de poder egotistas e sucessivas de uns e outros que, para açambarcar um rótulo, esqueciam às vezes os que os precederam. Aqui acontecem dois movimentos paralelos, de ordem diferente, profundamente ancorados no concreto da vida quotidiana de artistas e técnicos do Soleil: o sinuoso, empírico e frutífero encontro com a história do teatro e a construção, na borda da cidade, de uma ferramenta destinada a realizar os sonhos, um "lugar-teatro" criado do zero, evolutivo, sem equivalente na história ocidental, destinado a reunir todas as artes e ofícios do palco e a permitir a criação a serviço dos atores e do público.

Uma Linhagem. Encontrar Progressivamente Seu Lugar Numa História

A relação com a história não é a preocupação do jovem Soleil. A época não é favorável na França a esse gênero de questionamento. Trata-se de inscrever-se no presente, no imediato, na invenção de tudo o que é possível. Mas bem depressa laços de "família" se tecem, imperceptíveis: assim, certos atores da companhia, como Hardy, Demeyer, Brossard, Guertchikoff vêm da escola Dullin, J.-C. Penchenat do conservatório de Nice, o que poderia levá-lo a não querer integrar o Soleil, mas ele

Criar uma confraria de atores. Desde o começo percebi que o problema era esse.
Jacques Copeau[6]

frequentou a escola Lecoq, os cursos noturnos no ateliê de Monique Godard. É com Alfred Abondance, companheiro de Dullin, encarregado da música de cena no Ateliê, e que trabalhou com atores de Jean-Louis Barrault[7], que os atores do Soleil aprendem a cantar. E depois a perspectiva é mais ampla. É sem dúvida com Lecoq, *outsider* no mundo teatral francês, em parte herdeiro de Copeau, que Ariane pôde fazer uma síntese intuitiva dos tesouros da Ásia que ela observou e do trabalho prático do corpo e da máscara. A passagem pela escola Lecoq lhe ensina que aquilo que ela viu em sua viagem não é somente asiático, que o teatro oriental é, em primeiro lugar, teatro, antes de ser exótico, que o País do Teatro de sua utopia ultrapassa as fronteiras. Aliás, muito rapidamente os estrangeiros chegam ao Soleil: Mario Gonzalès faz marionetes, dança e vem da Guatemala; Fabrice Herrero chega da Argentina com Maria Casarès, que passara um ano lá.

A Cartoucherie
Fora de Paris, no bosque de Vincennes, é preciso viajar para chegar lá. Uma perua da Prefeitura de Paris entrará logo em funcionamento. Depois o Soleil comprará uma.

A jovem trupe não cessou de se formar no processo de pesquisa que os ensaios representam, de se exercitar com Mario Radondi, que os seguirá na Cartoucherie, e de se cultivar: na Cinemateca, aonde os conduz a cinefilia de Ariane, ou no Théâtre des Nations: "Com meus companheiros de trabalho", diz ela, "íamos ao Théâtre des Nations como a uma enciclopédia. Íamos aprender. Às vezes discordávamos, mas aprendíamos. [...] O Théâtre des Nations dava estímulos[8]". E tinha toda a efervescência daqueles anos: Jorge Lavelli, o Living, o Bread and Puppet, os balés de Maurice Béjart, a atuação de Casarès, Peter Brook, que funda em 1971, em Paris, o CIRT (Centre International de Recherche

Théâtrale), Ronconi, Dario Fo, Jerzy Grotowsky, cuja pesquisa irá observar, por um curto momento, um dos atores do Soleil, J.-P. Tailhade.

Mnouchkine não é atriz, ela se vê muito depressa como diretora, mas é capaz de subir num palco, de substituir J. Derenne, vítima de um acidente em Londres, em *1789*, ou ainda M. Azencot no papel de Madame Pernelle (*Tartufo*); ela atua em *Le Legs* (O Legado) de Marivaux, em 1972, sob a direção de J.-C. Penchenat, e ensaiará o papel de Clitemnestra em *Os Atridas*.

Conquanto não tenha sido assistente de nenhum diretor, Ariane viu, avaliou, julgou, em função de seus gostos e intuições: as encenações congeladas de *Maria Tudor*, *Cid*, *Príncipe de Homburgo* por Jean Vilar não a satisfazem, mas ela admira o "grande diretor" que R. Planchon foi nos seus inícios e que, "quando trabalhava com René Allio, fizera o teatro francês dar um salto, a ponto de que se podia imaginar algo equivalente ao Berliner Ensemble na França graças a ele (com *Eduardo* II, *Tartufo*)". O mesmo vale para Roger Blin, com *Les Paravents* (Os Paraventos), que lhe parece abrir caminhos, para Giorgio Strehler, com *Arlequim, Servidor de Dois Amos*, *Baroufe a Chioggia* (Barulho em Chioggia), depois *Os Gigantes da Montanha*, peças que ela viu muitas vezes, mas que quase a fizeram abandonar o teatro. A cortina de ferro que esmaga o carro dos atores... Essa imagem marca profundamente Ariane. "Depois de *Os Gigantes da Montanha* programados no Théâtre des Nations em 1967, eu disse a mim mesma: 'Se quero avançar, preciso sair do teatro à italiana, estou andando em círculos'. Eu acho que ele me esmagou. Pensei em parar o teatro. Depois disse a mim mesma que eu devia encontrar minha liberdade, recomeçar tudo". Momento fundador, pois essa ideia de recomeçar tudo é exatamente aquela que engendrará cada novo espetáculo do Soleil.

A filiação do Soleil a uma história, a uma "linhagem", como Mnouchkine formulará, vai construir-se progressivamente. Por certo, de início, há Vilar, de quem ela aceita todos os escritos, se não as encenações, e o peso feliz e exigente da transmissão oral a propósito do público recebida de Sonia Debeauvais, que considera Mnouchkine "a herdeira mais direta, e sobretudo a mais fiel, de Vilar"[9]. O primeiro liame cria-se no momento do encontro com essa responsável pelos "agrupamentos", depois das relações com o público do TNP, que ela vai ver com G. Hardy, que cuida, desde *Os Pequenos Burgueses*, do público e das coletividades (de início sozinho, depois com Odile Cointepas). Ambos se lembram desse encontro, em 1967, que se prolonga até o cair da noite, em que "Sonia Debeauvais não parava de nos contar coisas de Vilar, da administração, do público"

O Legado de Marivaux.
Montada por J.-C. Penchenat em 1972. A. Mnouchkine desempenha o papel da Condessa, seu companheiro R. Patrignani o do Marquês.
O espetáculo é apresentado uma vez na Associação dos Amigos do Théâtre du Soleil, durante os ensaios de 1793, da qual elementos do dispositivo podem ser observados.

1793, A Cidade Revolucionária É Deste Mundo.
Uma cena do espetáculo. Uma parte do grupo de mulheres no lavadouro, ocupadas em desancar. Sentadas: L. Guertchikoff, G. Penchenat, J. Derenne, A. Demeyer; em pé: M. Donzenac, D. Valentin.

Molière ou A Vida de um Homem Honrado (1978).
Uma parte da "linhagem" no filme. J. Dasté, cercado por M.-F. Audollent, pelo jovem Molière (F. Ladonne) e por outras crianças, entre as quais S. Bonnaud, P. Cointepas e S. Ballerini.

e no fim do qual ela dá aos jovens muitos conselhos e contatos. G. Hardy começará a encontrar pessoalmente os responsáveis das associações para lhes falar do ofício e de seu teatro de maneira que eles possam, por sua vez, discuti-lo com seus aderentes. E Vilar, ainda no hospital após um infarto, lhes dá confiança: ele convida o Soleil com seu próximo espetáculo, que será *Os Palhaços*, mas ninguém sabe ainda... Ariane será solicitada em 1979, após a demissão de Paul Puaux, para a direção do Festival de Avignon, onde o Soleil acaba de representar *Mefisto*; ela é a única capaz de retomar a tocha vilariana, mas vê o futuro de maneira diferente: ele está intimamente ligado à sua trupe e à criação.

Se, desde o começo, Ariane prestou homenagem a Planchon, pedindo-lhe que fosse presidente da Atep, ela o considera também responsável pelo extravio do serviço público, quando "ele contratou atores de cinema ou não trabalhou senão sobre suas próprias peças". Ela encontrou Dasté, "homem de uma tal ternura, de uma tal simplicidade, de uma tal grandeza de alma [...]. Ele celebrava, ele me contava, ele era comunicativo, ele contaminava". Ela se maravilha com a luz que dança no olhar dos espectadores fotografados por Ito Josué, luz que diz ter reencontrado, ainda hoje, no público de Saint-Étienne, por ocasião das turnês francesas de *Efêmeros* em 2008. Ela se lembra de G. Garran – que lhe fala como a uma futura colega e a encoraja a fazer teatro com seu bando de companheiros, pois "a solidão é a morte" –, de Guy Rétoré, de José Valverde, de Gabriel Monnet, que acolheram *Os Pequenos Burgueses*.

Hubert Gignoux, na *Histoire d'une famille théâtrale*, levanta uma genealogia que, de Jacques Copeau, passando pelos Comédiens-Routiers com suas errâncias, vai até o "Théâtre du Soleil, o Aquarium, o Campagnol, Mehmet Ulusoy, André Benedetto, Jean-Louis Hourdin e alguns outros", aqueles que "mostram que é possível retomar [a] tentativa" para dizer mais do que eles[10]. Dasté, Gignoux, Planchon (respectivamente o avô de Molière, um bispo e Colbert) estão presentes na filmagem da grande epopeia fílmica *Molière* (1976-1977) – realizada após o longo ciclo de três criações coletivas, *1789*, *1793*, *A Era de Ouro* – ao lado dos atores e membros fundadores do Soleil, às vezes já afastados

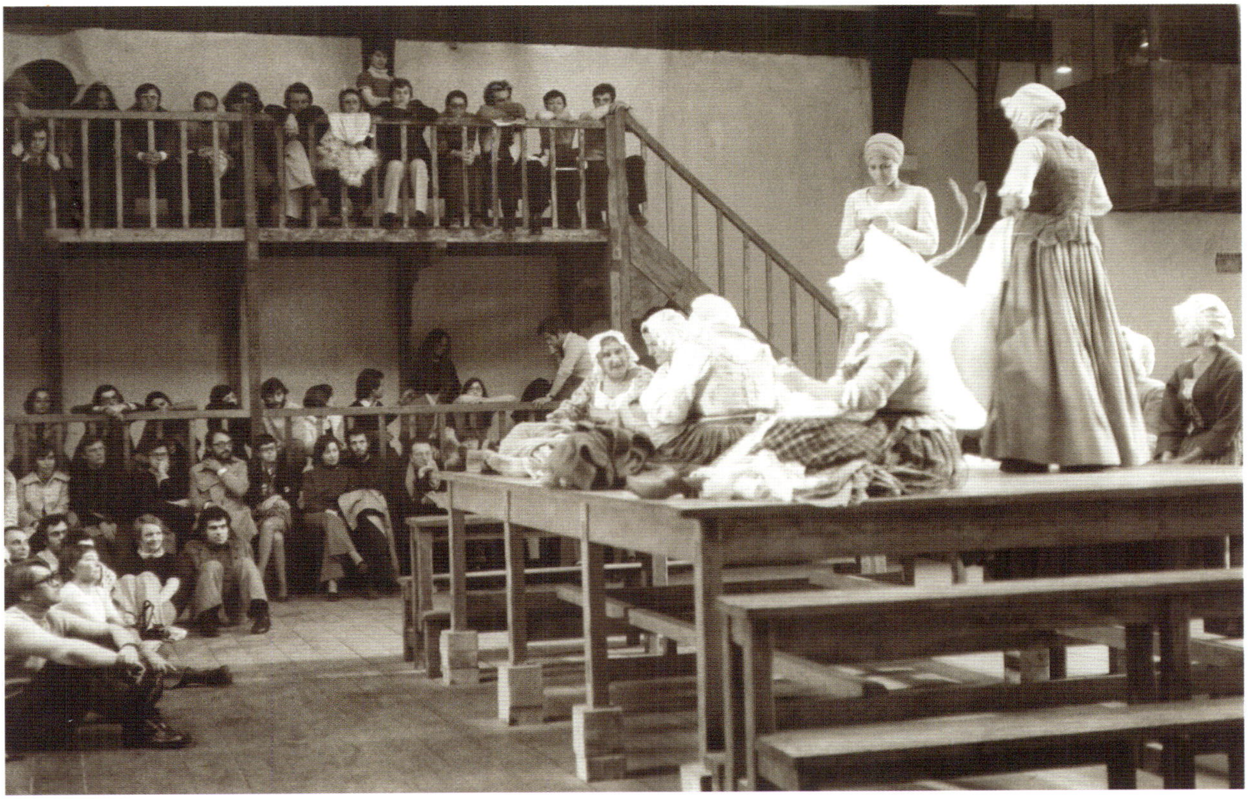

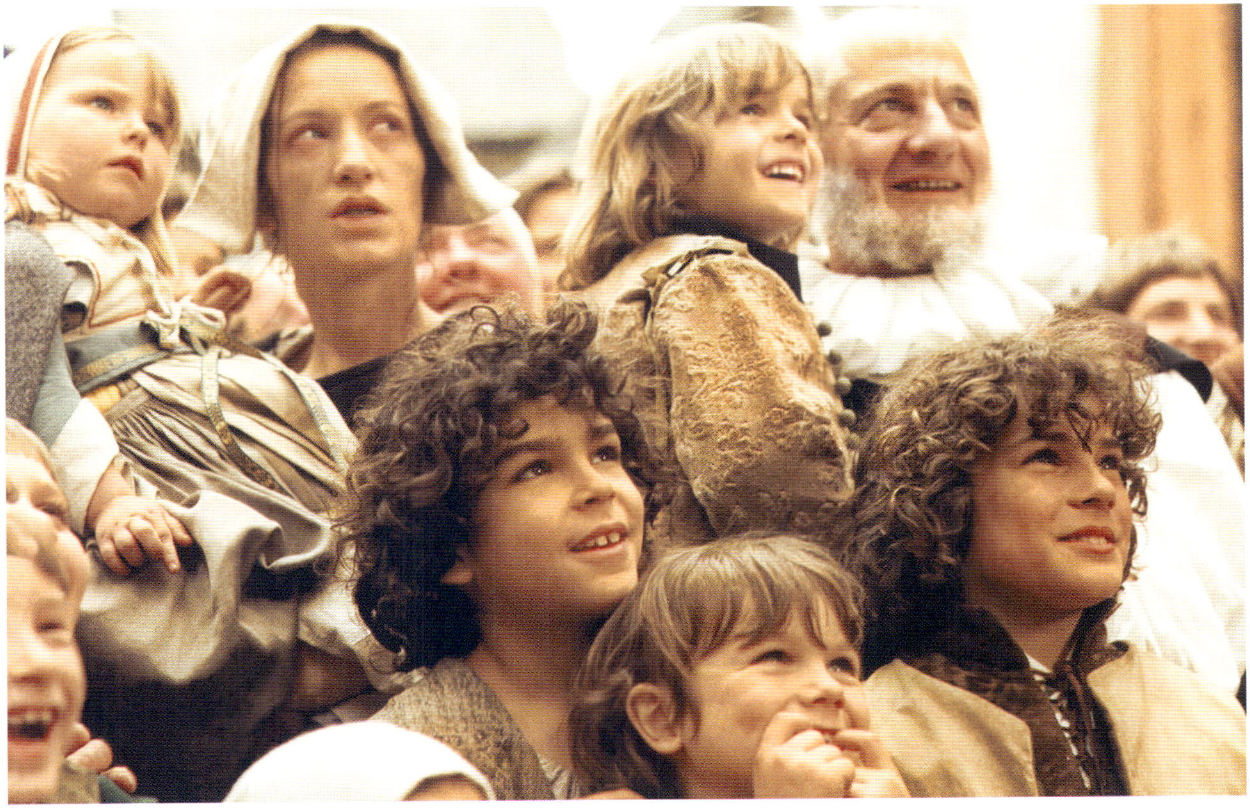

do grupo, mas que voltaram para a ocasião. Eles concretizam nesse momento essa linhagem na qual Mnouchkine posiciona o Soleil. Essa grandiosa produção filmada na Cartoucherie, transformada em estúdio, cofinanciada por Alexandre Mnouchkine, Claude Lelouch, Antenne 2 e RAI UNO[11], é uma homenagem, por meio de Molière, à ideia de um teatro popular levado por uma trupe de saltimbancos, e concretiza essa ancoragem na História[12].

Essa linhagem francesa remonta, portanto, a Jacques Copeau, e Mnouchkine o descobrirá em 1974.

> **Voz de Jean-Claude Penchenat**
> É Alfred Simon, a quem eu falava de nossas pesquisas, que evocou o nome de Copeau, de quem ele lia a correspondência com Roger Martin du Gard. Algum tempo depois, Marie-Hélène Dasté enviava a Ariane o primeiro volume de *Registres*.

Ariane mergulha então nos *Registres I: Appels*[13], publicados naquele ano pelas edições Gallimard, e em *Le Journal de bord des Copiaus*[14]. Em sua busca continuamente inacabada do Teatro, ela vai enxertar essa linhagem na visão que ela tem das tradições teatrais asiáticas: "Antes, eu tinha como mestre o teatro oriental, um continente". Ela descobre para si outros mestres – o primeiro, Copeau, o "mestre sonhador", como ela o denomina no programa da *Era de Ouro* – e ela confessa em 2010: "Quando eu os leio, quando eles estão ao meu lado, isso me conforta, me ajuda, me sustenta, me faz ganhar tempo".

Pequena Volta Atrás

A correspondência entre Louis Jouvet e Jacques Copeau em 1915-1916, enquanto o primeiro está no *front* e o outro em Limon, no campo, expõe o sonho dos dois artistas, colocados nas condições extremas da guerra: o de um teatro novo denominado "comédia improvisada" ou "comédia nova". O sonho ressalta de carta em carta, indica uma via que o teatro francês poderia ter tomado nessa época se os dois homens houvessem continuado a se entender e, sobretudo, se a paixão pela preeminência do texto no pensamento teatral francês não tivesse sido para eles destrutiva. Com efeito, como crer que Copeau, proveniente do meio literário da NRF (*Nouvelle Revue Française*), pudesse até o extremo aprovar e adotar as fórmulas iconoclastas de Jouvet tais como "seria preciso educar os jovens longe do Théâtre-Français ou do Odéon, longe dos comentários de textos, longe talvez do próprio texto! – unicamente na ação de cada peça"[15]? Seria preciso para isso o parêntese de circunstâncias terríveis em que o contexto real da vida teatral se apagasse.

Em suas cartas, Jouvet critica "a influência da escola, das aulas e de toda a literatura que se depositou ao longo [de um] texto [clássico] já muito literário", e que o resseca, o embalsama, o mumifica, assim como "o deplorável efeito da memória: [o ator] ignora a ação, perde a cena – ele não tem mais nada além do texto". Então se imaginam pesquisas a fazer sobre a genealogia dos animadores, dos bufões, dos atores italianos, ancestrais dos "farsistas modernos" que Copeau e ele gostariam de formar. Ele inventa exercícios de improvisação que ensaia sozinho em sua ambulância no *front*, descobre Carlo Gozzi que o transporta. Copeau insiste: "Nada de reconstituição, mas uma recriação", e acrescenta que a ideia de Jouvet de "manter as crianças afastadas do texto o máximo de tempo possível é admirável [...]. É de fato a mesma ideia no que concerne à improvisação como exercício para os mais velhos, tira-se o texto de sob os pés deles, como uma muleta, para ver o que sabem fazer"[16]. Esse programa, que Copeau desenvolve em suas folhas sobre a improvisação em janeiro de 1916, não será verdadeiramente aplicado, nem mesmo durante o retiro dos Copiaus em Pernand-Vergelesses, e não será bem-sucedido por múltiplas razões – o extremo autoritarismo de Copeau, seu jansenismo, seu utopismo de tudo ou nada, o fato de que ele é sem dúvida mais homem da pena que homem do palco. Mas, no inverno de 1916, Copeau frequenta o circo Medrano, admira aí os *clowns*, "artesãos de uma tradição viva", e o picadeiro como "uma área vazia na qual a imaginação atua à vontade"[17]. Dullin, no mesmo momento, põe camaradas-soldados para trabalhar no *front* em peças de Molière reduzidas a um argumento.

Essa correspondência entre Jacques Copeau e Louis Jouvet se encerra com este arrependimento: "Que trabalho faríamos nós se..."[18]. Pode-se considerar que, todos esses textos não estando publicados nos anos 1960-1970, seu espírito pelo menos foi transmitido a A. Mnouchkine por intermédio das aulas de Lecoq. Mas quando, no momento da *Era de Ouro*, Ariane lê esse primeiro volume de *Registres*, ela pode constatar que o caminho que havia percorrido até ali prosseguia as pesquisas inacabadas de Copeau e se ligava, portanto, a uma história francesa. Hoje, pode-se considerar que o Théâtre du Soleil realizou os belos sonhos de Copeau e Jouvet dos anos 1915-1916, ancorando-se ao mesmo tempo no mundo e nos problemas de sua realidade política e social. Em 2011, Mnouchkine diz de Copeau que ele é "demasiado ditatorial, mas muito inspirador". Seu pensamento deu corpo a tentativas pouco felizes de comédia popular contemporânea que se abeberasse nas formas do passado, mas o Soleil partejará personagens que, da *Era de Ouro* até Félix Courage, o patrão do cabaré Au Fol Espoir de 2010, representado por Eve Doe Bruce em travesti negro e cuja origem é Arlequim, são provas inegáveis de sua viabilidade.

Mas aqueles mesmos que a fazem descobrir os textos de Copeau e apreciam o trabalho do Soleil, como A. Simon, repetirão a Ariane que lhes falta um poeta e que precisam de textos para continuar. Como o crítico Jean-Jacques Gautier, que afirma após *Os Palhaços*: "O que se vai procurar no teatro, o que se diz? Um texto, não é?", ou Jean Dutourd que desfere: "Sem autor, o teatro não existe" – *slogans* que se repetem em centenas de críticas fustigantes a *1789* e *1793*[19]. Isso explica às vezes a violenta radicalização da chefe da trupe para escapar à tirania literária e aos conselhos de teóricos, filósofos ou pretensos dramaturgos que poderiam levá-la a desviar-se da pesquisa experimental, que Ariane, com espírito livre, pragmático e explorador, conduz com seu grupo. Ela sabe, entretanto, que o texto é necessário, e as encenações desses autores essenciais, que são Shakespeare e Molière (que Copeau reivindica igualmente), e aos quais ela adicionará os gregos, escandirão periódicos "retornos à escola" do Soleil após os ciclos de criação coletiva. Mas ela não insiste menos neles: "Eu creio tanto na improvisação, na perpétua sujeição à dúvida, no debate da questão".

A linhagem francesa, tal como o Soleil a construiu para si, integra-se em outra mais ampla, na linhagem das "formas autenticamente teatrais", segundo a expressão de Vsévolod Meierhold, cujo pensamento prático o Soleil reencontrará por ocasião de *A Era de Ouro*, como se verá, e na linhagem daquilo que Mnouchkine chamará de "as formas puras" – ou seja, uma grande história do teatro, em que a trupe irá se inscrever sem pressa, espetáculo após espetáculo, descoberta após descoberta, sem que essas jamais se tornem objeto de cópias, empréstimos diretos ou manipulações eruditas – desconstrução, hibridação. Elas serão inspiradoras, fatores de criatividade e liberação dos imaginários, no interior de quadros determinados, e favorecerão diálogos no tempo e no espaço, sempre ligados a objetivos concretos, em que a criação não

CAPÍTULO 1 DESTINO

pode estar dissociada da organização da vida de uma casa-teatro, de um espaço comum e cambiante, aberto ao mundo eterno do teatro e, por seu intermédio, ao mundo dos homens e das mulheres de seu tempo.

Um Teatro-Ateliê, uma Grande Casa-Teatro, Lugar de Todos os Possíveis

Até aqui nômade, o Soleil necessita agora de um lugar estável, que lhe permita trabalhar com continuidade, segundo as regras que a companhia se outorga a si própria, como durante as experiências da Ardèche ou de Arc-et-Senans. "O drama de um ator, em geral, é que, quando ele não representa, ele não trabalha, ele não tem nenhum lugar onde trabalhar. É como se um pianista não pudesse praticar suas escalas se não tivesse um concerto. É o caso da maioria dos atores neste país. É uma das primeiras coisas que tentaremos remediar", martela Mnouchkine. Esse lugar não pode, como vimos, ser um teatro à italiana, esse "salão na escala da cidade", segundo Guy-Claude François, mas deve apresentar vastos volumes em que se possa fazer facilmente a circulação entre as oficinas de fabricação (cenários, figurinos), palco, administração e local para acolher o público. O caso dos *Palhaços* é representativo dos problemas que a dispersão dos locais apresentou para a organicidade dos processos de criação em que tudo deve evoluir ao mesmo tempo: escritório nos Champs-Élysées, ensaios no Kremlin-Bicêtre ou em Malakoff e ateliês em Aubervilliers. O sonho de Baltard desvanecido, as Halles demolidas[22], esse lugar será a Cartoucherie.

É Christian Dupavillon, jovem arquiteto, redator de *L'Archicteture d'Aujourd'hui*, que, no quadro de uma enquete sobre novos locais de teatro, descobre esse antigo entreposto militar e contata o Soleil, sem mencionar esse lugar no seu artigo, pois ele estava muito deteriorado[23]. "Nós havíamos obtido a chave. O prédio estava relegado ao abandono. Era muito romântico, muito bonito. As árvores haviam crescido dentro do prédio diante das vidraças quebradas. Era verão", escreve R. Moscoso. O Soleil o ocupa, depois o aluga da prefeitura de Paris para concluir os ensaios de 1789. Nada predispunha a Cartoucherie, no estado em que se encontrava, a tornar-se um lugar de espetáculo; afastado de todo meio de transporte, era apenas um lugar de ensaio. Mas, continuando sem domicílio quando retornaram da Itália – um triunfo

O teatro à italiana é um espetáculo em si mesmo. É um espetáculo através do qual é preciso passar para ver o outro espetáculo.
Ariane Mnouchkine[20]

[A Cartoucherie] é um lugar absolutamente esplêndido, que ao mesmo tempo permanece modesto.
Ariane Mnouchkine[21]

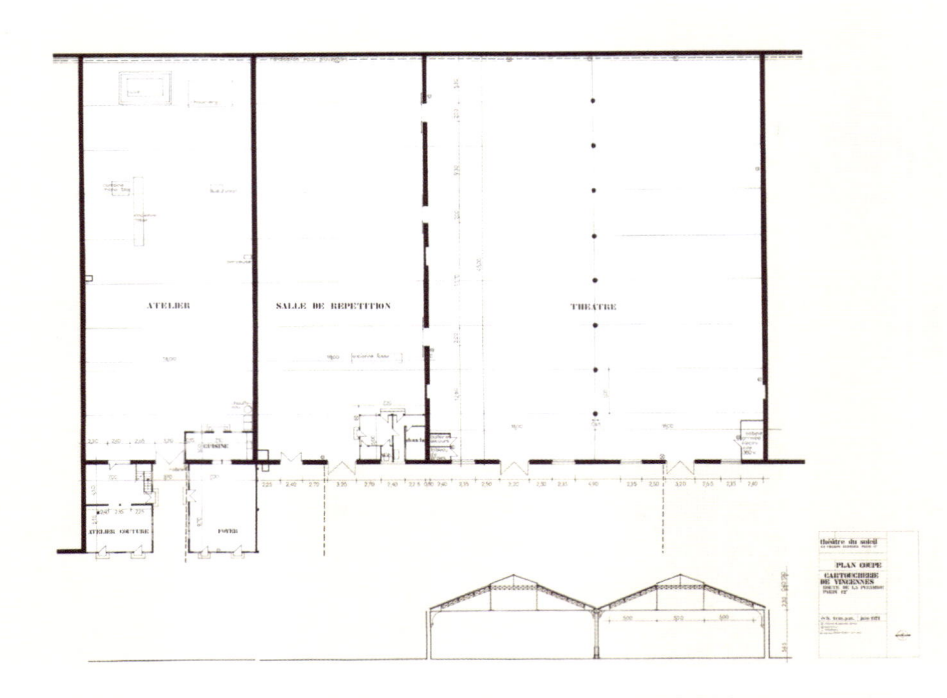

◤ Planta do Théâtre du Soleil na Cartoucherie em 1970.

▶ Planta do Théâtre du Soleil por ocasião da Indíada, em 1987. Pode-se observar as transformações que a estrutura tornou possíveis. O palco encontra-se no lugar que ocupa hoje.

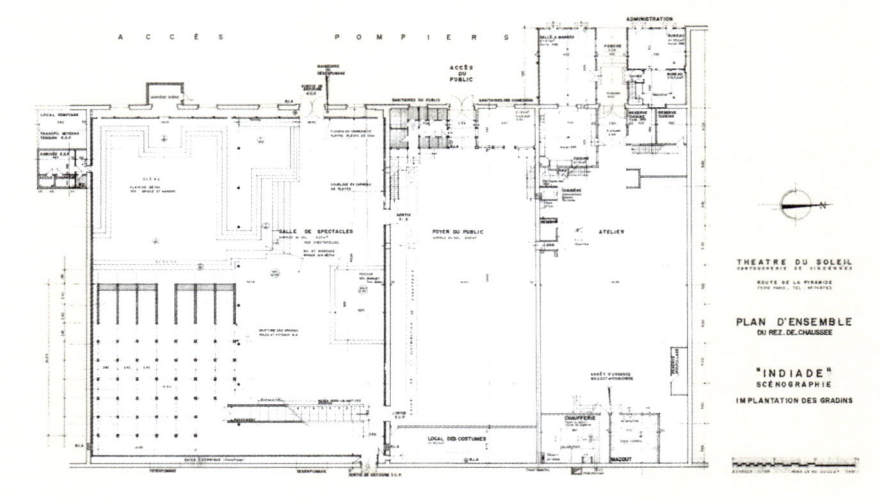

◢ Planta de E. Canto de Montserrat para Os Efêmeros (2006). Um dispositivo bifrontal — utilizado já em 1980 para O Processo de Praga — é instalado em uma das naves.

CAPÍTULO 1 DESTINO

para *1789*[24]–, moças e rapazes arregaçam as mangas e, aposta insensata, arrumam o lugar em três semanas para acolher *1789*. Christian Dupavillon é convidado a juntar-se ao grupo e trabalha com eles.

Todos sob o mesmo teto. Tudo pode circular. As naves da Cartoucherie permitirão realizar o sonho de fazer tudo por si mesmo com o mais alto grau de excelência. O sonho de uma microssociedade onde cada um aprenderá dos outros e para os outros, fazendo com que se cruzem as diferentes disciplinas das artes e das técnicas, e as nacionalidades dialoguem. De 1970 até hoje, outras companhias seguirão e povoarão os hangares – Tempête, Aquarium, Épée de Bois, Chaudron –, transformando esse local abandonado numa cidade de teatro e a fábrica de armamento em lugar de cultura[25].

O Soleil irá introduzir nesse vasto hangar, testemunho da arquitetura metálica do século XIX, com seus altos pilares de capitéis que sustentam pequenas vigas que suportam o teto e uma vidraça nesse espaço de vão livre, um mínimo de divisórias[26] para transformá-lo em "teatro-abrigo", segundo a concepção de Copeau que Antoine Vitez opunha ao "teatro-edifício" ou, como dizem os russos, em "teatro-casa": um lugar onde o trabalho doméstico, manual, intelectual, técnico, culinário, criativo e musical seja inteiramente compartilhado, em que a vida possa se abrir para a festa, o interior para o exterior, para a natureza e as rosas na primavera, e onde o espaço destinado ao público seja o mais amplo e o mais acolhedor possível. Ele será, aliás, denominado Recepção,

▼ G.-C. François no trator do teatro, o "Derruppé".

▶ *A Era de Ouro, Primeiro Esboço* (1974). Um tempo demasiado longo de ensaios e grandes obras: o solo do Théâtre du Soleil vai ser escavado. O lugar será aterrado e receberá uma base de sustentação para uma leve camada de concreto, antes da colocação do capacho de fibra de coco.

▲ Desde a primavera de 1971, para 1789, os acessos do teatro são objeto de cuidados: uma grande mesa é instalada debaixo das árvores, nas quais são penduradas guirlandas luminosas e um dossel vermelho. Uma ambiência festiva acolhe o público.

◀ Em 1972, o título do espetáculo 1793 está pintado sobre a armação da porta de entrada. Em seguida, serão letras fixadas na parede de tijolos vermelhos do foyer que indicarão o título do espetáculo. Para o Louca Esperança, ele será completado com informações do começo do século pintadas na fachada, que identificarão o Théâtre du Soleil com o cabaré do espetáculo.

enquanto o *foyer* designa o pequeno refeitório dos atores próximo à cozinha, onde estes últimos, após as primeiras obras, se reunirão em torno de enormes mesas. A Recepção ocupará a primeira nave inteira, metade da superfície do local. Uma sala de ensaios será instalada em 1981 pelo Théâtre du Soleil num edifício próximo, ao lado de um ateliê para os figurinos e outro para o escultor de máscaras Erhard Stiefel.

A organização do local faz parte da obra teatral, porquanto ela é o instrumento de realização, tanto quanto os homens e as mulheres que a concebem e a fazem evoluir. Não se pode compreender a pesquisa acerca da escrita e da atuação aí conduzidas sem levar em conta as especificidades da ferramenta que o Soleil soube proporcionar-se para avançar, fora das possibilidades institucionais propensas a induzir formatações, e que mais tarde levarão, aliás, a escapadas fora da instituição. O gesto de começar a refazer a Cartoucherie para o espetáculo *1789* é revelador de um poderoso desejo de teatro, de uma tomada de decisão irreprimível, mais que o fato de reivindicar subvenções.

O Soleil se instala fora de Paris, no bosque de Vincennes. Será que perde totalmente seu espírito nômade? Na verdade, a partir de *1793*, a trupe – com Guy-Claude François, que de diretor técnico se torna cenógrafo titular, substituindo Roberto Moscoso, que abandona a companhia – não cessa de transformar o local para conceber, a cada nova criação, novas circulações. Os espaços de François, de imaginação mais técnica, geométrica e gráfica que Moscoso, mais desenhista, expressiva e colorista, pertencem à arquitetura. Assim, para A *Era de Ouro*

▲ Durante A Era de Ouro, o treinamento ao ar livre sobre grandes colchões com M. Radondi, professor de acrobacia.

Da esquerda para a direita: M. Radondi, O. Cointepas, B. Bauchau, G. Bonnaud, P. Hottier, P. Caubère, C. Massart, H. Cinque e, no centro, J. Sutton.

◀ Ariane brinca com as crianças do Soleil.

ele utiliza o concreto, auxiliado nisso pela chegada, em 1971, de um pedreiro português, Antônio Ferreira, que será durante mais de trinta anos um dos pilares do Soleil. A casa se transforma segundo as necessidades, por meio de arquiteturas sólidas, embora sempre efêmeras, mas que deixam marcas inapagáveis no prédio. Mnouchkine constata: "A gente transforma o lugar cada vez, mas nunca parte do zero. Não se destrói tudo para recomeçar [...] Um dia, para *O Caravançará*, cortamos o palco com um buldôzer, e verificamos que lá estava o estrato dos *Atridas*, debaixo da *Indíada*, debaixo de *Sihanuk* etc. Era muito emocionante: toda nossa história estava inscrita ali. Toda trupe que tem a sorte de perdurar um pouco tem um itinerário: estamos num caminho, não fazemos apenas um espetáculo, não estamos no ocasional quando estamos no Théâtre du Soleil, estamos numa pesquisa. [...] Não esterilizamos o lugar, não fazemos tábula rasa. Mesmo se tentamos a cada vez partir de uma folha em branco, essa folha em branco vibra inteira com tudo aquilo que se passou antes"[27].

Entre as três naves do Théâtre du Soleil irá, pois, se desenvolver uma dialética entre deslocamento e estratificação, entre renovação e memória, que materializa uma concepção da história do teatro e do Soleil. Nada é considerado definitivo. E se o vasto e o vazio dominam, haverá sempre algo desmesurado e grandioso na sua gestão, algo precioso e raro na escolha dos materiais que os constituirão.

Na simplicidade, na clareza e até na universalidade desses "espaços de aparecimento" requeridos por Mnouchkine para as criações do Soleil, encontraremos sem dúvida um pouco da pesquisa de Jouvet e Copeau sobre o famoso "*tréteau nu*" (tablado nu), mas privada de seu ascetismo.

Nomadismos

Nossa maneira de agir não foi determinada por nenhum conceito ou preceito. Nosso procedimento sempre foi extremamente pragmático.
Guy-Claude François[28]

Um primeiro nomadismo se instaura no interior do lugar, onde a localização dos palcos, dos camarins, das arquibancadas vai evoluir no correr dos anos. Cada espetáculo implica um rearranjo total ou parcial do conjunto do local de representação/recepção. Pois a trupe convida o público não somente a um espetáculo, mas a um momento de vida e de arte compartilhados, onde ele deve a cada vez ser transportado para um lugar diferente, mas familiar, e poder distrair-se antes e depois do espetáculo. Assim, desde *1793*, a Recepção se personaliza, toda pintada de branco, com uma tela que apresenta em sequência diapositivos da trupe no trabalho e gravuras de época. E refeições são aí servidas quando as peças *1789* e *1793* são apresentadas no mesmo dia e quando os técnicos precisam, façanha reconhecida, em menos de duas horas, adaptar os dispositivos e o espaço, para grande surpresa do público. No momento da *Era de Ouro*, veem-se aí bandeiras festivas, um bar atrás do qual os atores servem de máscara e figurino, e um tablado armado onde Arlequim aparece para anunciar o início do espetáculo e arrastar, ao som da sirene do barco que atraca no porto de Nápoles, o público para vales de coqueiros dourados. Para realizar o espaço de encenação, G.-C. François dirige o pequeno buldôzer adquirido pela companhia e carreia os seiscentos e trinta caminhões de terra recuperada após o aterro da sala do Ircam (Institut de Recherche et Coordination Acoustique/Musique) em construção no Beaubourg, que modelada à mão desenhará as ondulações do dispositivo-paisagem do espetáculo sobre duas naves. Com *Molière*, superprodução cinematográfica, o Soleil explode fora de seu quadro e expõe seus cenários no gramado e nas ruas adjacentes da Cartoucherie. Filmam dentro e fora, tomam as refeições numa grande tenda, e numerosas cenas são rodadas no interior da França.

Em 1981, G.-C. François implanta o palco dos Shakespeares lá onde se encontra atualmente a rampa de acesso à parte traseira das arquibancadas, no local da duna principal da *Era de Ouro*. Esse palco mede dezoito metros por vinte, como quase todos os outros palcos que lhe sucederão. As duas entradas principais situam-se à esquerda do público. Os camarins, por sua vez, localizam-se à esquerda da arquibancada metálica construída então para o público (quinhentos a seiscentos lugares). Em 1985, organiza-se uma nova disposição das naves para os espetáculos vindouros, a área cênica é como que recuada: o tablado de madeira de *Sihanuk* é assentado sobre um terraço na terceira nave, que será a base de todos os palcos de alvenaria que virão em seguida até o atual. Para construir o dispositivo de *Sihanuk*, procede-se à reabertura dos fornos de uma olaria de Beauvais, capaz de fabricar os quatrocentos mil pequenos tijolos romanos que se assemelham aos materiais asiáticos necessários. É também para esse espetáculo que são fabricadas as "duplas peles" – corredor de circulação (um metro de largura) fora da vista do público atrás do palco e no prolongamento no fundo da nave mediana. O terraço do lado direito do público estende-se na direção dessa nave para acomodar o palco do músico Jean-Jacques Lemêtre. Para os espetáculos seguintes, essa parte se ampliará. É para a *Indíada* em 1987 que as

▲ E. Stiefel e É. Lemasson estão fixando na parede, acima da porta de entrada, as letras da divisa republicana: "Liberdade, Igualdade, Fraternidade", 23 de janeiro de 1998.

atuais arquibancadas de alvenaria são construídas. Um palco central de mármore branco será colocado no centro do dispositivo de *Sihanuk*, em parte conservado. E os camarins dos atores, até aqui sempre à vista, seja na recepção, seja na nave em que se apresenta o espetáculo, serão instalados sob as arquibancadas, a "casa de baixo", como diz Hélène Cixous. A partir de *E Súbito Noites de Vigília*, a segunda nave se cobrirá de centenas de budas que, pintados por uma equipe de sete pessoas[29], velam até hoje o Soleil. Para o público, a "nave dos budas" à sua direita não será jamais ocultada: aí se localizam, visíveis, o espaço da música e os camarins de mudança rápida. O solo da segunda nave é escavado, para *Os Atridas*, com fossos que abrigam as figuras de um exército engolfado, entre as quais os espectadores poderão circular.

Desde *O Último Caravançará*, o palco em concreto está a um metro e vinte do solo, e a parte de alvenaria, à direita do público na nave dos budas, se estende por sete metros e meio até sua grande porta de entrada. Extensões suplementares foram necessárias para *O Último Caravançará*: uma laje de alvenaria do lado externo do edifício, de quinze por dez metros por um metro e vinte sob uma lona. Ligada ao fundo do palco, ela serve de bastidor e depósito para os cenários. Para o *Louca Esperança*, uma extensão é construída à direita do público (estrutura desmontável) na largura da nave dos budas. Mas dois espetáculos são representados em outra parte além do palco de alvenaria: *Tambores Sobre o Dique*, à maneira de um castelete, e *Os Efêmeros*, num dispositivo bifrontal. Cercados pelas paredes da nave da recepção, estão inscritos em seu espaço fechado[30]. E bem perto, aberto a todos, o imenso ateliê, onde se é capaz de realizar os sonhos mais doidos…

Enfim, desde *Tambores Sobre o Dique*, o Soleil, repetidas vezes, transformou-se temporariamente em estúdio de cinema, escurecendo as aberturas, desmontando as arquibancadas, estendendo as plataformas de encenação, religando sala e palco etc. A Cartoucherie não é um lugar polivalente, é um lugar evolutivo, sempre o mesmo, sempre outro, que se adapta às necessidades do momento. É aí que está seu signo de reconhecimento, sua marca imediata. A imagem da carreta dos atores que inspira R. Moscoso para o *Fracasse* continua a irrigar a topografia do Soleil instalado, de maneira tanto mais forte quanto o nomadismo romântico dos artistas de teatro se enriquecerá em função de outros nomadismos e viagens, e carretas munidas de rodinhas velozes se tornarão, sobre os palcos de alvenaria, as células cenográficas de base dos espetáculos do século XXI.

▲ Preparo da Recepção para *A História Terrível Mas Inacabada de Norodom Sihanuk, Rei do Camboja* (1986). O afresco na parede do fundo, diante da porta de entrada, é de R. Moscoso.

▼ Para todos os espetáculos, na maior parte do tempo, Ariane Mnouchkine é a recepcionista; ela controla os bilhetes e acolhe os espectadores diante da porta do teatro. Na frente dela, no papel de recepcionista, Baudouin Bauchau, que foi durante quase trinta anos o porteiro gigante, silhueta inesquecível para milhares de espectadores.

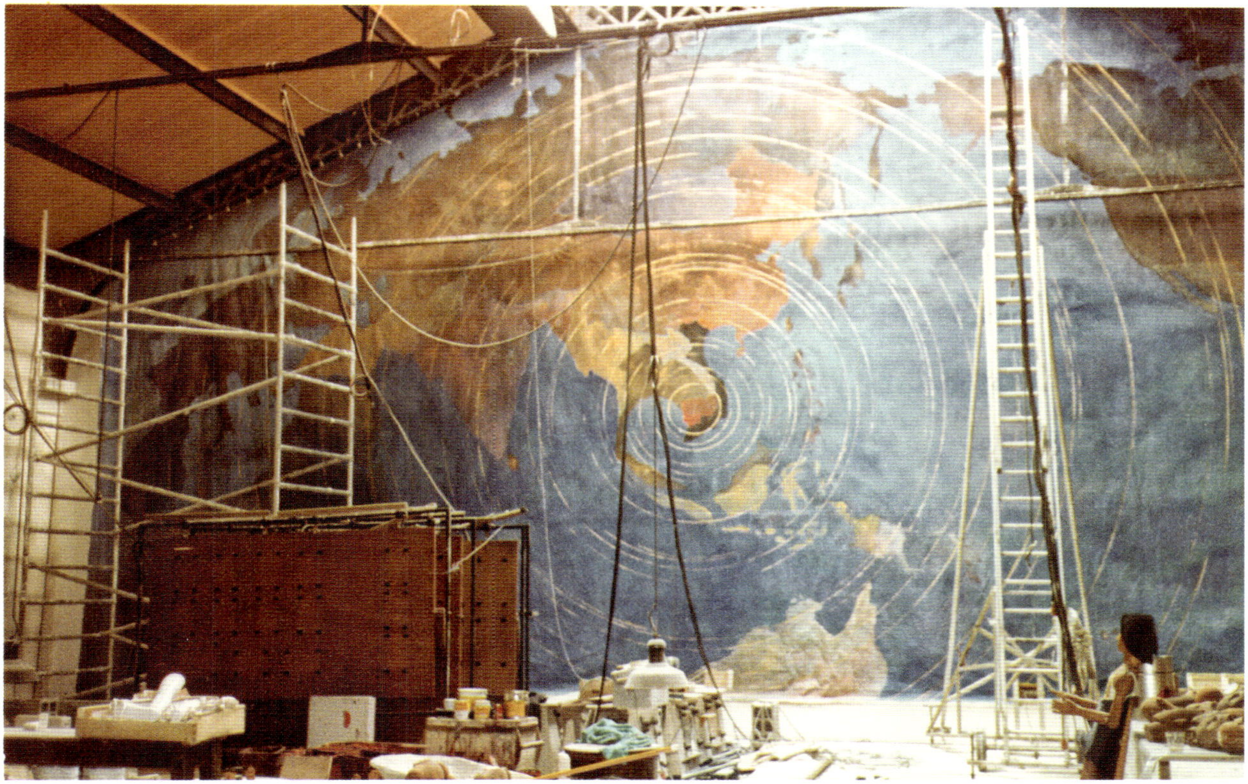

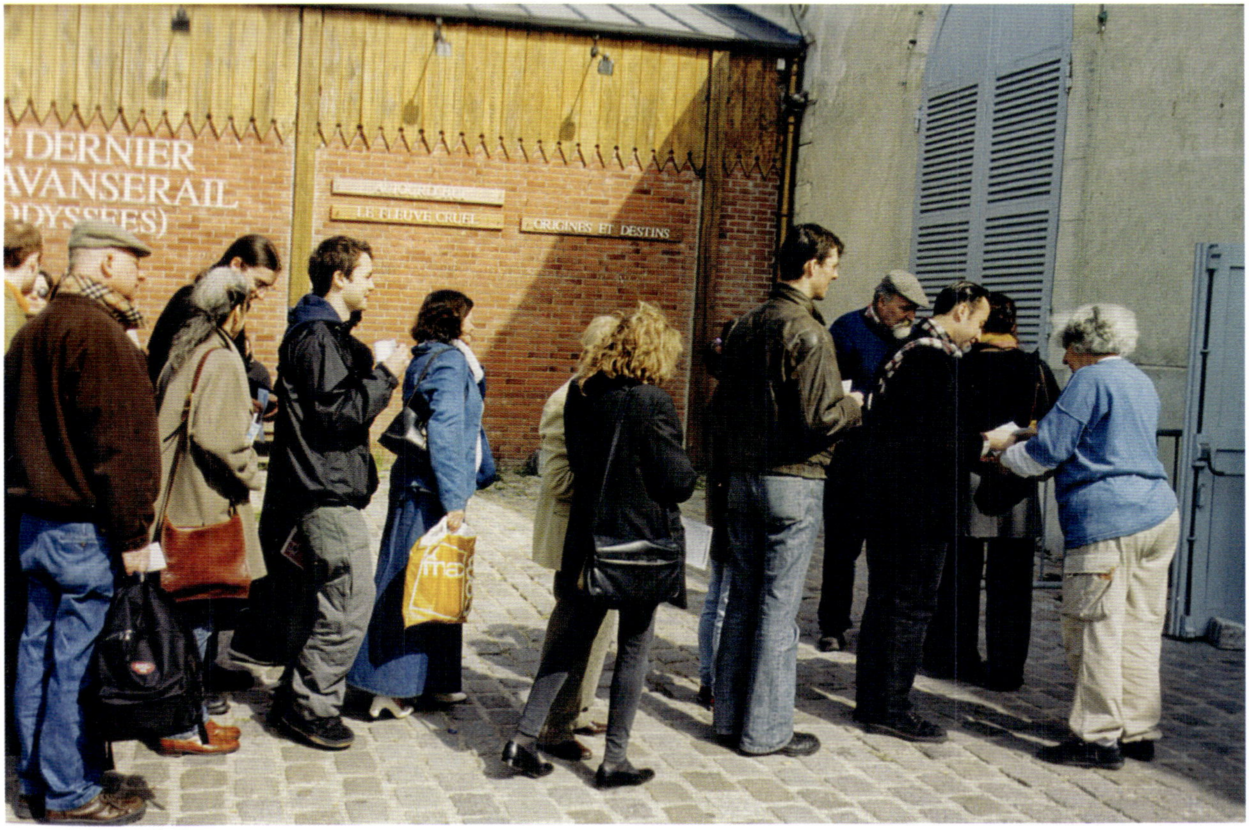

E DERNIER
AVANSERAIL
LE FLEUVE CRUEL
ORIGINES ET DESTINS

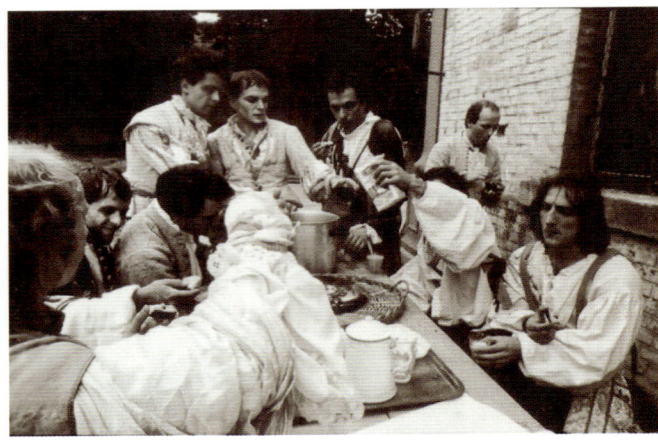

▲ Uma refeição na época de 1789 (1970). Da esquerda para a direita: N. Félix, A. Demeyer, R. Moscoso; de costas: G.-C. François.

◤ Café da manhã ao ar livre durante os ensaios de Ricardo II, primavera de 1981. Da esquerda para a direita: P. Hottier, J.-P. Marry, J. Maurel, P. Fatus, G. Bigot, J.-B. Aubertin, P. Carbonneaux, M. Durozier, P. Blancher.

Fora dos elementos reservados ao espetáculo, nada de luxuoso: a cozinha só foi refeita em 2014, graças à prefeitura de Paris, ao Ministério da Cultura e à Região Île-de-France, mas Mnouchkine está convencida: o único luxo que se deve aos atores é a duração, o tempo de aprender para trabalhar, para encontrar. E custe o que custar, ele é sempre tomado, e a data das estreias é amiúde adiada. Mas a recepção é objeto de muitos cuidados, seu aspecto é renovado, ela é repintada, decorada com novos afrescos – genealogia dos deuses e heróis do mundo grego para Os Atridas, imenso mapa da Índia para a Indíada, da Patagônia para Louca Esperança, atlas dos países incendiados pela guerra para O Caravançará, réplicas de cartazes de cinema ou teatro para o Louca Esperança ou Macbeth, o espetáculo de 2014, em que um retrato gigante de Shakespeare recobriu mapas-múndi e planisférios na parede diante da dupla porta de madeira da entrada. Os espaços de circulação para os espectadores são amplos e fluidos. Como os atores, eles podem aqui se preparar para ver o espetáculo e para viver, não uma soirée, mas um momento importante de suas vidas: o Soleil abre uma hora antes do começo da apresentação.

Já em 1968, Mnouchkine dizia: "Eu considero o teatro um alimento. Eu gostaria que o teatro desse forças àqueles que o fazem, inclusive ao público. A função social me parece evidente, na medida em que, de um belo espetáculo, você sai confirmado nas suas opiniões ou esclarecido sobre possibilidades das quais você só tinha uma vaga consciência".

O "alimento" intelectual e emocional é acompanhado de propostas de alimentos terrestres: o Soleil tem sua cozinha e seus cozinheiros, para revigorar tanto a trupe durante a criação quanto os espectadores no período de apresentação do espetáculo. A composição do cardápio

CAPÍTULO 1 DESTINO

destinado ao público se faz assim que o espetáculo está terminado, e a história da evolução desses cardápios do Soleil é altamente instrutiva, desde os sanduíches de *1789* – e uma cólera memorável de Mnouchkine porque a matéria-prima não era conservada fresca nas maletas metálicas – até os pratinhos compostos de comidas asiáticas e outras saborosas "limonadas do deserto". Acolher é saber receber com o bom e o melhor, para o prazer dos sentidos. Um bar espaçoso em que o serviço, durante muito tempo, foi feito pelos atores. Imponentes buquês de flores cheirosas compradas em Rungis, velas flutuantes acesas sobre as mesas, música, uma biblioteca ricamente provida, com exposição renovada, grandes mesas, retangulares ou redondas conforme a época, para se instalar e conversar, lamparinas e lanternas, a documentação a consultar, compõem uma atmosfera ao mesmo tempo repousante e concentrada que prepara para o que vai seguir, inspirada em teatros da Ásia, em especial em salas de *kabuki*, em estilo mais simples e menos comercial. No inverno, braseiros ardem à entrada, nos dias bonitos as mesas, os bancos e as guirlandas luminosas estão prontos para todos os encontros cotidianos e/ou festivos.

A esse nomadismo interno acrescenta-se o nomadismo externo, nacional e internacional, das turnês, essenciais ao funcionamento financeiro do Soleil. Mas a viagem está inscrita profundamente em seu modo de vida e de trabalho – viagens de estudo, estágios no exterior, viagens privadas, pela Ásia e pela Índia sobretudo, depois pela América do Sul. As primeiras turnês, e muitas outras em seguida, serão feitas sob lona[31], religando o Soleil a seu início circense. Nos anos 2000, grandes caixas de madeira etiquetadas "Soleil" são visíveis, empilhadas no

▼ Refeição em torno da longa mesa do foyer dos atores na época dos Shakespeares. É possível reconhecer L. Andreone, J.-P. Hénin, A. Demeyer, J. Maurel, J.-P. Marry, P. Hottier.

▲ No foyer, refeição dos atores durante Mefisto, na primavera de 1980, antes da realização do filme baseado no espetáculo, feito por B. Sobel.

Ao redor da mesa: C. Forget, sua mulher, L. Acouturier, J. Pibarot, N. Journo, J.-C. Bourbault, N. Félix, J. Derenne, Ariane e o cachorro Pounchiki.

hall dos budas. Dispositivos de turnês são concebidos pelo cenógrafo da trupe. Entre os projetos mais loucos: embarcar a trupe e o cenário de *Tambores Sobre o Dique* num cargueiro para uma viagem de longo curso pelos três oceanos, efetuar a travessia da França numa cópia da Cartoucherie para representar no interior do Palácio dos Esportes em Lyon *Os Náufragos do Louca Esperança*. Em São Paulo como em Taipé, *Os Efêmeros* e o *Louca Esperança* serão representados sob uma imensa tenda retangular feita de uma tela impressa com imagens do espetáculo. O desmedido não impede a viagem, apenas impele um pouco mais longe o navio do Soleil ancorado na Cartoucherie.

O Sagrado

> Vamos ter com vocês como quem se refugia sob as abóbadas perfeitas de certas igrejas: para sentir-se enfim feliz e apaziguado. Para estar alhures, mas em nós mesmos, fora do tempo e repostos em nossa eternidade.
> Carta de uma espectadora[32], 1982

Das naves da Cartoucherie estão ausentes os vermelhos e ouros que compunham uma parte do padrão ritual do teatro à italiana. Mas outros rituais foram revividos ou inventados. Rituais ligados ao trabalho: distribuição dos textos a interpretar quando as peças são montadas – para todos, atores, técnicos, pessoal da administração; ritual de chegada das máscaras à sala de ensaio ou ao palco em grandes valises especialmente fabricadas para contê-las, delicadamente postas sobre uma mesa diante de um espelho, não longe da música; ritual de passagem, da sala de ensaio ao palco, atravessando o parque em cortejo, depois percorrendo o palco preparado pelos técnicos durante muitos meses; ritual das reuniões com Ariane ou Hélène Cixous antes das apresentações… E ritos ligados ao público: o das três batidas de bastão dadas por Ariane, depois de avisar todo o pessoal do Soleil, antes da abertura solene das portas ao público, o controle personalizado em que muitas vezes é a chefe da trupe que rasga os bilhetes dos espectadores que entram. E a atmosfera de cerimônia teatral, de encontros festivos, que reina na penumbra luminosa da recepção, os atores que em silêncio se preparam misteriosamente atrás de leves cortinas e que os espectadores podem observar, curiosos e respeitosos, a dimensão do lugar, sua beleza simples, funcional, sem recusa do decorativo. "A Cartoucherie é bem mais do que um teatro", afirma G.-C. François. Será pelo fato de estar carregada de tantas vidas que aí trabalharam tanto em conjunto, de tantas marcas que são aí deixadas, que se tem a sensação de estar como que num reservatório de forças nesse bastião teatral, nesse palácio das maravilhas³³? Uma das ideias abandonadas para a peça *1793*, por ser muito cara, foi a de transformar o entreposto em igreja abandonada, de piso lajeado, da qual os *sectionnaires*³⁴ teriam tomado posse para suas reuniões.

Respira-se aqui um ar de "sagrado", próximo da espiritualidade, não da religiosidade – a menos que se compreenda esse termo no sentido próprio de *re-ligere*, "o religamento, o recolhimento de emoções"³⁵ –, e que, longe de se opor à palavra "canteiro" [de obras] que é a outra palavra-chave do vocabulário do Soleil, e às duras e desagradáveis tarefas que esta pode recobrir, vai de par com ela. Esse sagrado concerne a uma comunidade de trabalho e à decisão originária de Mnouchkine – "destinal", diria ela – de escolher o teatro para existir no seio de uma trupe constituída com base na duração, com o senso da hospitalidade que acompanha essa concepção. Isso tem a ver com

Camarins na turnê de
O Último Caravançará (Odisseias)
(Jahrhunderthalle Ruhrtriennale,
Bochum, junho de 2004). Para
cada lugar da turnê, o espaço dos
camarins dos atores, sempre visíveis
para os espectadores desde 1789,
é reinventado.

O Soleil em viagem.
A Cartoucherie foi reconstruída em tamanho natural no Palácio dos Esportes-Lyon Gerland, em janeiro de 2011, para Os Náufragos do Louca Esperança. Mais ainda, na turnê pela Ásia e América Latina, é uma "aldeia Cartoucherie" (15 contêineres) que foi instalada. Aqui, no Rio de Janeiro, na Arena HSBC (2011), podemos ver a parede de caixas carimbadas "Soleil" instalada primeiro na Cartoucherie e, depois, em cada etapa da turnê do Louca Esperança (em Porto Alegre, o Soleil reconstruiu seu espaço numa cidadezinha gaúcha).

a Ásia e os "deuses do teatro" descobertos por ocasião da viagem iniciática, assim como de outras que se seguiram e que inspiraram o modo de receber os hóspedes que são os espectadores. Isso tem a ver com a relação com o público e o "cuidado das almas" que sua acolhida implica. Isso tem a ver com a extensão dos espetáculos-ciclos que podem compor verdadeiras jornadas de teatro, escandidas por entreatos em que se pode, como no *kabuki* ou *nô*, recompor-se, beber, andar, flanar, falar – tempo completo não roubado do quotidiano, mas dedicado ao teatro. Isso tem a ver com a exigência extrema, os riscos assumidos e as responsabilidades do ator que sobe ao palco: "Diante de vocês um palco de teatro: é um lugar temível, não porque é malvado, mas porque é sagrado, pura e simplesmente"[36], adverte Ariane por ocasião de um estágio. Isso tem a ver também com esses budas pintados nas paredes e que não se deixaram destruir. "Guy-Claude era muito mais radical do que eu", confia Mnouchkine, "e queria recobri-los, pois era o que fazíamos a cada criação. Mas eu não podia, eu não posso ser um soldado chinês. E eu acho que esses budas têm um certo poder"[37]. Em 2001, os monges-dançarinos do Chan tibetano notarão a carga energética que emana deles. Esse sagrado está ainda contido no pensamento de Ariane, murmurado por ocasião do falecimento

Festa organizada durante o espetáculo 1789 na Recepção da Cartoucherie. Em torno das mesas, todas as gerações já estão presentes.

do cenógrafo, cujos despojos foram colocados, para o último adeus da trupe, em fevereiro de 2014, no palco onde os ensaios de *Macbeth* iam começar: "Ele consagrou o palco de *Macbeth*".

Esse sagrado está, enfim, ligado a uma celebração da vida dos homens e das mulheres desse tempo. "O teatro", escreve Hélène Cixous, "deve nos proporcionar nossa verdadeira dimensão, nossas profundidades, nossas alturas, nossas Índias interiores. É lá que temos uma chance de reencontrar os deuses. O ar do teatro está cheio deles. Os deuses? Quero dizer o que nos ultrapassa e arrasta, e a quem nos dirigimos cegamente. Quero dizer, nossa própria parte de divindade"[38].

Foi tudo isso que fez, pouco a pouco, desse antigo entreposto militar outrora devastado o lugar de teatro magnético que ele é hoje, um "templo sem dogma e sem doutrina (mas não sem um grande número de deuses)", como escreve H. Cixous num texto sobre *A Indíada*[39]. Resta compreender como, em que tormentos, que debates, que entusiasmos, que paixões, que dificuldades, que sucessos, ele pôde vir a ser o que é, desenvolvendo, pela tenacidade e pela fé inquebrantável de Ariane Mnouchkine, o que a determinação primeira dos fundadores aí haviam posto, fazendo com que se sucedessem e depois colaborassem gerações e nacionalidades, para uma grande obra comum.

PÁGINA SEGUINTE

▲ E Súbito Noites de Vigília (1997) O cotidiano no teatro, a cada noite: a Recepção, o bar onde se encomendam pratos e bebidas, o público à mesa no fundo, uma hora antes da representação. À direita, iluminadas pelas velas, as estantes onde se pode consultar a documentação. No fundo, o afresco de Didier Martin representa as cordilheiras do Himalaia no Tibete.

▼ A Recepção para Os Náufragos do Louca Esperança. Na parede, cartazes de filmes mudos, tratados como afrescos.

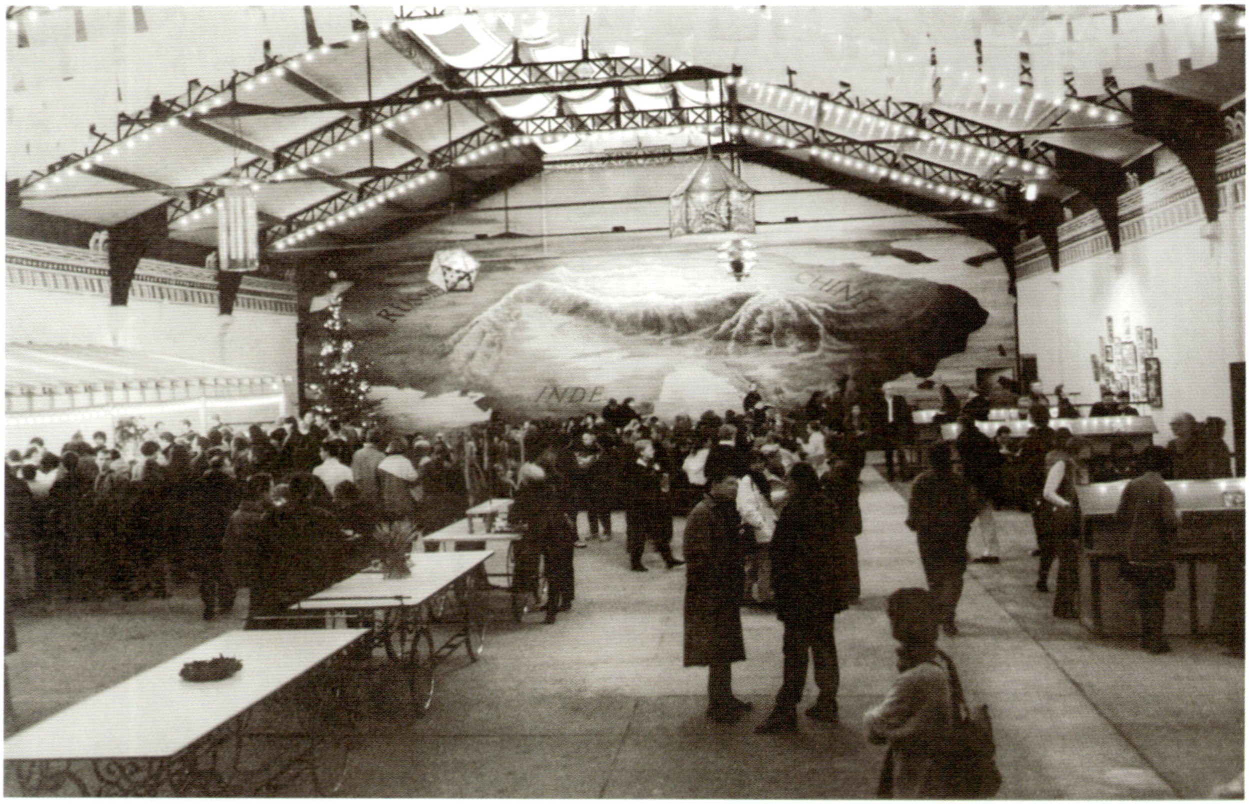
RUSSIE
CHINE
INDE

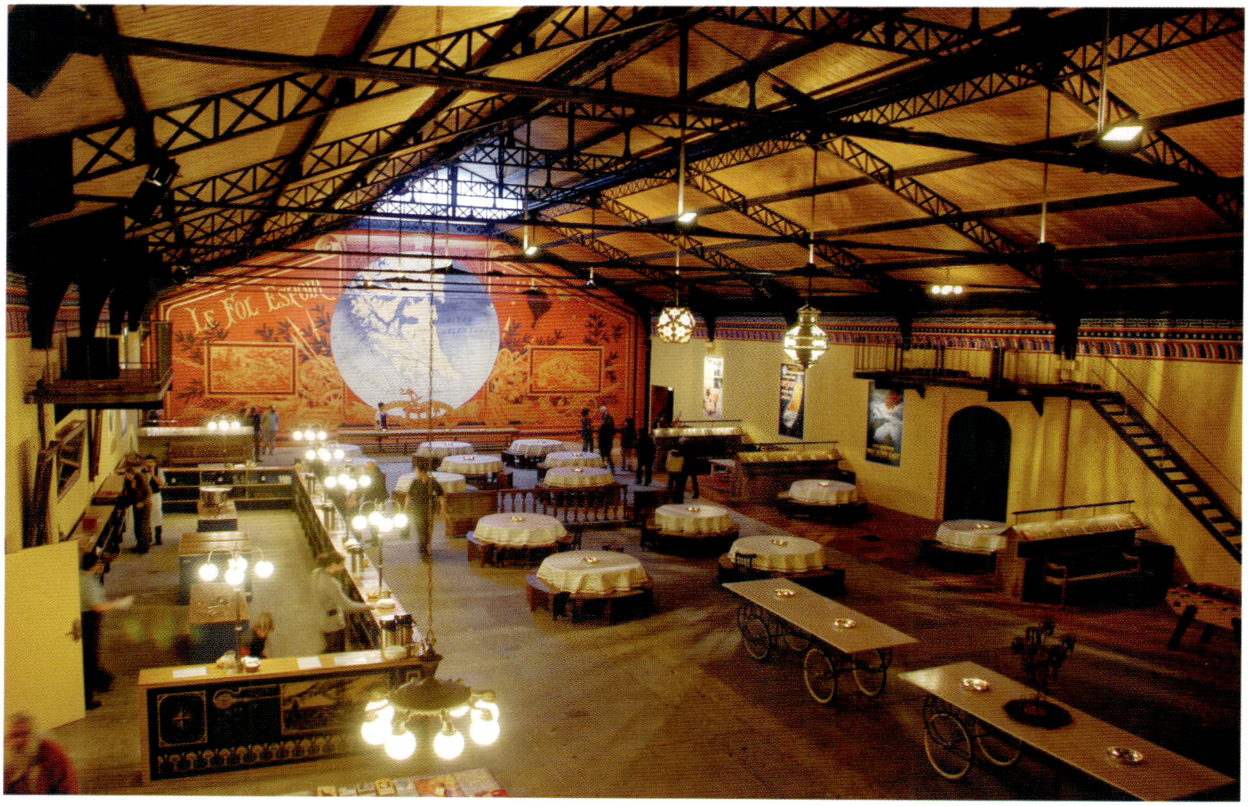
LE FOL ESPOIR

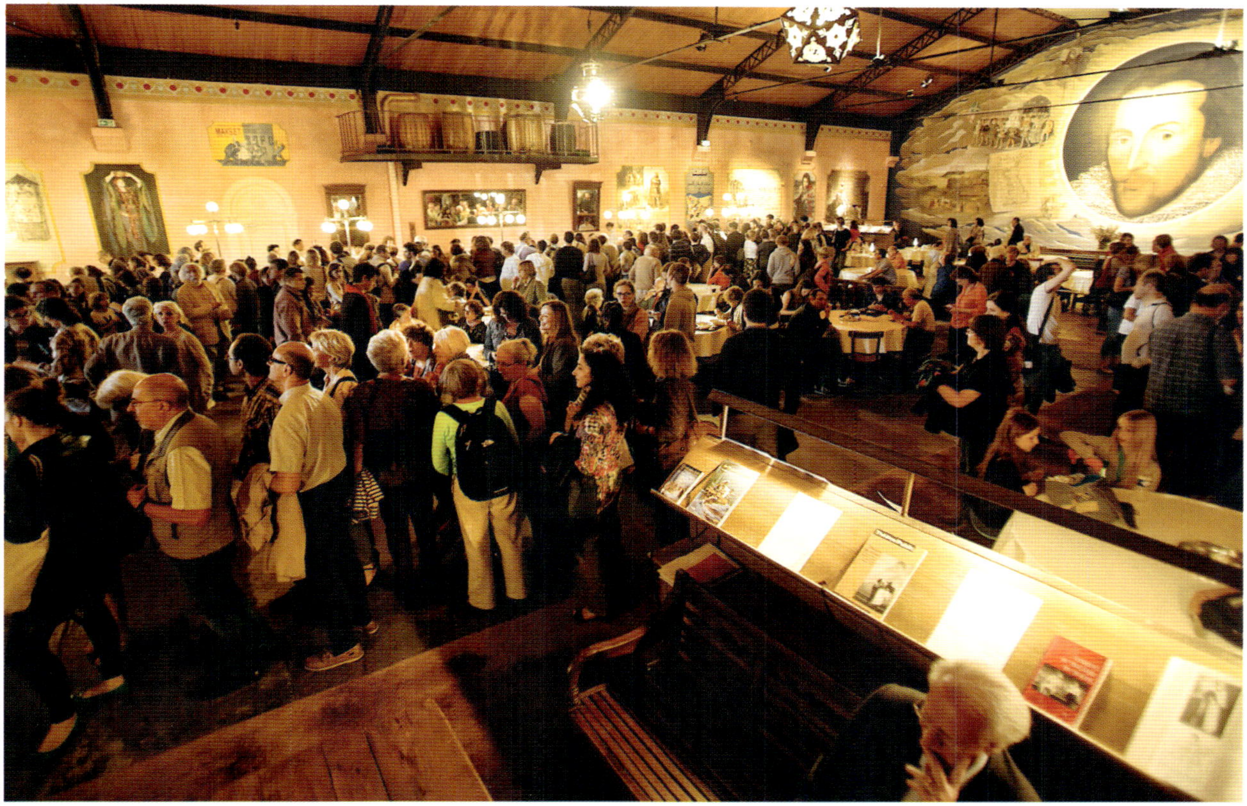

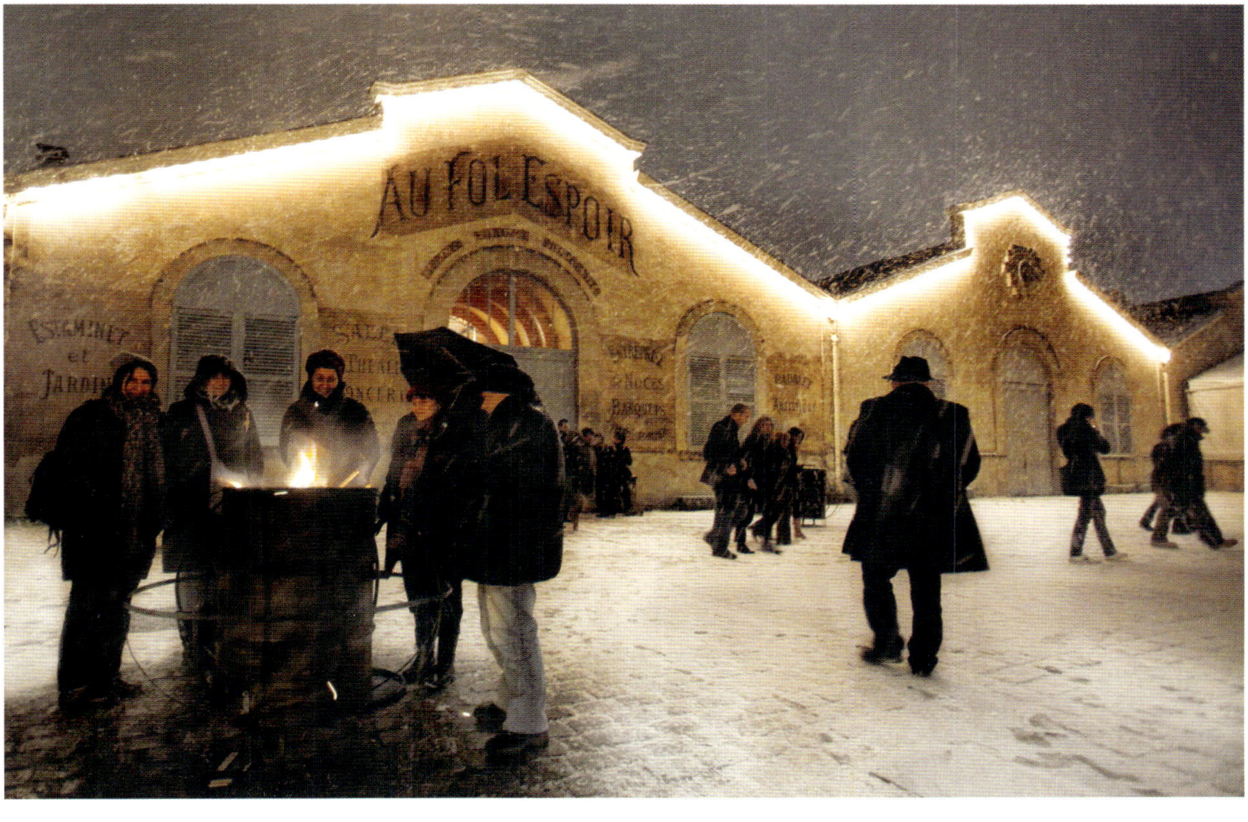
AU FOL ESPOIR

PÁGINA ANTERIOR

⬆ A Recepção para Macbeth (2014). Nas paredes, afrescos: reproduções de cartazes e retrato de Shakespeare.

⬇ Cartoucherie, inverno de 2010. Os braseiros estão acesos para acolher o público.

Um baile ao ar livre com instalação de um estrado de dança, junho de 2010. Os momentos festivos são numerosos: aniversários, visitas, apresentação do próximo espetáculo ao público, datas específicas como o dia de São João, em que as tradições iranianas e brasileiras dos atores da trupe fazem reviver rituais esquecidos na França.

Os Náufragos do Louca Esperança (Auroras). Os camarins na Cartoucherie. Eles estão, desde a Indíada, situados sob as arquibancadas. Leves cortinas preservam a intimidade dos atores antes do início do espetáculo, mas não impedem que o público se aproxime. Após o espetáculo, elas são afastadas e os espectadores podem falar com os atores. No alto, à direita, detalhe da capa de um livro de Jules Verne (edições Hetzel), pintado em pochoir por M. Lefebvre e E. Gülgonen.

2

CAPÍTULO 2
A CRIAÇÃO COLETIVA, SEGUNDA TENTATIVA, PRIMEIRO ESBOÇO

> Quando começo a improvisar, sei que tudo virá de mim, ou daqueles com quem vou contracenar, ou que nada virá.
> PHILIPPE CAUBÈRE[1]

> [A] força reveladora [da máscara] é não deixar a possibilidade ao púb ico – e ao ator – de fazer uma identificação estereotipada *a priori*, mas, ao contrário, de lhe deixar o meio de ver através da personagem toda uma classe dada na qual ele pode se reconhecer [...]. A máscara, na atuação, cria por sua intensidade e seu brilho no espaço teatral uma força mágica que convida o público – finalmente – a um verdadeiro diálogo.
> ERHARD STIEFEL[2]

Retomemos o fio da história. *O Tempo de Baal* só retornou para algumas leituras numa sala paroquial da rua Vercingétorix. Mnouchkine, no entanto, obteve os direitos da peça, assim como o acesso às suas cinco versões; a tradução é refeita, atores (como Roland Amstutz) são contratados, mas bem depressa ela desiste, e os novos atores integrarão *A Cozinha* e depois *1789*. Decepcionado, Philippe Léotard, que devia interpretar Baal, sai. Demasiado ambígua, a personagem de Baal? A prioridade não é mais, com efeito, falar de um indivíduo, de um poeta. E talvez ele tenha sido trabalhado demais por Mnouchkine e Moscoso, que em suas pesquisas de espaço para a peça rompeu o palco frontal, inventou passarelas, plantou uma tela, distribuiu a ação em diferentes palcos. E, sobretudo, é o outro caminho, o do autor coletivo, que deve

◀ As criações coletivas em torno da Revolução Francesa apoiam-se em numerosas fontes históricas. A. Mnouchkine mostra documentos aos atores, que os comentam. Da esquerda para a direita: G. Penchenat, M. Gonzalès, F. Jamet, parcialmente vestidos com o figurino.

tomar vida agora. Em meados de julho, não tendo recebido autorização para ensaiar numa das Halles, ainda que vazia, o Soleil se instala no Palácio dos Esportes em obras – repintado de vermelho – que ele aluga, batendo ao mesmo tempo à porta do Ministério da Cultura para obter uma subvenção.

1970: um Ano Agitado, um Ano Decisivo. Uma Aposta, um Desafio

Os ensaios prosseguem na Cartoucherie alugada, em fim de agosto, da prefeitura de Paris, e *1789* será representada em Milão a convite de Paolo Grassi, diretor do Piccolo Teatro[3]. O Soleil reencontra aí Patrice Chéreau, outro exilado do sistema francês, que monta *Pablo Neruda*. A estreia ocorreu em novembro no ginásio Palasporte, não longe do teatro. Cumpre sublinhar aqui que o Soleil deixou um forte traço na Itália, onde o Piccolo já havia recebido *Os Palhaços* e acolherá *A Era de Ouro*[4].

No entanto, apesar do imenso sucesso italiano, e embora o dispositivo dividido tenha sido concebido de modo a poder ser montado sobre qualquer quadra de basquete (além do fato de existir em toda parte, ela é capaz de favorecer quer o jogo coletivo, quer o olhar sobre as fases desse jogo), não há nenhuma proposta para representar, após o retorno à França. Então todos se empenham, apelam aos amigos, para arrumar a Cartoucherie, limpá-la, repintá-la, instalar sanitários, toldos para a acústica e dotá-la das normas mínimas de segurança. Solução extrema e arriscada, como se viu. No dia da estreia, 26 de dezembro de 1970, escondidos numa das pequenas barracas de madeira que se erguiam então no gramado, Mnouchkine e Dupavillon espreitam, com o coração martelando o peito, a chegada do público, e constatam que "a gente ganhou". O frio, a neve e a lama do bosque de Vincennes não impedem os espectadores de comparecer. E, impulsionada por um boca a boca contagioso, *1789* lotou a sala durante seis meses.

Ao contrário do caso dos *Palhaços*, dessa vez não se embarcou "sem munição". Exige-se todo um trabalho de pesquisa, individual e coletivo: leitura das obras de grandes historiadores da Revolução, como Michelet, Jean Jaurès, Albert Soboul[5], Georges Lefebvre, Patrick Kessel, de quem *La Nuit du 4 Août* [A Noite de 4 de Agosto] acaba de ser publicada pela editora Arthaud; aula de história de Élisabeth Brisson, designada como consultora nos créditos, visitas a Jean Massin, que fala aos atores, sentados no chão de sua pequena sala, a respeito de Michelet ou de Robespierre, excitando a imaginação deles. E encontros com Mary Meerson, a companheira de Henri Langlois, que os atende com uma braçada de filmes que exibirá para eles na Cinemateca: *Órfãs da Tempestade* (1921), de D.W. Griffith, *Napoleão Bonaparte* (1935) e *Cyrano e d'Artagnan* (1964), de Abel Gance, *A Queda da Bastilha* (1935), de Jack Conway e Robert Z. Leonard, e *O Pimpinela Escarlate* (1934), de Harold Young.

Pois como tratar essa história, cujos grandes momentos todos conhecem? É preciso escolher um ponto de vista, apresentar a Revolução Francesa não através de suas grandes figuras, mas pelos olhos do povo que a fez, que foi manipulado e traído, reabilitando Marat, o porta-voz dos oprimidos, aquele que quis "instruir o povo sobre seus direitos" em detrimento de Mirabeau ou La Fayette. A esse ponto de vista irá adicionar-se uma forma, uma orientação de representação que excluirá esse realismo cujos traços, todos, Mnouchkine não cessa de perseguir com obstinação, o que induz, para os atores, ao mesmo tempo a uma distância lúdica e à possibilidade de julgar a personagem que eles encarnam. A Revolução Francesa será representada num terreno de feira por saltimbancos. Esse *mise em abyme*[6], esse espelhamento dos atores por saltimbancos do século XVIII lembra as soluções encontradas em 1922 por Evgeni Vakhtangov, em Moscou, para montar *A Princesa Turandot*. Essa escolha está também na linhagem direta das opções populares que já caracterizam o percurso do Soleil. Mas desta vez trata-se dos "Tablados da História"[7].

Enfim, após dois meses de trabalho, percebe-se que não se pode tratar da Revolução em seu conjunto. Haverá, portanto, duas vertentes, e

Croquis de pesquisa de R. Moscoso. O primeiro para Baal em que o dispositivo inclui uma tela de cinema, o segundo para 1789 com praticáveis ligados por plataformas, que finalmente não serão mantidas. Um outro projeto não retido para A Era de Ouro incluía também uma superfície de projeção.

a primeira se deterá em 1791, no massacre do Champ-de-Mars. O espetáculo mostrará como a burguesia confiscou a revolução, mas terminará com a abertura dada por um texto de Gracchus Babeuf: "Vejamos a meta da sociedade, vejamos a felicidade comum, e venhamos após mil anos mudar essas leis grosseiras"[8].

1789, A Revolução Deve Deter-Se na Perfeição da Felicidade (Saint-Just)

Combinada com a pesquisa documental e histórica, a criação coletiva por improvisação se torna mais complicada, porém muito alegre: os materiais são abundantes, os papéis são numerosos. As personagens que emergem são ensaiadas, tentadas, abandonadas, invertidas. Improvisa-se por grupos de quatro, cinco ou mais, sobre diferentes situações históricas, tais como a Tomada da Bastilha, um debate na Assembleia Nacional, a proclamação da Lei Marcial, a fuga para Varennes, a grande farsa da Noite de 4 de Agosto, a Declaração dos Direitos do Homem, ou sobre temas ou personagens: o imposto sobre o sal, Madame Veto, os cadernos de queixas, o grande medo das mulheres, o padeiro francês, a guerra, "Não temos nada para escrever", La Fayette e a guarda nacional, o marionetista. Vários grupos se empenham nos mesmos assuntos. Apresentam, propõem, comparam, criticam, retrabalham, confrontam, adicionam ou suprimem, encadeiam, constroem. Todos estão fortemente envolvidos nesse método de trabalho coletivo, no qual se sucedem centenas de improvisações; é menos frustrante que o trabalho de *Palhaços*, em que as improvisações eram mais individuais e pessoais. E a seleção, discutida por todos os participantes que as fizeram e viram, parece mais evidente.

A encenação aprofunda as particularidades da função daquela "que conduz a criação coletiva", ao mesmo tempo espectadora atenta, benevolente e crítica, mas também, visto que o trabalho se baseia em ampla documentação em que ela seleciona os elementos que podem servir à representação, garantia da correção da leitura histórica e portadora de grande parte da responsabilidade da "montagem" final.

Uma nova figura aparece um pouco por acaso, mas no momento certo, a da "anotadora". Uma jovem estudante da Universidade de Nanterre, que assistiu a *A Cozinha* e *Os Palhaços* e escolheu o Soleil como tema de mestrado, introduzida por G. Hardy, é autorizada a assistir aos ensaios e registrá-los, com a condição de que o faça do alto das arquibancadas do Palácio dos Esportes. Ela descerá quando Mnouchkine tiver necessidade das anotações, no momento da partida para a Cartoucherie, e não concluirá sua dissertação, mas prosseguirá em seu trabalho de registro e decifração dos textos no papel, destinados a Mnouchkine, pois os próprios atores tomam nota de suas ações e falas. Na Cartoucherie, continuando ao mesmo tempo seu trabalho de anotação, ela auxilia nos figurinos, no trabalho de passadeira. "Eu me integrei à forma de trabalho do Soleil. Eu estava onde eu era útil, era a felicidade." Designada como anotadora para *1789* e *1793*, Sophie Lemasson[9] aprende o trabalho de assistente, mas só se considera realmente como tal a partir das encenações de Shakespeare, momento em que aperfeiçoa um sistema de notação manuscrita dos processos de ensaio. Interface apaziguadora entre a diretora e os atores, ela não intervém na direção dos atores. Fora dos lugares de ensaio, os atores preparam também suas improvisações reunindo-se em suas casas para comentar suas leituras ou encontrar soluções para transmitir conceitos abstratos, como a vontade geral. Como esclarecer, ir ao essencial, despertar a imaginação, descobrir a boa metáfora para esse conceito abstrato? Será uma mulher que dá à luz.

O relato claro e colorido dos acontecimentos é apresentado por contadores e retomado por saltimbancos que revestem muitas personagens e representam segundo diferentes códigos sucessivos (teatro francês, marionetes, leitura de decretos, procissões, teatro de sombras, pantomima, dança) ou humores (alegria, embriaguez), mostrando as personagens: nenhuma identificação, mas variações marcadas no jogo das distâncias, possibilitado pela invenção dos atores e pela organização do espaço.

Em seus "esboços de abordagem", R. Moscoso desenhou um dispositivo dividido em que barracas de feira se fariam concorrência: um lugar único, aquele de que falava Antonin Artaud, onde palco e sala se mesclam e onde o público é colocado no meio da ação. A ideia não deixa de ter relação com os espetáculos do Bread and Puppet, do Living Theater e, sobretudo, com a cenografia imersiva e ambulante do *Orlando Furioso* de Ariosto montado por L. Ronconi, que atores do Soleil viram em maio de 1970 no pavilhão Baltard das Halles (Théâtre des Nations), em que combates fantásticos de cavaleiros empoleirados sobre suas montarias deslizavam sobre altos e finos praticáveis de rodinhas deslocando-se entre os espectadores. Não é a Artaud que o Soleil faz referência no

1789, A Revolução Deve Deter-Se na Perfeição da Felicidade
Criado sobre uma quadra de esportes, o Palasporte em Milão, esse espetáculo constitui uma poderosa resposta vinda da França às proposições do italiano L. Ronconi (Orlando Furioso).

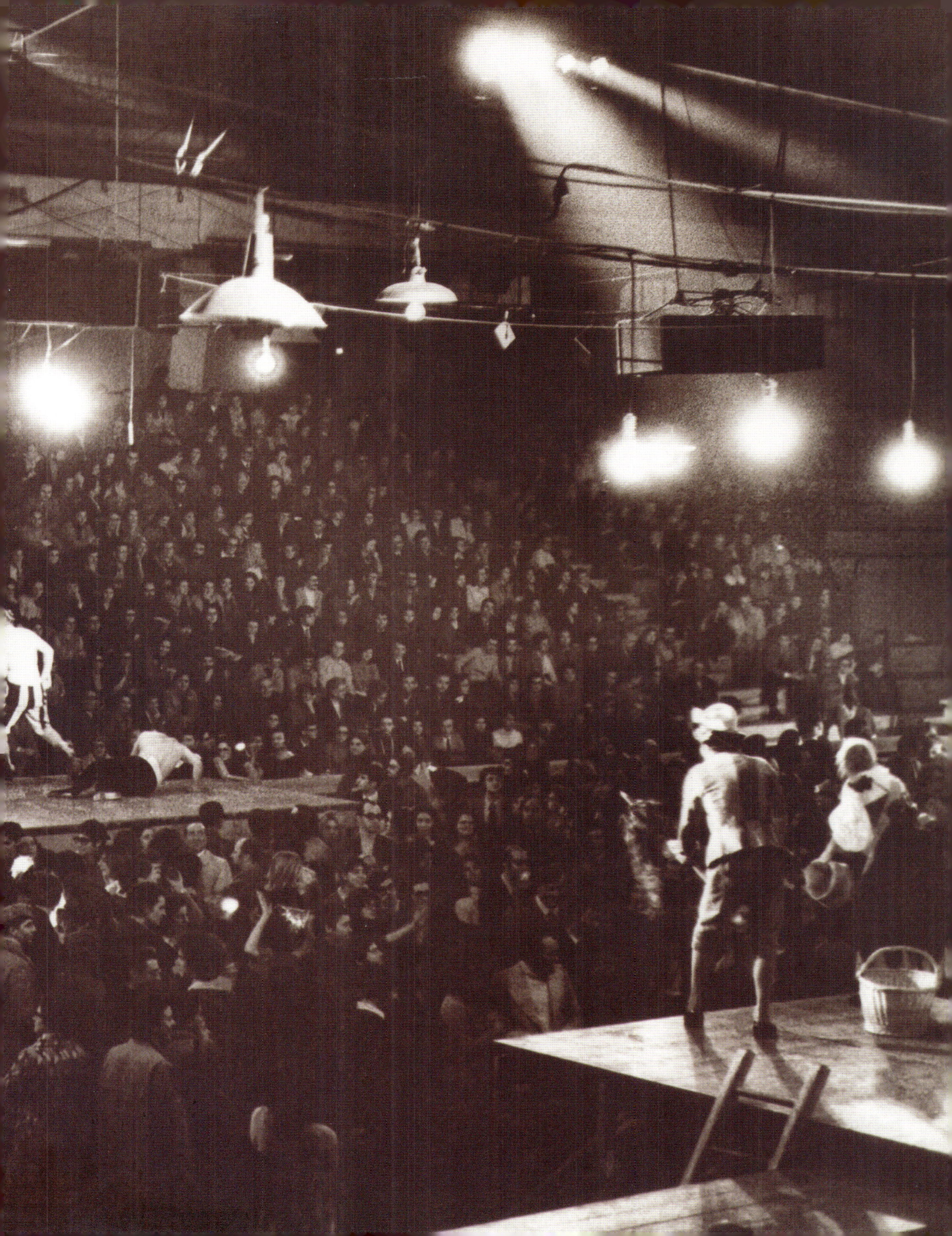

1789. Ensaios no espaço não reabilitado da Cartoucherie.

🔺 Da esquerda para a direita: Madame de Polignac (J. Derenne), Maria Antonieta (R. Rochette), Madame de Lamballe (M. Donzenac). No fundo, atores compõem seu figurino.

▶ Improvisações de R. Patrignani, J.-C. Penchenat, M. Toty.

🔺 No tablado, os burgueses aplaudem a lei marcial. Atrás do tablado está suspensa uma cortina como pano de fundo.

🔻 "A nobreza toda e os altos dignitários da Igreja, diante do desespero do povo, se tomaram de amor por ele e se despojaram de todos os seus privilégios. Foi a noite de 4 de agosto..."
Da esquerda para a direita: M. Gonzalès, J.-C. Penchenat, A. Salomon.

(Para as cenas com marionetes, ver dossiê p. 298-299).

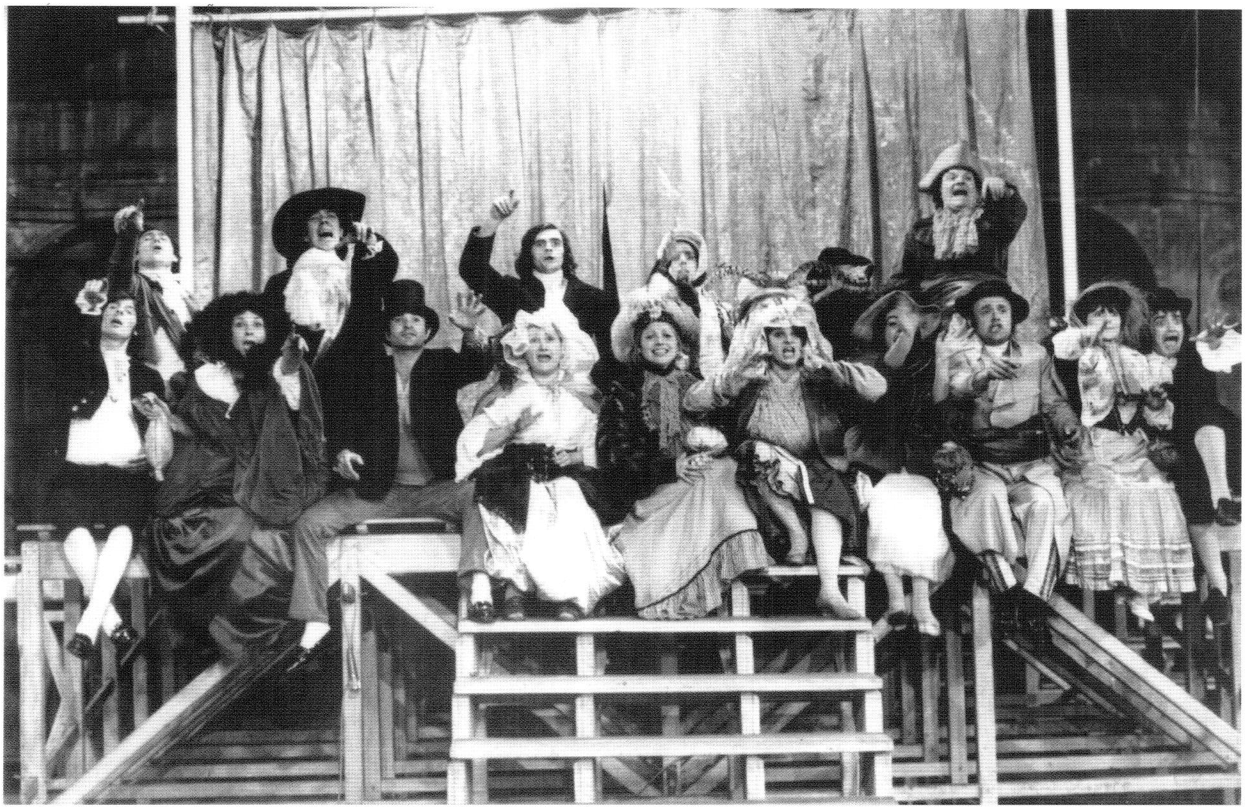

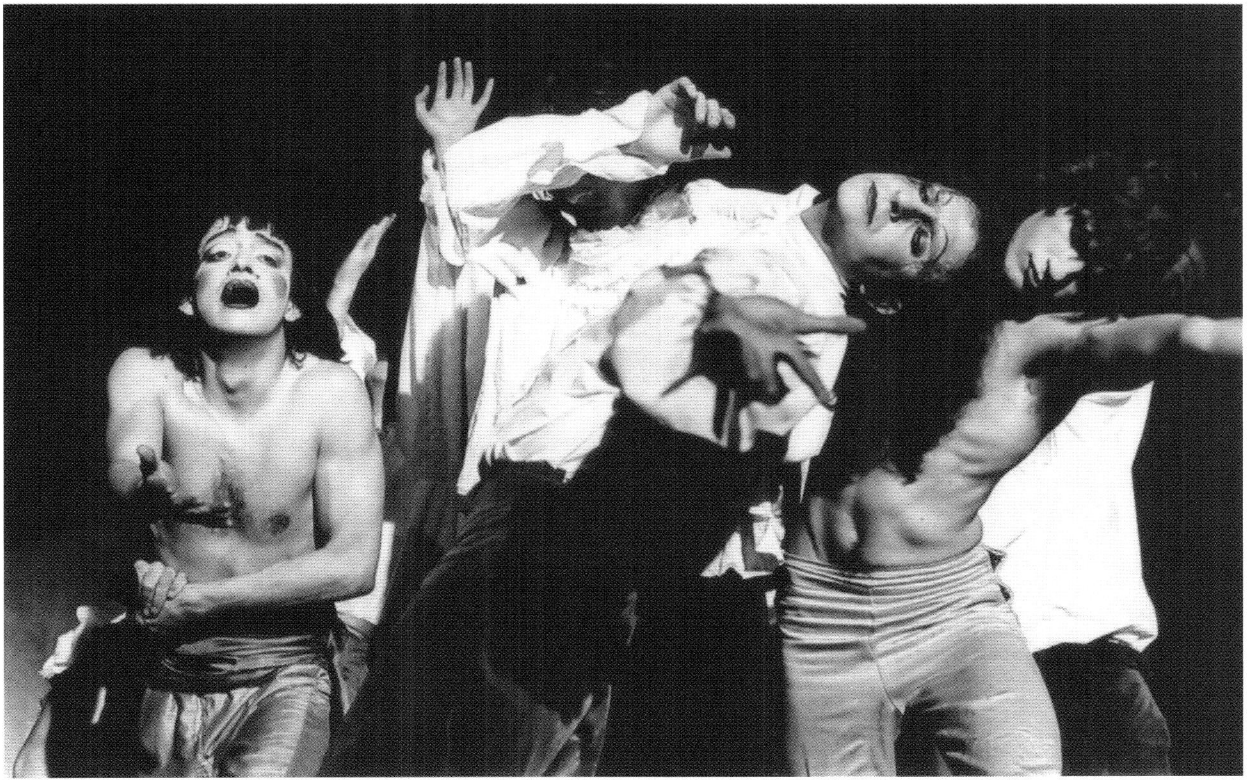

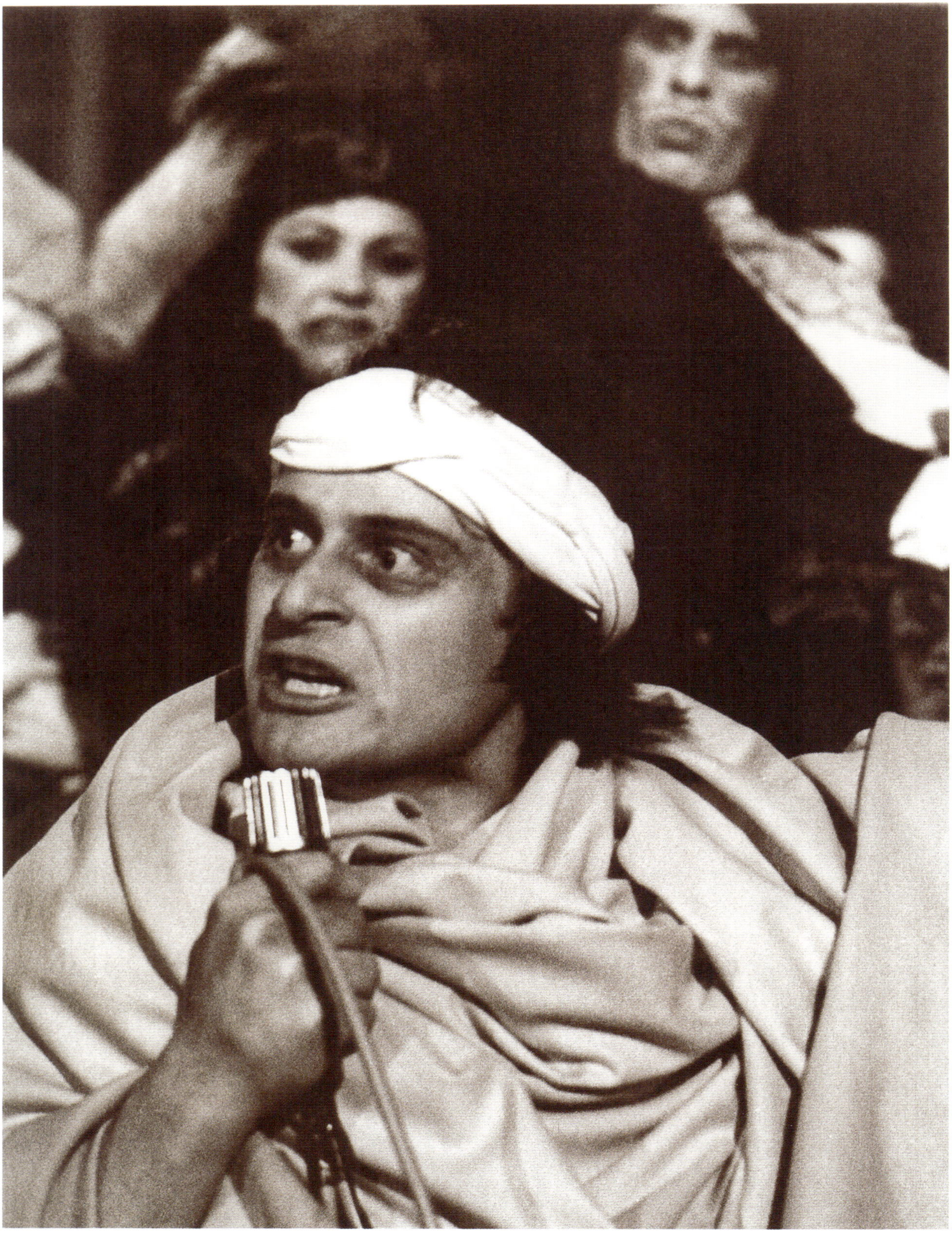

texto-programa de *1789*[10], mas a Diderot (*O Filho Natural*): "É então que a gente temeria ir ao espetáculo e não poderia impedir-se de fazê-lo. É então que, em vez dessas pequenas emoções passageiras, desses frios aplausos, [...] ele perturbaria os espíritos, levaria às almas a inquietação e o pavor [...]. Saber combinar pantomima e discurso, entremear uma cena falada com uma cena muda e tirar partido da reunião das duas cenas". Outra visão de um teatro cruel e necessário.

Num ateliê móvel instalado no Palácio dos Esportes[11], executam-se as maquetes de compensado em tamanho natural; assim, os saltimbancos terão bem depressa seus tablados e poder-se-á determinar com os atores as medidas adequadas (altura, número, superfície) do dispositivo final. Uma equipe de seis técnicos, de que fazem parte o cenógrafo e o diretor técnico, constrói em seguida cinco áreas de atuação alteadas, repartidas num espaço retangular: cinco tablados de madeira, cavilhados à antiga, de alturas diferentes e ligados por passarelas. No centro, uma plateia onde espectadores de pé poderão circular; arquibancadas situadas além da plateia acolherão igualmente o público. Esses tablados são evocados por Moscoso como "espécies de carretas com postes que permitiam pendurar elementos", telas pintadas, mas são fixas. São os atores e o público que serão móveis.

É, portanto, num processo evolutivo, amiúde flexível, apesar das restrições, no qual as soluções são encontradas coletivamente sobre o que serve de palco, que se prepara *1789*. Cumpre entender Françoise Tournafond, que dirige o trabalho com os figurinos, para compreender a partilha, a disponibilidade no trabalho. O Soleil dispõe então de um amplo fundo de figurinos de teatro e cinema: os dos antigos espetáculos, aos quais se acrescentaram as doações de uma produtora – as vestimentas de *Os Amores de Lucrécia Bórgia*, *Madame du Barry* e *As Grandes Manobras*[12] –, assim como um conjunto proveniente da Comédie-Française comprado por F. Tournafond, que servirá para a *Noite de 4 de Agosto*.

◀ 1789.
Marat, o fervoroso defensor do povo (R. Patrignani) fala ao microfone. Atrás dele, os burgueses nos leilões (N. Félix e M. Toty).

Voz de Françoise Tournafond

Eu assistia a todos os ensaios. Para esse espetáculo representado por "saltimbancos" pobres, era impensável usar coisas "novas em folha". Os atores vasculham o guarda-roupa, ensaiam, combinam. O papel da figurinista é canalizar, encontrar uma unidade, tirar tudo que era infundado e sem relação com as personagens. [...]

Alguns croquis de F. Tournafond para *1789*

Uma das mulheres do mercado, para *Daïna La Varenne*.

O saltimbanco de J.-C. Penchenat.

Eu desmanchei todas as roupas, depois remontei-as nos manequins, em grupos de duas ou três [...]. Recuperava todas as sobras, rendas, pérolas, joias. Tudo era reconstituído e tingido de novo. Quanto mais materiais eu tinha na mão, mais eu via a encenação se desenhar, mais minha imaginação trabalhava. Era um vaivém incessante entre os atores, sua atuação, a encenação e eu [...]. O fato de não estar só, criando no seu canto, mas de ter a matéria viva em torno de si abre a imaginação[13].

Um saltimbanco se apodera da roupa de *Fracasse*, como mais tarde Georges Bigot irá enfiar, para *Ricardo II*, o pequeno colete de Molière usado por Philippe Caubère, que será em seguida refeito para ele. O processo de reciclagem ao mesmo tempo artística, pragmática e simbólica faz dos figurinos camadas de memória, concebidos por e para cada ator, esboçados no curso do trabalho pela figurinista, que os faz ganhar vida no papel. Esses desenhos ajudam os atores no desenvolvimento de suas personagens sem jamais entravar sua atuação. "Utilizamos nossas referências teatrais", declara Mnouchkine, "da mesma maneira que nossas lembranças escolares, as imagens e gravuras fixadas em nossas memórias, cuja significação nós desviamos pelo modo como elas são compostas." E, com efeito, não haverá nenhuma reconstituição histórica da Tomada da Bastilha com armas, canhões e cheiro de pólvora, mas a representação de um acontecimento histórico maior com os próprios meios que inspiraram sua realização: a reunião progressiva de histórias particulares num "estrondo vocal" e gestual coletivo, capaz de "submergir a velha fortaleza"[14] – estrutura metafórica que é também a do princípio da criação coletiva, tanto no ensaio quanto no espetáculo. É a vivência do Soleil enquanto grupo teatral que dá vida à Revolução.

A montagem final das improvisações se faz segundo uma ordem cronológica, mas o princípio de construção segue a lei dos contrastes. E serão duas horas de apresentação sem descanso num lugar aberto, sem bastidores, onde, antes do espetáculo, os atores se maquilam ao redor de uma imensa mesa, à vista, diante dos espectadores fascinados, e durante a ação eles se trocam e remaquilam às pressas atrás dos tablados. Jamais, desde então, o Soleil voltará a camarins fechados, isolados.

Desde o primeiro quadro, dois atores, seguidos pelo narrador que designa os lugares percorridos, evocam ao som do primeiro movimento de "Titã", a *Primeira Sinfonia* de Gustav Mahler, a fuga para Varennes, passando de tablado em tablado pelas passarelas. "Deixai passar", diz o narrador no lugar do rei. O público de pé ou no chão se afasta. Sentados nas arquibancadas, os outros espectadores veem os atores e o público misturados. O público é assim pura e simplesmente convocado para a representação, ele se torna a Assembleia do Povo. Depois, mudança brusca: uma camponesa de quem o senhor arranca a tigela de água fresca exigindo o imposto; seu grito dilacera longamente o espaço (Geneviève Penchenat). Cenas breves, outras que duram – diálogos, cenas mudas, sequências corais em um palco ou nos cinco ao mesmo tempo.

O quadro da Tomada da Bastilha é transtornante: baseado num documento histórico, o relato pessoal de um anônimo que conta essa jornada como se a tivesse visto é multiplicado pelos atores, que compõem sua própria narrativa a partir de Michelet e a dizem no papel de saltimbancos ao ritmo da música que os ajuda a avançar em conjunto, cada qual num tablado: de início, em voz baixa para que o público se aproxime e para que lhe falem ao ouvido, depois o cochicho confidencial se infla progressivamente em ondas, a seguir em rebentações vocais sabiamente orquestradas musicalmente, até o rufar do tambor e o anúncio da "vitória do povo"[15]. A festa prossegue: luzes brilhantes, panos de fundo singelos e coloridos içados nos postes, fabricados com tecidos usados. Os saltimbancos interpretam em suas barracas os episódios da história, com malabaristas, lutadores-patriotas de torso nu e acrobatas, tochas flamantes, roda de tômbola, bandeiras agitadas, numa balbúrdia escandida por uma música de circo. Um urso treinado é segurado na coleira e circula entre o público[16]. São representadas cenas paródicas: "A emigração do conde de Artois"... Aplaude-se um tablado após o outro e os atores se fazem espectadores em meio aos espectadores. Um La Fayette azul e rosa vem proibir as manifestações públicas e é vaiado a partir de diversos lugares. A Revolução acabou? A Guarda Nacional faz com que o público, convertido na multidão de 1789, se disperse. Marat recebe dos braços do povo a Nação enferma. É a Noite de 4 de Agosto, em que os nobres, mudos, se despojam, numa coreografia expressionista, de suas plumas e penduricalhos, jogando-os no meio do público para recuperá-los quando da leitura da relação de seus objetos abandonados, a partir do praticável que lhes faz face.

Luís XVI (com indicações de cores).

Os resultados da Declaração dos Direitos do Homem serão vistos em São Domingos, debaixo de sombrinhas, dosséis e leques de plumas. Ver-se-á também as mulheres de Paris vestidas de branco e carregadas de lauréis verdejantes indo a Versalhes à procura do rei e da rainha, e trazendo grandes marionetes de três metros e cinquenta por entre o público – fazendo par ao quadro "A Reunião dos Estados Gerais", em que os atores manipulam bonecos de oitenta centímetros com a efígie de Necker, da nobreza e do clero. Após a proclamação da Lei Marcial e o desfraldamento de um pano preto em que reina a palavra "Ordem", Marat febril e apaixonado adentra o público e o interpela com um microfone: "Cidadãos, despertai!", seguido de perto pelos deputados--guardiões da Ordem, que avançam sobre ele, ameaçadores, atrás do seu pano fúnebre.

Assim, a atenção dos espectadores é constantemente solicitada, eles devem mexer-se, aproximar-se, deslocar-se quando os atores entram, com muita frequência, no seu grupo. Nesse dispositivo imersivo, o público deve dirigir seu olhar para todos os lugares de atuação possíveis, ele é amiúde surpreendido, está constantemente atento, concentra--se às vezes numa única atriz que canta, acompanhada de uma flauta transversal (Nicole Félix). Às vezes, ele deve escolher, mas sempre está com os outros – atores que representam em outro lugar, espectadores cuja presença ele vê. Dispondo de planos variados como no cinema, ele deve corresponder às visões propostas por uma mobilidade efetiva, aquela que as formas populares autorizam. Participação na euforia da festa onde se deambula de barraca em barraca, distância crítica ante os documentos, julgamento ou riso? Nessa montagem de improvisações que é *1789*, há uma busca da "construção de emoções" do espectador, que a música, nunca ilustrativa e muito presente, intensifica (Lully, Rameau, Haendel, Bach, tambores e percussões). Momentos que se inscrevem na mitologia nascente do Soleil, como esse 14 de julho de 1971, em que uma parte do público que tivera de ficar de fora por falta de lugar se pusera a dançar; e, como no interior a sala repleta sufocava, o espetáculo parou bem na Tomada da Bastilha para permitir que todos confraternizassem no primeiro baile da história do Soleil.

1789 não foi criada para a Cartoucherie, mas funcionou bem lá. A data-título está afixada em grandes algarismos acima da porta de entrada. Os atores elegeram o lugar tanto para seu trabalho como para sua vida cotidiana. Concebido a partir das quinze últimas apresentações, o filme do espetáculo, realizado por Mnouchkine, que decidirá

CAPÍTULO 2 A CRIAÇÃO COLETIVA, SEGUNDA TENTATIVA, PRIMEIRO ESBOÇO

fazê-lo atendendo ao insistente pedido externo de não deixar cair no esquecimento esse espetáculo histórico, deixa ver um pouco dessa vida. Ele será rodado em treze dias, como se filma uma partida de futebol – aposta esportiva final de acordo com as primícias de sua gênese –, com a multiplicidade dos pontos de vista encontrados durante a criação. Ele apresenta o público como parte integrante da trupe. Por outro lado, *1793* será concebida para a Cartoucherie, cuja arrumação irá começar e será historicizada. Após as imagens espetaculares, muitas vezes alegóricas, de *1789*, *1793* irá apresentar um relato mais sóbrio: a epopeia do povo anônimo dos *sans-culottes*.

1793, A Cidade Revolucionária É Deste Mundo

Agora a proposta da atuação é completamente diferente: recentrada, não espalhada. Se o espetáculo começa por uma parada na qual um condutor convoca sucessivamente as personagens do mundo antigo e na qual, ao som da *Sinfonia Fúnebre e Triunfal* de Berlioz, os atores paramentados e emplumados parecem representar de novo episódios de *1789*, o tom muda rapidamente: aqueles que narram os eventos da Revolução são *sectionnaires* de Mauconseil, seção parisiense do bairro das Halles, que durante a Revolução se distinguiu por suas moções e foi a primeira a declarar a queda de Luís XVI e a denunciar os girondinos. O espetáculo os pegava desde a destituição do rei até a interdição das seções pelo Comitê de Salvação Pública e, portanto, das formas de democracia direta.

> E ninguém deseja criar um espetáculo didático à la Brecht.
> O Soleil, entrevistado por Claude Morand[17]

Voz de Sophie Moscoso, 17 de janeiro de 1972

Em outubro de 1971 estávamos em Londres, onde havíamos retomado as improvisações da *Commedia dell'Arte* (*Os Palhaços*). Era uma readaptação da técnica de atuação coletiva. Após duzentas e nove apresentações de *1789*, os atores desgastados necessitavam desse treinamento. Depois, em novembro de 1971, partimos em turnê para Lyon. Lá, fizemos um curso com um professor de história (duas horas cada manhã, sobre o período de 1789-1795). Prosseguíamos o treinamento à tarde, e apresentávamos *1789* à noite. Em dezembro, após uma semana de férias, arrumamos a

1793

▶ Croquis de pesquisa de R. Moscoso. Imagina-se por um momento uma igreja abandonada (lajes no solo), ocupada pelos sectionnaires para suas reuniões.

▼ O público está sentado no chão, em pé ou sentado nas galerias, pernas pendentes. Os atores se deslocam de uma mesa a outra, no mesmo nível dos espectadores. A mesa é superfície convivial ou palanque, palco.

1793

◀ Croquis do dispositivo final por R. Moscoso. Três grandes mesas de madeira cuja posição desenha um triângulo (a maior mede 6 m por 2,70 m). Mesas e bancos, galerias e sistema de iluminação (300 tubos fluorescentes de 40 watts e toldos para a vidraria) que constituiu um ateliê de formação e pesquisa no plano técnico: é a cenografia que "organiza o olhar do espectador", escreve D. Bablet na revista Travail Théâtral, fevereiro de 1976.

▼ "Em 23 de agosto de 1793, o alistamento em massa de voluntários foi decretado: nessa ocasião, a seção organizou um banquete cívico." De frente, sobre o tablado, G. Hardy e N. Félix.

Cartoucherie, continuamos a frequentar cursos e começamos as primeiras improvisações de *1793*.

Houve discussões difíceis. Nada estava claro, ninguém tinha a mesma visão. Ainda impregnados do estilo de atuação de *1789*, os atores-saltimbancos não encontravam em *1793* a mesma potência de imagens míticas. Decidiram então abandonar os saltimbancos de *1789* para abordar os *sectionnaires* de *1793*. Mas, para imaginar a vida cotidiana dos *sans-culottes*, sentiram necessidade de escavar uma interpretação histórica e política. Essa pesquisa devia estar ela mesma imbricada num estilo de atuação "a inventar". Esse trabalho não havia sido realizado para *1789*. Também, cada dia, os atores se obrigaram a efetuar palestras coletivas sobre as situações particulares colocadas pela guerra, pelo clero, pelos *feuillants*[18], pelos *brissotins*[19], pelo rei, pelas potências estrangeiras, pelo problema colonial etc. Eles abordaram com profundidade a complexidade do período 1789-1795.

E ela acrescenta, em 22 de fevereiro de 1972: "*1793* marca um salto, uma evolução do grupo. Mudamos profundamente, e estamos conscientes disso. É um espetáculo de pesquisa do qual ignoramos o que ele irá ser, evidentemente. É o desconhecido, mas nunca ainda havíamos visto nossas responsabilidades de maneira tão clara. Assim como *1789* nasceu na alegria, do mesmo modo *1793* nasceu na dor!"[20].

Mnouchkine esclarece: "Queremos informar o que, na história da França ensinada, foi sufocado; dizer até que ponto, nas assembleias de bairro, o povo parisiense estava bem longe na sua concepção do poder, naquilo que ele queria fazer de sua soberania descoberta e conquistada [...]. Se formos bem-sucedidos com *1793*, ela deverá ter momentos de verdadeira ficção científica". É dizer: "[*1793*] deverá ser um espetáculo contemporâneo, falando dos inícios de nossa sociedade"[21]. O trabalho se apoia sobre as obras já citadas, bem como sobre alguns volumes da *História Parlamentar da Revolução Francesa*[22]. Ele se refere também a numerosas gravuras de época sobre os acontecimentos ou o interior dos clubes de *sectionnaires*. O grupo TEX[23] (P. Caubère, M. Lombard, J.-C. Bourbault), vindo de Marselha, é acolhido pelo Soleil como uma delegação de *sectionnaires* e integrado ao espetáculo: dois deles representarão federados marselheses. Tal como os *sans-culottes* elegeram locais abandonados para suas assembleias de bairro, os atores do Soleil ocupam sua Cartoucherie, ainda em estado de "abandono", e a teatralizam, arrumando-a para o espetáculo. R. Moscoso especifica que não se trata nem de um cenário, nem de um dispositivo, mas de uma arrumação, tornando-se o edifício deteriorado o lugar de encontro dos *sectionnaires*, assim como dos membros do Soleil – o processo reflete esse duplo movimento da vida e do teatro, do passado da França e do presente da trupe. E os debates dos *sectionnaires* sobre a igualdade e o poder ecoam suas próprias preocupações. "À época, as palavras não estavam desgastadas. A verdade de 'Liberdade, Igualdade, Fraternidade' era algo que dava frio na espinha!", diz S. Moscoso em 1972. "À época" remete ao século XVIII, mas não remete também ao pós-68? E não podemos deixar de evocar *Os Náufragos do Louca Esperança*, em que o Soleil retomará, em 2012, essas palavras fundadoras, representando-as em versão muda e escrevendo-as em cena.

Os acontecimentos só estarão presentes por meio dos relatos das figuras populares dos olvidados da história. Eles contarão suas lutas e seus sonhos: eles são a vanguarda revolucionária do povo. Às improvisações sobre as situações irá se juntar a necessidade de criar personagens: os vinte e três atores (das quarenta e oito pessoas que compõem então a trupe) têm de descobrir seu *sans-culotte*, oriundo de profissões variadas (engomadeira, cozinheira, bordadeira, gravador, padeiro, ferreiro, marceneiro, vendedora de jornais, escrivão...). Impossível pôr em cena os girondinos, eles serão tratados através de seu processo. Os *sectionnaires* de 1793 são personalizados, possuem nome, passado, profissão, convicções, grau de instrução. Trata-se de mostrar indivíduos ao mesmo tempo que a força da coletividade que eles souberam criar. As improvisações são complexas, livres de início e depois dirigidas, em conjuntos de dez ou doze, ou de trinta às vezes, porque se deve fazer sentir a força do grupo, a interdependência dos atores, e duram às vezes dez horas seguidas, num estado de concentração exigente. Os atores se repartem em dois grupos: os homens, que conduzem a luta – das ações revolucionárias e do pensamento que se constrói –, e as mulheres, apresentadas em sua vida cotidiana, a miséria, o frio, a fome. Elas enfrentam os comerciantes especuladores, quebram o gelo do tanque de lavar roupa, fazem fila para o pão. Ao coro dos homens, dos *sectionnaires*, que vai soldar-se progressivamente – do qual cada um faz parte, ou do qual é delegado – corresponde o coro das mulheres, em revolta ou no trabalho. Os dois coros se unem no momento da cena do banquete cívico em que, no dia 27 de agosto de 1793, os *sectionnaires* se encontram, antes do levante em massa, com cantos, o pronunciamento da Declaração dos Direitos do Homem e uma refeição feita em comum. As personagens se inventam em função dos materiais acumulados, cada uma é apresentada diante da trupe com sua origem, sua posição política, seu gestual específico, seu modo de falar, seu sotaque, seu vocabulário[24]. Faz-se, como para *A Cozinha*, improvisações fora do contexto da *section*. Trabalha-se com a técnica de *clown*, o que dá às mulheres a ferocidade que necessitam para sobreviver aos especuladores, com "jogo chinês", ficção pedagógica que permite afastar-se do naturalismo, utiliza-se a passagem do "ele" ao "eu", procura-se a dimensão trágica dessas pessoas simples cuja grandeza e gravidade convertem-nas em "verdadeiros príncipes e verdadeiros reis", elas são heroificadas, a seu cotidiano é conferida uma dose de estranheza. Quando os obstáculos são grandes demais, cenas de *Édipo Rei* e *Antígona,* de Sófocles, e de *Alceste,* de Eurípides, são trabalhadas. Mnouchkine tenta até filmar as improvisações em vez de gravá-las, mas desiste, pois o olhar dos atores permanece muito narcísico.

1793.
Desenho de F. Tournafond para as personagens da parada com a qual começa o espetáculo.

Para os figurinos, a abordagem difere também da de *1789*, pois as coações históricas são mais fortes. F. Tournafond cria numerosas maquetes evolutivas em função dos avanços do trabalho. Trata-se de encontrar vestimentas cotidianas que reflitam as diferenças dos ofícios, mas a documentação iconográfica reunida desta vez nos museus novamente não implica reconstituição, e a evocação é reforçada pela pátina depositada pelo uso dos figurinos (fabricados com tecidos velhos) durante longas horas.

Após ter assistido na segunda nave à grande parada da "luta dos poderosos contra o povo", em que a família real, soberanos estrangeiros, generais, aristocratas e alto clero (cujo figurino havia sido composto a partir de um acervo que a figurinista comprou do Folies-Bergère) se pavoneavam sobre um longo praticável de quinze metros por quatro, diante de uma cortina vermelha pintada por R. Moscoso. Iluminado por uma ribalta e quatro projetores, o público é conduzido à terceira nave. Ali os atores fazem deslizar as escadas de rodinhas pelas quais sobem ao praticável. O público se instalará onde quiser: num piso de madeira no centro, no chão ou de pé, sentado nas galerias que correm em torno das paredes ou nas escadas convertidas em arquibancadas. E a cortina fechada determinará o espaço da *section*. A organização cênica é muito simples: galerias com parapeitos se estendem sobre dois lados, como nas gravuras que representam as *sections*, e três grandes mesas sobrelevadas[25], rodeadas de bancos, estão dispostas em triângulo. A mesa, móvel básico dos encontros nas *sections*, é também um dos pontos em que os atores do Soleil se encontram para comer, debater, sonhar e trabalhar. Ela pode tornar-se tribuna e tanque em que as mulheres se inclinam para bater a roupa, seus gestos suscitando a existência de uma água imaginária.

A iluminação é notável: a luz do dia difundida verticalmente pela grande claraboia é recriada artificialmente, azulada quase branca; ela parece surreal nas horas noturnas da apresentação. É fruto de uma pesquisa de muitos – R. Moscoso, G.-C. François, Jean-Noël Cordier – durante as apresentações de *1789*. Lâmpadas fluorescentes com *dimmers* são instaladas no alto da claraboia, com a fonte toda escondida. As gradações de luz fazem sentir a duração, o tempo que passa, verão ou inverno, as auroras e os crepúsculos. Essa luz reforça o despojamento daquilo que se passa na *section*, se opõe à luz teatral da parada, ilumina igualmente os espectadores e os atores, que veem constantemente o público. Ela infunde tensão à representação.

Voz de Guy-Claude François, 2004

Ariane desejava restituir a luz do dia na sala, essa luz que aparece ao amanhecer após uma noite para refazer o mundo. Foi um trabalho considerável, especialmente no plano técnico, porque os aparelhos de iluminação (centenas de lâmpadas fluorescentes) e os materiais de controle (painéis) não eram adequados ao uso em espetáculos. Foi preciso inventar essa adaptação, e foi o que fez Jean-Noël Cordier, que na ocasião era o iluminador do Théâtre du Soleil. Depois, essa iluminação fez parte dos rituais do Soleil. Na época,

Cortejo fúnebre de 13 de maio de 1973

Panfleto para uma marcha contra o ministro dos Assuntos Culturais, Maurice Druon, com uma caleche puxada por dois cavalos representando o enterro da cultura (ação teatralizada realizada com a Compagnie Vincent-Jourdheuil, o Aquarium, o Ensemble de Gennevilliers, o Théâtre de la Tempête, a Action pour le Jeune Théâtre).

numerosos especialistas vieram ver essa inovação, entre eles Nestor Almendros, o diretor de fotografia de François Truffaut, que utilizou esse princípio pela primeira vez no cinema[26].

1793, "espetáculo de visionário", "relato de ficção política"[27], que acaba com o enunciado de seu destino por cada um dos *sans-culottes* – enviados aos exércitos ou executados –, e com a leitura pelo cidadão escrivão de um texto de Kant sobre a grandeza exemplar dos eventos narrados, refletindo os debates internos da trupe que se considera, como os *sectionnaires*, uma sociedade de iguais. Nenhuma atualização, no entanto, nenhum *slogan* direto, é um espetáculo de reflexão cidadã, proposto ao público do pós-68: liberdade, autonomia, autogestão, por atores dentre os quais alguns, como Georges Bonnaud e Gérard Hardy, intervêm em diversas manifestações – na primeira festa da Luta Operária em 1971, com *A Comuna Contada Para as Crianças*, à base de marionetes e alegorias, com o GIP (Grupo de Informação sobre as Prisões), em 1972.

Voz de Georges Bonnaud

É da prática do Théâtre du Soleil fabricar, durante a exploração de um espetáculo, aquilo que se chama de cabaré, um espetáculo de consumo interno que, na sua fabricação, pode ser tomado como um treinamento do ator e, na sua realização, como uma festa. Esse divertimento cúmplice, levamos de um a dois meses para realizá-lo e o oferecemos, para nós mesmos e nossos amigos, para o prazer de uma noite. Nesse contexto de realizações paralelas, até então intramuros, montamos dois espetáculos de intervenção política, sobre a Comuna em 1971 e o Vietnã em 1973. Era [...] trabalhar sobre um tema proposto por um de nós, sem envolver necessariamente a totalidade da trupe. [...] [O espetáculo sobre o Vietnã] foi representado na Mutualité, na Cartoucherie (duas vezes), na Maison des Jeunes et de la Culture de Drancy e, a pedido do comitê da empresa Thomson, duas vezes em seu local de trabalho na hora do almoço[28].

Durante os seis meses de preparação em condições financeiras delicadas, nem todos avançam no mesmo ritmo. Alguns partem. O grupo de mulheres, muito solidário, retém atrizes em dificuldade que poderão desabrochar no espetáculo seguinte. E a trupe em trabalho permanece aberta aos problemas do mundo, acolhe discursos, debates políticos, exposições consagradas ao Teatro Za Branu de Otomar Krejča, fechado após a Primavera de Praga,

CAPÍTULO 2 A CRIAÇÃO COLETIVA, SEGUNDA TENTATIVA, PRIMEIRO ESBOÇO   99

A Comuna Contada Para as Crianças (espetáculo realizado pelos membros do Soleil), na primeira festa da Luta Operária no parque arborizado do castelo de Bellevue em Presle, Val-d'Oise (30 de maio de 1971). Vê-se uma alegoria da Comuna (L. Bensasson) em longo vestido branco com um colar de flores. À direita dela, C. Bousquet e A. Salomon.

Na segunda festa da Luta Operária, com o GIP, em 22 de maio de 1972, o Soleil dá um curto espetáculo de intervenção: Quem Rouba um Pão Vai Para a Prisão, Quem Rouba Milhões Vai Para o Palácio Bourbon, uma frase que corria de cela em cela no meio carcerário. À esquerda e à direita, sentados: Ariane Mnouchkine e Michel Foucault.

Vietnã.
Espetáculo apresentado na Cartoucherie em 1972 por atores do Soleil, em colaboração com antigos membros do Bread and Puppet hospedados no Théâtre de la Tempête, depois no ateliê do Chaudron. Aqui a marionete gigante de Mother America.

ao Vietnã, ao Larzac e a diversas manifestações, juntamente com os outros teatros da Cartoucherie – em 1973, Jogos Florais organizados pela oposição portuguesa, Feira das Mulheres, uma das primeiras aparições do movimento feminista, duas jornadas para o Chile e a América Latina…

1793 divide a crítica: ante a defesa combinada de um teatro literário e de sua ideologia, a direita grita contra a nulidade do pensamento, a forma deficiente, desoladora, o "escotismo de esquerda". "Peça, não há; texto, tampouco. Pensamento nulo. Forma deficiente." – "Um curso noturno simplório": "Naufrágio que testemunha muito bem os limites de um teatro que pretende ser ao mesmo tempo coletivo, popular e político…" – pode-se ler a propósito de *1793*[29]. "É na verdade ter a vista curta e a sensibilidade pequena", retruca Gilles Sandier, que fala do rigor do trabalho e da interiorização do movimento de *1789* em "um espetáculo de uma densidade, de uma força política, de uma secreta beleza plástica, de uma vibração sobretudo, de uma ternura pudica que chega, às vezes, a arrancar lágrimas"[30].

À esquerda, entretanto, há reações negativas, como as dos sindicalistas que abandonam ostensivamente a sala quando a *section* contesta a representatividade dos delegados. Brechtiano não doutrinário, Bernard Dort tem palavras certas e fortes: "O espetáculo, na aparência simples e direto, não é mais somente objeto de uma fruição ou de uma emoção comum: ele se torna ensejo de reflexão, e o teatro, de meio de ilusão, passa a ser instrumento de conhecimento. Um conhecimento em ato, progressivo, vivido no espetáculo, mas que está longe de saciar-se com ele"[31]. Ele aponta que, com esses dois espetáculos, o Soleil se tornou o centro de gravidade do teatro francês. *1793* terá apenas uma turnê, em Mantes-la-Jolie: "uma belíssima apresentação sob lona, a parada ocorria num teatro de verdura", recorda-se J.-C. Penchenat.

A Era de Ouro, Primeiro Esboço

"Desejamos um teatro em contato direto com a realidade social, que não seja uma simples constatação, mas um incentivo para mudar as condições nas quais vivemos. Queremos contar nossa história para fazê-la avançar – se tal pode ser o papel do teatro"[33]. É o objetivo de *A Era de Ouro*, segundo Mnouchkine. Por ter-se confrontado com os acontecimentos revolucionários e com os mitos fundadores da esquerda, com os "inícios da nossa sociedade" em *1793*, o Soleil é levado a enfrentar a representação do presente, mesmo se, em 1971, Mnouchkine ainda duvida dessa possibilidade: "O teatro implica distâncias – eu não creio muito em sua aptidão para refletir os problemas da atualidade"[34], e ela tem consciência de todo o preparo que implicaria essa escolha – o que vai ser o caso.

1789 e *1793* foram encenadas alternadamente, depois se seguiu um longo período sem apresentações ao público, a partir de junho de 1973, enquanto a trupe se preparava para "contar a história de nosso tempo", segundo a expressão de Copeau[35], para representar "uma comédia improvisada com temas e tipos de nosso tempo". Ela se empenha numa nova aventura artística e econômica que irá alimentar ruídos e rumores acerca "dessa confraria de atores" (Copeau) que complica sua vida optando por continuar a aprender seu ofício, em vez de criar rapidamente outro espetáculo para salvar o caixa.

Esse desemprego forçado alonga o período dos ensaios: dezoito meses, de 1º de outubro de 1973, no regresso da turnê de verão de *1789* na Martinica, a 4 de março de 1975, data da estreia. Cada qual procura trabalho – aulas de teatro para alguns, filmagens – e ganha a vida nos intervalos dos ensaios. Os atores serão sustentados por um leilão de obras de artistas (como Matta e Calder), organizado por Les Amis du Soleil (associação criada no começo dos anos 1970) e Martine Franck na Galeria Delpire, em maio de 1974.

O lugar único onde representar tudo é o mais belo vazio possível.
Ariane Mnouchkine[32]

Cartaz criado por Calder para a venda de obras de artistas em apoio ao Théâtre du Soleil.

A Era de Ouro, Primeiro Esboço.
A chegada de Abdallah (P. Caubère) a Marselha e o encontro com o estivador La Ficelle (P. Hottier).

A Era de Ouro.
Abdallah (P. Caubère), metido em um macacão muito pequeno, no hotel onde os trabalhadores magrebinos estão amontoados, mal consegue adormecer.

A Era de Ouro.
Duas máscaras de Pantaleão: Aimé Lheureux, lojista belchior (J.-C. Penchenat) e Mahmoud Ali (N. Serreau), patrão do hotel para trabalhadores magrebinos. No cesto de vime, o macacão que Lheureux vende muito caro a Abdallah.

Encontrar a forma adequada para contar a realidade é a obsessão do Soleil. Desta vez, são as máscaras da *Commedia dell'Arte* que vão fornecê-la. Há quanto tempo se girava em torno delas! Desde *Gengis Khan*, na verdade, quando G. Hardy tenta fabricar máscaras de papelão e tecido[36], com Monique Godard, vinda da escola Lecoq. Desde o projeto frustrado de reapresentação de *Fracasse* em Arc-et-Senans… Desde Villeurbanne, onde, durante as turnês de *1789*, os atores haviam montado para as crianças imigrantes que, curiosas, lhes visitavam sob a lona da praça Rivière, um pequeno espetáculo de *Commedia dell'Arte*… Para *A Era de Ouro*, o Soleil terá um novo companheiro, E. Stiefel, que até então só interviera de modo pontual, criando as primeiras máscaras com as quais os atores trabalharam para preparar *A Cozinha*, depois para o *Sonho de uma Noite de Verão*. Ele está ali, presente em todos os ensaios. Ele também está à procura, tendo passado pelo Japão, pela escola Lecoq, onde descobriu as máscaras de Amleto Sartori, que colaborou com Giorgio Strehler em sua pesquisa sobre *Arlequim, Servidor de Dois Amos*, de Carlo Goldoni.

A Era de Ouro representa, portanto, um verdadeiro laboratório de atuação, inaugurando uma nova experiência coletiva com as máscaras.

Não se trata, aliás, de retornar às máscaras italianas, numa perspectiva museológica que o Soleil recusa – assim como questiona fortemente, sob este ângulo, em 1971, os espetáculos do Berliner Ensemble[37] e a dogmatização das teorias brechtianas, por ter Brecht se tornado nessa época a bíblia da descentralização –, mas de partir novamente delas[38].

Em 1974, quando os atores do Soleil leem os textos de J. Copeau, eles mergulham paralelamente no primeiro volume dos *Escritos Sobre Teatro* (1894-1917), de Vsévolod Meierhold[39], em que o diretor russo de vanguarda retorna, para fundar o teatro do futuro, às duplas fontes da *Commedia dell'Arte* e dos teatros orientais. Assim acontece e se destaca uma espantosa conversa-encontro imaginária entre dois mestres antigos, Copeau e Meierhold, que se correspondem de uma ponta a outra da Europa no começo do século XX, um mais sonhador, outro mais prático. Com referências paginadas, as publicações do Soleil, tanto o programa da sala quanto o texto-programa, nos fazem ouvir essa conversa com longas citações tiradas de *Registres I* de Copeau e da tradução dos *Escritos Sobre Teatro* de Meierhold, ele que, em seu estúdio da rua Borodine, em São Petersburgo, preparou seu teatro inovador ao mergulhar no estudo das épocas "autenticamente teatrais". Um terceiro prolonga esse diálogo, é Henri Michaux, que, em *Um Bárbaro na Ásia*, evoca a força de sugestão da atuação oriental. Outros diálogos, dessa vez atuais, serão urdidos, profundos, entre os atores, o criador de máscaras e as máscaras antigas, e entre máscaras oriundas de diferentes tradições. A história do teatro encontra-se assim revitalizada, e não mumificada na prática do Soleil.

Além das máscaras, e daquilo que o Soleil chama de "jogo chinês" – praticado com elementos de figurino e maquilagem asiáticos –, a ferramenta de trabalho é o documento: artigos de imprensa que relatam *faits divers*, como o caso Thévenin, que fez então correr muita tinta[40], e que será matéria de um trabalho aprofundado devido ao seu alcance político e sua tragicidade, sem psicologia nem *pathos*. O texto-programa fornece uma longa cronologia de acontecimentos que, de 1973 a 1974, alimentaram as improvisações (o Larzac, a fábrica Lip, o incêndio do CES Pailleron, os albergues para trabalhadores imigrantes, os abortos clandestinos) e que diziam respeito à França, a Portugal, à Itália e à Colômbia. A distância que é preciso conferir ao relato a ser composto sobre o presente, que os atores nutrem também com suas experiências, vai se definir por uma dialética complexa entre engajamento político, expressão imediata e forma artística. À palavra "distância" ou

Ensaios com o futuro público. Em torno de Ariane e dos atores, máscaras levantadas prontas para intervir, o público dos comitês de empresa propõe temas sobre os quais os atores poderão improvisar.

"distanciamento" e a suas conotações brechtianas, o Soleil prefere o termo "transposição".

O objetivo agora é aprofundar com ajuda de máscaras o princípio do *balagan*, do teatro de feira que Copeau e Meierhold evocam e que exclui a preeminência do texto, a psicologia, a plena ilusão e o naturalismo. Mas o ator se vê mais só: as improvisações são agora de um novo tipo, não se trata mais dos coros solidários de 1793. Nada mais há senão ele e a máscara, a personagem e o ambiente que ele cria para si. *Os Palhaços* foram convocados a vir em socorro, mas dessa vez eles perdem o rosto.

Com a máscara é preciso mostrar sem nada esconder, o público deve compreender imediatamente, reconhecer. O ator deve abandonar o excesso, a gestão frenética da energia que conduz à confusão. Não representar duas coisas ao mesmo tempo. Encontrar o andar, saber como entrar. Estabelecer pontos de parada, fixar no espaço o desenho do corpo e da máscara. Transpor o tempo cotidiano para o tempo teatral. Encontram-se nas declarações de P. Caubère[41] analogias com o enunciado das descobertas de Meierhold no seu Estúdio (*otkaz*), que ele exprime no artigo "A Barraca de Feira" (1914), ou de Vakhtângov trabalhando

A Princesa Turandot, de Carlo Gozzi (*totchka*). A forma deve ser nutrida com os estados da personagem, com seus humores – frio, fome, alegria, medo, descontentamento – e com o contato com o público, que constituem sua própria condição de existência. É preciso encontrar a liberdade do ator, a alegria do estado criador, a liberdade de imaginação e invenção. As leis do teatro começam a aparecer claramente no Soleil, mas elas precisam ser reconquistadas a cada dia e o serão a cada novo espetáculo. Um vocabulário de trabalho começa a se estabelecer.

A personagem se constrói através de situações, de *lazzi*, de pequenos relatos que cumpre desenvolver a partir de um princípio de contradição. Ela deve tender à expressividade dos retratos feitos pelos grandes pintores, devendo os detalhes descobertos tornarem-se signos, gestos nítidos, depurados, não anedóticos. O espanto e a ingenuidade são qualidades requeridas. A palavra é o último estágio do trabalho, e o ritmo, uma componente essencial. Trabalhar-se-á com trilhas sonoras (músicas, ruídos) para efetuar as entradas, as paradas, ou construir cenas (como a do Canteiro).

Os atores improvisam com máscaras antigas, buscam personagens modernas por meio de máscaras propostas por Stiefel que, conforme

▶ A encenação no meio do público que tomou lugar nos declives das "dunas" de fibra de coco. À esquerda, L. Bensasson. Sentada, D. Valentin, que levantou sua máscara. M. Donzenac, P. Caubère e J. Derenne tornaram-se espectadores. Os cabos são os dos pequenos projetores de solo que os atores manipulam (trata-se de uma representação para um público particular).

▲ Ensaios nos capachos de fibra de coco. Em pé: J. Vilmont, A. Salomon, F. Jamet. Em recuo: J. Sutton. Sentados ao lado de Ariane: M.-F. Duverger, M. Donzenac, L. Bensasson, P. Hottier.

as descobertas, as personaliza em seu ateliê na Cartoucherie, de início com papel machê, depois com couro.

Voz de Erhard Stiefel
As máscaras não podiam deixar-se encerrar em "receitas". Eu trabalhava sozinho, por simples intuição, numa indefinição quase total. Às vezes os resultados eram frutuosos, às vezes certas máscaras, na sala de ensaio, ficavam largadas por muito tempo, no mesmo lugar, sobre uma mesa, sem que os atores conseguissem lhes dar vida. Então eu as retirava e esculpia outras, que propunha[42].

Haverá muitas improvisações, muitas personagens encontradas, mas não apresentadas (sua lista figura, entretanto, nos créditos do espetáculo). Haverá atores que não conseguirão superar as dificuldades da atuação mascarada. É do círculo dos atores que emergem as personagens contemporâneas, tanto nos ensaios como no espetáculo: Pantaleões, mascarados ou não – Pantaleão Magnífico, novo-rico e ganancioso (Marcel Pantaleão interpretado por Mario Gonzalès, em que se lê a figura de Marcel Dassault, Aimé Lheureux interpretado por J.-C. Penchenat), ou Pantaleão Labutador, pequeno, mesquinho (La Ficelle, contramestre, Philippe Hottier) –, Polichinelos (M. Gueulette, P. Hottier), Doutores e Briguelas, e em primeiro lugar, claro, Arlequins, hoje a máscara mais rica de todas, com múltiplas variantes: Abdallah, operário imigrante magrebano, achado por P. Caubère; M'Boro, o Arlequim senegalês de J. Derenne; Max, o contramestre e o aduaneiro, o Arlequim mestiço de Trufaldino (Jonathan Sutton).

A mulher que espera seu sétimo filho, Salouha, que Lucia Bensasson acha ao cabo de uma longa caminhada, é uma roupa de Zerbina, criada da *Commedia dell'Arte*, não mascarada na tradição, mas que aqui usa uma máscara moderna proposta por Stiefel, a partir de uma máscara de Polichinelo lentamente amaciada e de uma passagem pelos *souks* da Tunísia e pelo comportamento das mulheres mediterrâneas. É improvisando diante do público que a personagem toma corpo definitivamente: "A imagem que tenho de Salouha se nutre e se completa pela imagem que os outros me deram dela"[43]. Tenta-se fazer passar os "motores" das máscaras antigas (astúcia, fome, humor, avidez) para as máscaras modernas, o que pode lhes dar mais vitalidade em vez de enfraquecê-las.

O trabalho passa por períodos de exaltação seguidos de desespero, e longos túneis juncam essa exploração concreta e dolorosa em que se deve recorrer a ajudas externas: cenas do *Rei Lear* de Shakespeare, do *Burguês Fidalgo*, das *Artimanhas de Scapino*, do *Doente Imaginário* e do *Avaro* de Molière, ou do *Jogo do Amor e do Acaso* de Marivaux; encontros com outros artistas, como o substituto de Feruccio Soleri, que foi chamado de Milão, mas cuja breve estada não ensinará nada aos atores, que o desacorçoam com sua abordagem, ou como Peter Brook, que virá à Cartoucherie num desses momentos de confusão em que não se sabe o que escolher entre as improvisações; encontros com outros espetáculos próximos dessa farsa popular e grotesca que estão buscando, como o *Mistério Bufo* de Dario Fo (que virá à Cartoucherie) no TNP em janeiro de 1974; passagem pela grande bagunça do carnaval ao som de batucadas e sambas endiabrados; ou encontros extraeuropeus, como aquele, capital, organizado em março de 1974 por Christian Dupavillon com dançarinos balineses liderados por um dos maiores da ilha, Nyoman Pugra.

É no palco do Théâtre de la Gaîté-Lyrique, onde, convidados pelo Théâtre de Chaillot, os balineses apresentam *La Sorcière de Dirah* (A Feiticeira de Dirah)[44], que os dois grupos se encontram pela primeira vez diante da tradição do outro. Após haver dançado com seus companheiros mascarados, Pugra escolhe, entre as máscaras trazidas por Stiefel, a de Pantaleão, transforma sua vestimenta e se põe a dançar. Stiefel relata: "Todos os seus movimentos e paradas eram tão justos, tão verdadeiros, era evidente e fascinante para todos nós. Uma verdadeira aula! Ficamos de tal modo assombrados com a fraternidade de máscaras de tradições tão diferentes"[45]. Momento de história, momento mágico. Ariane oferece ao grande dançarino a máscara de Pantaleão; quanto às do *topeng*[46] que o Soleil pôde ver também no espetáculo, em que marionetes, crianças e palhaços se misturavam às máscaras ao som do gamelão, elas entraram no imaginário da trupe e estarão presentes no ciclo dos Shakespeares. E Stiefel transporá a visão que teve de uma dessas máscaras de olhos profundos e faces vermelhas para aquela que ele executará para o Max de *A Era de Ouro*.

A última prova: a colaboração com o público. Em novembro de 1974, numa fase de saturação em que as dificuldades com a forma aumentam devido ao conteúdo a ser construído, o Soleil deixa Paris, vai para Gard, e em Lussan organiza eventos com pessoas das aldeias da redondeza, mineiros de Alès, em praças públicas. Depois, voltando a Paris, prossegue nesse trabalho, "improvisa com e para o público", em salas de festa ou com empregados da Kodak, conscritos, aposentados,

A Era de Ouro.
Nus, os namorados da praia (J. Sutton e C. Massart), sob a imensidão da abóbada luminosa das duas naves da Cartoucherie, que evoca uma noite estrelada. Eles são expulsos de lá por incorporadores imobiliários.

imigrantes. O público convocado sugere, propõe, observa, reage, corrige, documenta e desbloqueia os processos de criação.

As improvisações foram registradas. Constituiu-se uma reserva de dezoito cenas possíveis, que foi preciso triar, pois o espetáculo teria durado nove horas. As cenas retidas foram transcritas de novo para que os atores se recordassem dos marcadores verbais, ou melhor, especificará Mnouchkine, dos "marcadores dramáticos". Pois não é o trabalho sobre o texto que se visa aqui, mas a linguagem do corpo. E uma margem de liberdade, de improvisação em cena é assim deixada aos atores.

Qual o espaço para as máscaras na Cartoucherie? Os tablados? Não: "um espaço utópico", segundo Mnouchkine, "uma arquitetura", segundo G.-C. François – tudo em curvas. Uma vasta extensão dourada, composta de um capacho de fibra de coco ondulado, figurando quatro dunas, recobre o chão. Um gigantesco parque de diversões jubilatório. Despejou-se dois mil e quinhentos metros cúbicos de terra, ligeiramente cimentada para dar-lhe sustentação sob o tapete. Um vazio grandioso, com quatro arenas, como no circo Barnum, que, ao contrário do projeto inicial, não são utilizadas simultaneamente pelos atores, mas de modo sucessivo, e em torno das quais, sobre os declives,

CAPÍTULO 2 **A CRIAÇÃO COLETIVA, SEGUNDA TENTATIVA, PRIMEIRO ESBOÇO**

sentam-se os espectadores. Na montagem final, as cenas são apresentadas e comentadas por contadores, e esses contadores conduzirão o público de uma duna a outra. No teto, mil e seiscentos metros quadrados de placas de espelho acobreado, iluminadas por uma multidão de guirlandas de pequenas lâmpadas de intensidade variável, difundem uma cálida luz dourada. No solo, rampas portáteis, "lava-pés", para clarear os olhos das personagens mascaradas.

E uma fábula contemporânea se desenrola sob os olhos do público, história de relações de classe, de hierarquia, de poder, de lucro, à luz da imigração que aumenta e de escândalos de incorporadores fraudulentos. Ao som do *Orfeu* de Monteverdi, o espetáculo se abre com uma passagem de poder do Arlequim antigo (J. Sutton), testemunha da peste de Nápoles de 1720 – que faz eco a uma epidemia de cólera de 1973, que semeou pânico na mesma cidade e serviu de material para um mês de trabalho preliminar –, para o de 1975, Abdallah, recém-desembarcado em Marselha, de máscara e *jelaba*[47], cheio de ilusões e ingenuidade, mas tudo isso visto do ano 2000…

A Era de Ouro.
Abdallah caiu da grua e jaz no chão. A revolta ruge. Os Pantaleões e os Doutores tentam fugir escalando a parede.

A Era de Ouro

Algumas personagens mascaradas, entre os numerosos croquis de pesquisa ao vivo de Françoise Tournafond. "Balzaquiana", segundo J. Gillibert, ela tem o cuidado do detalhe, mas evita toda parasitagem e, fiel aos recortes, sabe sempre acrescentar uma pitada de loucura. O figurino deve acentuar o desenho encontrado pelo ator.

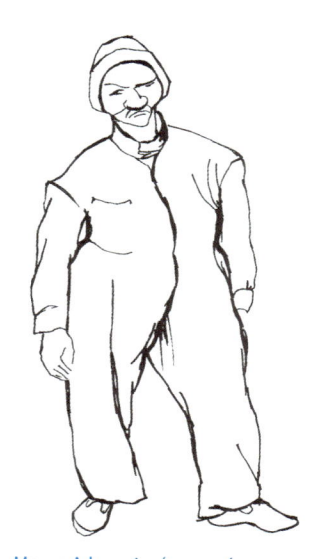

Max, o Aduaneiro (que será interpretado por J. Sutton).

Monsieur Raspi (que será interpretado por M. Lombard).

Relatos e cenas são entrecortados por *lazzi*: Abdallah no trânsito, Abdallah e as gaivotas, Abdallah que troca sua *jelaba* por um macacão muito estreito. A cena no asilo de imigrantes de Aimé Lheureux, o senhorio, marcará época: por falta de lugar, Abdallah, que foi assaltado, acabará dormindo de cabeça para baixo, plantando bananeira. E a cena do canteiro de obras, na qual, forçado a subir numa grua a despeito da força do vento impetuoso, P. Caubère desenvolve o trágico "*lazzi* do mistral", lutando como Marcel Marceau contra o vento e contra a vertigem, com todo o seu macacão branco tremulando sob o impacto. O barulho do vento emana dos contadores e de alguns instrumentos musicais, e o tecido da vestimenta é agitado com virtuosismo pelos braços e pernas do ator que treme. Ele acabará caindo, morto, esmagado sobre a fibra de coco dourada, ao som do "Dies irae" do *Réquiem* de Verdi. As sequências em que os atores do Soleil se defrontam com as tempestades que fazem vibrar suas silhuetas, nas criações coletivas do início do século XXI, são todas um pouco devedoras desta cena do canteiro.

O espetáculo termina com uma revolta que ruge, produzida pela música e pelo anúncio de uma contadora: "Os operários estão chegando, senhor Pantaleão". O som se torna mais forte, é uma gravação dos gritos de camponeses numa favela: "Vocês não podem fugir". Os Pantaleões e os Doutores escalam o alto muro da Cartoucherie que os detém, os espeta como insetos. É toda uma comédia das relações sociais em 1975 que é assim mostrada, e se uma noite membros do grupo maoísta ligado a Alain Badiou criticam o valor político disso e fustigam o simplismo da representação dos operários, por acaso, justo nessa noite, uns cinquenta operários assistem ao espetáculo e lhes respondem vivamente: a trupe só tem que deixá-los fazer e assistir à "partida". O êxito do espetáculo é imenso, a riqueza da interpretação penetra mais fundo os espíritos e as memórias do que as palavras mal representadas de um grande texto de teatro.

"O ator despertou" – esta citação de Meierhold se encontra no texto-programa de *A Era de Ouro*: o ator tornou-se "pela primeira vez depois de muito tempo um criador total", escreve P. Caubère na sequência[48]. *A Era de Ouro* é o tempo do relato do presente visto do ponto de vista do futuro, que o transforma num conto, numa lenda, é o tempo da praia onde dois enamorados nus se enlaçam sobre uma duna de areia, diante do mar, antes que os incorporadores os expulsem – visão rápida que ilumina o espetáculo –, mas é também, sobretudo, a esperança de um novo teatro e de um novo ator, de um ator-poeta, ao mesmo tempo que a de um mundo a transformar. A utopia implicada no título concerne tanto ao teatro quanto à realidade. Em 2008, Mnouchkine reconhece que é no procedimento aventuroso de *A Era de Ouro* que ela "mais aprendeu, quase mais do que em todos os outros espetáculos"[49].

A Era de Ouro é representada na Bienal de Veneza, em setembro de 1975, ao ar livre, no Campo San Trovaso, onde sem dúvida os atores da *Commedia dell'Arte* tinham representado há muito tempo. Guy-Claude François inventa subterfúgios técnicos para captar os reflexos da lua e obter espelhamentos mágicos da água do canal nas fachadas do Campo. Mais tarde, após três meses de reprise na Cartoucherie, o espetáculo excursionará sob lona, num picadeiro de areia, em Milão, Louvain, Tours; em Varsóvia, será num circo edificado.

Durante as turnês, Mnouchkine se põe a escrever o filme sobre Molière que propôs aos atores. Ela lê *O Romance do Senhor Molière* de Mikhail Bulgakov, e seu roteiro vai se revelar como uma homenagem à trupe de teatro que ela soube constituir, mas que está em vias de se desagregar. Pois, ao termo desse longo tríptico de criação coletiva, por suas dificuldades e também por suas descobertas, *A Era de Ouro* constitui o que se chama uma "peneira" na linguagem do Soleil: como *Os Palhaços*, e mais tarde *Os Atridas*, ela engendra uma crise em que os laços se distendem. Ademais, o espetáculo é frágil, e em turnê, sem a presença habitual da diretora, ocupada em escrever seu filme, as cenas se inflam à mercê de egos reencontrados, atormentados talvez pela questão que se coloca para alguns: quem irá representar o papel de Molière no filme?

Durante as apresentações de *A Era de Ouro*, Penchenat conta que ele corria ao Aquarium vizinho para ver se tudo ia bem com *O Triunfo do Amor* que ele havia montado com os atores reunidos num estágio organizado pelo Soleil[50]. Em turnê em Tours, ele anuncia seu desligamento; não atuará em *Mefisto*, em que Ariane o incluíra ao distribuir os papéis, e fundará seu próprio teatro, o Campagnol (1975). Mas ele voltará para representar o Rei Sol em *Molière* e será conselheiro na escolha dos figurantes; durante a pós-produção do filme, ele criará em 1977, no Soleil e com seu apoio, seu *David Copperfield*, após haver submetido seu projeto ao voto dos cooperados[51]. Caubère será Molière e, com a concordância de Ariane, montará e interpretará na Cartoucherie *Dom Juan*. Depois ele partiu, por seu turno, para difundir, em seus espetáculos-episódios de sucesso[52], um pouco do sopro-Soleil, apesar da paródia que faz dele, graças a seu talento e à importância das experiências lá vividas por ele.

Um Pantaleão

Lou, a Gorda (D. Valentin). A mesma máscara será utilizada para uma personagem masculina, Dussouille (A. Salomon).

Molière (filmagem)
A. Mnouchkine, M. Derouin, M. Franck, G. Hardy, J. Derenne, L.-B. Samier, J.-C. Penchenat e C. Bousquet observam imagens de ensaio de 1793 (Chatou, 1972). Esta experiência será logo abandonada e retomada mais tarde.

▶▶ A façanha do homem que voa. Nas asas, G.-C. François.

Mas a utopia da trupe palpita no filme através de sua existência no passado recomposto sob o olho da câmara, e através do porvir: Mnouchkine sente um sério prazer em fazer atuar os filhos de uns e de outros, com seu diretor de fotografia Bernard Zitzermann, que se tornará o parceiro fiel de todos os seus "filmes de teatro" vindouros, quando enfim chegar a hora de deixar marcas intencionais e de tratá-las.

Apresentado em Cannes, *Molière* é desancado pela crítica, mas aprovado pelo público no circuito de cinema. Sua criação (a filmagem durou seis meses e a produção dois anos) não conciliou interesses divergentes. Mas, além de constituir um hino à trupe de teatro e ao seu trabalho, o filme mostra a emergência possível de um autor no seio de uma comunidade de atores. Será uma resposta às críticas feitas à pobreza do texto nas criações coletivas? Lembremos apenas que, após *Os Palhaços*, Mnouchkine já considerava essa solução como uma das vias de criação possíveis.

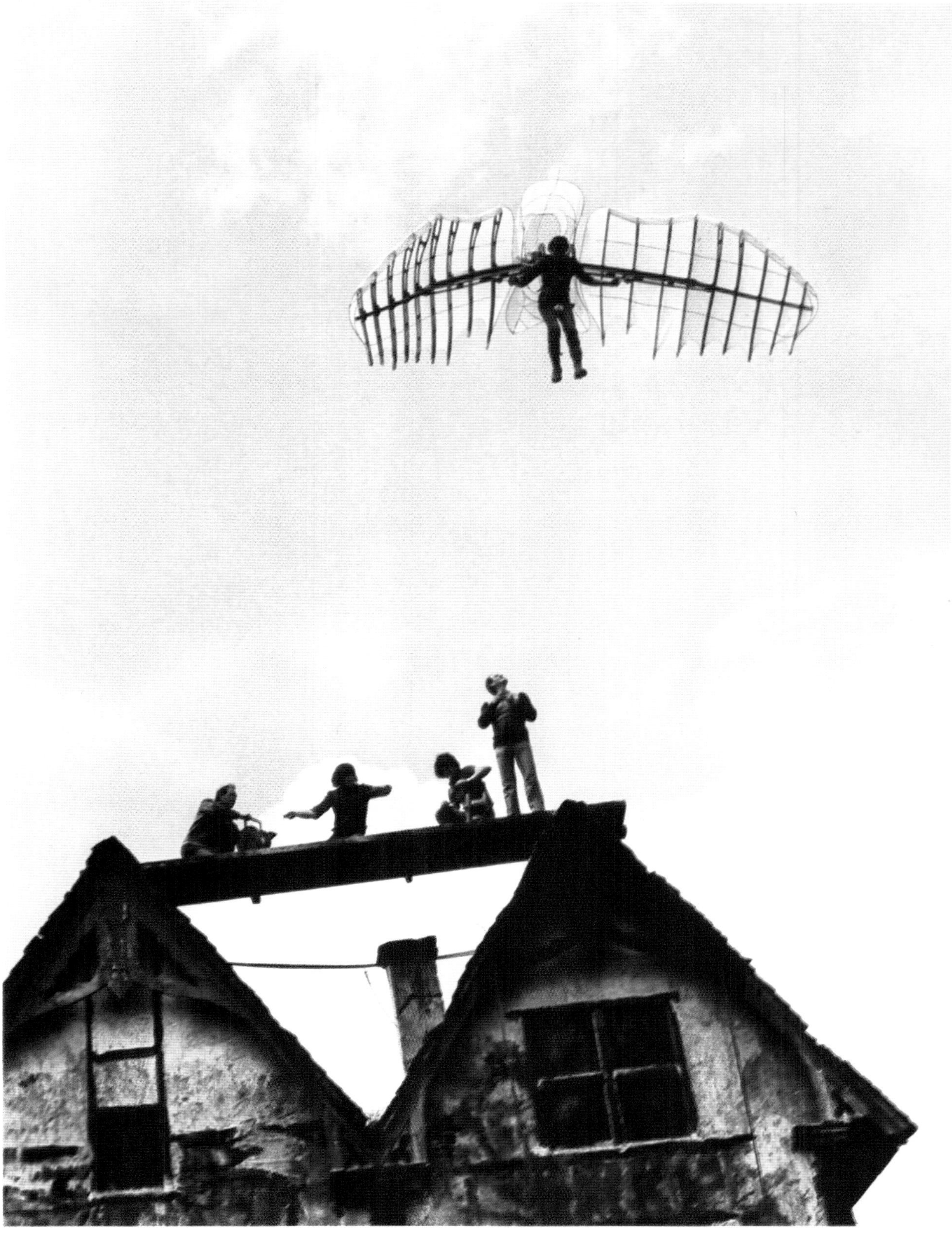

3

CAPÍTULO 3
O CICLO DOS SHAKESPEARES

> Mas um dia eu entrei numa sala de *kabuki*. Não era Shakespeare, mas eu via Shakespeare!
> ARIANE MNOUCHKINE[1]

> Essa viagem (para a Ásia) foi e continua sendo meu tesouro. Penso que é difícil imaginar o choque que pode ter sido ver no teatro algo totalmente diferente e totalmente universal ao mesmo tempo. Eu dizia a mim mesma, vendo esses espetáculos: não entendo nada, não é para mim. Mas era como se eu estivesse diante de ouro em fusão. Eu via o gênio da metáfora.
> ARIANE MNOUCHKINE[2]

> Onde está o repertório capaz de vencer barreiras intransponíveis? Onde está a tragédia capaz de, armando seus tablados, modificar hábitos, costumes e concepções arraigadas há séculos?
> VSEVOLOD MEYERHOLD[3]

Um filme, um espetáculo: *Molière* e *Mefisto*. Duas figuras de artistas de teatro diante do poder. Duas realizações nas quais Mnouchkine assina o roteiro e os diálogos de uma e a adaptação da outra, além da direção. Ela parece assumir sozinha a escrita do texto, neste período de transição do Soleil que vai de 1976 a 1980, numa França onde os ecos de 1968 se enviscam no malogro do Programa Comum em 1974 e no refluxo das dinâmicas de esquerda, e onde as eleições europeias de 1979 fazem emergir ressurgências neofascistas.

Henrique IV
◀ O Théâtre du Soleil leva a redescobrir Shakespeare num espaço ao mesmo tempo sóbrio (as fibras de coco cor de areia, com estrias de veludo negro, que recobrem o palco nu) e suntuoso (os panos de fundo pintados "com folha de ouro", cuja cor sugere a de cada cena representada). Mas o espaço também é criado pela música, em que se misturam sonoridades ocidentais e orientais. Aqui, instalação dos panos de fundo (no centro S. Moscoso).

Mefisto

> Estejam, pois, resolvidos a não mais servir e vocês serão livres.
> La Boétie, epígrafe de *Mefisto*³

Se com *Molière* Mnouchkine conclui em grande estilo os dez primeiros anos do Soleil, com *Mefisto* ela se interroga sobre a história recente da Alemanha e da Europa, e sobre os mecanismos sociopolíticos em jogo, porém sem dúvida também, mais intimamente, sobre a história de sua própria família, que sofreu o exílio e os campos nazistas. Repetidas vezes, ela se deterá precisamente nos anos que vão de 1936 a 1945, uma primeira vez entre *1793* e *A Era de Ouro*, em que propõe brevemente aos atores refletir acerca desses acontecimentos no quadro de um grande salão de baile, na França, para o qual G.-C. François até esboçou um dispositivo, depois, após a *Indíada*, em 1988-1989, quando ela dedica vários meses, com Hélène Cixous, a conversar com antigos resistentes (em julho, agosto e setembro de 1988)⁵ e a reunir documentos para um espetáculo sobre a Resistência francesa, que jamais verá a luz, e enfim no momento dos *Efêmeros*, em que seu relato pessoal será assumido pelas improvisações de uma nova geração de atores.

O romance de Klaus Mann, publicado em 1936, durante seu exílio em Amsterdã, proibido na Alemanha quando de sua publicação em 1960 e reeditado só em 1981, descreve a ascensão do nazismo na república de Weimar, entre 1923 e 1933, e traça o retrato de Hendrik Höfgen, ator carreirista que vende sua alma e seus amigos atores comunistas e judeus para acabar como diretor do Teatro de Hamburgo. Ele se apoia na biografia de Gustaf Gründgens, ex-marido da irmã do autor, um dos grandes atores de sua geração, que desempenhará o papel de Mefisto no *Fausto* de Goethe e assinará, na vida real, esse pacto de colaboração com o diabo. O grito de Mann – "Esperamos, apesar de tudo, algo como um eco, mesmo se permanece vago e longínquo. Ali onde se gritou com tanta força, deve haver pelo menos um pequeno eco" –, sem dúvida, emocionou fortemente Mnouchkine.

A adaptação é uma proposta escrita pensando no ator para cada papel (a distribuição está feita), ela é precisa e estruturada, após uma investigação cerrada sobre as pessoas e personagens que Mann conheceu ou inventou. Mas ela é posta à prova do palco e das improvisações dos atores, sendo modificada e reescrita se necessário. Assim, Mnouchkine retorna às experiências dos inícios com P. Léotard, enriquecida pelas criações coletivas, e tenta uma estratégia para abordar de modo diverso de *A Era de Ouro* a "comédia do nosso tempo": distância de cinquenta anos em relação aos acontecimentos, afastamento do cotidiano ligado ao fato de que as personagens, fortemente inspiradas na realidade, são ficcionalizadas e, além disso, são na maior parte atores, e duplo princípio de teatro no teatro, a fábula desenrolando-se em dois teatros – as tábuas do palco oficial e as do pequeno cabaré revolucionário L'Oiseau d'Orage (O Pássaro da Tormenta), onde Otto Ulrich (J.-C. Bourbault), o amigo de Höfgen (G. Hardy), está em busca do "teatro do futuro" e do poder do riso sobre o mal. Aos estuques e douraduras do teatro burguês, às telas pintadas sobrecarregadas se opõem a ligeireza e as telas simples do cabaré, onde se representam esquetes farsescos inspirados em Karl Valentin e no trabalho sobre o *clown* efetuado dez anos antes. Há como que um balanço dos estilos de atuação possíveis, do "natural" ao expressionismo[6], passando pelas máscaras e pelos *clowns*, com o perigo de cair no psicologismo tão combatido, e de um retorno ao cenário, a despeito da mobilidade dos espectadores ativamente solicitados.

A originalidade da cenografia bifrontal de G.-C. François está em colocar o público no centro de dois teatros que se defrontam, sentado

Pausa no Théâtre du Soleil sob o "cartaz" de Mefisto, durante a realização do filme baseado no espetáculo, feito por B. Sobel.

Da esquerda para a direita: J. Sutton, J. Pibarot, G. Sciama, M.-F. Audollent, G. Forget, C. Colin, R. Amstutz, J. Maurel, N. Journo.

em bancos cujo encosto móvel permite que os espectadores girem para ver um ou outro. No chão, estende-se o tapete de fibra de coco de *A Era de Ouro* tingido de vermelho. O conjunto está contido numa única nave, no interior de altos gradeados que evocam o confinamento, e através dos quais, no fim do espetáculo, enquanto Höfgens desaba e se lamenta, e enquanto a noite invade a sala, serão projetados sobre a grande parede da nave vizinha imagens cinzentas dos campos da morte onde pereceram tantos artistas alemães. Os nomes daqueles aos quais *Mefisto* é dedicado, personagens do romance *à clef* de Mann, desfilam lentamente com a data e o lugar de seu assassinato ou suicídio, enquanto se eleva o *Canto dos Mártires*[7] que ressoava em Buchenwald. Final poderoso, deixando às vezes o público incapaz de aplaudir.

É nessa época que Mnouchkine cria, com Claude Lelouch, Patrice Chéreau, Yves Montand, Simone Signoret e Joris Ivens, a Aida, Associação Internacional de Defesa dos Artistas vítimas da repressão no mundo, cuja missão é ajudar os artistas nos países totalitários e, mais precisamente então, apoiar no Chile o Teatro Aleph, vítima do regime de Pinochet. Mais amplamente, o espetáculo coloca ao público e aos artistas a pergunta: entrar no teatro oficial ou permanecer à margem?

No foyer, um novo integrante, o músico J.-J. Lemêtre, faz os atores trabalharem vários instrumentos para *Mefisto*. Da esquerda para a direita: L. Bensasson, P. Fatus, C. Colin, L. Andreone, M. Albaiceta, M. Donzenac e G. Hardy.

CAPÍTULO 3 O CICLO DOS SHAKESPEARES

Um importante trabalho de documentação histórica acompanha a criação[8]. Os atores recebem uma formação musical dispensada por Jean-Jacques Lemêtre, que os faz tocar diversos instrumentos com os quais eles intervirão no espetáculo. A chegada de Lemêtre vai marcar um novo período para o Théâtre du Soleil. Ele se tornará bem depressa o interlocutor constante de Mnouchkine e dos atores pelos trinta e cinco anos vindouros.

As turnês levam *Mefisto* de Avignon a Roma, passando por Berlim e Munique. Suas cores sombrias e inquietas contrastam com o conjunto dos espetáculos anteriores. Criado em maio de 1979, o espetáculo será mantido em cartaz até julho de 1980. Mnouchkine não parece satisfeita com sua adaptação, em que ela introduziu passagens de *O Jardim das Cerejeiras* de Tchékhov[9]. No entanto, um especialista da cultura alemã como Jean-Michel Palmier, que, com Lionel Richard, foi um dos consultores do Soleil, sustenta que esse difícil empreendimento é "admiravelmente bem-sucedido" e muito atual[10]. De fato, Mnouchkine considera sobretudo que "é um momento em que se deu uma tal importância ao cenário que isso afetou até o funcionamento da companhia: pelo enorme orçamento que ele engoliu, pelo tempo, por causa do inchaço da parte técnica, e porque, de repente, me dei conta de que eu havia caído na armadilha: fizemos um 'teatro oficial', que era muito bonito, para denunciar um teatro oficial"[11].

A sangrenta história recente do Camboja abriu para Mnouchkine um projeto de escrita sobre o mundo contemporâneo, o genocídio, o desaparecimento de um povo: ela gira em torno das tribos minoritárias das montanhas desse país, do Laos, mas se perde e, diante da dificuldade de "descolar-se dos documentos" e do didatismo, renuncia a isso para mergulhar na leitura de Shakespeare. Falta-lhe um verdadeiro escritor. Ela propõe aos atores um grande projeto que comporta, de partida, oito crônicas históricas, três comédias e até uma ópera[12]. "Ariane queria montar uma peça de Shakespeare por mês durante um ano. Nós montamos três delas em três anos". Resume G.-C. François.

No fim de 1981, restam seis peças em debate: *Ricardo II*, as duas partes de *Henrique IV*, *Henrique V*, e duas comédias, *Noite de Reis* e *Canseiras do Amor em Vão*. O ciclo dos Shakespeare será finalmente uma trilogia: *Ricardo II*, criada em 10 de dezembro de 1981 na Cartoucherie, *Noite de Reis*, criada em 10 de julho de 1982 no pátio de honra de Avignon, e *Henrique IV*, primeira parte, criada em 18 de janeiro de 1984 na Cartoucherie. Desde janeiro de 1981, três anos exatamente de

PÁGINA DUPLA SEGUINTE

Mefisto, Romance de uma Carreira

▶ O dispositivo de duas faces. De um lado, o teatro oficial com seus vermelhos e ouros.

▶ Do outro, o cabaré revolucionário, o Pássaro da Tempestade. Um ator (C. Colin) representa com uma máscara de Hitler feita por E. Stiefel.

▶ Uma cena representada no teatro oficial. Theresa von Herzfeld (M.-F. Audollent) e Otto Ulrich (J.-C. Bourbault). De perfil, Hans Josthinkel (G. Bonnaud).

▶ No Pássaro da Tempestade, um esquete com duas palhaças: Madame Grogneboum, a zeladora pró-nazista (J. Derenne) e Madame Linamuque (A. Demeyer).

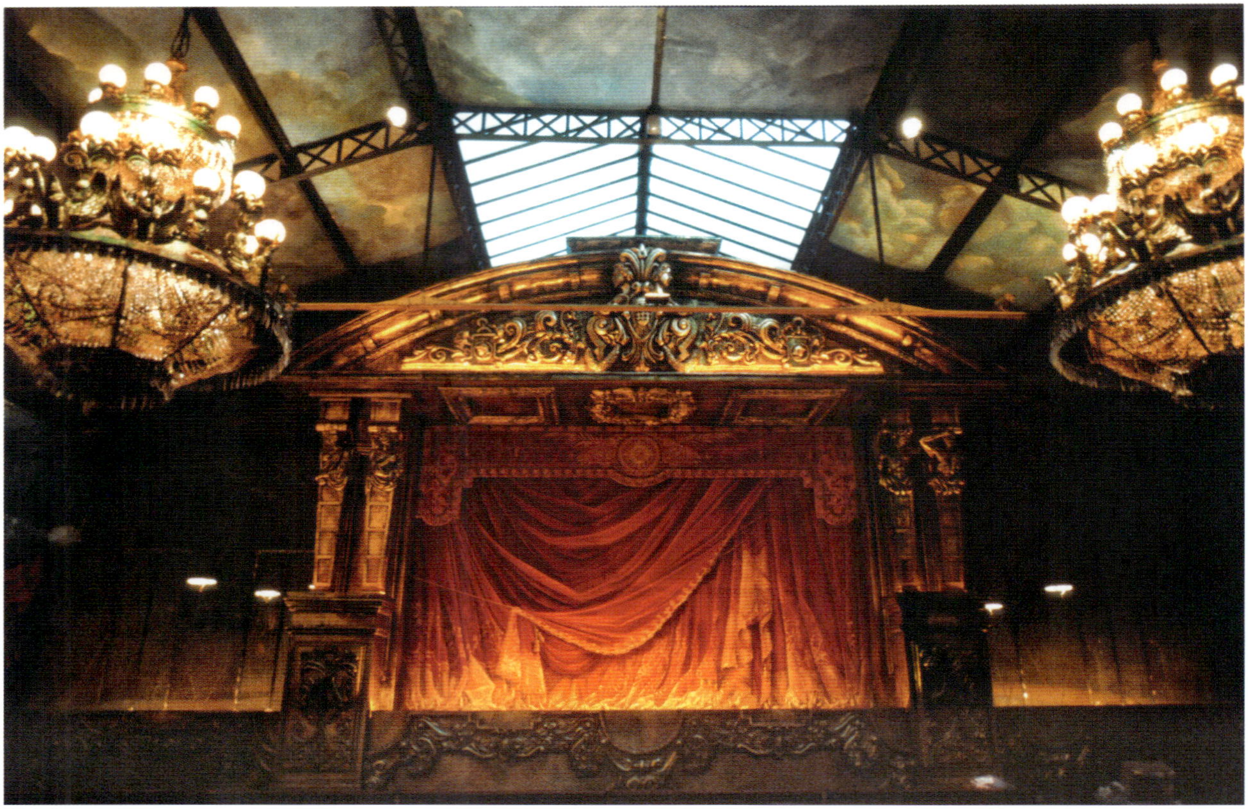

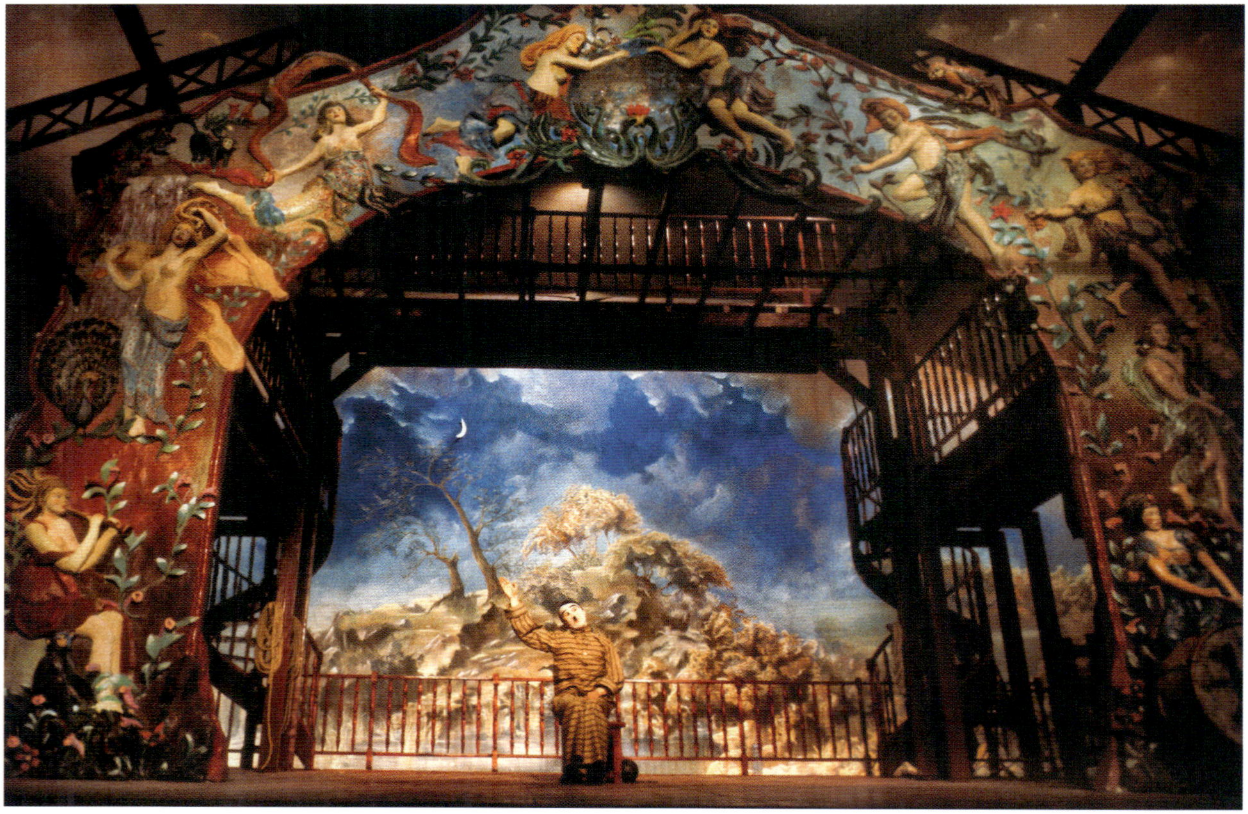

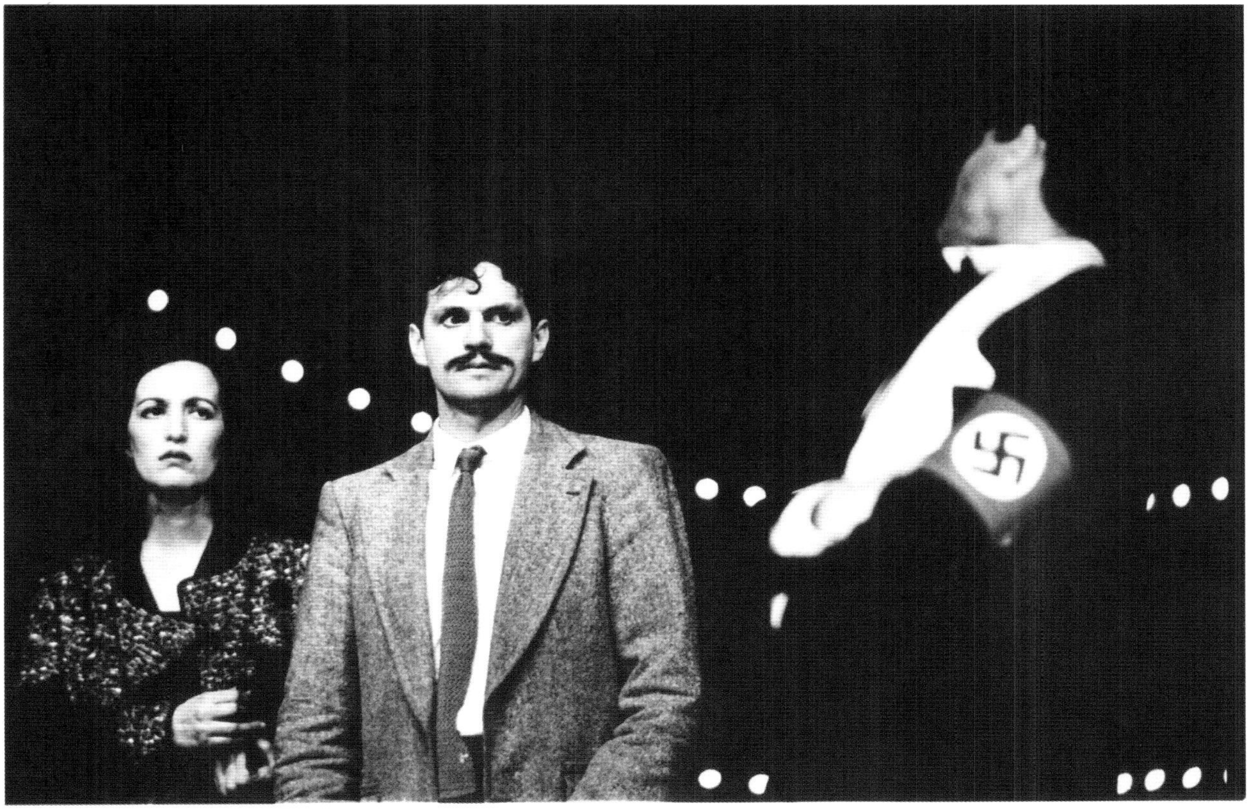

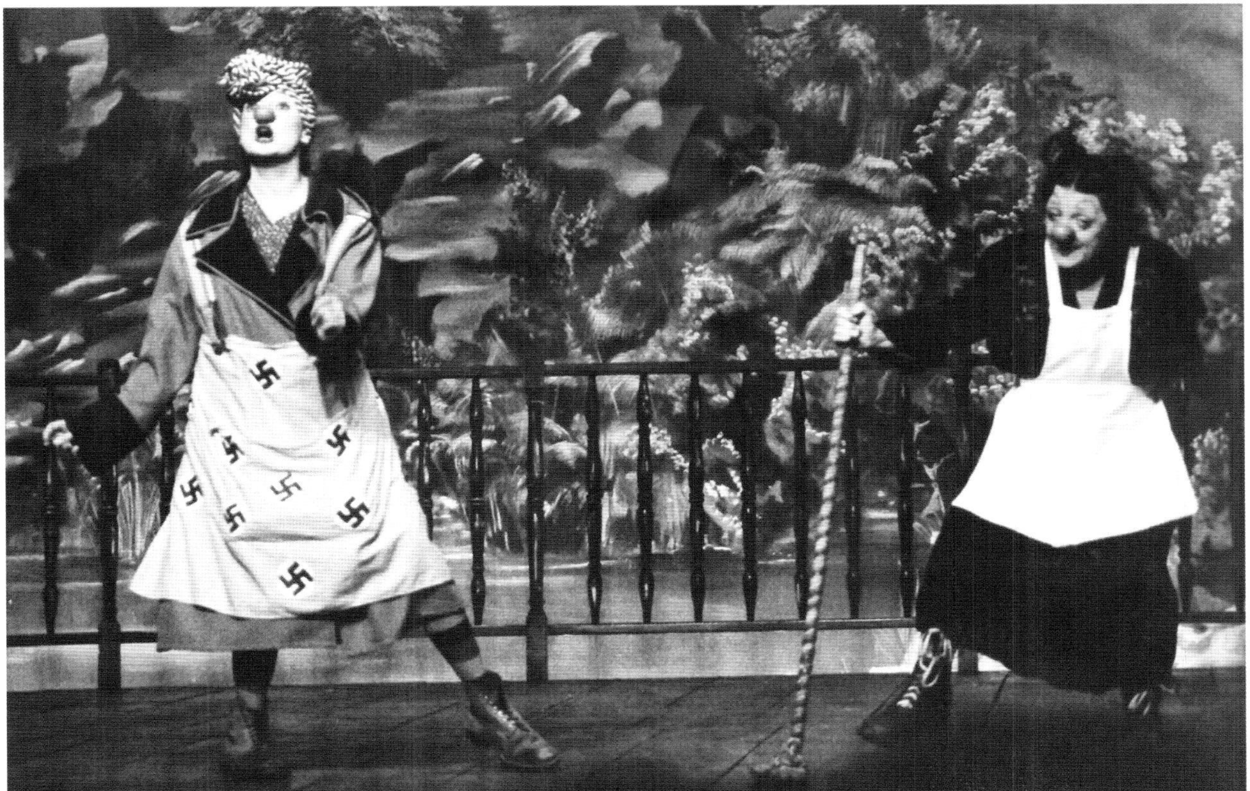

Ricardo II (Avignon)
Ato I, cena 1. Um painel de seda cor de ouro e sangue freme sobre a muralha do Palácio dos Papas. Entrada saltitante de Ricardo II (G. Bigot) por uma passarela, à esquerda do palco, acompanhado de sua corte: o duque de Lancastre (J. Arnold), o duque d'Aumerle (P. Blancher) e outros nobres: Bolingbroke (C. Bosc), Mowbray (M. Durozier)... Eles efetuam, a seguir, uma volta completa do espaço cênico e se alinham paralelamente à rampa; em seguida, sempre correndo, Ricardo passa em revista os nobres que se inclinam uns após os outros diante dele. O rei sobe enfim no seu trono (o banco central, um dos raros elementos de cenário). Ele se põe então a falar.

trabalho. Com Shakespeare por único guia, atendendo o que ele exigia imperiosamente, tratava-se "de encontrar sua expressão viva pela atuação, no tapete do teatro e não alhures"[13]. Essas peças são pouco representadas na França; somente Patrice Chéreau montou *Ricardo II* em 1970. Para Mnouchkine, tais escolhas a vinculam curiosamente à "linhagem" à qual ela se filiou: Copeau montou *Noite de Reis* em 1914; Villar, *Ricardo II* em Avignon, em 1947; e Planchon, *Henrique IV* em 1957.

Chegada de uma Nova Geração de Atores

Trabalhar sobre grandes textos para recobrar forças, partir novamente do zero, soldar uma nova trupe em que os atores-autores pesquisariam de comum acordo com uma diretora? Mas não se trata em nenhum caso de um retorno ao teatro de texto tal qual se pratica na França. O retorno às peças não será uma negação da criação coletiva, não há solução de continuidade. Pensemos que, durante o período de exibição de *A Era de Ouro*, a trupe trabalhava ao mesmo tempo nos retoques do espetáculo e no *Rei Lear*, com máscaras de *chhau* (teatro ritual de Bengala) deixadas por um grupo de passagem pelo Théâtre de la Tempête vizinho. A improvisação, para A. Mnouchkine, é o fundamento do teatro. A ferramenta essencial, com ou sem texto. A criação coletiva, nutrida pela improvisação, é o modo de trabalho único e específico do Soleil, é nisso que ele se distingue. Mesmo se, nessa nova etapa, o papel da diretora-chefe da trupe parece acrescido, pois ela representa mais ainda o centro, a coluna vertebral de um grupo renovado. Mas é a composição do grupo que mudou, não seu desejo de um teatro que se escreverá coletiva e diretamente sobre um palco.

No outono de 1979, o Soleil organizou um grande estágio de formação gratuito sobre a atuação mascarada que, interrompido por um drama – o suicídio de René Patrignani[14], na trupe desde *A Cozinha* –, prossegue num grupo pequeno com E. Stiefel, pois a partida de Mnouchkine desmobilizou muitos. No fim desse estágio em que Georges Bigot encontra pela primeira vez as máscaras balinesas, emerge uma tentativa de criar uma jovem trupe, sustentada por Mnouchkine[15], que ensaia no galpão com chão de terra batida que se tornará, em abril de 1981, a sala de ensaio dos Shakespeares. O projeto malogra. Um longo estágio-audição no início de 1981 permite recrutar uma nova geração de atores, entre os quais G. Bigot, Maurice Durozier, Myriam Azencot, Clémentine Yelnik, Cyrille Bosc. Durozier provém de uma família de teatro ambulante do Sul da França, Bigot era "ouvinte clandestino" das aulas de Antoine Vitez no Conservatório. Outros chegam um pouco mais tarde, como Guy Freixe, que passou pela escola Lecoq. P. Hottier retornou após três anos de ausência. Alguns são muito jovens, há estagiários; muitos ficaram fascinados com *A Era de Ouro* que eles viram e que lhes deu "forças para viver".

A coabitação com os mais velhos, dentre os quais alguns atores e atrizes, como Louba Guertchikoff ou G. Hardy, com dificuldades para atuar, encontram seu lugar alhures, em diferentes ateliês, se organiza, nem sempre fácil, numa atmosfera peculiar, que alia o dinamismo do período aberto pela eleição de François Mitterrand, o aumento das subvenções então duplicadas[16] e as transformações da Cartoucherie necessárias tanto para a casa quanto para representar Shakespeare (ver a importância das equipes de trabalho de construção nos créditos, p. 331). Uma nova microssociedade desenha-se sobre as bases sólidas da colmeia indicadas pelo pacto de 1964, em que cada um encontra suas responsabilidades e os jovens trazem uma energia nova.

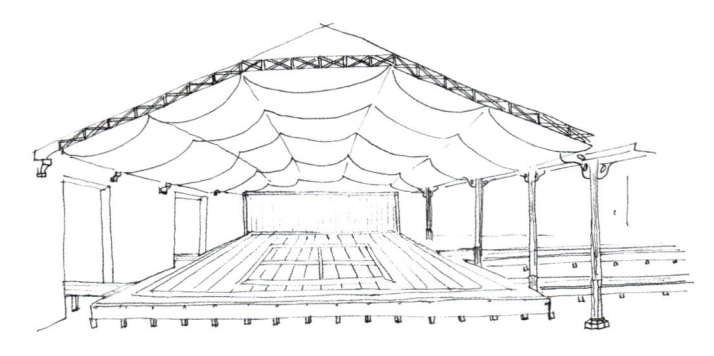

Voz de Georges Bigot, 10 de março de 2014
Os Shakespeares correspondem à minha entrada no Soleil. Lembro-me de que, quando fui aceito na trupe, no caminho entre o metrô e a Cartoucherie, fui tomado por uma espécie de sentimento de liberdade, era isso: um sopro de liberdade e de confiança que me concediam enfim, e também um enorme prazer – não somente de fazer teatro, mas de tudo aquilo que havia ao redor, a vida no Théâtre du Soleil, limpar os banheiros, cozinhar, pintar as paredes coletivamente, dirigir o Derruppé[17], todas essas obras enormes para fazer, em liberdade, com nossas competências. Era sensacional ter enormes superfícies de paredes para repintar, concretar. Verdadeiros canteiros de obras,

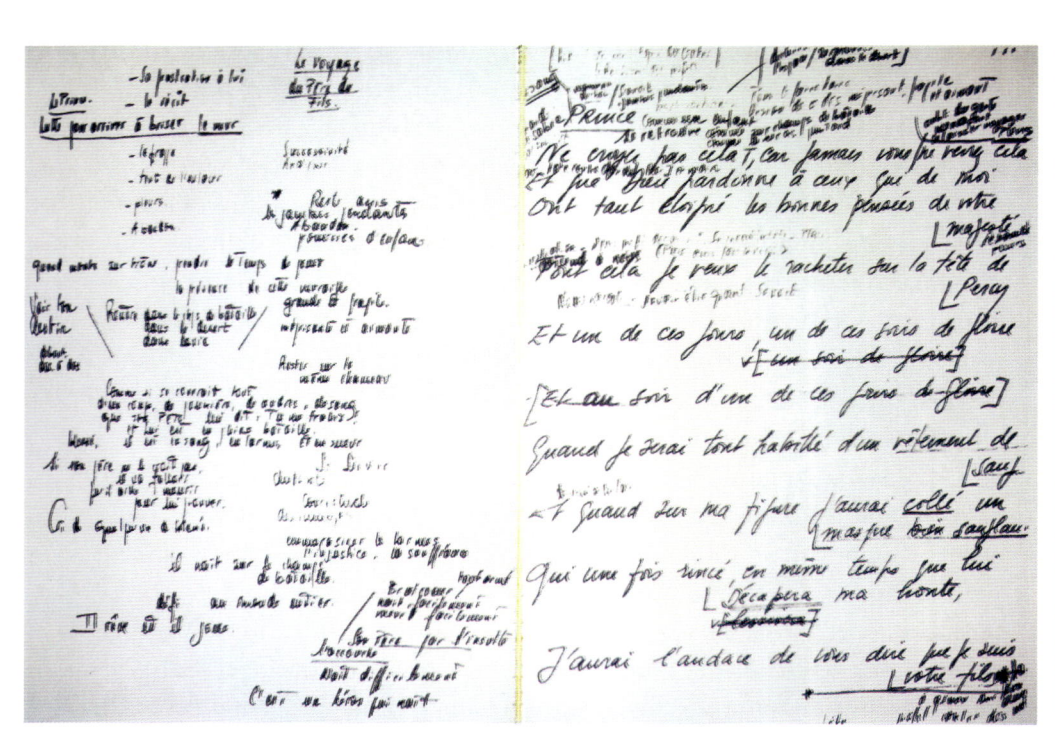

Desenho de G.-C. François para o dispositivo dos Shakespeares. Trata-se ainda de um esboço. A pesquisa já havia passado por muitas etapas, uma das quais era um pequeno teatro de madeira sobre a água.

Henrique IV (ensaio)
Páginas de um dos fichários de trabalho de S. Moscoso.

▶ Ato III, cena 1, o texto de Shakespeare, traduzido por Ariane e distribuído em manuscrito aos atores, com suas correções e as anotações de S. Moscoso.

◢ As notas de ensaios recolhidas pela assistente.

CAPÍTULO 3 O CICLO DOS SHAKESPEARES

com muito desejo e prazer. O Soleil não era apenas os ensaios, era todo esse trabalho coletivo em que se preparava o teatro, em que a gente se preparava para o público. Inventava-se um mundo para oferecê-lo, como se se preparasse um enorme presente, como garotos, um enorme presente para o público. Era magnífico para os jovens que nós éramos. Lembro-me de que, quando cheguei ao estágio, vi, do lado de fora, Julien Maurel e Pierre Fatus vestidos de palhaços punks fazendo malabarismos, tocando trompete: eu senti que estava entrando enfim no meu lugar de liberdade, de magia, de criação. Havia música, teatro, havia o bosque de Vincennes, a natureza, a vida. Enfim uma respiração, em 1981: o porvir era realmente possível. Era essa esperança que nos animava, com os companheiros e Ariane. Era ótimo trabalhar com Maurice Durozier, com Philippe Hottier, Clémentine, Myriam, com Joséphine Derenne, uma gigante do Théâtre du Soleil, com todos, com os técnicos, o administrador Jean-Pierre Hénin, Liliana Andreone. Estávamos juntos, havia uma fusão, estávamos todos voltados para este presente que estávamos preparando e que dávamos a nós mesmos.

Páginas de um dos numerosos dossiês de fotos de ensaios tiradas por S. Moscoso.

▶ Segunda parte (não realizada). Cena dos viajantes: acima, P. Hottier e H. Cinque; embaixo, H. Cinque, G. Bigot e J. Arnold. As cortinas laranja são as da sala de ensaio.

▼ O Príncipe Hal (G. Bigot), Falstaff (P. Hottier), Peto (H. Cinque) e Poins (J. Arnold). Os atores apresentam retratos das personagens na taberna que parecem ao mesmo tempo desenhados e pintados. As maquilagens acabarão por precisá-los.

◀ M. Durozier ensaia Douglas, e G. Bigot, Blunt, que será representado mais tarde por P. Blancher.

Henrique IV (ensaio)

▲ Imagens em série, em primeiro plano, do desempenho de G. Bigot (o Príncipe Hal) na sala de ensaio, manuscrito em mãos. Vê-se a versatilidade das expressões do ator.

▼ J. Derenne ensaia o papel da Hospedeira, que será finalmente interpretado por O. Cointepas. O jogo mímico aparenta-se ao do cinema mudo. Estas fotos são destinadas a A. Mnouchkine para o trabalho de direção dos atores. Elas não são mostradas aos atores.

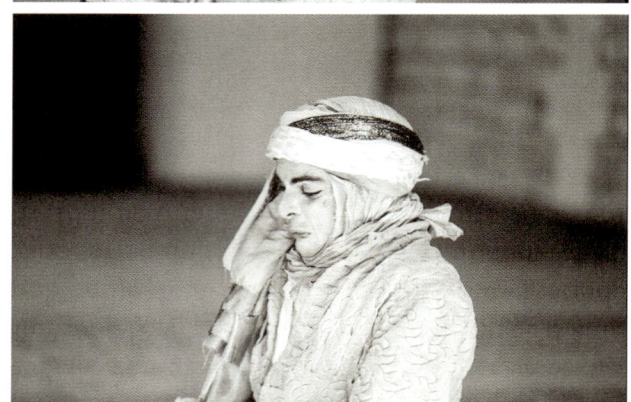

Traduzir Shakespeare, Nova "Estratégia" de Escrita

É sempre difícil descrever o trabalho do Soleil, multidirecional, feito de tantas tentativas, pesquisas, encontros, acasos e intuições, no qual a pesquisa é também formação, mas é particularmente complicado para os Shakespeares, pois, por um lado, os ensaios vão integrar postulantes, marcados no estágio, que serão convidados a trabalhar com os atores da trupe e depois retidos, e, por outro lado, porque todas as peças ficam em cartaz em conjunto, de fevereiro a junho de 1981. A primeira leitura de *Ricardo II* na tradução de Pierre Leyris ocorre em 17 de fevereiro, a de *Henrique IV*, primeira parte, na tradução de Yves Bonnefoy, em 3 de março etc.

O "Projeto Shakespeare" é apresentado à trupe como uma escola. Trata-se de uma imersão total no mundo do autor. Um postulado de partida: as tragédias históricas comportam mais papéis masculinos e, sendo o efetivo feminino da trupe nos anos 1970 mais importante que o dos homens, as comédias *Canseiras do Amor em Vão* e *Noite de Reis* serão representadas unicamente pelas mulheres.

Mnouchkine pede a Jean-Michel Déprats, que efetuara, no ano anterior, a tradução de *Canseiras do Amor em Vão* que Jean-Pierre Vincent apresentou com os alunos da escola do TNS em Avignon em 1980[18], que traduza para o Soleil o conjunto das onze peças selecionadas. Como ele, prudentemente, só aceita a proposta para as duas partes de *Henrique IV*, ela mesma se põe a verter *Ricardo II*, da qual dará aos atores uma primeira tradução, dita "palavra por palavra", em 30 de março, e diante do sucesso do espetáculo assumirá as outras traduções. Seu desejo de escrever mudou-se em necessidade de traduzir. E ela traduz no teatro, todas as manhãs, no *foyer*, preenchendo com sua grande escrita clara, redonda e inclinada, desenhada e espacializada, folhas que serão fotocopiadas para os ensaios da tarde. Os atores se lembram de ter ensaiado com diferentes traduções, depois com essas folhas manuscritas que lhes chegavam em conta-gotas.

A partir dessa experiência, todos os textos de autores representados de 1981 a 1998, antes que o Théâtre du Soleil recorresse ao computador, serão transmitidos aos atores desse modo, em folhas manuscritas, escritas ou copiadas pela mão de Ariane, mediatizadas por sua intervenção. Nova estratégia de relação com o texto para o teatro por intermédio da tradução, que se torna assim mais íntima, mais personalizada, mais direcionada à trupe que o representa. Como se o texto tivesse acabado de ser escrito, num presente absoluto. Entretanto – e a dialética é forte –, Mnouchkine sublinha que é preciso, ao traduzir, "aceitar e manter o mais possível a distância": distância do inglês para o francês, distância da língua de Shakespeare para a língua moderna. A isso acresce o desejo de não complicar, não comentar, não lastrear a tradução com observações inúteis. "As pessoas que não têm contato com a realidade do teatro e dos atores procuram certamente que suas traduções se bastem, esquecendo que a atuação é o suporte do texto"[19]. Ela fornece aos atores redes de imagens fortes, diretas, estranhas, motivadoras, torrenciais. "A construção das frases era para mim mais musical que gramatical, como Shakespeare, que tem à sua disposição uma língua que não faz frases. O inglês não é uma língua de frases. É uma língua de palavras."[20] São essas imagens, materiais da atuação shakespeariana, que o ator deverá captar e remeter ao público, além das palavras pronunciadas. Ao mesmo tempo em que se apropria do texto com vistas à encenação, ela procura encontrar seu ritmo e sua clareza.

"Desliterarização" da peça, que escapa assim ao impresso, à fixação, pois se poderá riscar, substituir, corrigir sem problema – a menos que a própria Mnouchkine não tenha já proposto no seu manuscrito variantes possíveis –, apropriação da obra pela diretora que, ao traduzi-la, imagina os prolongamentos cênicos possíveis de tudo aquilo que ela transmite diretamente aos atores da parte "deste imenso poeta, deste imenso metafísico, deste imenso historiador"[21].

Esse retorno à escola é acompanhado de um retorno a um "vazio esplêndido" que tem parentesco com o de *A Era de Ouro* e constitui um espaço de liberdade para os atores, que irão de novo utilizar as máscaras. É sobre um espaço vazio que os atores, com as folhas na mão, aprendem a "comer bem as palavras", como diz G. Bigot, sem decorá-las, passando de uma peça a outra e de um papel a outro. O texto em mãos não é um entrave, tanto mais que de início eles saltam entre as traduções – no fim tudo será memorizado –, e essa relação com o texto, presente na sua materialidade, que cai e é recolhido, que é enfiado no figurino, é fundamental. Mnouchkine repete: "Tome tempo de ler e veja o que você diz". A leitura dessas folhas-suporte não impede o jogo corporal, ela o determina, porém longe de todo textocentrismo: as folhas manuscritas são uma ferramenta para ultrapassá-lo e, suporte concreto da ligação entre a diretora e o autor, acompanham o mais de perto possível o corpo atuante dos atores.

A Organização do Trabalho

Não se pode analisar a relação do Soleil com o texto sem ter em conta o trabalho físico e manual parateatral desde o início. Todos trabalham nas "oficinas" do teatro. Para os Shakespeares, nas reuniões das nove da manhã, o trabalho era distribuído conforme as escolhas de cada um, alguns no cimento para a construção do novo palco[23], alguns no madeiramento, alguns na cozinha, alguns na manutenção etc. A aventura artística é uma aventura total que engaja corpo e espírito, porque estão engajados do mesmo modo e coletivamente na vida cotidiana. Isso dá uma abordagem totalmente diferente do palco.

As oficinas são doravante dirigidas por técnicos, mestres de sua especialidade, que os atores ajudam enormemente e em cujo contato aprendem muito. Entretanto, a oficina "Pintura, pátina e douradura", pela qual G. Hardy é responsável, não cabe a um especialista, mas a um ator que encontrou seu prazer e descobre sua competência no trabalho de preparação das sedas murais do espetáculo, com base na proposta de G.-C. François. Fazer um parceiro trabalhar um papel, partilhar sua experiência com ele, pode também ser considerado uma "oficina".

A diretora é a "inspiradora", a guia dos exploradores que são os atores no caminho da descoberta, em busca da "evidência" (palavra-chave no Soleil) – que pode, aliás, às vezes ser enganosa. Todo grupo pede algo maternal, mas com a nova geração, e a diferença de idade, o papel maternal não pode mais ser negado por A. Mnouchkine[24]. Ela fala de nascimento de atores e segreda: "O dia em que eu não for mais levada às lágrimas pelo nascimento de um ator, eu pararei, porque isso quererá dizer que não sou mais capaz de dar nascimento, de deixar nascer"[25]. G. Bigot reconhece: "Ela me fez nascer".

A assistente, Sophie Moscoso, deixou abundantes registros desses três anos de trabalho: grandes fichários fáceis de folhear, em que ela anota, em fichas de papel Bristol A4 colocadas entre as páginas, traduções manuscritas, data após data, o que se faz nos ensaios de palco, quem interpreta o quê, quem ensaia com tal máscara, e as numerosas observações de Mnouchkine, sempre direcionadas e precisas, concretas e poéticas, abrindo a imaginação dos atores. Outros dossiês indicam os diferentes ensaios de papéis para os atores e as sucessivas eliminações. A essa tomada de notas manuscrita e pormenorizada soma-se uma tomada de fotos, em cor e em preto e branco – sem que ela saia da mesa onde toma notas, ao lado de Mnouchkine, com uma Rolleiflex –,

> Criamos ao mesmo tempo as peças e o espaço, não no papel, mas com nossas mãos, com nossos braços, com nosso suor. E, depois de ter criado esse espaço, fomos procurar, como diz Ariane, personagens muito longe na História e as levamos para lá, diante do público, mas sobre e em lugares que havíamos previamente construído, com tudo que isso comporta quando se diz "construir".
> Marc Dumétier[22]

que ela classifica em álbuns, amiúde em série de três, consultáveis pela diretora. "Nas fotos, há silêncio e esquecimento. É preciso esquecer para achar de novo", diz hoje S. Moscoso. Mnouchkine consulta raramente as anotações tomadas no calor da hora, mas sua assistente lhe fornece notas de síntese sobre o que é dito nos ensaios.

S. Moscoso, encarregada de há muito do trabalho de documentação, propõe livros de imagens sobre os teatros da Ásia e algumas obras de história (Georges Dumézil). Há pouca documentação para os Shakespeares. Ela traz para a diretora trechos de textos inspiradores (Brecht, Borges). Os atores, como sempre, examinam filmes, entre os quais *Trono Manchado de Sangue*, *Dersu Uzala*, *Os Sete Samurais* e *Kagemusha, A Sombra de um Samurai* de Akira Kurosawa, bem como os Shakespeares de Orson Welles e Laurence Olivier e, para *Henrique IV*, o *Ivan, o Terrível*, de Sergei Eisenstein. A partir das notas dos ensaios, ela compõe os textos dos programas. Ela faz a ligação com os ateliês, deve permanecer vigilante para que, na oficina de figurino, não se esteja costurando um que acabou de ser suprimido. Ela informa uns e outros sobre as dificuldades momentâneas dos atores para que todos os ajudem ou não os perturbem em momentos difíceis de criação. Ela cria o indispensável liame.

Noite de Reis
Uma entrada sobre uma passarela. Da esquerda para a direita: P. Hottier, C. Yelnik, O. Cointepas, J. Derenne, G. Bigot.

O ateliê de figurino compreende dez pessoas. Ele é coordenado por Jean-Claude Barriera, no Soleil desde *1789*[26], e Nathalie Thomas, costureira, que trabalhou no *Molière* e fez um estágio de marcenaria para *Mefisto*. Marie-Hélène Bouvet chegará para *Noite de Reis*. As duas últimas continuam lá atualmente. E tem a música: Jean-Jacques Lemêtre, de origem cigana, músico, compositor, improvisador (*free-jazz*), cozinheiro e grande viajante, começou a colecionar os instrumentos musicais (para *Ricardo II*, há setenta e cinco, para *Noite de Reis*, cem, e para *Henrique IV*, trezentos e dez) que vêm de trinta e sete países – da Ásia, da África e da Europa – e de diferentes épocas. Créditos foram atribuídos a essa pesquisa. As percussões modernas foram excluídas em favor de instrumentos tradicionais para *Ricardo II*. A variedade de instrumentos que ele arranja, fabrica ou inventa é em função do timbre de que necessita para tal cena, e se determina pelas indicações de Mnouchkine e pelo que os atores trazem de sua personagem. O ateliê do músico também se encontra no palco, Lemêtre está presente em todos os ensaios e, num primeiro tempo, é auxiliado pelos atores[27].

"Em Aprendizagem no Ateliê de um Mestre"

É preciso entrar no universo de Shakespeare, em que aparecem, sobretudo em *Henrique IV*, nobres e *kyogen* – é o nome japonês oriundo do gênero epônimo, intermédio nas peças de *nô*, que Mnouchkine dá às personagens cômicas, mais próximas do povo e que, como ele, são portadoras da História, mas "eternos refugiados em seu próprio país". Entrar nesse universo, como se diz no programa de sala de *Ricardo II*, para "aprender como representar o mundo num teatro. É para nos preparar para contar num próximo espetáculo uma história de hoje que consultamos Shakespeare, o mestre que conhece os instrumentos mais certos e melhor adaptados ao relato das paixões e dos destinos dos homens".

Aprender, compreender. Trata-se em primeiro lugar de desbastar, de capinar. Então cada um ensaia todos os papéis e, ainda após o 25 de abril, dia da entrada na sala de ensaio por fim concluída, continua-se a exploração desordenada do material Shakespeare. Uma primeira seleção é feita em junho quando se ensaia *Ricardo II* e as duas partes de *Henrique IV*,

Nunca devemos agitar a água para torná-la mais profunda.
Ariane Mnouchkine[28]

Temos tendência a dizer: Ricardo II é uma peça sobre o poder; mas Shakespeare. se acabou por escrever uma peça sobre o poder, escreveu primeiro a "história de Ricardo II". E nós devemos representar a história de Ricardo II; e o público, conforme seu nível de recepção, recebe uma peça sobre Ricardo II, uma peça sobre o poder, uma peça sobre o despojamento.
Ariane Mnouchkine[29]

antes de concentrar-se em *Ricardo II*, cujos ensaios se realizam no grande palco a partir de 20 de outubro. Curtos estágios-audições adicionais terão lugar, como para *Henrique IV*, em maio-junho de 1983. *Canseiras do Amor em Vão*, que aparece em certos dias de trabalho (de 29 de maio a 21 de julho de 1981, depois em março-abril de 1983), testemunha que o entrecruzamento dos materiais continua. Mnouchkine diz nos ensaios: "É um formidável ateliê, necessário para abrir o trabalho sobre *Henrique IV*"[30], mas ela se interroga agora sobre a universalidade da peça e a necessidade de montá-la: "Não há suficiente matéria humana e poética para permanecer nela meses e meses"[31]. Ela será abandonada.

O problema é que os papéis masculinos da comédia, previstos para serem representados pelas mulheres da trupe, foram retomados por homens, as mulheres partilhando-os por algum tempo com eles, e que, para *Noite de Reis*, se passou a mesma coisa – Clémentine Yelnik, entretanto, representará um papel masculino, o de Sir Andrew Aguecheek[32]. Isso apareceu como uma "evidência" no processo de trabalho, mas algumas atrizes que ficaram sem papel deixam o Soleil.

A particularidade de Shakespeare é que ele é inteiramente compassivo com suas personagens, e que por meio de suas paixões ele exprime seu conhecimento do ser humano. Uma primeira imagem essencial é dada por Ariane aos atores: a da "ilha minúscula", "parcela abençoada", como diz João de Gante, na qual os homens, uma tribo de aventureiros bárbaros, na aurora do Renascimento, constroem uma sociedade, um pequeno universo. A ilha como metáfora do mundo. Junto ao rei está entronizada a "deusa da guerra fumegante", e cada uma das personagens atuantes se observa, se analisa: em cada palavra aflora "uma vivissecção da alma"[33], elas são os narradores de sua paisagem interior.

Os tetos de teatros tradicionais asiáticos; o do Grande Kabuki de Tóquio e o do lhamô tibetano, nos quais se inspiram os dispositivos do Soleil.

Noite de Reis na Cartoucherie (a estreia ocorreu em Avignon). Da esquerda para a direita: C. Bosc, H. Cinque, J. Maurel, J. Arnold, G. Bigot, J. Derenne, O. Cointepas, C. Yelnik, P. Hottier, J.-P. Marry, M. Durozier, P. Blancher.

Atentos às palavras pronunciadas, os atores devem ver aquilo que veem as personagens para mostrá-lo à luz do teatro. Mnouchkine considera que o ator é enviado pelo público para procurar as paixões humanas das personagens e retornar como mensageiro para contar a esse público que o investiu dessa missão sagrada o que ele viu durante sua viagem. Mostrar, mas não julgar.

Não se trata, nessa pesquisa das paixões, de nenhuma introspecção no sentido psicológico. Encontrar-se-á, no vocabulário de trabalho do Soleil, a palavra "autópsia" e sua definição: "a autópsia do homem, esta operação por muito tempo maldita, como a arte do ator, e como ela sacrilégio, e cujo nome queria de início dizer 'inspeção, exame atento que se faz por si mesmo', mas também 'estado no qual os antigos pagãos acreditavam que se tinha um comércio íntimo com os deuses e uma espécie de participação em sua onipotência' (*Littré*)"[34].

E, sobretudo, tratar-se-á em grande parte, para essas personagens que os atores frequentam de perto, de "visões" e de "estados". As visões: imagens claras, luminosas, no presente, engendradas pela força do "músculo da imaginação", que é preciso exercitar. Os estados: nada de psicologia, nada de sentimento, mas estados fisiológicos primários como o medo, a fome, a fadiga, o espanto, a cólera, a embriaguez, o riso, o riso louco, o ódio, a ferocidade, o furor, o desinteresse, a dor. P. Hottier fala de uma "eletricidade própria à personagem" num dado momento. Ele lembra que os estados estão ligados ao trabalho com a máscara: o estado de base da máscara do Arlequim, seu saltitar, sua curiosidade, sua atenção a tudo pode se modificar por meio dos estados secundários, como a agressividade ou a alegria[35].

Mnouchkine especifica: "O que chamamos de estado é a paixão primeira que domina o ator. Quando está encolerizado, ele deve desenhar a cólera, ele deve agir. As paixões que as personagens shakespearianas sentem devem ser traduzidas pelo ator. É uma química". Ela liga essa tradução ao desenho: "O ator produz no ar uma escrita, ele escreve com seu corpo, é um escritor do espaço". Ariane adiciona: "Um estado não é nunca algo morno […] Se quisermos mostrar a tepidez, essa tepidez deve ser extrema"[36]. Mas "o ator não pode e não deve representar senão um único estado de cada vez, mesmo se o representar durante um quarto de segundo e, no quarto de segundo seguinte, houver outro estado, o que, com Shakespeare, ocorre o tempo todo. Shakespeare é de uma extrema versatilidade de paixões; na metade de um verso, pode ocorrer uma raiva verde; na seguinte, uma euforia azul"[37].

Como encontrar as visões – sonhos, pesadelos –, os estados? As paixões das personagens tais como as exprime Shakespeare devem ser tomadas "ao pé da letra", respeitando as rupturas sem procurar a gradação ou a nuance psicológica. Cumpre observar os outros, abrindo-se a eles, recebendo-os, sendo "côncavo". Recebendo antes de dar. Mnouchkine insiste no fato de que "é preciso preparar uma cavidade para receber o estado"[38]. E sobre a dialética concreta de uma escuta côncava/convexa que faz também parte do vocabulário que se fixa na época dos Shakespeares, como o termo "versatilidade": "passagem muito rápida de um estado a outro que pode ser contrário"[39]. Enfim, os estados se traduzem por "sintomas", que são seus signos.

Aplicadas a casos muito concretos, as noções se especificam, as palavras-instrumentos misteriosas que as recobrem se repetem, mas guardam um pouco de mistério e magia: elas criam também as "delícias da cumplicidade e do segredo" entre os membros da trupe. Elas são as embreagens para dirigir os atores, pequenas lanternas em seus caminhos. Acrescentar-se-á ainda: o "pressentimento do corpo", que sabe antes da pessoa ou da personagem; a "infância", com sua ingenuidade, sua fé e sua crença; o "prazer", a "alegria" de estar lá, de se transformar, de se vestir, de ser amado, de representar, de saber que durante quatro horas responder-se-á a uma necessidade; e sobretudo o termo "desenho". Desenhar é fazer de cada gesto um espetáculo, quase uma dança, é "decompor" seus movimentos, "não pleonasmar, colar palavras ou histrionizar", é transpor o andamento, andar representando, é também não esquecer jamais o olhar do público. Ser visionário é não confundir a interioridade psicológica com a interioridade do imaginário, é estar disponível, constantemente pronto e, portanto, presente. Ariane previne desde o início dos ensaios que "esse será um grande espetáculo de atores, para atingir o que os japoneses denominam a 'flor' (*yugen*)"[40].

As Máscaras e "Masquilagens"

Ariane Mnouchkine afirma que "a máscara é nossa disciplina de base, pois é uma forma, e toda forma obriga a uma disciplina. […] O teatro é um vaivém entre o que existe no mais profundo de nós, no

Ricardo II
A máscara do duque de York
(P. Hottier). Esculpida por E. Stiefel, em processo de trabalho em seu ateliê.

A. Mnouchkine dialoga com a atriz que desempenha o papel da duquesa de Gloucester (L. Bensasson). Seu rosto está coberto por uma máscara articulada, seu crânio encimado pelo penteado dos xoguns, seu pescoço envolto num colarinho da Renascença.

mais ignorado, e sua projeção, sua exteriorização máxima com o público. A máscara requer precisamente essa interiorização e essa exteriorização máximas"[41]. Atrás da cortina amarela da sala de ensaio, elas serão colocadas sobre prateleiras, acessíveis e como que vigiando os atores.

As máscaras estão, portanto, presentes em todo o trabalho no ciclo dos Shakespeare: máscaras da *Commedia dell'Arte*, máscaras balinesas (como Pandapa, Rajisan, assim batizadas pelos atores, e Punta, com seu nome autêntico), máscaras de Stiefel. Estão sobre uma mesa, ritual e respeitosamente dispostas ao lado da mesa onde se espalham os livros. A todas as máscaras utilizadas nos ensaios se somam os narizes vermelhos dos *clowns*. Mas poucas máscaras restarão nos três espetáculos, e elas serão inventadas: Stiefel esculpe máscaras de anciões, inspiradas, de longe, em máscaras de *nô*; são de madeira, com barbicha, deixando passar o olhar através de suas órbitas aumentadas e dotadas de uma parte móvel, com a articulação escondida pelo bigode, o que permitirá aos atores falar. Elas se assemelham, mas nelas a

CAPÍTULO 3 O CICLO DOS SHAKESPEARES

velhice é declinada em nuances sutis. Assim, no *Ricardo II*, o Duque de York (P. Hottier) e João de Gante (John Arnold), o Conde de Salisbury (J. Arnold), o Bispo de Carlisle (G. Freixe); em *Henrique IV*, o Rei (J. Arnold), o Conde de Westmoreland e o Conde de Worcester (G. Freixe). Essas "máscaras de tragécia", como Stiefel as designa, ajudam os jovens atores a representar os anciões, o sofrimento e a morte, sem se perguntar sobre sua biografia pessoal. A Duquesa de Gloucester (Lucia Bensasson) também usa máscara. Para Falstaff, Stiefel fabricara uma máscara a partir do rosto de Orson Welles barbudo, mas ela não é utilizada.

Cada ator se exercita com as máscaras, "capina" com elas, depois representa sem máscara. P. Hottier ensaia o papel do jardineiro com uma máscara de velho, mas o representa de *clown*. O ator que atua ao lado de um ator mascarado deve adotar o mesmo tipo de atuação. Bigot, cujos três papéis nos Shakespeare – Ricardo II, Orsino e o Príncipe Hal – são representados sem máscara, trabalhou muito Pantaleão, depois Arlequim

Noite de Reis
O reencontro de Viola (J. Derenne) e Sebastião (J.-P. Marry). No fundo, o Bobo Feste (J. Maurel), Orsino (G. Bigot), Olívia (O. Cointepas), Antônio (M. Durozier) e Maria (H. Cinque).

no palco. E as maquilagens brancas espessas, desenhadas e pintadas sobre os rostos, que esculpem sua arquitetura acentuando os pômulos, são o equivalente de uma máscara pessoal que se procura trabalhando-a progressivamente. Mnouchkine repete: "As máscaras são a escola do essencial" e sublinha que mesmo os dentes enegrecidos numa boca que se entreabre num sorriso, vitória sobre a miséria, constituem uma máscara. Ela critica: "Nada de máscara-borrão. Achem a poesia. Que o rosto de vocês seja uma obra, não uma carantonha"[42].

Notas de ensaio de S. Moscoso[43]

Se o ator sente uma emoção muito forte e não encontra essa tradução para a transformação de seu corpo, não há relato, poesia, metáfora. Se, ao contrário, ele produz múltiplos signos que não são a expressão de nenhuma verdade interior, de nenhum desnudamento de sua alma, assiste-se a um desdobramento de formas sem conteúdo, uma contorção, uma mentira, um artifício de representação, e não a uma arte. A forma agoniza, a personagem não pode nascer, nada aprendemos sobre um ser humano movido por uma infinidade de paixões, a máscara torna-se um objeto sobre a face. Não é preciso dizer que a regra do jogo é a mesma para os atores que trabalham uma personagem não mascarada, a maquilagem é também uma máscara […]. A máscara comum a João de Gante e a Henrique IV, criada e esculpida por E. Stiefel, possui uma voz, impõe estados do corpo, e o ator lhe dá sua carne, lhe insufla vida irrigando-a com seu sangue e com sua imaginação afetiva; ele deve também escutar a máscara, criar, portanto, o vazio necessário dentro dele para ouvir e receber, delicadamente; senão, a máscara, maltratada, se revoltará! Daí a importância de certo rito de preparação em cada dia de ensaio, quando, após o treinamento físico, os atores preparam em conjunto o trabalho de uma cena, atividade dupla que, em nosso jargão de trabalho, chamamos de "o côncavo e o convexo": uma proposta, um começo de imagem da personagem numa situação e num estado, e a cavidade, o risco de partir para a aventura, para a descoberta de um ser humano desconhecido, viajar na sua alma, no seu coração, nos seus pulmões, no seu ventre… acolher um outro dentro de si: o que é um rei encolerizado ou um príncipe embriagado, uma rainha atormentada por "um mal sem nome" ou um rebelde ébrio de sangue, o que se passa neles?

A Invenção de uma Grande Forma Épica Para Shakespeare

"O fato de termos decidido montar os Shakespeares não significa de modo algum que renunciamos a inventar nossos espetáculos", afirma Mnouchkine[44]. À estratégia da nova tradução se acrescentam as táticas de ensaio. Para Mnouchkine, o teatro elisabetano produziu grandes textos, mas não grande forma. Cumpre, pois, encontrá-la. Entre os "capinadores" da primeira etapa dos Shakespeares, George Bigot[45] relata: "Eu ensaiei tanto os outros papéis quanto o de Ricardo II, a Rainha, Bolingbroke... Eu inventei um pequeno músico que seguia Orsino para *Noite de Reis*, eu ensaiei um dos mercadores assaltados por Falstaff em *Henrique IV*...". Ele descreve os ensaios sobre os festos do tapete de fibra de coco, "página virgem para reinventar o mundo", mas que eram muito pesados e que era preciso saber enrolar bem. Ele insiste no processo de invenção perpétua que ocorre e descreve assim a emergência de seu figurino para o Rei Ricardo: "Uma foto de *nô* mostrada por Ariane num número de *Double Page* sobre o Japão me interpelou: um rosto branco com traços negros, um quimono. Nos figurinos, não havia mais calça no meu tamanho. No fundo do ateliê, numa bagunça, um carrinho de madeira em que se empilham os figurinos do *Molière*: pego três saiotes e o gibão de Molière. As perneiras serão mangas de gibão presas por alfinetes. Um saiote jogado sobre o ombro, e eis uma manga de quimono. Manterei esse aí por cima do meu figurino definitivo, que será feito a partir desses elementos. Passo no rosto o branco com a maquilagem dos *clowns* de *Mefisto* e, numa touca novamente de Molière, encontro do que fazer para mim um cinto com pérolas. Em nossos figurinos de ensaios, com nossos largos saiotes, nossas mangas de gibão enfiadas à guisa de calça, nossas joelheiras, tudo isso atado e enrolado, estávamos muito aparelhados, como guerreiros. A gente se preparava para o combate, como se entrasse numa arena. Tudo era imenso".

Portanto, é a partir de uma imagem e de uma colagem teatral, improvisando e tirando roupas de dentro dos baús ou das araras que no passado outros membros da trupe compuseram e vestiram, que a personagem shakespeariana nasce no Soleil. "Levados por Shakespeare, inventamos", diz Georges Bigot, "uma forma que não existe"[46]. Pois trata-se de fato de um *kabuki* imaginário, de uma forma que é uma invenção do Soleil, e que engendra a partir de *Ricardo II* um universo

---

PÁGINA DUPLA SEGUINTE
Ricardo II

▶ Entrada da Rainha (O. Cointepas) e de Ricardo (G. Bigot). As pregas fluidas dos pesados figurinos acentuam a energia dos movimentos. À esquerda: G. Freixe, J.-B. Aubertin. Atrás da Rainha: H. Cinque. À direita: A. Del Pin e J. Maurel.

▶ A encenação se inspira numa figura da *pietà*. Nos joelhos de Bolingbroke (C. Bosc) jaz o corpo sem vida de Ricardo. À esquerda: o assassino de Ricardo, Sir Pierce d'Exton (J. Arnold). No banco de fatura asiática, um "cubo". Munidos de alças, esses cubos de madeira maciça têm diferentes tamanhos. Os atores podem, subindo neles, elevar-se. Atrás do banco, um sabre negro.

Henrique IV

▶ A entrada dos rebeldes. Da esquerda para a direita: Douglas (M. Durozier), um porta-umbrela (C. Bosc), Henry Percy, dito Brulcoeur (J. Maurel) em um salto espetacular, Worcester (G. Freixe). Douglas usa uma semi-armadura de ombro, acessório militar japonês, de couro folheado a ouro pelos atores.

▶ Após ter matado vários dublês do rei, Douglas encontra o verdadeiro Henrique IV (J. Arnold). No momento em que vai matá-lo, seu filho, o Príncipe Hal (G. Bigot) surge, munido de um sabre de treinamento japonês de madeira. Tapetes trazidos pelos Guardas Negros definem o espaço de representação (para a taberna: patchwork de tecido grosseiro; para as cenas externas, acampamentos ou batalha: patchwork de tecidos sedosos).

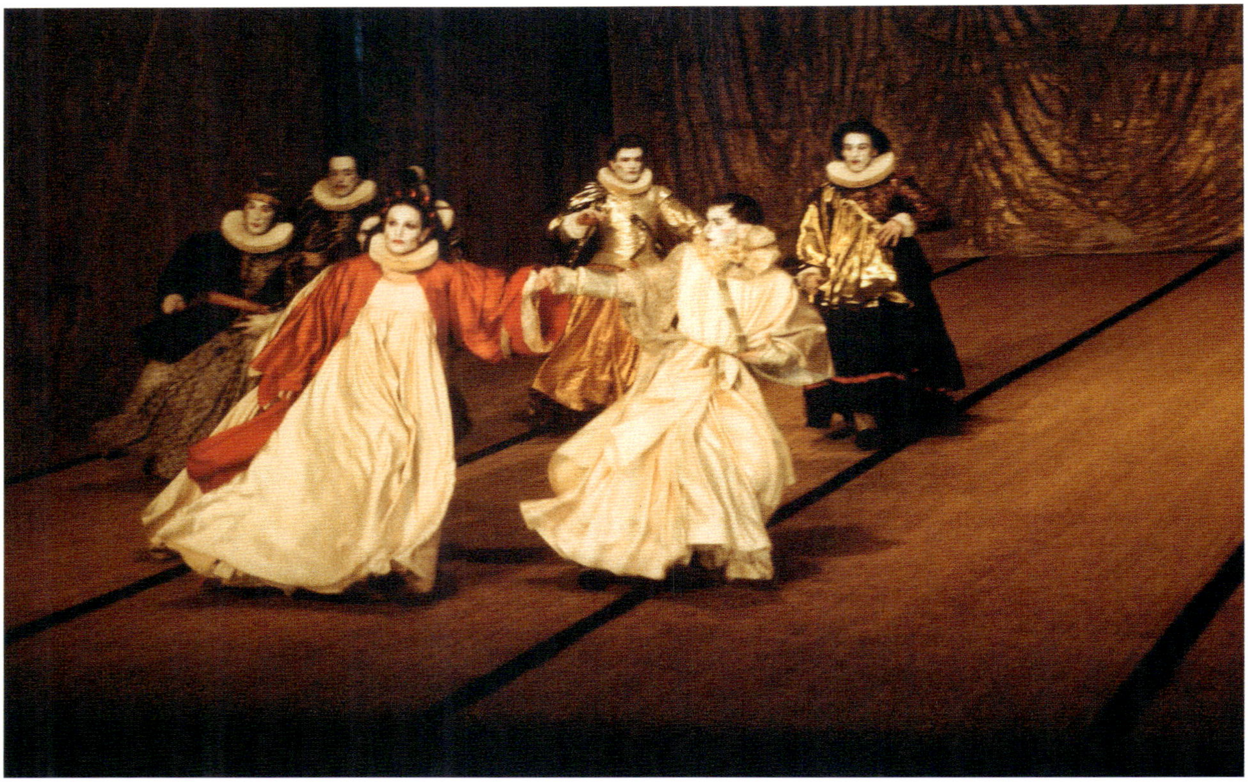

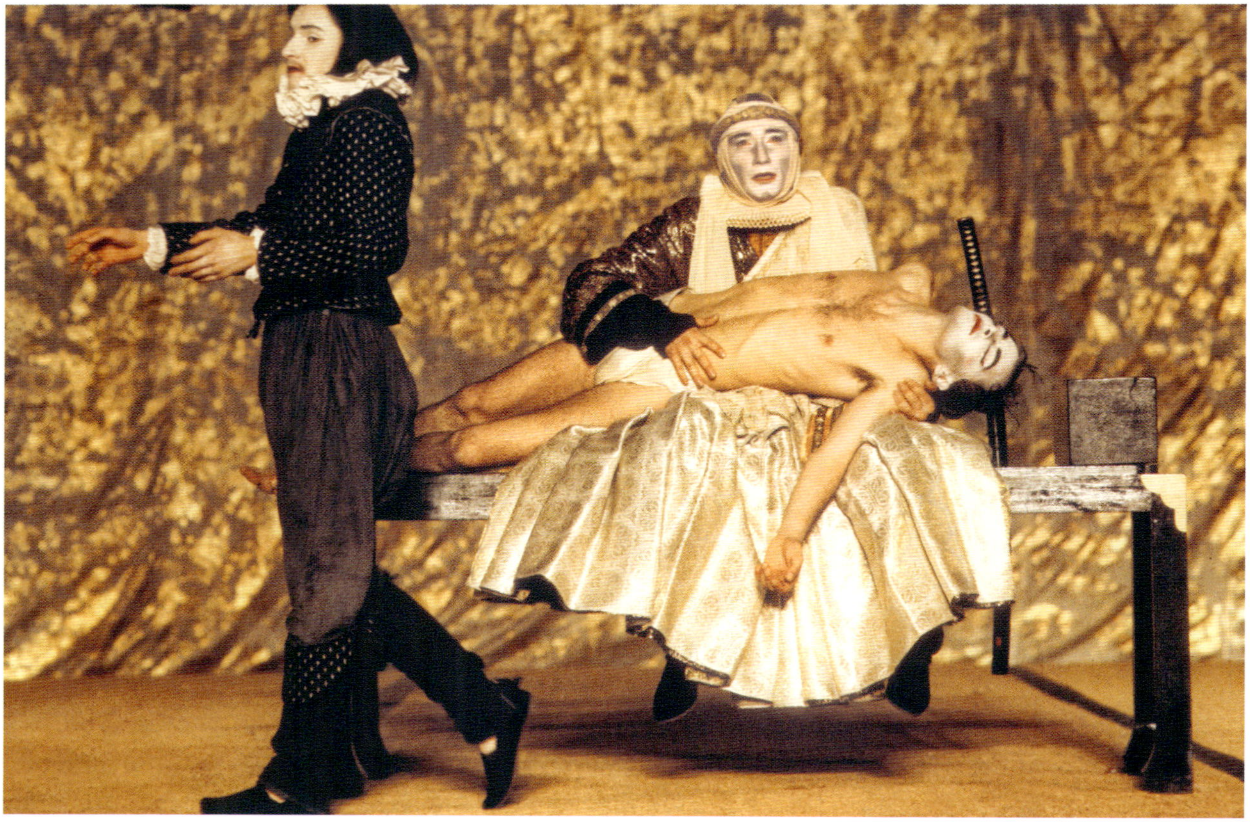

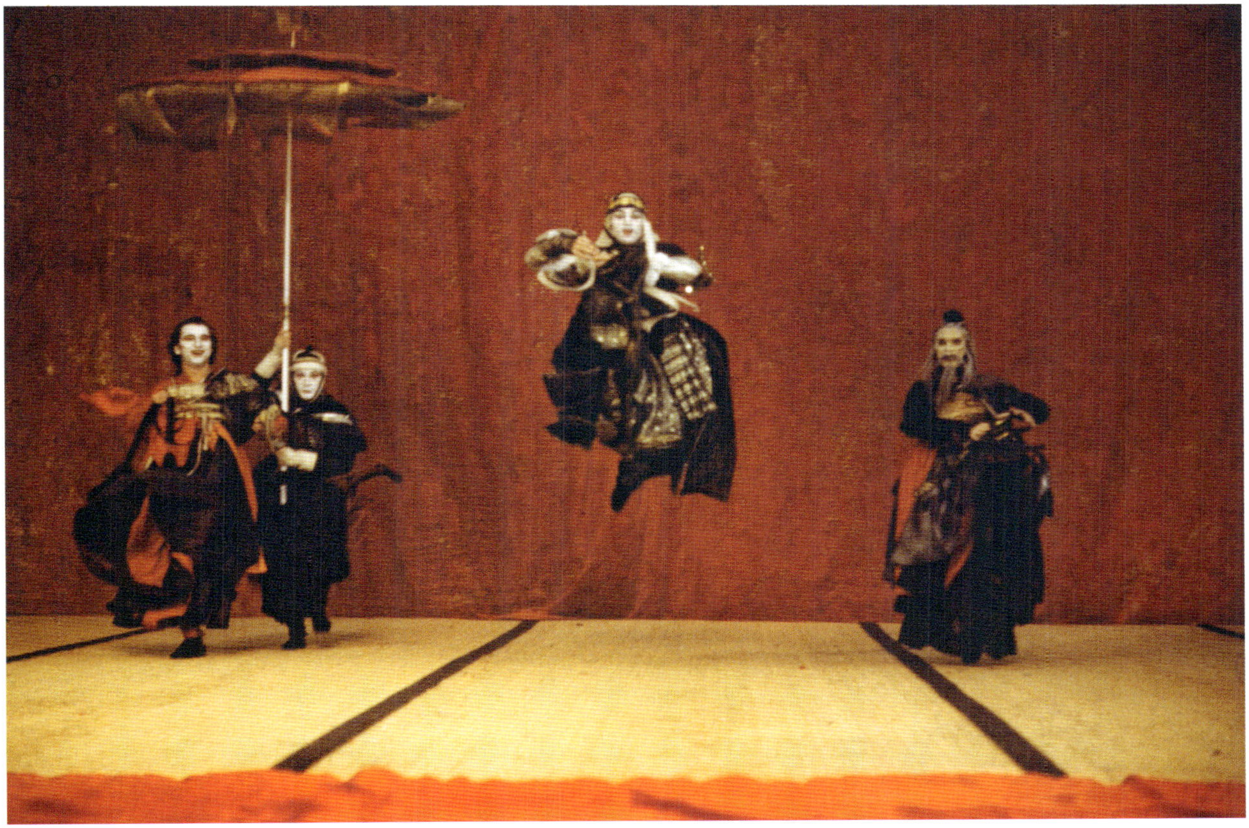

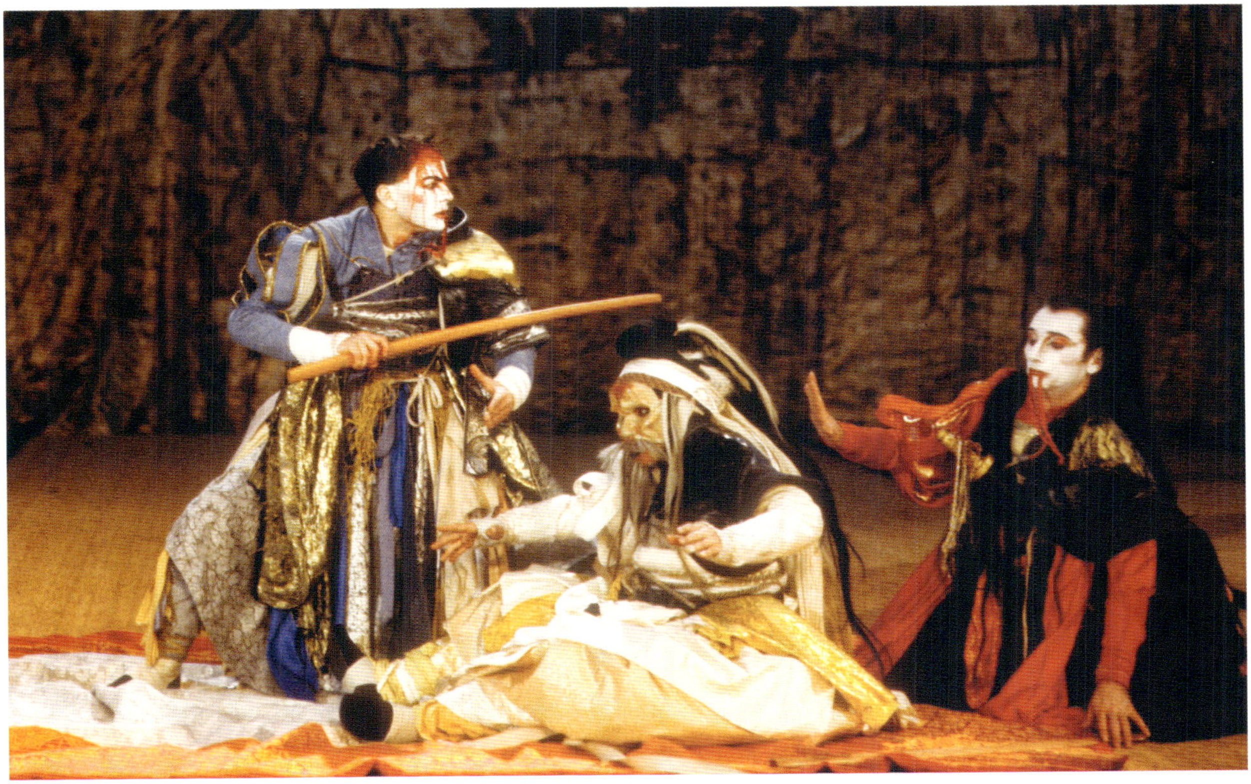

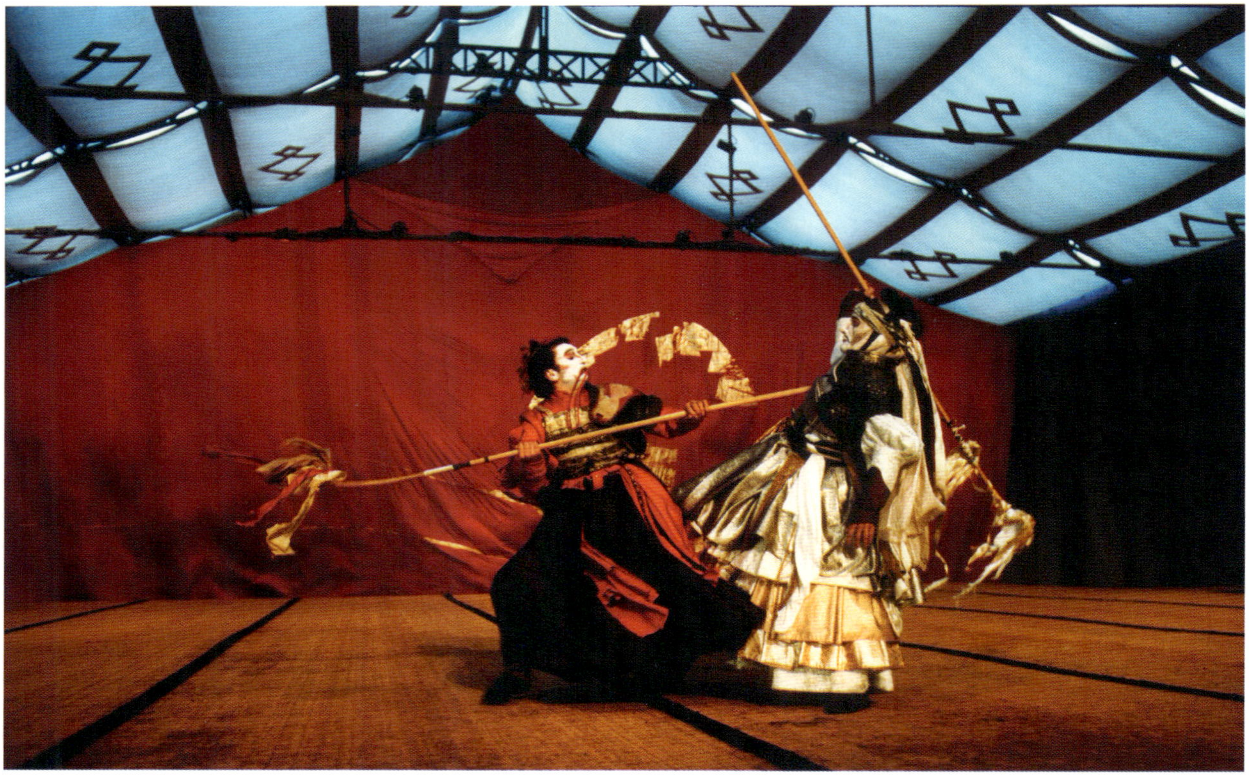

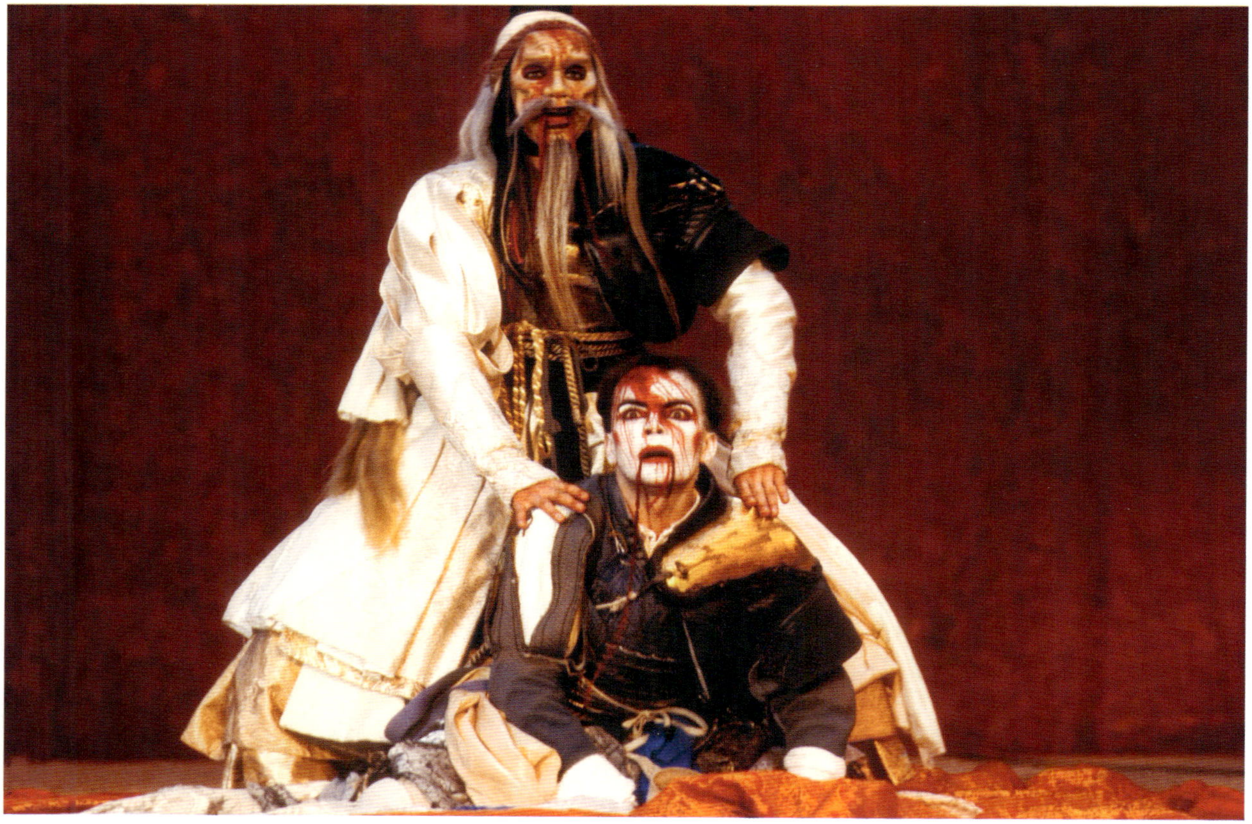

muito teatral, rutilante e saltitante, diante de um público espantado, siderado, jubilante ou desconcertado.

Sem dúvida, em Tóquio, em 1963, Mnouchkine reconheceu Shakespeare no *kabuki* e, em 1980, ela vai levar sua visão do Japão teatral para as peças ensaiadas. Mas não há nenhum estudo, nenhuma análise, nenhuma teorização, nenhuma imitação, somente transposições. Seu conhecimento não vem dos livros, é feito de suas impressões de espectadora e viajante diante de teatros que souberam guardar sua "forma pura", necessária para exprimir a força do texto shakespeariano. Ela trabalha a partir de suas lembranças, de seus choques pessoais, e propõe aos atores imagens fortes do universo dos teatros da Ásia, *kabuki* e *nô*, que constituem antídotos para uma imagística-clichê do tempo dos cavaleiros. Os únicos aportes diretos são o alto penteado dos xoguns, que aumenta a altura dos atores, e as mangas de quimono – porém, no mais das vezes, uma única para cada roupa! O resto é inspiração, devaneio ativo e trabalho, trabalho coletivo muito longo.

A improvisação, a invenção de personagens, os papéis trabalhados por vários atores, às vezes nos ensaios do mesmo dia, estando a mesma personagem mascarada e não mascarada, e a abordagem simultânea das peças fazem com que se combinem ou adicionem as visões e propostas de cada um, e que se desintegre a ideia de uma realização imposta por um só criador. Ademais, esse "Japão imaginário", nascido do trabalho concreto no palco com elementos de *kabuki*, *nô* e *kyogen*, ultrapassa a referência específica ao Japão, pois, por meio da disciplina que as máscaras impõem e da precisão da forma, (re)descobrem-se as leis do teatro esquecidas, mas universais. Esse Japão imaginário é a ferramenta de estrangeirização do Soleil para tornar Shakespeare ao mesmo tempo distante e próximo. Os samurais shakespearianos, como a crítica os nomeou, são, antes de tudo, criaturas teatrais, construídas sobre "uma verdade extrema e um extremo artifício", princípio que deve permitir engendrar uma "representação hiperrealista"[47].

Henrique IV

▲ Douglas, o rebelde escocês, combate Blunt (P. Blancher), dublê do Rei Henrique IV na batalha. A cena é ao mesmo tempo cruel e cômica.

▼ O rei Henrique IV usa uma segunda máscara, ensanguentada, especialmente criada por E. Stiefel. O sangue que sai da boca dos feridos é de algodão tingido.

Os saltos acrobáticos dos atores do Soleil

▲ A Era de Ouro. Abdallah (P. Caubère) salta ao chegar a Marselha.

◀ Henrique IV. A gordura de Falstaff não impede P. Hottier de saltar.

"No Teatro, Estamos Sempre no Exterior"[48]

Os palcos europeus do século XX sofrem uma influência, a dos teatros da Ásia. Mnouchkine sabe disso, ao citar Brecht, Meierhold ou Artaud. Mas a busca do Soleil é um pouco diferente. Assim, às referências japonesas para *Ricardo II* e *Henrique IV* vão acrescentar-se as da Índia, menos presentes na história do teatro ocidental, para *Noite de Reis*: sua Ilíria torna-se uma "Índia imaginária" ela também, com reviramentos de olhos de *kathakali*, com passos de *bharata natyam*, com imensas umbrelas coloridas e figurinos de cores vivas e contrastantes.

Quando os atores já estavam avançados em suas pesquisas, eles foram ver, além de filmes sobre a obra de Shakespeare, documentos filmados sobre as formas asiáticas: o *kabuki*, o *nô*, o *bunraku* em julho de 1981, o *kathakali* no centro Mandapa em abril de 1982, completados por obras de Satyajit Ray. O ciclo dos Shakespeare se trança, portanto, como uma espécie de bricolagem, no sentido levi-straussiano, intercultural, nascida das imagens e do trabalho no palco, reforçada por documentos fílmicos sobre o teatro. A Ásia é vasta e os imaginários vorazes.

Às influências dos teatros da Ásia em que intervém por suas máscaras – e com mais insistência para *Noite de Reis* – a *Commedia dell'Arte*, superpõem-se também elementos da cultura visual ocidental: referências em ensaio à pintura italiana (as telas de batalhas de Paolo Uccello), cenas de *Ricardo II* construídas sobre motivos da pintura cristã (crucificação para Ricardo na prisão, *pietà* quando Bolingbroke segura em seus braços o corpo do rei morto). Seria necessário acrescentar também a influência do balé clássico, ao qual pertencem os saltos realizados por certos atores em cena. Esses diferentes elementos, deslocados e como que mixados no cadinho do trabalho no palco, presentes nos figurinos-colagens (colarinhos e quimonos), o espaço, a atuação, dão nova vida a Shakespeare.

É com esses meios, numa forma compósita, que a história, a grande e a pequena, é contada ao público. Ao público, aí está uma das palavras de ordem do espetáculo, muito frontal, endereçado. Os atores "contam suas penas ao público. Tomar o público nos braços e contar-lhe"[49], comenta Mnouchkine em ensaio. Uma das figuras de encenação é o alinhamento das personagens diante da sala, e seu diálogo se trava através de seu endereçamento ao público. A área de representação é totalmente aberta, não há nenhuma quarta parede possível.

▼ *Noite de Reis.* Um dos magníficos saltos do Bobo Feste (J. Maurel).

▲ *Henrique IV.* No campo de batalha, o conde de Douglas (M. Durozier) foge.

Henrique IV. **O Príncipe Hal (G. Bigot) parece voar.**

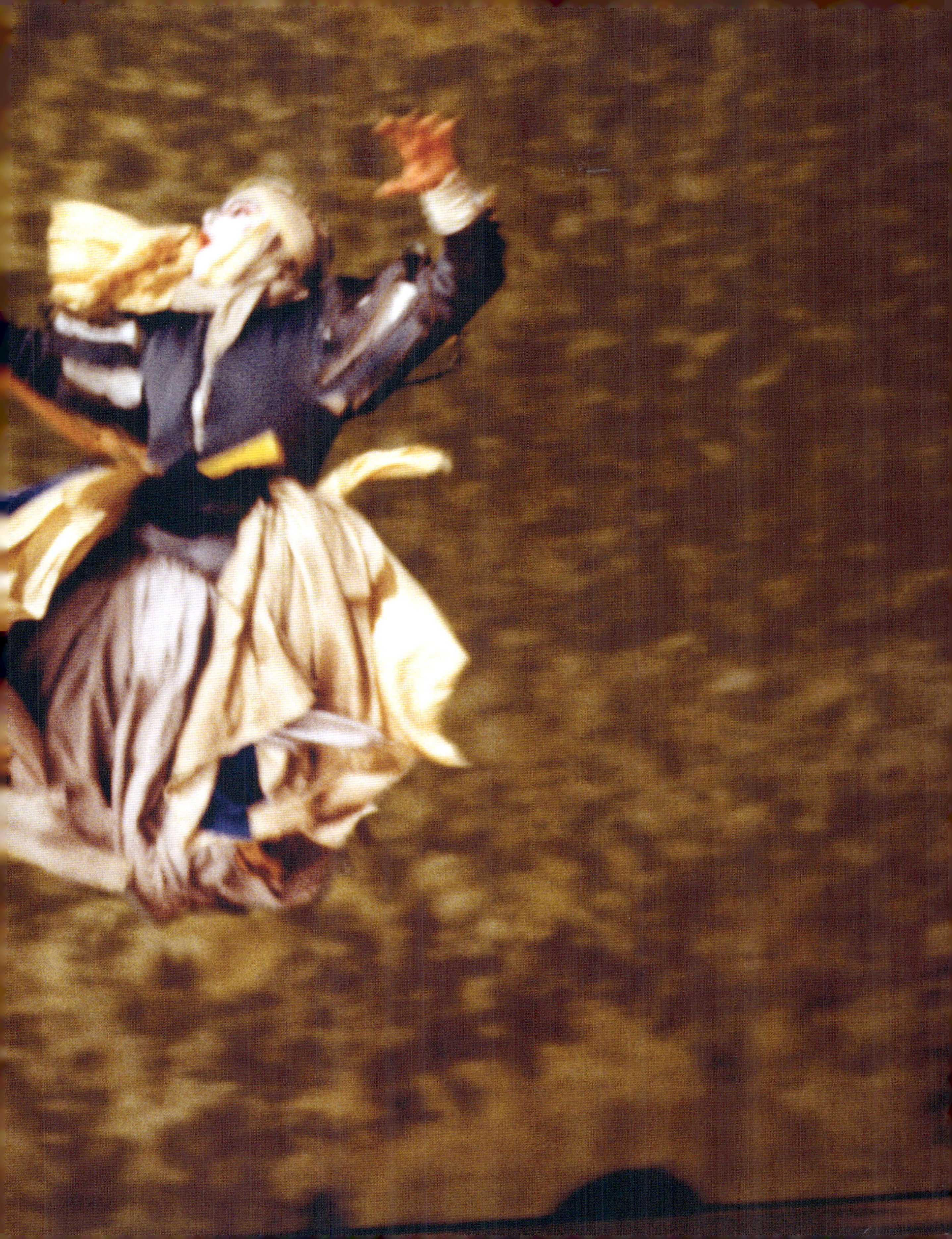

Um Espaço Comum Para Todas as Peças

> Quanto mais plano o tapete mais alta será a falésia de Lear.
> Ariane Mnouchkine[50]
>
> Há em vossos ouros muito despojamento.
> Carta de uma espectadora[51]

As imagens que Ariane envia aos atores são: a ilha, a aurora, o vazio ou "um espaço muito grande com estrelas acima de vocês"[52], e a primeira visão para a cenografia: uma ilha, arquibancadas sobre a água, referências ao filme *Kagemusha* (Kurosawa). Depois, a partir de suas propostas que evocam o teatro japonês e a necessidade de um "espaço puro" que comportaria apenas o que é indispensável ao ator, G.-C. François começa "desenhando um grande sol, e isso funcionou imediatamente. A queda dos panos de fundo é também inspirada no teatro japonês"[53]. Inspirada, mas não copiada. Ele concebe então sobre o palco, de alvenaria revestida de folha de madeira, uma extensão plana de fibra de coco bege cujos festos são marcados por juntas de borracha recobertas de veludo negro que dão ainda mais profundidade ao palco. Esse capacho de fibra de coco, comum a todas as peças, será instalado na sala de ensaio antes de passar para o palco. Mas de início se ensaiará sobre a fibra de coco tingida de vermelho de *Mefisto*. A arquitetura da área de apresentação dos Shakespeare toma do teatro *kabuki* seu *hanamichi*, mas o dispõe lateralmente como a curta passarela do *nô* e o desdobra em dois longos caminhos paralelos. G.-C. François o adapta em outra organização arquitetural habitável nas naves da Cartoucherie.

E tem os imensos painéis de seda que recobrem integralmente a parede do fundo e são pintados segundo modelos concebidos pelo cenógrafo. Eles evoluem, podem ser rejeitados, em função dos ensaios, e só serão terminados na noite das estréias. São tratados com folha de ouro, que torna um pouco mais pesada a seda, que mesmo assim estremece, ondulando ao menor sopro. Fixado com eletroímãs, cada painel cascateia como água que cai, fazendo aparecer o seguinte, diferente. Há cerca de quinze painéis por espetáculo, cor de ouro com vermelho, preto e branco para as tragédias históricas, em tons pastel para *Noite de Reis*, em relação com a atmosfera das cenas e o tempo indicado pelos motivos de lua ou sol. Em *Henrique IV*, sete desses painéis caem em alguns minutos[54]. Os atores podem sair deles. São os criados, papéis que evoluem no curso dos três espetáculos do ciclo, de simples "criados" a "criados de palco" e depois "guardas negros" (transposição dos *koken* do *kabuki*), que se encarregam de levantar as sedas com varas, de agitá-las ou arrumá-las após a queda, de carregar as lanças, de ajudar Ricardo II a se desfazer de seus adereços quando de sua destituição.

Cortinas de veludo azul-escuro deixam entrever os camarins. No teto, sob a armação metálica, estão presos numerosos pequenos toldos claros, que lembram o teto do Grande Kabuki de Tóquio ou pagodes em que se apresenta o *lhamo* tibetano, mas através deles se difunde uma luz trabalhada que anima e ilumina o palco. É um verdadeiro céu cambiante que se encontra acima da cabeça dos atores. Pequenos projetores de acompanhamento, que lançam suas luzes sobre os ricos tecidos dos figurinos, dão a impressão de que a luz emana dos atores. "Rampas" na lateral do palco estão plantadas sobre hastes metálicas. Com as luzes, Jean-Noël Cordier aprofunda assim o volume da área de representação. Simplicidade, beleza, luminosidade, escolha dos materiais, todos têxteis, luxo e refinamento das sedas cujo sussurro delicado contrasta, quando soltas, com a barbárie dos combates, espaço vazio, imenso e aumentado.

As Entradas dos Atores

Os atores chegam ao palco por essas passarelas onde eles têm tempo para mobilizar seu estado, desenhá-lo. Essa extensão do espaço de entrada em cena, momento teatral capital, pontual e rápido quando se trata apenas de atravessar os bastidores, é uma transposição do *hanamichi* e do *hashigakari* (*nô*) japonês. Dispostas lateralmente, elas permitem ver chegar de longe, ao som de percussões, os cortejos de personagens correndo ou cabriolando e detalhar suas corridas impetuosas. Mnouchkine insiste mais uma vez na invenção dos atores: "No *kabuki*, há entradas solenes, mas são entradas muito lentas, de uma única personagem, com uma parada na passarela. Para a primeira entrada de Ricardo, eu queria começar no âmago da ação, no turbilhão da luta. O rei entra, rodeado de vespões, que não o tocam ainda, mas que esperam sua hora"[55]. A corte de Ricardo II é um enxame, ou uma matilha, as entradas agrupadas provocam irritação, entram em ebulição, mostram os germes da guerra civil, assim como a hierarquia ainda respeitada dos graus e posições. Os figurinos voam e, no momento de pôr o pé no palco, alguns se lançam contra a parede para se apoiar e saltar, de modo que o tecido das vastas roupagens se redesenha e incha a forma dos corpos em movimento. Na *Noite de Reis*, Orsino utilizava a passarela de maneira mais "japonesa", passeando displicentemente por ela.

Henrique IV
Encenação e representação num espaço reduzido: um agrupamento sobre um tapete. Da esquerda para a direita: Peto (H. Cinque), Bardolfo (F. Gargiulo), Poins (J. Arnold), o Príncipe Hal (G. Bigot) e Falstaff (P. Hottier), que se apoia num cubo. Sua gordura é fabricada com ajuda de uma grossa couraça à japonesa, destinada a proteger seu enorme ventre, desenhando assim sua covardia.

O Treinamento

Para *Ricardo II*, é P. Hottier que cuida, uma hora antes de cada ensaio e espetáculo, do aquecimento dos atores. Alguns praticam boxe francês, suprimido após um nariz amassado, outros, caratê. Eles se divertem com artes marciais nos intervalos. A trupe inteira, técnicos inclusive, pratica *tai chi* durante algum tempo. Alguns são verdadeiros atletas, capazes de saltar muito alto, como Julien Maurel. Ninguém se poupa diante dos esforços físicos, e todos se dedicam a uma constante superação de si.

É para *Noite de Reis* que Mnouchkine manda vir Maïtreyi, uma dançarina de *bharata natyam* que ela vira apresentar-se – pois essa dança da Índia, de origem sagrada, exige qualidades de atriz. Ela cuidará desde então do treinamento regular dos atores.

Voz de Maïtreyi
A partir da técnica do *bharata natyam*, procuramos um desenho que permitisse aos atores sentirem-se em outro lugar, numa Índia

> imaginária. Meu papel consistia essencialmente em lhes dar uma aula de dança indiana, de manhã, assim como indicações de ordem estilística, durante ou após os ensaios. Indicações que não tinham nada a ver com a dança; eram de ordem prática: como sentar-se no chão, erguer-se, com uma calça bufante. [...] Eu lhes ensinava a posição de "primeira" *demi-pliée*, com os joelhos voltados para fora, o mais sentado possível, o que permite deslocamentos extremamente rápidos. Mantém-se uma relação muito estreita entre o centro de gravidade e o solo e elimina-se a translação vertical ao caminhar; o centro de gravidade é levado na horizontal. Isso permite ir muito depressa e efetuar um percurso máximo com uma amplitude mínima das pernas[56].

Mas somente alguns atores fazem dançar sua personagem no palco (Maria representada por H. Cinque e o bobo Feste representado por J. Maurel). A preparação física é tanto mais importante quanto a precisão do desenho corporal, o virtuosismo dos atores saltando no ar ou sobre um longo banco central – um dos únicos elementos de cenário no espaço vazio – deve levar em conta a carga dos figurinos extremamente pesados, como realizados em sua forma definitiva, tornando esses saltos às vezes semelhantes a verdadeiras proezas. Os vestidos de saias múltiplas, os tecidos em ricas camadas sobrepostas, os cintos e as faixas que envolvem os atores não devem impedi-los de se tornarem centauros, ao mesmo tempo homens e cavalos, galopando sem sair do lugar e tendo por únicos acessórios uma correia-chicote que fustiga o ar e tropeços de cavalo evocadores. Eles conduzem assim o público através de vastas extensões percorridas por suas visões ou da violência de um torneio em que os homens cruzam as lanças como cães ferozes, atrás de uma liça sugerida por uma corda tensa e móvel. Com efeito, os figurinos são também máscaras das quais só emergem quando o rosto está mascarado, mãos com os antebraços enfaixados em mitenes até a raiz dos dedos. A vida teatral jorra do trabalho físico desse corpo mascarado que se apodera da posição de "grande segunda" do balé clássico para posições de combate com joelhos muito afastados, pernas arqueadas, mãos sobre as coxas, posição codificada do homem divinizado, assumida no curso do trabalho para heroificar as personagens shakespearianas do Soleil, que, diz Mnouchkine, "têm orgulho de viver, mesmo se são delirantes e ávidas".

A Música

Para mim, a música é tão importante quanto o texto.
Ariane Mnouchkine[57]

▲ J.-J. Lemêtre em meio a seus instrumentos, mais de trezentos para o ciclo dos Shakespeares, oriundos de trinta e sete países ou neles inspirados, da tampura indiana à espineta de Vosges, do balafom africano à cítara ou ao saltério.

O Soleil, como vimos, sempre utilizou música, gravada ou ao vivo, com a presença de uma orquestra em *Os Palhaços* e *Mefisto*. Em *A Era de Ouro*, trechos intervêm entre cada sequência. Para o ciclo dos Shakespeares, a pesquisa dos atores nos ensaios se faz na presença do músico, e não mais com fitas gravadas como em *A Era de Ouro*. "Houve desde o início invenção simultânea e influência mútua da música e da representação."[58] Diferentes facetas da música de teatro, tais como Jean-Jacques Lemêtre irá desenvolvê-las no Soleil, declinam-se em três espetáculos: mais rítmica para *Ricardo II*, ela acompanha as entradas e transcreve o som e o ritmo interior próprios de cada uma; mais melódica para *Noite de Reis*, ela inventa temas para cada uma das personagens, temas que podem preceder as entradas. Para *Henrique IV*, ela evoca lugares, tempos, e pode lembrar *Ricardo II*. Mesmo se canta às vezes, Lemêtre jamais é solista, ele acompanha os atores, aproveitando o tempo de seu andamento e a velocidade de seu discurso. Nem japonesa, nem indiana, nem balinesa (mesmo se são percussões de Bali que Lemêtre utiliza para Ricardo na prisão), a música está de início presente e ativa no Soleil como nos teatros da Ásia. Fino conhecedor das músicas asiáticas, ele as trata também de modo livre e imaginativo. A orquestra de teatro é situada à direita do público em nível inferior ao do palco, diante da primeira passarela para *Ricardo II*, bem como para *Noite de Reis*, e, ampliada por dois ou três músicos, ocupa igualmente o espaço entre as duas passarelas para *Henrique IV*.

Enfim, o texto de Shakespeare torna-se uma matéria cuja tradução é trabalhada como versos. É preciso sair de uma dicção realista, acentuar as consoantes, trabalhar a rítmica, as longas e as breves. A escansão do texto chega com o trabalho da música. A voz deve ser cantada ou falada, jamais gritada. No limite da voz cantada[59], "eu tinha a impressão de que fazia parte de um grupo de *rock* que representava diante de sua geração", dirá Georges Bigot.

Vinte Anos[60]

As grandes sujeições impostas pela forma não prejudicam em nada uma alegre sensação de liberdade para todos os que inventam. Os atores são animados, contidos, propelidos, retidos. É mais complicado para os que não receberam um papel. São sem dúvida as partidas que impedem de continuar e realizar a segunda parte de *Henrique IV*, que se começou a ensaiar, assim como de filmar *Ricardo II*. Mas a obra está feita, na sua plenitude: uma tragédia, uma comédia e uma tragicomédia de Shakespeare. E, convidada em duas ocasiões por Bernard Faivre d'Arcier, ela alcança um triunfo em Avignon em 1982 – com *Ricardo II* e *Noite de Reis*, repetindo o feito em 1984 com *Henrique IV* no pátio de honra, que impõe novas dimensões, grandiosas, às sedas tremulantes contra a muralha sob o sopro do vento[61] – e em Los Angeles. No Olympic Arts Festival, num estúdio de Hollywood inteiramente reformado para convertê-lo em outra Cartoucherie, o público fica "deslumbrado" diante desses *Shakespeare* em francês! Na oficina que ele dirige a seguir em Los Angeles, G. Bigot encontra Simon Abkarian. Ele o convida a participar do estágio que o Soleil organiza no fim de 1984. E Simon estará nos espetáculos seguintes.

Estamos em 1984. O Soleil recebeu o grande prêmio da Crítica de Teatro por *Ricardo II* (1982)[62]. Ele acaba de marcar por muito tempo a história do Festival de Avignon, ao representar no pátio de honra, que Faivre d'Arcier pediu a G.-C. François para rearranjar em 1982. O Soleil

Por meio dessa pesquisa das tradições, hoje sei que eu procurava o espartilho libertador. O espartilho que me forçaria a ficar reta e que me permitiria voar.
Ariane Mnouchkine[60]

PÁGINA SEGUINTE

⬆ Ricardo II (ensaio)
O assassinato de Ricardo na prisão por Exton (J. Arnold) ladeado por seus dois acólitos: à esquerda, P. Fatus, à direita, J. Maurel.

⬇ Henrique IV
No chão, Sir Walter Blunt (P. Blancher); no ar, Brulcoeur (J. Maurel). P. Blancher depôs sua lança enfitada. M. Durozier lembra-se que ele e J. Maurel procuravam criar paradas no ar como nos filmes de Bruce Lee.

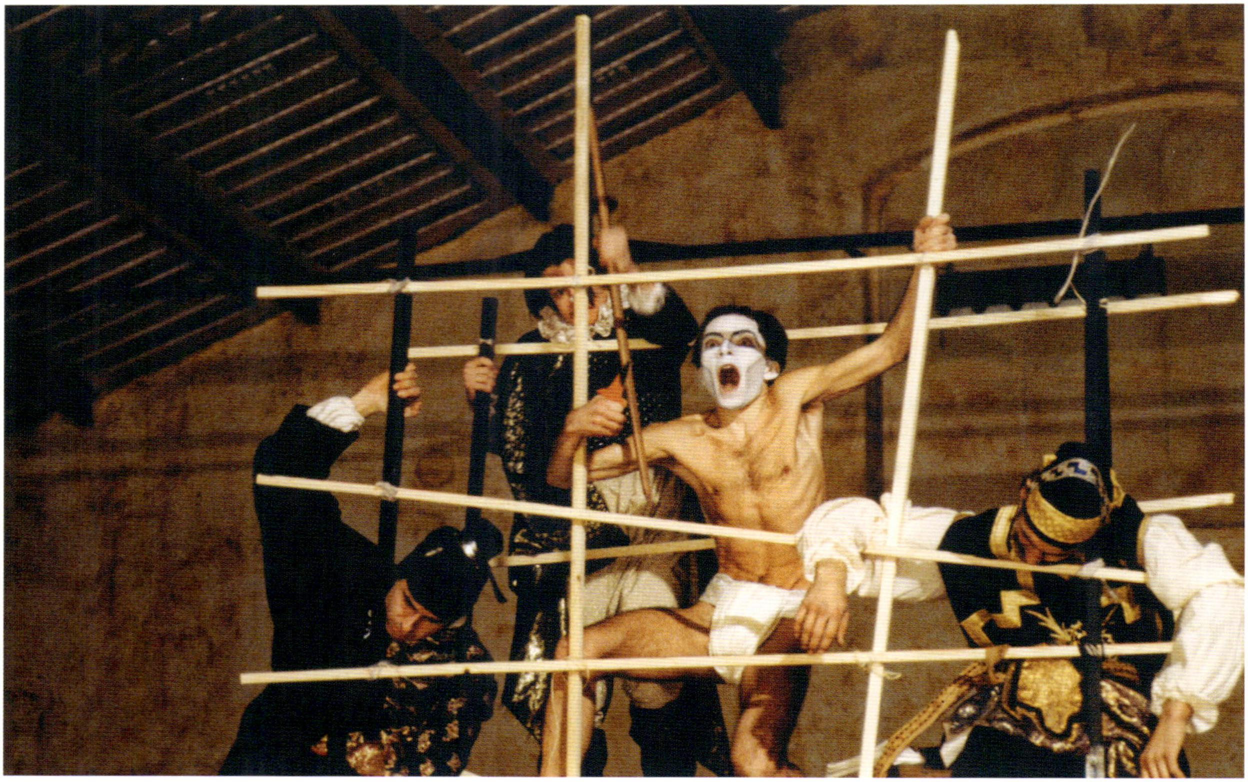

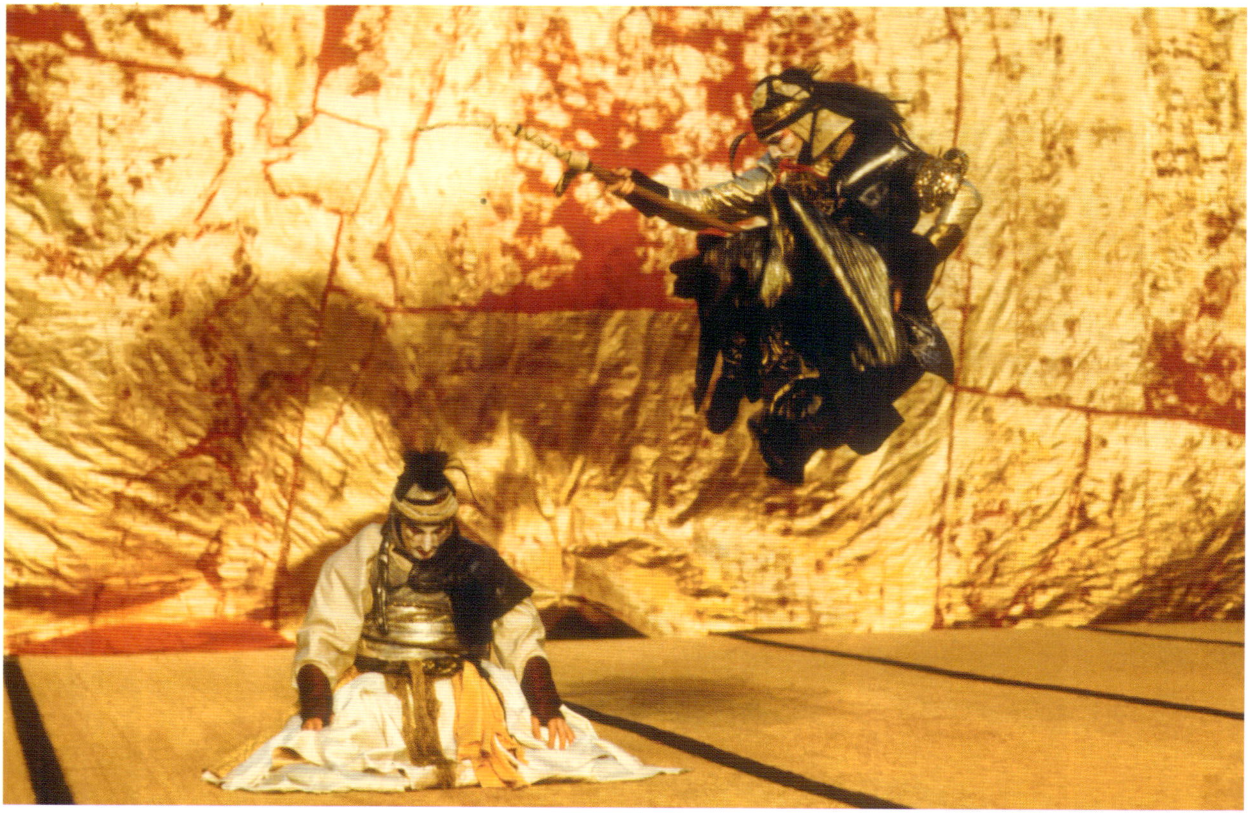

CAPÍTULO 3 O CICLO DOS SHAKESPEARES 157

abriu o Festival de 1984 e até voltou de Los Angeles para encerrá-lo, ao passo que sua turnê na América foi transmitida numa tela gigante na ilha Piot. *Ricardo II* foi representado duas vezes seguidas por causa de um cancelamento numa noite de chuva, e os movimentos da multidão de duas mil e quinhentas pessoas que às duas horas da madrugada substituíram as outras duas mil e quinhentas que deixavam o Palácio dos Papas após ter assistido ao espetáculo permaneceram inscritos nas grandes páginas do Festival; ninguém pediu reembolso.

O Soleil tem vinte anos e seus raios iluminam fortemente o país do teatro. "Creio que um teatro não é feito para durar eternamente. Quando penso que iremos festejar o vigésimo aniversário do Théâtre du Soleil este ano, eu já acho isso extraordinário. Há poucos teatros ou trupes que se mantêm por tanto tempo", espanta-se o administrador J.-P. Hénin, e L. Guertchikoff acrescenta: "A gente realmente se pergunta como vai conseguir se manter tão alto"[63].

Noite de Reis
Viola (J. Derenne), o duque Orsino (G. Bigot) e Feste (J. Maurel) no seu "tapete voador", como dizia Ariane, que ressaltava também, para esta peça sobre o desejo e a paixão amorosa: "Não é porque a água está límpida e transparente que as profundezas são menos fundas, o mundo entrevisto menos misterioso". Ela insistia: "Procure o pequeno, o minucioso, para encontrar o grande".

4

CAPÍTULO 4
UM NOVO MODO DE ESCRITA PARA GRANDES EPOPEIAS ASIÁTICAS

> Será que a dificuldade de transpor para o teatro as personagens ocidentais de nossa época (ao contrário do cinema norte-americano) não se deveria ao ceticismo, à prudência diante de uma moral ou uma metafísica moral, se não for à rejeição completa das noções de Bem e de Mal?
> ARIANE MNOUCHKINE[1]

Vemos chegar desta vez um autor, saído da trupe – ou de sua frequentação. Trata-se de Hélène Cixous, que se une, a partir de 1985, ao núcleo duro de todos os criadores do Soleil, cenógrafo, músico, figurinistas e técnicos, grupo mais estável que o dos atores. Mas esse advento foi longamente amadurecido. Durante os Shakespeares, A. Mnouchkine propôs a H. Cixous tentar escrever para o Soleil – no entanto sua escrita, tanto de ficção como de teatro, parece muito distante do que se faz lá. É apenas uma proposta de experimento, cujo resultado deve ser submetido à aprovação da trupe. Mas Mnouchkine parece ter confiança. Ela é apenas roteirista, e "era necessário um verdadeiro escritor"[2].

Desde 1789, que a maravilhou e que ela viu como vizinha, já que lecionava na universidade de Vincennes, H. Cixous assistiu aos outros espetáculos e travou conhecimento com o trabalho do Soleil. Em 1992, ela veio com Michel Foucault propor à Mnouchkine colaborar nas intervenções do GIP nas prisões. Isso resultou em *Qui vole un pain va en prison, qui vole des millions va au Palais-Bourbon* (Quem rouba um pão vai para a prisão, quem rouba milhões vai para o Palácio Bourbon),

◀ A História Terrível Mas Inacabada de Norodom Sihanuk, Rei do Camboja. H. Cixous, que escreve esta peça para o Soleil, se inspira em Shakespeare e, como ele, faz aparecer os defuntos em cena. O espectro de Norodom Suramarit, pai de Sihanuk (G. Freixe), retorna repetidas vezes para falar com os vivos.

A História Terrível...
Em ensaio. O trabalho sobre o texto se faz no palco. A diretora está sentada de pernas cruzadas, H. Cixous está à mesa da diretora. Ao lado dela, S. Moscoso, assistente de A. Mnouchkine.

espetáculo de quatro minutos que ela considera, rindo, como seu primeiro espetáculo coletivo, embora não o tenha visto, porque a polícia apareceu antes que os atores pudessem montar os tablados. Relação inaugural com o Soleil que cruza a ética, o engajamento, a atuação, a ação. Sobretudo, ela participou como observadora ativa, às vezes até fazendo trabalhar os atores no "ateliê Shakespeare". E são estudantes de seu seminário que se encarregam do número 2/3 da revista *Fruits*, dedicado ao Soleil, e que, em 1984, investigam de maneira detalhada os modos de trabalho da companhia durante os Shakespeares.

A proposta de escrita concerne ao genocídio cambojano, que Mnouchkine queria tratar no início de 1981, indignada com os horrores perpetrados por Pol Pot e com a desinformação cúmplice promovida por ideólogos da extrema-esquerda. Como o princípio é encontrar o grande através do pequeno, princípio brechtiano que a diretora jamais renegou, e sem dúvida diante do temor de abordar diretamente o genocídio, H. Cixous começa a escrever algumas cenas sobre o povo *jrai*, pequena etnia desaparecida, esmagada pelos vietnamitas e pelos cambojanos. Mas não é a escala certa. "No Soleil", diz H. Cixous, "é preciso encontrar o gigantesco no minúsculo."[3] O livro de William Shawcross, *Une tragédie sans importance* [Uma Tragédia Sem Importância][4], abre o caminho. Ambas o encontram. Filho de um juiz de Nuremberg, esse jornalista lhes faz compreender, por sua visão dos acontecimentos, que o príncipe Norodom Sihanuk é a metáfora que elas procuram[5]. Ele é o Camboja. E que o "reino" do qual Ariane desejaria que o Soleil falasse é o seu, vizinho, maior, mas, no entanto, como dirá o rei na peça, "uma poeira em vosso olho": o Camboja, que, por sua doçura e seu sorriso, a seduzira tanto por ocasião de sua viagem em 1963. Um reino do tamanho da Inglaterra de Shakespeare?

Assim, após a Ásia fantasmada que dá a forma cênica épica dos Shakespeares, penetra-se na história do continente asiático pós-colonial, onde o presente está profundamente mesclado ao passado, assim como Sihanuk é portador da memória da antiga civilização *khmer* e, dez anos após os massacres cometidos pelos Khmers Vermelhos, o Soleil irá contar uma tragédia de nosso tempo, entre 1955 e 1979, encontrando a distância necessária para o abandono de temas eurocentrados.

Escrever a Tragédia do Camboja: Um Afresco Épico, uma Crônica Histórica em Duas Época

Voz de Hélène Cixous

No teatro, podemos e devemos ouvir falar as vozes mais discretas. Até os mudos falam. Fala-se com os olhos, com o corpo, com os pés. Escuta-se também com os olhos; os iletrados compreendem todas as palavras porque elas são feitas de carne. Os que são muito letrados encontram a inteligência daquilo que se passa acima das palavras. No teatro, aceitamos todos ser de uma mesma inocência. Senão, não vale a pena ir lá.

De sua parte, o teatro tem o dever de ser para nós a região das lendas. Aquilo que não pode acontecer no mundo-máquina acontece ainda no teatro. Uma cortina, um palco, uma carroça, altos palanques. Chegam: destinos. Destinos?! Nós que não temos mais do que existências! E, esperando a aposentadoria, esquecemos que temos direito ao destino. Mas o teatro pode e deve nos lembrar que, nos tornando de novo "indianos", poderemos novamente pretender aos nossos reinos pessoais, aos nossos tesouros individuais, às nossas chances. A ser os heróis de nossas histórias.

> Um modo de escrever a partir do interior das personagens, sem impor uma ideologia. Ariane Mnouchkine[6]

E em vez de caminhar, cabeça baixa, para a morte, podemos nos lançar na aventura, com os olhos arregalados.
O teatro está no presente. Deve estar sempre no presente. É sua chance. A cada momento, o presente explode. O presente é de um negro brilhante. A gente avança com o coração batendo por não saber o que vai acontecer. E este imprevisível que nos mantém em suspense, nos eleva, nos transporta acima de nós mesmos, é a própria vida. No teatro, o público não sabe mais do que a personagem sobre si própria. Ninguém precede. Juntos, não compreendemos. Juntos, hesitamos. Isso cria entre todos nós a obscura e fremente cumplicidade arcaica[7].

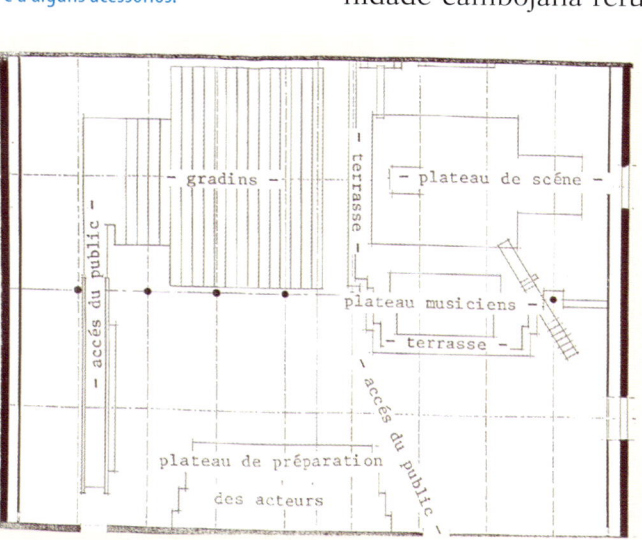

H. Cixous, que, como ela diz, é "africana" (nasceu em Oran), descobre a Ásia, e seu procedimento é o de uma alteridade em ato. Lembremos: no teatro, estamos sempre no exterior. Escritora, ela é também historiadora, pesquisadora. Ela se documenta e investiga os arquivos franceses, norte-americanos, consulta especialistas do Sudeste Asiático na faculdade de Línguas Orientais. Para penetrar "no interior desse mundo silencioso", ela precisa da história, mas também do humo geopolítico, bem como da geografia, da etnologia, da botânica e dos contos cambojanos. Ela reúne uma enorme documentação, organiza um laboratório de escrita particular, pois precisa construir uma história que ainda não foi feita antes de pô-la em palavras de teatro. Ela trabalha com vestígios escritos, imagens e testemunhos, encontra pessoas da comunidade cambojana refugiada na França, antes que se produza aquilo que ela denomina processo de "metabolização poética", que lhe permite se deslastrar da ciência e deixar emergir as personagens. Ela escreve muito. "Escrever para o teatro: é preciso afastar-se de si próprio, partir, viajar por muito tempo na escuridão, até não saber mais onde se está, quem se é, é muito difícil, até sentir o espaço tornar-se um país de tal modo estrangeiro, até ficar assustado, até chegar perdido a uma região que não se reconhece, até se despertar metamorfoseado em alguém que nunca encontrei, em mendiga, em divindade ingênua, em velho atilado"[8]. Ela, que escreveu até aqui peças

A História Terrível...
Disposição do palco de representação, do palco dos músicos, da passarela, das arquibancadas e dos camarins para Sihanuk. Os materiais utilizados para a cenografia evocam a arquitetura de um templo khmer. Numerosos lugares poderão ser evocados graças às diferentes entradas e a alguns acessórios.

CAPÍTULO 4 UM NOVO MODO DE ESCRITA PARA GRANDES EPOPEIAS ASIÁTICAS 163

com quatro ou cinco personagens, deve agora carregar dezenas delas. Às discussões entre a diretora e a autora para definir o caminho sucedem diálogos com as personagens, vozes interiores. Que nomes lhes dar? Mnouchkine insiste para que seus nomes sejam mantidos, mesmo que se tenha de mudá-los quando se estiver no palco. Eles serão finalmente conservados.

A investigação prosseguirá no Camboja[9], para onde Mnouchkine partiu como exploradora em 1984, enquanto Cixous acaba seu trabalho de escrita da primeira parte e começa a segunda parte; ela receia que a realidade dos campos de refugiados esmague sua peça. Elas penetram no interior dos campos sihanukistas e anti-sihanukistas, na fronteira da Tailândia, Khao Dang, Tatum, Kampur, onde efetuam encontros ricos de humanidade, guiados pelo padre Ceyrac, um jesuíta apaixonado pela Índia que permanecerá próximo do Soleil. Entram nos campos de caminhão com autorização para passar o dia, encontram fileiras de

Adaptação do dispositivo de Sihanuk em turnê em Bruxelas (Halles de Schaerbeek, 1986).

crianças sorridentes que Mnouchkine fotografa, dançarinas do Balé Real, Ok e Mon, que organizaram numa palhoça de bambu uma escola de dança para os pequenos[10], adultos cheios de charme, dignidade e delicadeza, que vivem com beleza em zonas devastadas. Elas ouvem as "verdadeiras vozes todas trêmulas"[11]. Elas recolhem relatos terríveis que nutrirão o trabalho teatral em todos os níveis. Elas conseguem tirar dos campos com sua família um jovem cambojano, Ly Nissay, que, refugiado político, permanecerá até sua morte no Soleil. E o processo de escrita continua em Paris: a peça, cuja estrutura "poético-diplomática" foi encontrada, enriquece-se com novas personagens.

Ensaia-se uma Peça Que Ainda Não Tem Título

Voz de Hélène Cixous

Ao povo do Soleil, ao povo levante à terna luz
da qual esta história brotou.
Meus amigos muito queridos, muito doces, meus batedores do
Teatro Eterno
– Eu só pude escrever este texto lançada sobre a grande água dos
sonhos pelo Sopro Ariane. E porque vocês existem. Ele vem
de todas e todos, só vive para vocês e rumo a vocês e por vocês.
É realmente sua obra e seu filho.
Por isso devo agradecer a vocês – a vocês que me obrigaram a fazer
muito mais do que eu mesma.
Sem vocês isso jamais teria ousado se esboçar.
(Acrescento que ainda é um esboço.
A vocês, a todos nós juntos, cabe fazer disso uma bela coisa viva.)
– Quanto trabalho ainda![12]

De fato, é uma enorme oficina o texto apresentado por Cixous à trupe. Oficina em primeiro lugar pelas dimensões da peça, que, no começo dos ensaios, só tem três quartas partes escritas. Ela comporta cinquenta e sete personagens, agrupadas, como faz Shakespeare, em Casa Real, Fiéis e Amigos do Rei, Inimigos do Rei, Khmers Vermelhos... E a ação percorre o globo, numa multiplicidade de lugares,

CAPÍTULO 4 UM NOVO MODO DE ESCRITA PARA GRANDES EPOPEIAS ASIÁTICAS

Uma das fotos trazidas por A. Mnouchkine, tiradas nos campos de refugiados cambojanos, na fronteira tailandesa, onde ela encontra, com H. Cixous, o padre Ceyrac, figura lendária para todo o Soleil.

de Phnom Penh a Pequim, de Moscou a Paris, dos Estados Unidos ao Vietnã. Os grandes deste mundo, contrariamente a 1789 e 1793, não desaparecem mais em proveito da gente do povo, a peça os coloca em presença, analisa suas relações no nível da violência, da justiça, assim como materializa o mundo dos mortos fazendo reaparecer o rei Suramarit, pai de Sihanuk, que ela faz morrer teatralmente, enquanto na época dos acontecimentos relatados ele está vivo.

A peça, em duas "épocas", orquestra uma multivocalidade. Para cada época, cinco atos. Os eventos se desenrolam em vinte quatro anos, de 1955 a 1979, em cinquenta quadros. Na primeira parte do afresco épico ocorre a abdicação de Sihanuk, que entra na política e escolhe o campo dos países não alinhados para o Camboja. Essa parte termina com a aliança entre Sihanuk, os Khmers Vermelhos e a China após a derrota do golpe de Estado militar de Lon Nol; a segunda mostra como, no exílio em Pequim, ele se resigna, contra a sua vontade, a aliar-se com seus inimigos de ontem, os Khmers Vermelhos, formados no maoísmo e na guerrilha, aliados às forças vietnamitas. Em 1975, logo após seu retorno a Phnom Penh, os Khmers Vermelhos evacuam a cidade em três dias. O genocídio começa. Sihanuk é encerrado em seu palácio, sua família é assassinada. A peça termina com a ofensiva

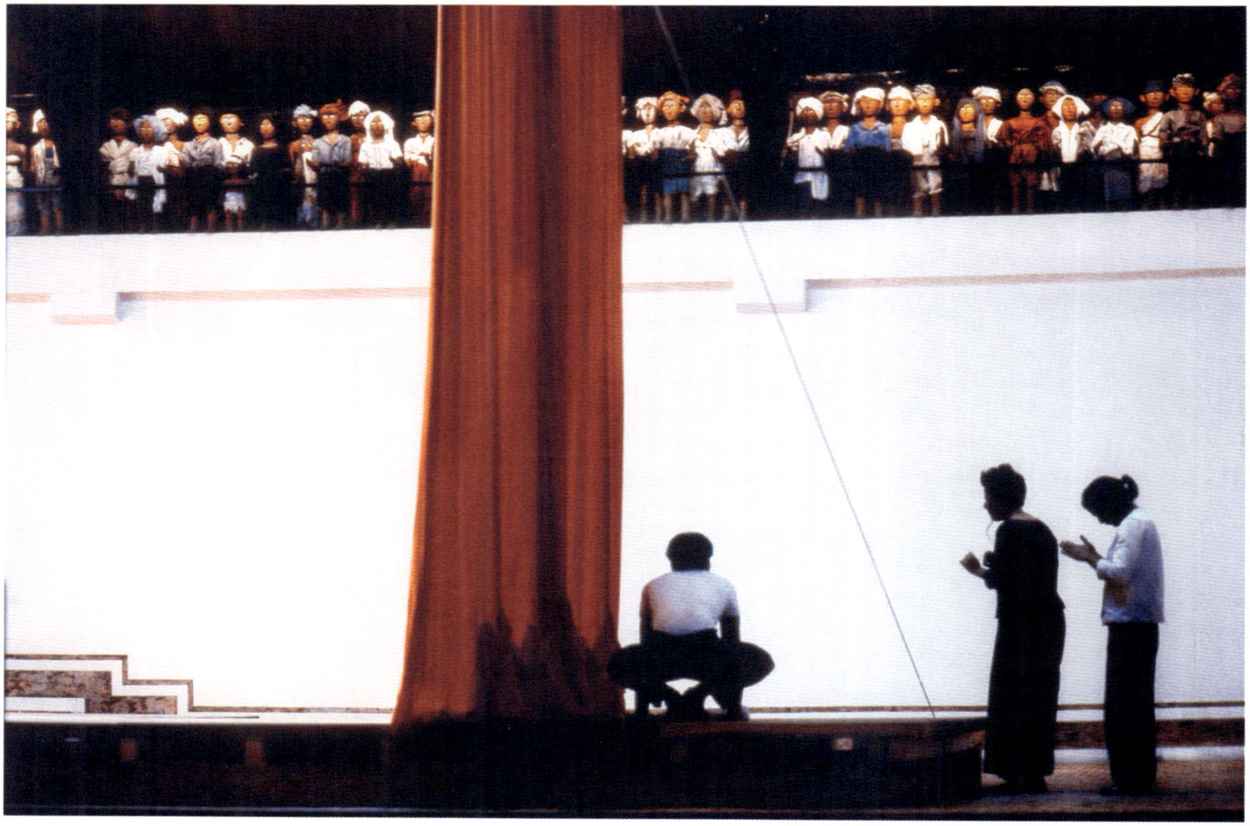

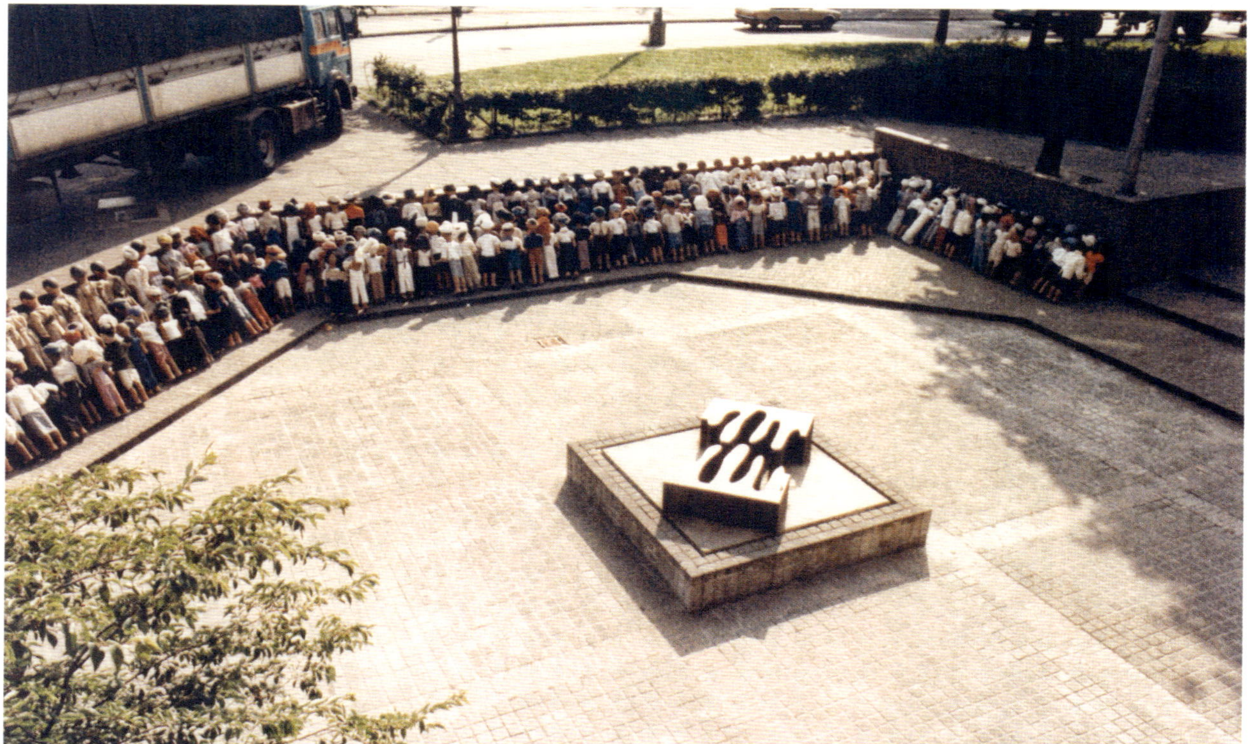

vitoriosa dos vietnamitas pondo termo ao regime de Pol Pot e com um novo exílio de Sihanuk.

Um Processo Colaborativo

Mnouchkine entrega a primeira parte à trupe para a leitura ritual no *foyer* em 15 de janeiro de 1985. Na manhã seguinte, sem demora, todos estão no palco. Inteiramente recopiado por sua mão, o manuscrito é precedido, como vimos, de uma carta pessoal aos atores, desta vez escrita por Cixous, que reconhece que o trabalho está apenas começando. A disponibilidade, a flexibilidade da autora, seu modo de trabalhar por encomenda podem sem dúvida explicar-se pela existência de outra atividade de escrita que ele governa perfeitamente. Esse texto manuscrito, que "extravaga", como ela diz, que não tem medida, apresenta-se em versão de trabalho organizada pela assistente S. Moscoso, ato por ato, em cinco volumes encadernados, terminando com um evocador "Continua"[13].

O texto traz numerosas correções: mudanças de locutor para as falas, supressões ou acréscimos de palavras, cenas inteiras riscadas, páginas de novas cenas presas com clipes; o próprio texto traz variantes à escolha, às vezes inclusive vê-se uma segunda versão de cenas substituídas, intitulada "segunda retificação". Uma verdadeira oficina de "costura aplicada", segundo Cixous, ao discurso: cumpre ajustar, cortar, deslocar. Isso vai das falas difíceis de dizer, que é preciso reelaborar, das falas cujo sentido é representado pelos atores, que é necessário suprimir, às cenas a reunir e a deslocar. O método de distribuição flutuante de papéis de Mnouchkine irá implicar também a evolução do texto em função da tomada de papéis.

Durante esse grande teste do texto pela atuação, folhas chegam ao palco, manuscritas com a fina escrita de Cixous ou mediatizadas pela de Mnouchkine. Pode-se falar de criação coletiva, de um texto escrito realmente no palco, com todas as frustrações que isso pode engendrar, tanto para a autora quanto para os atores: cenas experimentadas, depois cortadas ou reduzidas, belas cenas substituídas pelo relato de um mensageiro. "Você recebeu uma carta?", pergunta-se ao entrar no palco. Se a resposta for sim, quer dizer que tal cena foi cortada e tal ator torna-se mensageiro. Cixous modifica às vezes as falas no calor da hora, durante

A História Terrível...
▲ As numerosas estatuetas (ou bonecas) de madeira vestidas representando o povo khmer, fotografadas desde o lado esquerdo do palco. Em posição central: a grande cortina amarelo-açafrão, cor do Camboja, que freme e se abre para as entradas e aparições (M. Azencot, C. Yelnik, F. Gargiulo).

▼ As bonecas em Amsterdã, diante do Tropenmuseum, para a recepção do espetáculo no Festival da Holanda (junho de 1986).

A História Terrível...
A primeira página do manuscrito da peça de H. Cixous e sua cópia, da mão de A. Mnouchkine, destinada aos atores.

os ensaios, porque são difíceis de dizer ou demasiado literárias[14]. Personagens se impõem: assim, "um entra em cena sem-nome, apenas um de 'criado', e eis que se torna útil, depois atraente, e logo indispensável. Então, é às pressas que se lhe dá um lugar na história"[15].

Esse trabalho de ajustamento constante entre autora, atores, diretora e músico é comparado por Cixous ao percurso "dos navegadores que dizem a si próprios: deve haver uma passagem por ali, e às vezes tem, às vezes não tem". No Soleil, a escrita "se define por uma certa alteração do eu"[16] num processo coletivo, colaborativo. E essa viagem-gestação do texto durará até o último minuto.

Como Representar Após os *Shakespeares*? Uma Forma Diáfana

Como representar homens e mulheres de hoje, cambojanos do Camboja ou estudantes em Paris, diplomatas de todas as nacionalidades que se movimentam na cena internacional? Como passar das pesadas vestimentas recamadas dos Shakespeares ao uniforme masculino contemporâneo, o terno? Como encontrar o teatral nesse pouco de distância temporal que separa os atores do tema tratado? Decerto, há a Casa Real e a cultura cambojana, cuja verdade cênica será estranha de encontrar ou de receber pelos atores e espectadores.

Mas os Kissinger, Zhou Enlai, Kossygin? Deve-se ir em busca da semelhança? As primeiras anotações dos ensaios indicam também que é preciso de início "ir procurar longe", em profundidade, "na nudez e na crueza das paixões"[17]. E outra, a propósito de Sihanuk: "Os olhos. Arlequim. A inteligência em efervescência"[18]. As paixões, as máscaras. Lê-se ainda: "Nos fazer compreender como pessoas normais tornam-se monstros" (18 de janeiro de 1985). E "A autópsia. Abrir o peito" (22 de março de

CAPÍTULO 4 UM NOVO MODO DE ESCRITA PARA GRANDES EPOPEIAS ASIÁTICAS   169

A História Terrível...
Primeira entrada enérgica de Sihanuk (G. Bigot) pela cortina mantida aberta por dois criados vestidos de branco (C. Dupont, M. Chiapuzzo). Ele é seguido por personalidades do mundo político cambojano, militar e diplomático: o príncipe Sirik Matak (B. Martin), o general norte-americano Taber (M. Dumétier), o general Lon Nol (G. Freixe); atrás: o general Van Tien Dung (J.-F. Dusigne); à direita de Sihanuk: McClintock, o embaixador dos Estados Unidos (F. Gargiulo) e Penn Nouth (M. Durozier).

Entrada risonha de Sihanuk seguido de gente do povo: a Sra. Khieu Samnol, vendedora de legumes (M. Azencot), dois camponeses (S. Abkarian e Z. Soualem) que vêm pedir uma audiência ao "Monsenhor Papa" (G. Bigot). Aparece também seu conselheiro Penn Nouth (M. Durozier) com um guarda-chuva preto, um porta-umbrela (G. Hardy) e outros criados (entre os quais M. Chiapuzzo, P. Golub, L. Nissay) que sustentam o trono.

1985)[19]. Enfim, esta anotação capital: "Atuar antes de se precipitar sobre as palavras", que se abre para a técnica da pré-atuação.

A viagem de mais de sete meses de ensaios não é simples. Trata-se em primeiro lugar de compreender bem todas as engrenagens da complexa história com a ajuda de palestras e encontros com testemunhas, "arquivos vivos". É uma verdadeira aventura a de contar, representando-a, uma história em marcha: os atores assistirão ao enterro de uma das personagens representadas em cena, o general Lon Nol, que eles têm então a impressão de conhecer bem melhor do que as outras pessoas que assistem à cerimônia. A pesquisa é feita em todos os sentidos nos primeiros meses: cinco atores sobre a mesma personagem, improvisações e trabalho árduo, como para os Shakespeares, dos atores que participam da pesada manutenção da casa-teatro e da preparação do novo palco para *Sihanuk*: trabalho físico, trabalho manual das oficinas e pesquisa da atuação misturam-se intimamente num "esforço coletivo de alta qualidade"[20].

As máscaras irão ajudar a elevar a atuação acima do nível cotidiano. Elas estão todas lá, propostas: *Commedia dell'Arte*, balinesas, e as dos Shakespeares. Assim, o príncipe Sihanuk, que se fazia chamar de Monseigneur Papa, perfeitamente francófono, é ensaiado às vezes com a máscara de Arlequim, e G. Bigot[21] lembra-se que ele retoma essa máscara quando o corpo está bloqueado. Sua maquilagem, sob cabelos grisalhos, confere-lhe olhos como que escavados em sombras marrons, ele fez de seu rosto uma máscara. A atuação que o papel de Sihanuk requer é realmente uma atuação mascarada, sem máscara no rosto, mas com uma barriga postiça, uma máscara-corpo que lhe dá uma aparência corpulenta. O ator possui um gestual de *Commedia dell'Arte* volúvel e dominado, marcado por pontos de parada. Parte-se da imagem de *clown* que o príncipe Sihanuk dá de si mesmo, imagem tomada ao pé da letra pelo teatro.

Restam apenas duas máscaras no espetáculo, uma para um velho criado, cópia de uma máscara balinesa, e a outra para Suramarit, o rei defunto (G. Freixe), que é uma "quase réplica da máscara balinesa", segundo a expressão de Stiefel. Ele se inspirou, a partir de documentos e muitas máscaras existentes, das quais realizou uma síntese, numa máscara de *topeng* muito antiga, ligada à velhice, à piedade e à morte (o *topeng* Tua). É uma semimáscara de madeira imponente, que deixa a boca livre, deixa o ator falar, mas o priva de seu olhar: os olhos do espectro são os da máscara[22]. A presença da máscara Tua impõe um nível mínimo de não realismo à atuação. A exigência do desenho, signo

CAPÍTULO 4 UM NOVO MODO DE ESCRITA PARA GRANDES EPOPEIAS ASIÁTICAS   171

de um "estado ardente", é uma constante nas anotações dos ensaios. A atuação é dirigida ao público, tomado diretamente como testemunha pelos políticos ou terceiros presentes por ocasião das conversas entre Suramarit, que retorna à terra, e seu filho, que lhe pede conselhos, ambos sentados simplesmente na borda do palco.

Busca-se a semelhança pelas maquilagens, a tez mate ou pálida, os cabelos grisalhos, próteses às vezes ou dentes enegrecidos. Exercita-se o gestual, a graça, as posturas próprias aos cambojanos, cuja cintura flexível é levada à inclinação do torso, ao *sampeah*, essa saudação respeitosa e reveladora da escuta, mãos juntas, ao agachamento. Essas posturas são indicadas, corrigidas, retificadas por Ly Nissay ou por uma universitária, Marie Martin, conselheira para a história do Camboja, que precisa as pronúncias e os comportamentos. Maïtreyi ajuda os atores a encontrar a maneira de começar a deslizar as longas echarpes que eles usam. Utiliza-se assim, às vezes, o gestual das mãos do Balé Real cambojano para melhor colocar o corpo. Será necessário aos atores muita paciência, porquanto cada parte dura quatro horas e meia e, com os intervalos, a integral durará onze horas.

A História Terrível...
Sihanuk atormentado pelas angústias da escolha. Entre seus interlocutores – o primeiro-ministro do Vietnã do Norte, seu ministro-conselheiro, Khmers Vermelhos: Ieng Sary (É. Rey), Pham Van Dong (S. Poncelet), Penn Nouth (M. Durozier), Khieu Samphan (A. Pérez), Hou Youn (J.-F. Dusigne) – e o público, Sihanuk reflete. Atrás e à volta dele, a multidão de bonecos, presença do povo.

Mnouchkine insiste com os atores: nada de ilustração. Nisso eles serão ajudados pela música. A música "estrangeiriza" cada comportamento, cria a transposição artística, convertendo cada deslocamento numa espécie de dança, diferente para cada um e cada uma – peque-

A História Terrível...
Na plataforma da música, J.-J. Lemêtre, P. Launay e V. Gargiulo. Sentados diante deles, a Sra. Khieu Samnol (M. Azencot), ladeada por dois camponeses (S. Abkarian e Z. Soualem).

nos passos saltitantes das cambojanas em suas saias apertadas, passos martelados dos militares… A música acompanha entradas e saídas das personagens, infiltra-se no andamento de cada um, que ela sustenta como um tapete voador, e escande as "entradas grandiosas" e "saídas grandiosas" dos políticos, que invadem ou deixam o palco com uma nuvem de conselheiros.

Em função de suas necessidades para acompanhar as cenas ou os personagens, Lemêtre inventa instrumentos, manda refazê-los transformando-os ligeiramente; são fabricados por ele mesmo, por *luthiers* ou por membros da trupe, e sua coleção assim aumenta. Ele procura timbres para as personagens, como com o *koto*-retrato fabricado numa máscara filipina; ele quer uma música teatral, não uma música cambojana.

CAPÍTULO 4 UM NOVO MODO DE ESCRITA PARA GRANDES EPOPEIAS ASIÁTICAS   173

Voz de Jean-Jacques Lemêtre

No espetáculo, eu só tinha oito instrumentos cambojanos autênticos entre os 250 que tínhamos em cena. Primeiro porque os Khmers Vermelhos haviam destruído tudo, portanto era muito difícil encontrá-los na época. Depois porque, como eu trabalho com a transposição e o deslocamento, eu não queria ter muitos instrumentos desse país, para não ser realista nem tradicional nem folclórico, que é sempre o perigo. [...] Para as cenas de guerra, mandamos construir o percufone (imensa viela de roda de alumínio, com rodas binárias, ternárias e quintenárias), que nos dava todos os sons da guerra (B-52, bombas, minas, tiros de artilharia, helicópteros, armas automáticas etc.) [...] [Há também] a preocupação estética do espaço em que vamos representar. A música foi, como sempre, improvisada durante os ensaios, mas em seguida ela se torna fixa, pois meu trabalho é encontrar as "dobradiças", isto é, as mudanças no texto e na atuação: mudança

A História Terrível...
O espectro de Norodom Suramarit, pai de Sihanuk (G. Freixe), fala com seu filho. Ele usa uma máscara de inspiração balinesa.

A História Terrível...
Sihanuk (G. Bigot) e Zhou Enlai
(A. Pérez) rodeados de criados (da
esquerda para a direita: P. Guimarães,
M. Chiapuzzo, C. Dupont e L. Nissay)

Outro tipo de entrada espetacular de
Sihanuk, à direita do palco, vindo de
baixo, cercado de numerosos criados
de sua casa real, respeitosamente
inclinados.

Detalhe dos bonecos.

de estado, de lugar, de emoção, de tempo, de espaço etc. Portanto, a cada dobradiça havia uma mudança de timbre (de instrumento) e minha assistente me passava os instrumentos uns após os outros. Assim, a improvisação estava apenas no número de notas que eu tocava seguindo a velocidade de atuação de cada ator, que é diferente a cada dia[23].

"Todo um Povo Entrou em Nossas Vidas..."

... escreve Cixous no programa de sala de *Sihanuk*. É para ele que G.-C. François concebeu um novo espaço vazio coberto de pequenos tijolos rosados, rodeado de muretas. No centro foi armado um enorme palco de madeira clara, duas pequenas passarelas o ligam às muretas, sobre as quais se pode caminhar. À direita, uma área reservada à música, que ocupa um espaço no palco, como nos teatros asiáticos. No fundo, destacada da parede, uma alta cortina suspensa, cor de açafrão, como a túnica dos monges budistas tibetanos, cortina de *topeng*

Um encontro histórico na França: o rei Norodom Sihanuk e seu intérprete G. Bigot em um restaurante perto do Pont de l'Alma, onde o rei havia convidado toda a trupe para almoçar (1985).

e de *kathakali*. Ela é feita de dois panos que os criados de palco separam para as numerosas entradas e saídas. Um dos primeiros projetos de G.-C. François era pintar, na parede do fundo, imensos olhos puxados de Buda. Eles só conseguirão para *Et soudain des nuits d'éveil* (E Súbito Noites de Vigília), em 1997.

O espaço é tão vazio quanto nos Shakespeares. Antes de se abrir, a cortina de açafrão tremula como antes da chegada das personagens do *nô*. Entra-se sozinho ou em grupo – responsáveis políticos ou diplomatas, rei com sua corte e seus criados –, entradas dinâmicas, sublinhadas visualmente por grandes umbrelas e pela música. Alguns móveis, o estritamente necessário: poltronas, bancos para sentar-se por ocasião de um encontro de cúpula.

Em suas vestimentas de cerimônia, Suramarit não é o único espectro do reino dos mortos. Seiscentas pequenas bonecas de madeira estão alinhadas, umas ao lado das outras, no alto, ao longo das paredes da nave, bem visíveis. Elas representam o povo cambojano, as vítimas dos Khmers Vermelhos, dois milhões e meio. São as almas dos defuntos que olham os vivos. O teatro se inspirou em ritos das ilhas Célebes, na Indonésia, que esculpem assim seus mortos depois de terem queimado seus corpos, e os colocam em cemitérios pendentes sobre falésias face ao mar. As bonecas, mãos estendidas, vestidas com roupa típica, contemplam espectadores e atores. Obras de Stiefel, foram terminadas pelos atores – ritual de atores que, antes de poderem apresentar seu espetáculo, passam pela reiteração de um antigo rito funerário? É entre essas duas presenças do além, o rei defunto diserto e a multidão silenciosa, que o espetáculo se desenrola, cheio de informações sobre as circunstâncias políticas e humanas de um massacre passado e sobre uma alarmante situação presente.

O Teatro, Fábrica de História e Fonte de Engajamento

Para Mnouchkine, não há grande teatro que não seja histórico. Além disso, "o teatro mostra-se um instrumento poderoso para falar da realidade", escreve um pesquisador especialista em Camboja[26]. Pois, às vezes, uma fala da peça se revela mais acertada que uma entrevista. Ele sublinha como o teatro completa o verídico pelo verossímil e o aclara. Haverá até no espetáculo momentos de ficção independentes de toda documentação, que se revelarão mais tarde, quando das apresentações, confirmados por testemunhos ou documentos. O teatro é capaz de descobrir aquilo que realmente se passou pela alquimia do trabalho de escrita e das circunstâncias certas de representação reunidas no palco. Em outros espetáculos, cenas imaginadas pelos atores ver-se-ão confirmadas pelos testemunhos históricos, ou então, contestadas por testemunhas que vieram ver o espetáculo, elas se revelarão verdadeiras. As testemunhas não tinham razão. Mnouchkine vê, nesses casos, seus atores como médiuns.

Quando estão na fronteira tailandesa em 1984, Cixous e Mnouchkine encontram-se "na charneira abrasadora dos acontecimentos"[27]. É essa urgência que elas querem testemunhar, com o tempo longo do teatro. A trupe saberá mostrar-se hospitaleira, e acolher metafórica e realmente o povo em perigo.

O espetáculo vai até 6 de janeiro de 1979, quando o Vietnã, apoiado pela URSS, invade o Kampuchea Democrático de Pol Pot e o reenvia à clandestinidade com seus partidários. O Camboja *khmer* passa então à sujeição sob o vizinho vietnamita, dez vezes mais populoso, e uma nova tragédia começa. Mnouchkine considera que a França de Pompidou não quis compreender quanto Sihanuk estava ligado à independência de seu país e nada fez para ajudá-lo. Em 1985, quando o espetáculo estava sendo apresentado, o Vietnã ainda ocupava o Camboja esmagado. E quando, em maio de 1986, François Mitterrand foi com Robert Badinter ver o espetáculo, Ariane esperava que depois ele se debruçasse com interesse sobre a questão do Camboja. A ida de Norodom Sihanuk à Cartoucherie, preparada por numerosos emissários, constituiu também um grande acontecimento para o Soleil. Shakespeare pode ter se apresentado diante da rainha Ana, mas "não se apresentou diante de Henrique IV ou Henrique V. Nós, sim!"[28], diz ela rindo. Sihanuk regressará ao seu país.

Se a gente pode pesar com o peso de uma asa de mosca em favor do Camboja, pesemos com o peso de uma asa de mosca e evitemos o irreparável.
Ariane Mnouchkine[24]

Nosso papel é dizer ao francês médio: o Camboja é da tua conta.
Ariane Mnouchkine[25]

Enfim, a vida de *A História Terrível Mas Inacabada de Norodom Sihanuk, Rei do Camboja* não termina com o fim da exibição do espetáculo: este terá uma segunda vida a partir de 2007, por obra do engajamento de uma parte da trupe, e desta vez no próprio Camboja.

A Indíada ou a Índia dos Seus Sonhos

Voz de Hélène Cixous

Ariane me disse que isto era fruto de um ano de minha existência. Na verdade, foi um ano de combate, de pavor, de admiração pelos cavaleiros do século XX. – Não, não um ano, é uma existência, uma vida que uma certa Índia me deu para vos dar, e eis que todos os dias vocês ma restituem. Assim caminha o teatro, de vida em vida através da morte, que é somente a nova entrada. E, por certo, sempre em frente, até as estrelas. Que o Soleil exista é uma sorte! Ela é tão deslumbrante que se poderia julgá-la natural e esquecê-la. Mas o Soleil é feito por seres humanos.
Vossa Hélène[29].

No Soleil, os projetos são preparados de longa data e podem se desenvolver enquanto o espetáculo precedente está em cartaz. A paciência opera na gestação, depois na maturação desses espetáculos, e mostra até que ponto esse teatro dirigido por uma mulher é feminino, sem reivindicações feministas além de sua palavra artística, consciente da duração organicamente necessária àquilo que deve advir e crescer.

Em outubro de 1984, após o assassinato de Indira Ghandi, parece a Ariane Mnouchkine que ela tem seu próximo tema contemporâneo, bastante amplo para trabalhar nele durante meses. Mas a autora novamente solicitada pensa que esse assunto a excede, pois a Índia é colossal; não obstante, ela mergulha em pesquisas históricas. Uma viagem de dois meses pela Índia as esclarece sobre seus erros de orientação. Indira Ghandi não está suficientemente afastada no tempo, sem dúvida, e

A Indíada ou A Índia dos Seus Sonhos
As fontes documentais da *A Indíada*. Uma das numerosas fotografias que os atores utilizaram, encomendadas à agência Roger-Viollet ou tiradas de jornais e revistas. Aqui, J. Nehru e Mahatma Gandhi.

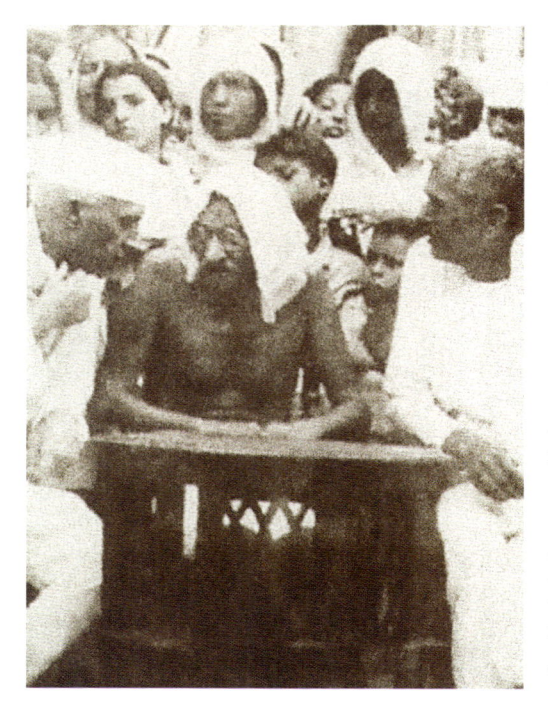

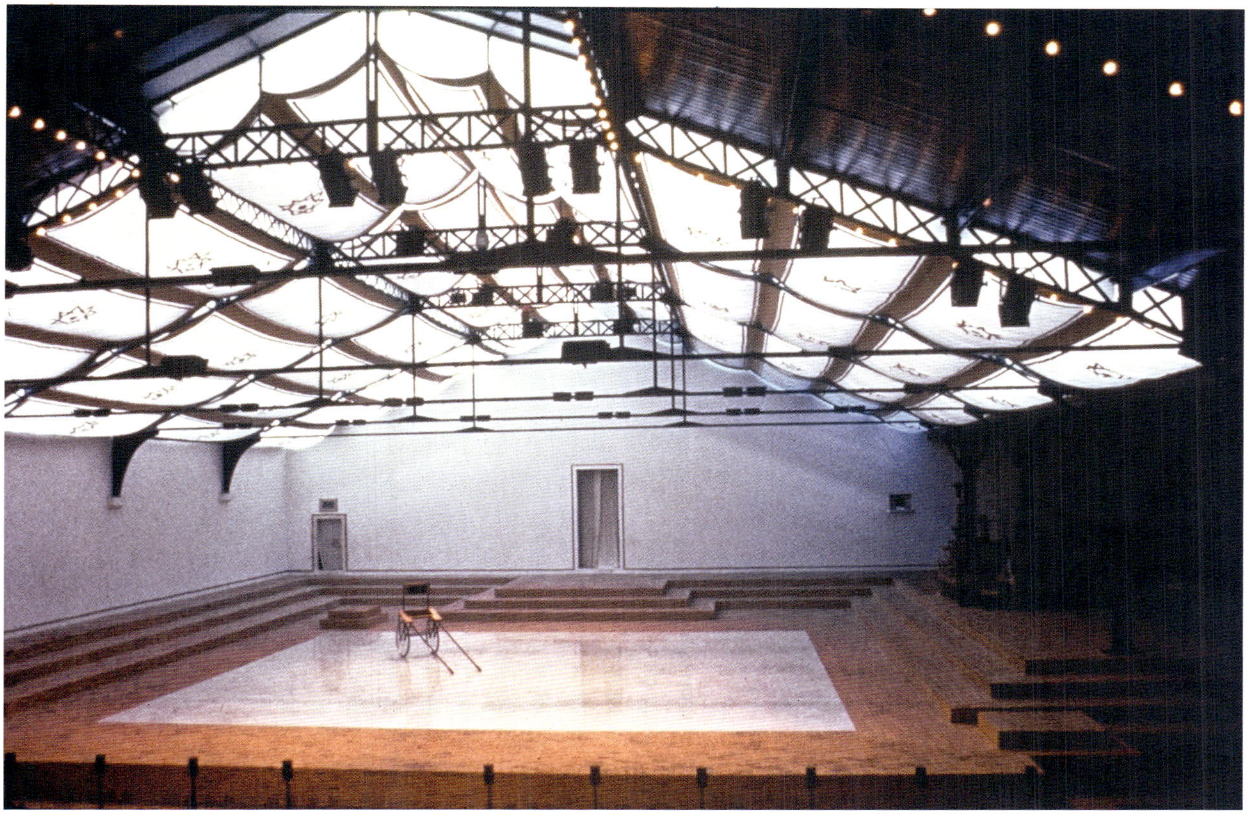

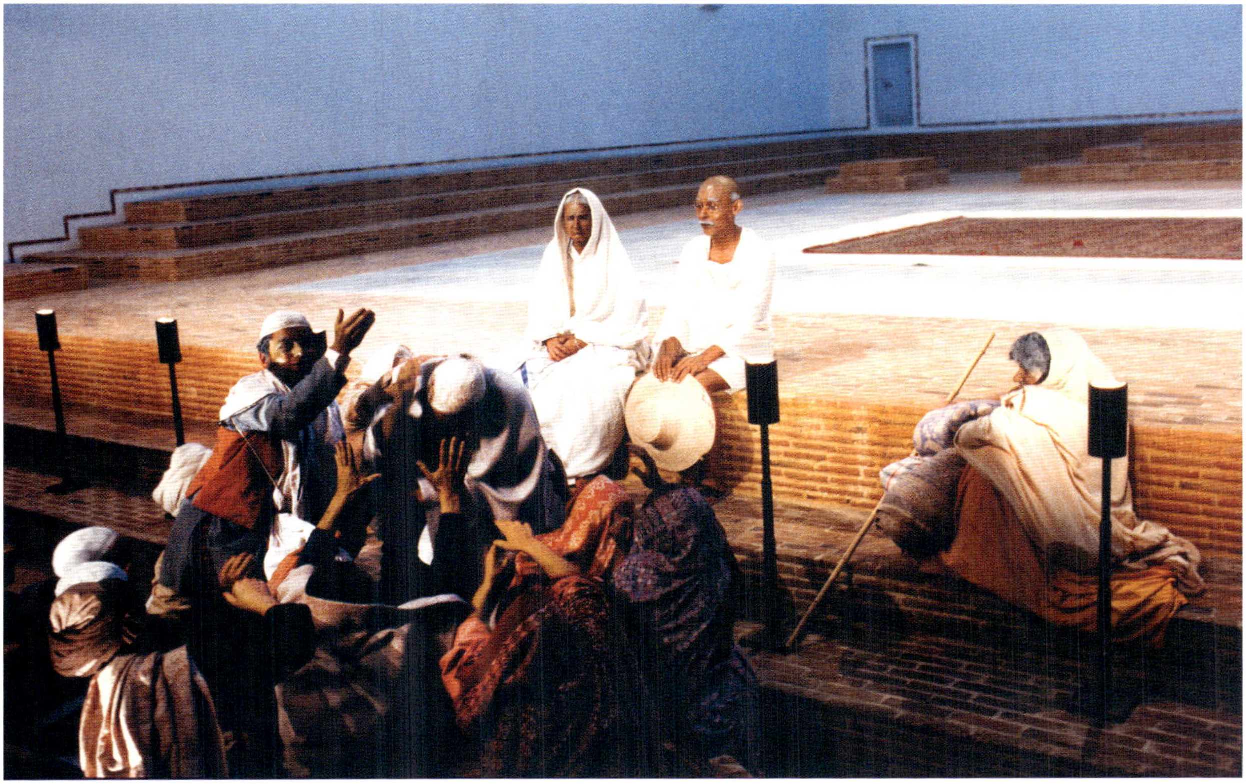

sobretudo é uma personagem um pouco apagada, difícil de transpor. A porta de entrada para tratar da Índia contemporânea e continuar o ciclo das epopeias asiáticas se encontra na geração precedente, a de Gandhi, Nehru, Abdhul Ghaffar Khan e Jinnah, fundador do Paquistão.

Será de novo o mesmo processo: uma primeira focalização inadequada, retificada aos trancos, por "parlendas" entre a autora e a diretora. Em primeiro lugar, um longo trabalho sobre a história e os documentos. Do mesmo modo que para o Camboja, Cixous percebe, no Memorial Nehru em Delhi, que a história na Índia não tem o mesmo sentido que no Ocidente, que ela procede por outras modalidades de escrita e, sobretudo, que está longe de ser feita. Os trabalhos dos *subaltern studies* aparecerão mais tarde, e até hoje resta efetuar um importante trabalho de memória sobre uma história contestada dos dois lados da fronteira. A *Indíada ou A Índia dos Seus Sonhos* trata dos sonhos daqueles que, tendo lutado pela independência da Índia, veem a partição de seu país decretada na véspera do dia tão esperado, em 15 de agosto de 1947. A fábula da peça começa com as eleições de 1937, vencidas pelo Partido do Congresso, quando a Inglaterra já havia concedido à Índia o estatuto de *dominion*, e narra os acontecimentos, massacres e debates que levam esse partido a aceitar a partição como único meio de evitar uma guerra civil em grande escala entre hindus e muçulmanos. Visceralmente oposto a essa partição, Ghandi, arrasado, dará finalmente sua concordância necessária por causa do grande respeito que inspira. Ele é assassinado no ano seguinte. Sob o tema histórico (onze anos de lutas fratricidas, descolonização) se oculta um tema mais íntimo: a partição é também metáfora da separação.

A peça cobre apenas esses onze anos, mas há quase tantas personagens quanto em *Sihanuk*. Além da Inglaterra, os locais fazem viajar por numerosas províncias da Índia, a maioria das personagens é indiana, hindu ou muçulmana, e as figuras anônimas do povo desse grande subcontinente indiano são numerosas. São as mais difíceis de encontrar, e H. Cixous diz que conseguiu apreendê-las embrenhando-se na Índia em sua segunda estada, com "a orelha colada no peito desses indianos". Como em *Sihanuk* mais uma vez, há um espectro – a esposa falecida do Mahatma Gandhi, Kasturba – e "mediadores", personagens independentes de todo grupo ou facção, em particular um domador com sua ursa, Moona Baloo. A peça requer uma imersão na cultura indiana. Os papéis são, sabe-se disso – como é a regra no Soleil – ensaiados, intercambiados. Durante muito tempo a personagem de Ghandi é

PÁGINA ANTERIOR

▲ O espaço vazio e branco concebido por G.-C. François. No centro, uma grande superfície de mármore que evoca o Taj Mahal. Esse dispositivo e seus acessos serão preenchidos por numerosas personagens oriundas do povo, mais do que em Sihanuk.

▼ Gandhi (A. Pérez) ao lado de sua falecida esposa, Kasturba Gandhi (C. Yelnik), espectro que retorna à terra.

ensaiada por dois atores, Georges Bigot e Andrés Pérez Araya. Finalmente, é Bigot, que é tão "evidente" em Nehru quanto em Ghandi, que representa o papel do Pandit, e Pérez Araya será Gandhi.

A *Indíada* será apresentada no mesmo espaço que *Sihanuk*, marcando assim um estreito parentesco. Mas no centro do palco de tijolos rosados é incrustada uma grande placa de mármore de uma brancura brilhante, sobre a qual se colocam tapetes coloridos ou colchões e travesseiros brancos. Um riquixá, *charpoys*, esses leitos baixos de corda, e poltronas são trazidos e levados. As entradas se fazem por pequenas portas guarnecidas de cortinas, abertas na parede do fundo da cena. Pelos toldos desce uma luz celeste.

Não se trata mais de estilizar, como em *Noite de Reis*, e desta vez os cursos de *bharata natyam*, assim como de outras artes indianas, tendem a aproximar os corpos dos atores dos corpos indianos. Mas tão logo os ensaios começam, esses exercícios se interrompem: os numerosos orientais da trupe demostram grande facilidade nos "*assoyures*" e "*relevures*", como os denomina Ariane, exigidos pelas posições ditas "*en tailleur*"[30].

Os documentos fotográficos têm um papel importante no trabalho de escrita corporal dos atores. Mnouchkine tirou, no Museu Ghandi de Bombaim, numerosas fotos que entram na documentação do espetáculo. Com *dhotis*, saris, véus, turbantes ou barretes, uma multidão se comprime no palco, numa lufada de tecidos leves, de branco e de preto; às vezes parece que a Cartoucherie se transportou para a Índia. O espetáculo abre com o regozijo dessa multidão após as eleições de 1937. No intervalo, os pratos no bar são indianos e o mármore da área cênica é lavado por uma nuvem de criados agachados. As "masquilagens" buscam o verossímil e a semelhança, que permitem a transformação dos atores em indianos.

O longínquo exótico confunde-se com o longínquo teatral: o andamento da pesquisa do Soleil tende para uma aproximação com uma realidade geográfica distante, que representa esse alhures necessário à representação e ao público. É nesse alhures que o público pode reconhecer, além dos problemas da Índia, aqueles que lhe são muito próximos.

A única máscara de *A Indíada* é a da ursa, enorme e magnífica, a castanha Moona Baloo, concebida por Stiefel. Trata-se de uma "máscara total" habitada por Catherine Schaub, dançarina e atriz formada em *kathakali*. Moona Baloo é de um realismo impressionante, de uma agilidade surpreendente, ela circula entre todas as personagens, escapando de seu senhor, e tem cenas sozinha diante de Ghandi. No início é um

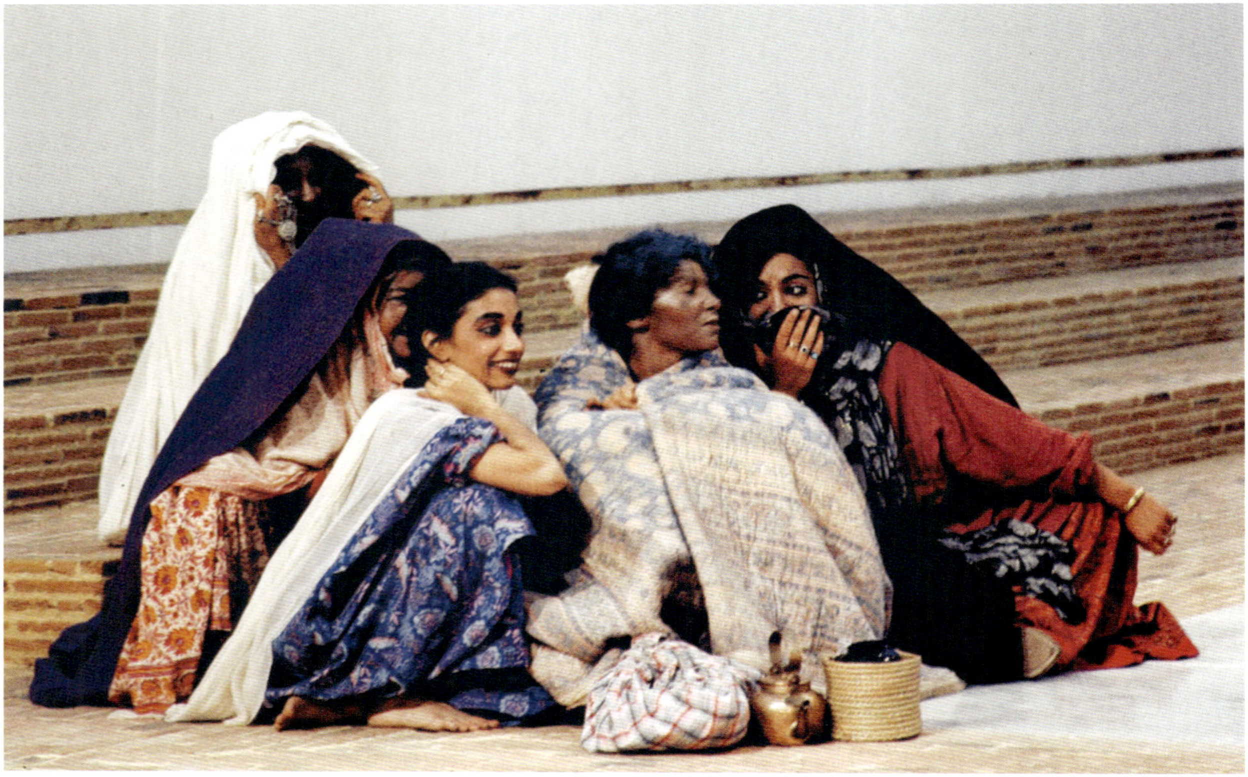

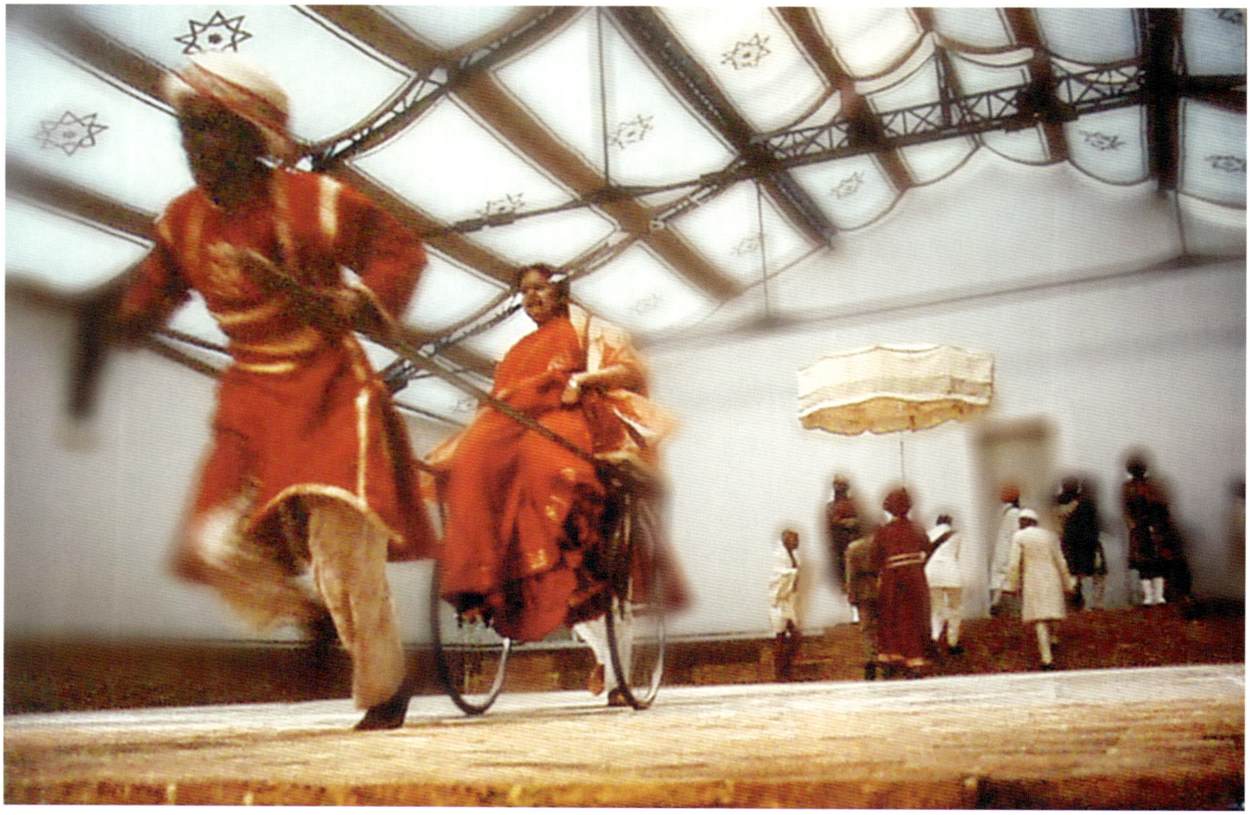

animal de feira, mas suas atuações e familiaridades com o gênero humano fazem dela uma personagem por inteiro, que dá ao olhar do espectador o necessário foco da infância. Ela morre assassinada por erro, entre os homens que se matam entre si, pela mão de seu dono por crer que ela se tornou perigosa, parábola da situação indiana em que os amigos não sabem mais reconhecer seus amigos.

O povo do Soleil tornou-se, depois de *Sihanuk*, ainda mais internacional; as origens são as mais variadas, à imagem do povo do subcontinente indiano que abriga religiões e línguas diferentes: outros chilenos (entre os quais Mauricio Celedon) juntaram-se a Andrés Pérez Araya, ator de teatro de rua em Santiago; Nirupama Nityanandan, formada em *bharata natyam*, veio de Madras. Há indianos, cambojanos, italianos, armênios, brasileiros, tunisianos, iranianos, alemães... A trupe é uma Torre de Babel, onde as línguas e os sotaques se cruzam como na multidão indiana que estronda no palco. Uma nova função aparece nos créditos: o "trabalho de fonética e linguística" (Françoise Berge), para que essa riqueza não exista em detrimento do francês. E a chefe da trupe é a primeira artista a receber o Prêmio Europa para o Teatro em 1987, concedido por um júri internacional presidido por Irene Pappas, por sua atividade no Soleil.

"Ao abordar por exemplo a Índia, e ao trabalhar sobre sua partição, trabalha-se sobre todas as partições que se seguiram, até o Kosovo. Todas as fragmentações de todas as reuniões nacionais nacionalistas: no momento da Iugoslávia havia pessoas que nos diziam: 'Vocês vão fazer algo sobre a Iugoslávia?'. Mas acabamos de fazer. É *A Indíada*", constata Cixous[31].

O espetáculo estava concluído. Mas a ação iria relançá-lo, lembrá-lo. Assim, em julho de 1995, no Festival de Avignon em que o Soleil apresentava *Tartufo*, Mnouchkine se faz porta-voz da Declaração de Avignon, movimento orquestrado pelo Théâtre du Radeau contra a não intervenção da Europa na Bósnia, e, após o massacre de Srebrenica, organiza na Cartoucherie uma greve de fome, com François Tanguy, Maguy Marin, Olivier Py, Emmanuel de Véricourt (reunidos por Roland Bourgeois)[32], rodeados por uma larga rede de artistas. Em agosto, o Soleil torna-se

O Partido do Congresso em festa. No centro, Nehru (G. Bigot) e Sarojini Naidu (M. Azencot).

A Indíada...

▲ Um grupo de mulheres, reprodução viva de uma fotografia documental. Às cenas de um realismo impressionante, sucedem-se cenas lúdicas, em que a ursa Moona Baloo conversa com Gandhi junto ao seu catre (ver dossiê "Os animais", p. 300).

▼ Em Nova Delhi, Inder, condutor de riquixá, um intocável (M. Celedon), atravessa o palco com Sarojini Naidu (M. Azencot).

uma plataforma de debates no coração da atualidade. Após a intervenção da Otan na Krajina, a greve de 29 dias cessa, mas o presidente bósnio, Izetbegovic, desloca-se pessoalmente para obter esse resultado. Mnouchkine pede então a criação de um comitê de vigilância.

A História Terrível Mas Inacabada de Norodom Sihanuk, Rei do Camboja, em 2013 [33]

> Quando a gente se diverte, quando é feliz, recebe coisas. Penso que no Camboja, atualmente, precisamos de teatro. Um ator cambojano

A recriação de *Sihanuk* no Camboja, com a Escola de Artes Phare Ponleu Selpak, ONG baseada em Battambang, deu lugar a um longo trabalho educativo e social através da arte, impulsionado por Ashley Thompson, ex-aluna de Hélène Cixous, que, impressionada pelo espetáculo de 1985, fascinada pela cultura *khmer*, seguiu sem tardar para o Camboja e tornou-se khmeróloga e professora da Universidade de Leeds. Esse projeto foi inaugurado em Battambang por G. Bigot e M. Durozier em 2007, prosseguido por um estágio dirigido por Mnouchkine em 2008, do qual participa Delphine Cottu[34], e depois realizado em várias etapas por G. Bigot e a mesma atriz, dupla que reuniu duas gerações da história do Soleil. Ariane lembra-se desse estágio: eram crianças, algumas órfãs, algumas tiveram que aprender a ler para representar sua história.

Quando, em 2013, no âmbito do Festival de Outono em Paris, entraram no palco do Soleil, saindo dos camarins sob as arquibancadas e passando diante de nós, um atrás do outro, silenciosos, os pequenos atores cambojanos representando o povo *khmer*, pareceu-me, de repente, que as longas fileiras de bonecas de E. Stiefel se haviam animado e que esse movimento de ressurreição, sonhado, mas poderoso, concretizava, sob os olhos de madeira de algumas criaturas esculpidas, conservadas como lembrança do espetáculo de origem, o cumprimento de uma transmissão. Era, após a batida do gongo do músico, todo um povo que entrava em cena, e depois nos saudava, feliz.

Por sua força e novidade, o espetáculo de 1985 inscrevera-se na história do teatro; pelo encontro memorável, "vertiginoso", entre os dois Sihanuk – o político e o ator portador da personagem de teatro –, o Soleil inserira-se na História; mas, pelo dom e pela herança, ela escrevia também sua própria história no tempo. Quanto aos atores *khmers*,

A História Terrível...
Ensaio na Escola Experimental Ponleu Selpak de Battambang (Camboja, agosto de 2010). Os atores khmers retomaram a seu cargo sua história através do espetáculo do Soleil. Aqui, Sihanuk (desempenhado pela atriz S. Marady) está prestes a pisotear publicamente uma revista ocidental (Newsweek).

formados pelos atores do Soleil e, sobretudo, por aquele que havia representado o papel de Sihanuk, eles se haviam enfim aberto à sua própria história, ainda não escrita. O texto de Cixous, resumido com a concordância da autora, traduzido em *khmer* o mais próximo possível do original, lia-se em legenda ao som da escansão *khmer*, rouca e ritmada. A atuação, simples e virtuosa ao mesmo tempo, ligava ao mundo esses atores, portadores de uma infância conservada em seus modos de ser e fortemente interessados pelo relato teatral. Os papéis de Sihanuk e Pol Pot foram interpretados por duas jovens (San Marady e Chea Ravy) com poderosas visões. Tudo isso impactava o público por sua necessidade e dava aos objetivos de 1985, mesmo trinta anos depois, uma validade histórica e uma vitalidade artística raras. Enfim, é todo o espetáculo de 1985 que se tornou texto de teatro – texto, atuação, música, cenografia – porque era ele que constituía o objeto de uma nova encenação que não era sua cópia. O longo projeto mantido por todos com coragem, de 2007 a 2013 – a primeira época dessa nova *História inacabada* foi apresentada na França em 2011, no Théâtre des Célestins em Lyon, no âmbito do Festival Sens Interdits –, e realizado sem grandes recursos, numa sinergia que fazia intervir muitos grupos sociais (universitários, militantes, gente de teatro), mostrava a originalidade, a potência e a durabilidade dos métodos de trabalho do Soleil. No alto das páginas do site do Soleil, o desenho azul, lembrança presente do cartaz e do afresco de *A História Terrível Mas Inacabada de Norodom Sihanuk, Rei do Camboja*, realizados por R. Moscoso, é o símbolo disso.

5

CAPÍTULO 5
OS ATRIDAS OU A ARQUEOLOGIA DAS PAIXÕES

> O palco é o terreno baldio do sublime.
> ARIANE MNOUCHKINE[1]

"Contar sem encolher", diz Ariane aos atores – uma missão impossível aqui. Um livro tem elasticidade limitada. Nesse ponto da história, sinto-me tomada de angústia, submersa diante das multidões que entraram agora no Soleil – continentes, multidões e pessoas. Tantas nacionalidades novas já transpuseram a porta do Soleil. E o fluxo continuará. Como relatar esses encontros-cruzamentos nesse teatro tão teatral que não é na realidade senão a soma das vidas e do trabalho de uns e outros, grande caravançará? Devo deixar falar as vozes do Soleil para esse novo ciclo em que Mnouchkine aborda agora, com a tragédia grega, uma viagem às fontes perdidas do teatro ocidental.

Os Fantasmas

Mas antes, como escriba escrupulosa, devo evocar primeiro os "fantasmas" a partir de *A Indíada* – esses espetáculos que não viram a luz e que habitam, no entanto, a história do Soleil. Uma criação sobre a Resistência[2], em primeiro lugar, que seria intitulada "Aqueles Que Não Se Rendem…" ou "Os Franceses Falam aos Franceses", ou mesmo "A França dos Seus Sonhos"[3], em torno de Jean Moulin. Os ensaios

Os Atridas

◀ Os atores vão pôr-se à prova em outra forma de teatro marcada pela grandeza. Os espectadores terão a surpresa de se deparar com um remanejamento das naves. Mas, para os quatro espetáculos desse ciclo, eles irão fazer e refazer o mesmo percurso, da Recepção às arquibancadas, através de fossos cavados no solo, túmulos onde se erguem grandes estátuas de homens e cavalos de gesso recoberto de uma terra argilosa pintada (realizadas por E. Stiefel). Percurso rumo à noite dos tempos, retorno às fontes do teatro ocidental.

▲ O retrato de Jean Moulin é carregado por alunos dos liceus. No primeiro plano, Louis Joinet, companheiro de viagem do Soleil desde 1972; à sua esquerda, S. Papandreou; à sua direita, S. Nicolai. A Resistência obseda o Théâtre du Soleil, até em suas recentes participações teatralizadas nas manifestações de 2010.

estão previstos para fevereiro de 1989, mas o espetáculo, jamais realizado, assombra as naves e os atores daquele tempo, como assombra sem dúvida Mnouchkine, que não encontrou as imagens que lhe teriam sido necessárias, nem a luz na qual fazer aparecer aquela gente da sombra, e que, em 2010, diz que ela só o vê agora no cinema. Ele assombra também Cixous, que havia começado algumas cenas e fala de "arrependimentos eternos".

E há outra peça escrita por Cixous para uma atriz de fora do Soleil, que, decepcionada por ver ali vários grandes papéis femininos em vez de um só para ela, por fim a recusou. O Soleil decide montá-la – sem dúvida porque fala de resistência: a dos grandes enlutados da literatura russa que combatem o regime estalinista com o auxílio da memória e da poesia. A peça só tem personagens femininas, principalmente o trio Ana Akhmatova, Nadejda Mandelstam e Lydia Tchukovskaia. Mas o Soleil logo terá falta de atrizes, pois a criação dos *Atridas*, já em andamento, requer todas elas. Os ensaios de *Voile noire, voile blanche* (Vela Negra, Vela Branca), peça dedicada a Alexandre Mnouchkine, que foi consultor para o contexto russo, deixam sem dúvida mágoas em Catherine Schaub, Myriam Azencot e até em G. Bigot, que ensaiava também nessa distribuição feminina[4]. Cumpre dizer ainda que em 1989 a situação financeira é catastrófica, as dívidas se elevam a 6,5 milhões de francos. Pergunta-se: "Como montar um espetáculo? Coprodução? Subvenção internacional? Associar-se?". É preciso "permanecer pioneiros"[5]. É nesse contexto que a proposta feita por B. Faivre d'Arcier, que preside as celebrações do bicentenário da Assembleia Nacional, de rodar um filme sobre a Revolução Francesa e a Declaração dos Direitos do Homem, será aceita. Será *La Nuit miraculeuse* (A Noite Milagrosa) (roteiro de A. Mnouchkine e H. Cixous, diálogos de H. Cixous). Esse conto de Natal épico é ensaiado como um espetáculo de teatro, filmado na "cripta da Assembleia Nacional" concebida na Cartoucherie por G.-C. François. Erhard Stiefel cria dezenas de bonecos de tamanho humano, à imagem dos atores do Soleil, que serão instalados e animados pela graça de uma criança colocada a seu lado sobre as arquibancadas do pequeno hemiciclo do dispositivo[6], antes da tomada de outras cenas na Assembleia Nacional e na Place de la Concorde, com todas as personagens que lutaram na História pelos direitos humanos[7].

Um Novo Ciclo, Quatro Peças, Quatro Coros

Segundo certos membros da trupe, toda a trajetória do Soleil conduz a esta França de Jean Moulin. Mas a proposta feita por Mnouchkine, de um grande périplo arqueológico rumo à tragédia grega que ela não abordara ainda, será aceita. E do início de 1990 a maio de 1992 vão se suceder quatro estreias: *Ifigênia em Áulis* de Eurípides, logo seguida de *Agamêmnon* (novembro de 1990), primeira peça da *Oresteia*, trilogia de Ésquilo completada pelas *Coéforas* (fevereiro de 1991) e pelas *Eumênides* (maio de 1992). A peça de Eurípides é muito posterior à *Oresteia*, mas essa ordem é escolhida para esclarecer a história dos Atridas (sacrifício de Ifigênia, retorno e morte de Agamêmnon, vingança de Orestes e seu julgamento).

Ifigênia foi traduzida por um especialista em filologia grega, Jean Bollack, em colaboração com sua mulher. Mnouchkine verteu as duas seguintes, e Cixous a última. Mnouchkine traduziu, o mais perto possível da expressão concreta do verbo e do apuro do ritmo, a partir de uma tradução palavra por palavra muito rigorosa de Claudine Bensaïd. Ela trabalha em estreita cooperação com outro helenista, Pierre Judet de la Combe, que tem com ela a "experiência de um debate filológico inabitual"[8], propondo a ela comentários escritos e orais sobre sua tradução e discutindo com ela passagens difíceis. Jean Bollack fará o mesmo com H. Cixous para *Eumênides*. Trata-se, portanto, de uma associação direta entre diretora e pesquisadores, numa troca fecunda para cada uma das partes, sem a intermediação de nenhum dramaturgo.

Não há, para começar, nenhuma interpretação pronta, e a opacidade do texto deverá resolver-se dia após dia no trabalho teatral de exploração das paixões no palco. Mnouchkine fala com os atores de "escavações" e "exumação". Com G.-C. François, ela imagina eventrar a Cartoucherie, escavar o solo da segunda nave com quatro fossas profundas onde serão dispostos, a exemplo das espetaculares oito mil estátuas, descobertas em 1974, de guerreiros cercando a tumba do imperador Qin em Xi'an na China (210 a.C.), os companheiros de Agamêmnon, figuras dos coreutas dos *Atridas*. Imitando terracota, as estátuas criadas por Stiefel, com roupas e expressões variadas, saem da terra, alinhadas, às vezes ainda semienterradas. Numa extremidade do campo de escavações, o palco sobrelevado dos músicos, na outra os camarins onde, atrás de uma fina tela de arame sob as arquibancadas, os atores enfileirados se maquilam silenciosamente. Atores e espectadores terão de realizar esse percurso, deambular na semiobscuridade para chegar até o palco ensolarado. Um curto trajeto, que é uma experiência vivida materializando um retorno no tempo rumo à tragédia antiga, despojada das camadas interpretativas que ela suportou. É também o percurso do Soleil que, de Shakespeare aos gregos, utilizando o desvio dos palcos asiáticos, prossegue sua busca das formas essenciais do teatro. A distância entre o que é contado no palco e o presente dessa vez atinge o máximo.

A forma imaginada pelo Soleil não é uma tentativa de reconstituição parcial como a do Grupo de Teatro Antigo da Sorbonne, por onde Mnouchkine fez uma curta passagem antes da Atep, tampouco é uma atualização como a de Peter Stein (*Agamêmnon*, 1980). Ela se situa na tradição dos seus Shakespeares, que Mnouchkine renova por meio de um trabalho ainda mais extenuante: "O ator é aquele que sabe mostrar os sintomas de todas as doenças da alma. Ele tem por dever sofrê-las em seu corpo e mostrá-las. Os espectadores reconhecem nelas suas próprias paixões. A fim de achar os sintomas, o ator aceita ter a febre. As personagens trágicas vivem na angústia até as entranhas"[9].

O palco vazio é limitado por uma cerca de muretas, como uma arena, com duas portas centrais que podem abrir-se. O azul intenso do céu da Grécia colore a parede do fundo, e sua luz filtra-se através dos toldos. Sob as arquibancadas abre-se um vomitório, como no teatro romano, que possuía esse tipo de passagem subterrânea, e esse corredor estreito permite aos atores outras entradas no palco. Em cena vão aparecer criaturas teatrais que não se assemelham a nada de conhecido, embora a inspiração principal possa ser designada como indiana: *kutiyattam* e *kathakali*, *bharata natyam*, à qual se acrescentam tradições da Europa Central, do folclore caucasiano, que Simon Abkarian, de origem armênia, introduziu – na música e nos passos de dança. Tomam o que precisam em toda parte em que é preciso. Ensaiam com as máscaras, mas bem depressa os rostos estarão pintados com maquilagens inspiradas no *kathakali*, que uma das atrizes, C. Schaub, estudou longamente na Índia: pele muito branca, espessas olheiras pretas sob os olhos, sobrancelhas marcadas. Altas toucas, com espécies de grossas barbas lanudas, emolduram os rostos assim maquilados e os amplificam. As densas maquilagens deixam transparecer as expressões cambiantes. Os pesados figurinos dos homens, com saias largas, conferem-lhes a estatura de supermarionetes craiguianas. As mulheres são tratadas de maneira diferente: Clitemnestra, em *Agamêmnon*, usa uma calça bufante, uma blusa branca cinturada e botas; ela é interpretada por uma recém-chegada, Juliana Carneiro da Cunha, bailarina brasileira que passou pela Mudra (a escola de Maurice Béjart) e pela companhia de Maguy Marin. A trupe também se enriqueceu com

Os Atridas
◀ A Recepção com, defronte à porta de entrada, um grande mapa do mundo elaborado por D. Martin e S. Guennessen.

◀ O palco: um imenso espaço vazio e liso, limitado por muretas. Os atores podem subir nelas e se esconder atrás delas. No centro, duas portas por onde se fazem as entradas. O azul intenso da parede do fundo conota o céu grego. No teto, os toldos por onde entra a famosa luz diurna do Théâtre du Soleil.

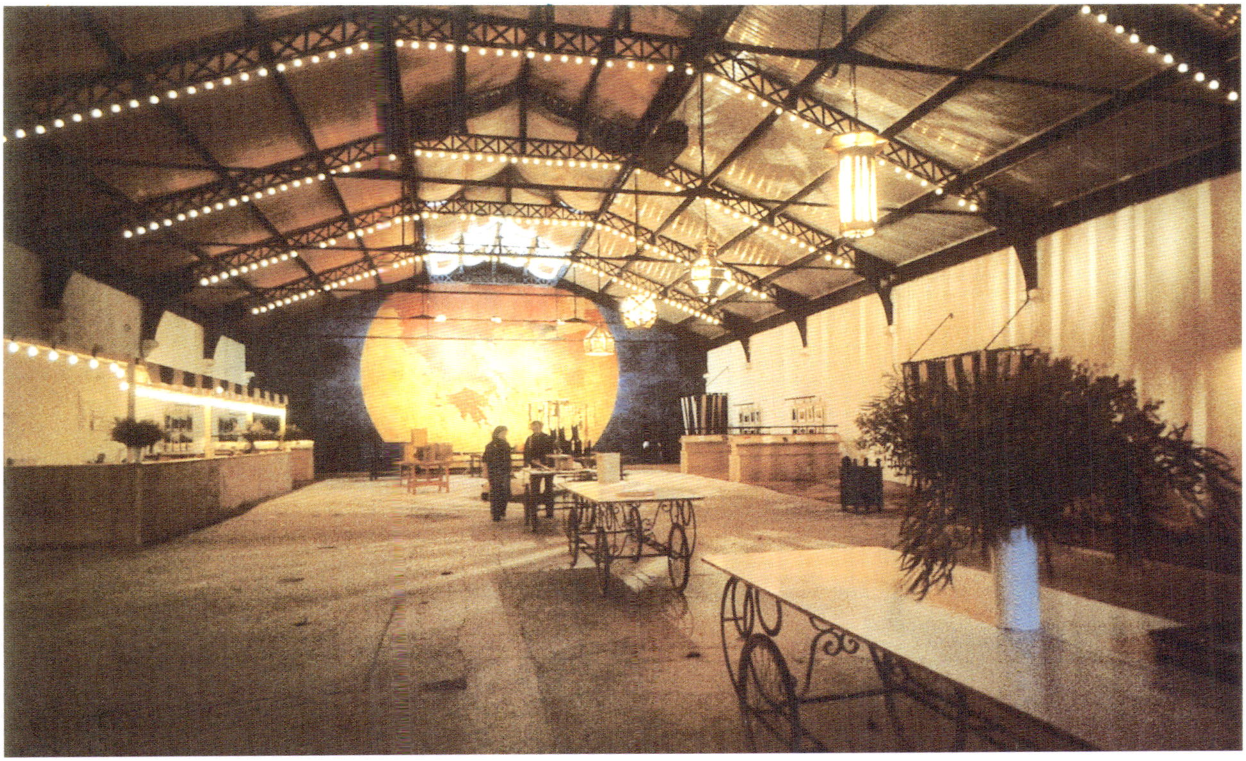

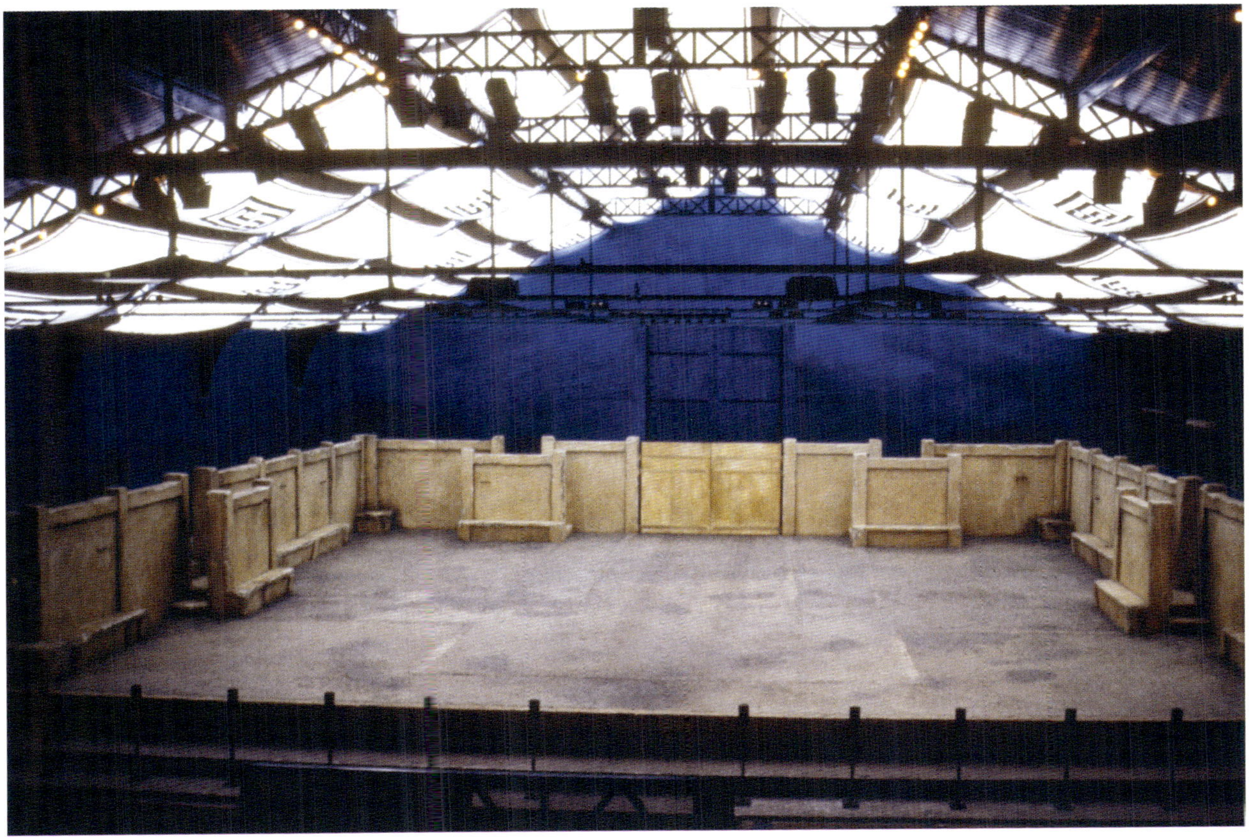

E. Stiefel e A. Mnouchkine diante de algumas estátuas antes que sejam instaladas nos fossos.

atores instruídos pela dança, como Duccio Bellugi-Vannuccini, que, vindo da escola de Marceau, fez um estágio com Pina Bausch antes de seu ingresso no Soleil para as epopeias asiáticas, e Nirupama Nityanandan[10], que representa Ifigênia, criança graciosa vestida de branco, depois Cassandra e Electra.

O tratamento dos coros, falados e dançados, em que os homens estão em maioria, é particularmente impressionante; eles são dirigidos em cada espetáculo por C. Schaub, "corifeu da dança": coro saltitante de moças de saias claras para *Ifigênia em Áulis*, coro de anciões vestidos de vermelho e munidos de bordões para *Agamêmnon*, coro negro e cor de açafrão das *Coéforas* cheias de ódio que clamam vingança, coro das *Eumênides* em que rosnam homens-cães-lobos, dirigido pelas três Erínias (C. Schaub, Nityanandan, M. Azencot), como velhas mulheres desdentadas.

Os coros acentuam por suas reações a atuação dos protagonistas: assim, o dos anciões exprime na dança coral, seus giros e paradas, sua fraqueza, sua idade, seu esgotamento, mas também o espanto, o

CAPÍTULO 5 OS ATRIDAS OU A ARQUEOLOGIA DAS PAIXÕES

sofrimento e até uma recuperação de energia, conforme estejam tratando com Agamêmnon ou Clitemnestra, que pode dançar com eles. Com dicção escandida em que as consoantes são atacadas com força, de frente para o público, a pré-atuação dá precedência ao gestual (tremor da mão, expressões do rosto, deslocamento). A dança individual liberadora torna-se necessária, único meio de exprimir o transbordamento de emoções devido à crueldade das ações.

As entradas majestosas se fazem pelas portas centrais, entre as quais se engolfam os coros dançantes ou o alto carro de Agamêmnon forrado de vermelho, ou então por uma longa plataforma inclinada e móvel que sai do vomitório, diante dessas portas centrais, e sobre a qual se erguem os atores, estátuas imóveis que se animam ao pôr o pé no palco. Trazem também para aí os cadáveres ensanguentados, bonecos de cera à imagem das vítimas.

Agamêmnon
O coro dos anciões trabalha com A. Mnouchkine na sala de ensaio (dispositivo provisório).

A Aliança de Artes Irmãs

O diálogo abaixo versa sobre a noção de "obra de arte comum" e "obra de arte total", termos pelos quais se pode traduzir a célebre proposta feita por Richard Wagner de *Gesamtkunstwerk*, ligada à sua reflexão sobre o teatro grego[11].

ARIANE MNOUCHKINE: A questão da presença e da aliança de artes irmãs no palco não se coloca mais no Théâtre du Soleil. Os atores estão sempre no centro do teatro, qualquer que seja o teatro. Mas sem música, sem luz, não será o teatro que eu amo. Bem depressa, essa aliança se revelou necessária. E se nos *Atridas* a música e a dança estão a tal ponto interpenetradas, é porque Ésquilo e Eurípides o exigiram de nós. Enquanto não atendemos essa condição, eles não desistiram. E enquanto nossos corpos não o compreenderam, nós pura e simplesmente sofremos.

Para mim, um verdadeiro teatro – quero dizer, a casa, as obras – é em primeiro lugar feito de encontros. Eu não teria realizado *Os Atridas* se não tivéssemos tido Jean-Jacques conosco. Trabalhar com alguém não significa impor algo um ao outro, é uma troca muito misteriosa, muito profunda, muito interior, que cria como que uma circulação sanguínea e onde o fato de que alguém não esteja "no jogo" é fonte de um sofrimento medonho para todos. Isso não vem facilmente, há muita transpiração, muito trabalho. É preciso primeiro atravessar alguns rios, alguns desertos e algumas montanhas juntos.

CATHERINE SCHAUB: Os atores estão no centro, estão na luz. Mas o que é muito rico nesta maneira de trabalhar é que todas as artes – todos os artistas – estão juntos. Sabemos que temos todos uma parte de responsabilidade no avanço das coisas no palco. É o caminho pelo qual vão nos "fazer crescer" que determina a atuação. E o cenário será realizado porque houve na atuação tal ou tal movimento. Não é um cenário posto no qual se deve representar. Nós avançamos juntos.

A. MNOUCHKINE: A presença de tal voz acarreta a utilização de tal instrumento. Às vezes, Jean-Jacques segue uma voz, pega uma tonalidade. E de resto será que esse tema já não corria nele alguns dias mais cedo, ou então isso vem realmente durante o trabalho, ou será que, ao contrário, Jean-Jacques pensou: "Olha só, não estamos avançando, vou experimentar outra coisa". Uma espectadora disse um dia: "Nesse espetáculo, a música é o segundo pulmão". Ela falava do texto como sendo o primeiro.

JEAN-JACQUES LEMÊTRE: Creio que, aqui, tanto a música quanto a cenografia "lutam" pelo teatro. Não há submissão de uns aos outros. Não tenho que defender minha música, porque ela é música de teatro, isto é, porque ela parte do teatro, do corpo do ator que interpreta um texto. Não se pode falar aqui de "teatro musical", porque isso implicaria que a música teria a primazia por um momento. Escrever uma partitura para o Soleil é em primeiro lugar encontrar as articulações do texto que eu ouço, que correspondem a mudanças de timbres e temas, portanto de instrumentos. É, em seguida, indicar à margem desse texto uma codificação memorizável, quer dizer, o modo melódico e o modo rítmico.

BÉATRICE PICON-VALLIN: Não há nenhuma hierarquia das artes no Théâtre du Soleil, no processo de criação?

A. MNOUCHKINE: É o teatro que conduz. É uma busca. Quando somos "bons", quando há algo que circula e que, por isso, é ao mesmo tempo magnífico e totalmente humilde, é natural, é artisticamente natural. Não há *a priori*, não há nem teorias nem caprichos na música ou na encenação. Há algo que é, a cada instante, indispensável, vital. É o que faz de nós "primitivos". Sim, muitas vezes nos chamam de primitivos.

GUY-CLAUDE FRANÇOIS: É preciso dizer que o Soleil se dotou dos meios de base para ir ao extremo do teatro, é o único teatro que se permite reunir todo mundo e dizer: "Vamos fazer teatro" – pura e simplesmente. Para tomar uma imagem arquitetônica que me é mais próxima: se uma parede nos incomoda, a gente a afasta. Essa imagem é verdadeira para cada um dos atores da trupe. Creio que é no Théâtre du Soleil que se vai ao extremo da ideia de uma arte coletiva. O trabalho é uma partida de pingue-pongue a quinze ou mais. A ideia das arenas, por exemplo, veio de um ator que, um dia, se escondeu atrás de um chassi na sala de ensaio porque Ariane não sabia o que fazer com o coro. A partir daí se produzem rebotes que fazem com que tudo se encadeie. Até o texto está incluído nesse processo. Dizem que o texto vem primeiro, mas na realidade ele se forma junto, ele pode ser remanejado em função do que se passa no palco. Talvez não seja o caso com as tragédias dos gregos, mas é com os textos de Hélène Cixous, que está presente durante a elaboração dos espetáculos.

A. MNOUCHKINE: Quando leio a peça, tenho muitas "visões". Mas no dia do primeiro ensaio, há dentro de mim uma espécie de vazio, como se eu estivesse no teto do mundo, tento ver um palco abaulado, é uma expressão que empregamos para os Shakespeares. O que pode aparecer ali?... É mais que um vazio – aliás, não é um vazio.

B. PICON-VALLIN: É um espaço de aparição?

A. MNOUCHKINE: Sim, um espaço de aparição. Isso requer atores singularmente corajosos para suportar essa ideia. Existem alguns a quem a

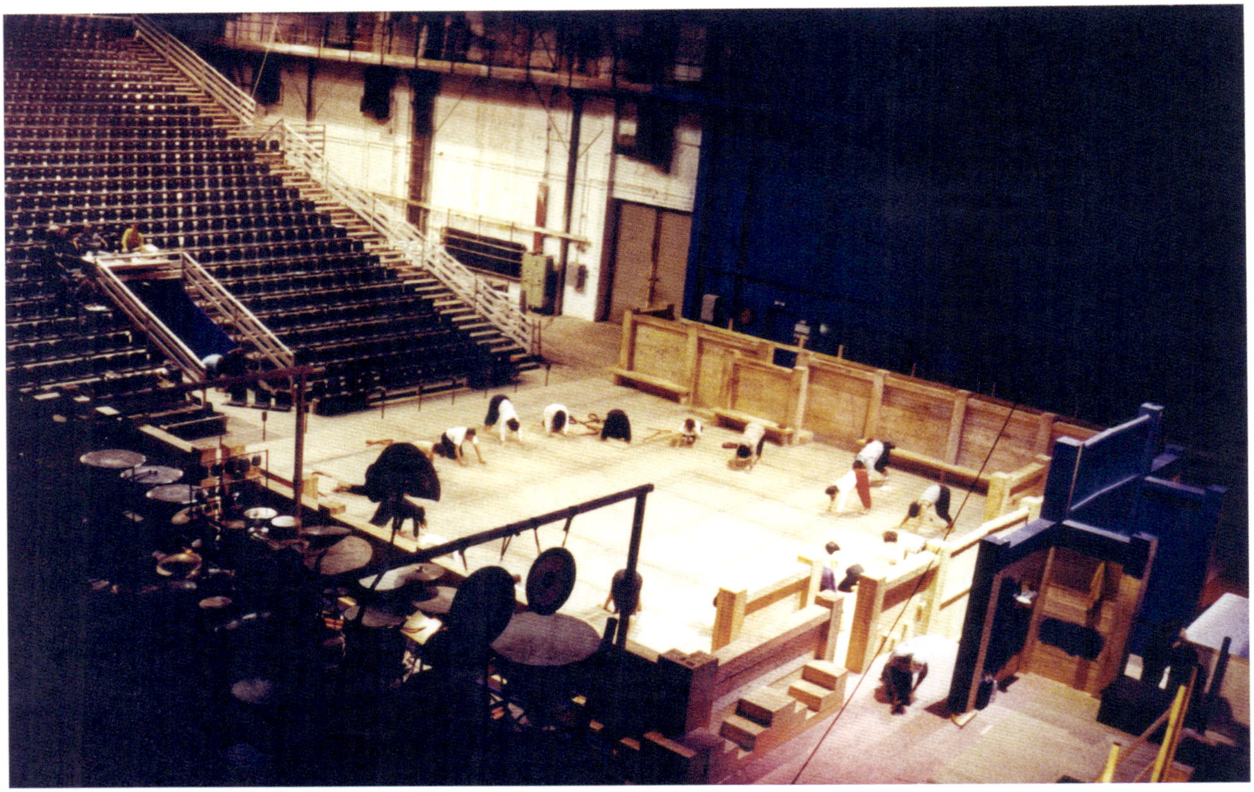

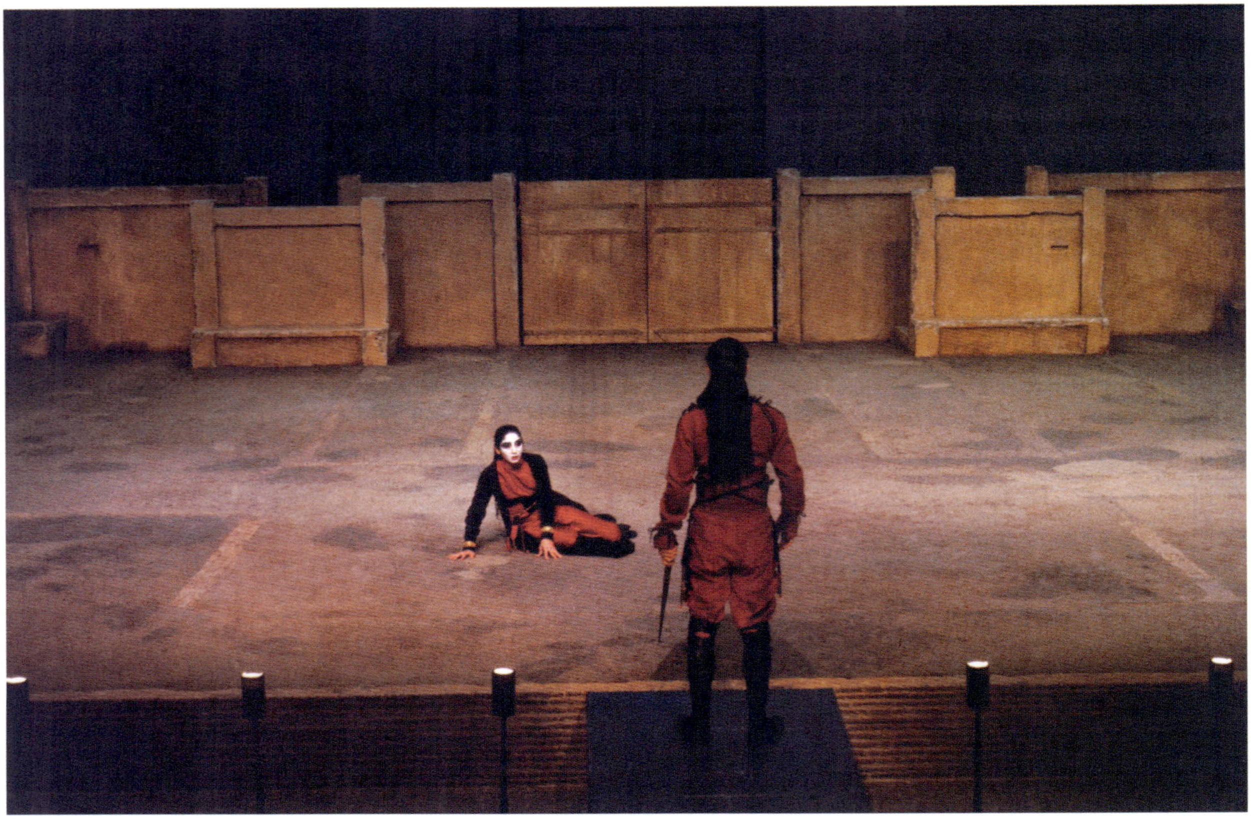

exigência de aparição dá força. Outros querem somente dizer seu texto e não têm coragem de esperar. Uma trupe é feita de atores que são mais ou menos formados, mais ou menos avançados, ou que não são formados de nenhum modo. Sua formação ocorre, pois, durante o tempo dos ensaios. As possibilidades de descoberta são diferentes para cada um. Para alguns, é preciso tentar aprender a aparecer: isso também faz parte da "obra de arte comum". Há, portanto, níveis diferentes a conciliar, assim como há artes diferentes que devem se entender. Os músicos possuem as notas, uma linguagem precisa, quase científica. Um ator não tem isso. Quando eu digo: "Você afirma que está chorando, mas não está chorando", e quando o ator me responde: "Sim, estou chorando", eu não tenho provas científicas para opor a alguém que mente para mim e mente para si próprio. Com Jean-Jacques, com Guy-Claude, não precisamos de provas, nem precisamos mais nos explicar. Trabalhamos em total cumplicidade

J.-J. LEMÊTRE: O Théâtre du Soleil oferece esse privilégio de poder partir do zero. A música arranca realmente do zero, isto é, com as mãos, com os pés, com o coração. Sentir aquilo que há no palco, sentir os atores, sentir o modo como se mexem, respiram, falam. Tudo começa pelos tambores, porque, como nenhum papel foi distribuído no início, como tudo permanece aberto e não tenho nenhuma ideia preconcebida, eu não toco um tema melódico ou harmônico, mas o batimento, a pulsação, a "fundamental do ator". Em seguida vem a noção de "bordão", que é uma melodia extremamente simples que começa a se fixar na altura das vozes. Eu aprendo ao mesmo tempo que todo mundo. Há uma evolução na música que passa inicialmente por um trabalho simples – estabelecer um ritmo, de modo que o tempo do ator no palco não se torne, sustentado por demasiada lentidão, cotidiano ou realista. Uma certa velocidade é necessária para que se possa começar a trabalhar e que uma cena não desmorone. E pouco a pouco tudo se forma, as personagens despertam e a música desperta com as personagens, porque a distribuição dos papéis se concretiza progressivamente. O que eu gosto mais neste trabalho, é que não preciso teorizar primeiro, a criação da partitura se faz gradualmente, "ao vivo".

B. PICON-VALLIN: Quando vocês começaram a trabalhar nos *Atridas*, só existia realmente esse espaço de aparição, tudo era possível?

A. MNOUCHKINE: Tudo, tudo. É difícil acreditar, mas é verdade, nós vamos até aí. Meu grande problema era evidentemente o coro. Eu não sabia o que era um coro. O que eu sabia é que não queria um coro

---

PÁGINA ANTERIOR

◀ Aquecimento dos atores (sem dúvida sob a direção de Marc Pujo) no espaço cênico. Pela goela escancarada do vomitório sob os bancos do público, atores farão rodar uma passarela que conduzirá seus camaradas ao palco a partir dos camarins comuns.

Coéforas

◀ Entrada de Orestes (S. Abkarian) erguido sobre a passarela azul inclinada. Ele vai matar Clitemnestra (J. Carneiro da Cunha).

PÁGINA SEGUINTE

▲ Ifigênia em Áulis.
Entrada do coro de jovens mulheres. Quando os ensaios começaram, duas das atrizes estavam grávidas. Daí o pequeno avental com barriga saliente do figurino. Cada ator realiza seus próprios enfeites sobre os aventais e as toucas são inspiradas no kutiyattam indiano. As polainas amarelas são caneleiras de kendo (já utilizadas nos Shakespeares). Pode-se reconhecer D. Bellugi-Vannuccini, É. Leconte, B. Jodorowsky, S. Bellei, M. Durozier, S. Poncelet.

▼ Agamêmnon.
Entrada do coro dos anciões munidos de bastão. No centro, o corifeu (aqui, S. Abkarian). Pode-se reconhecer B. Jodorowsky, N. Nityanandan, S. Poncelet, C. Schaub, J.-L. Lorente, A. Rais e S. Bellei.

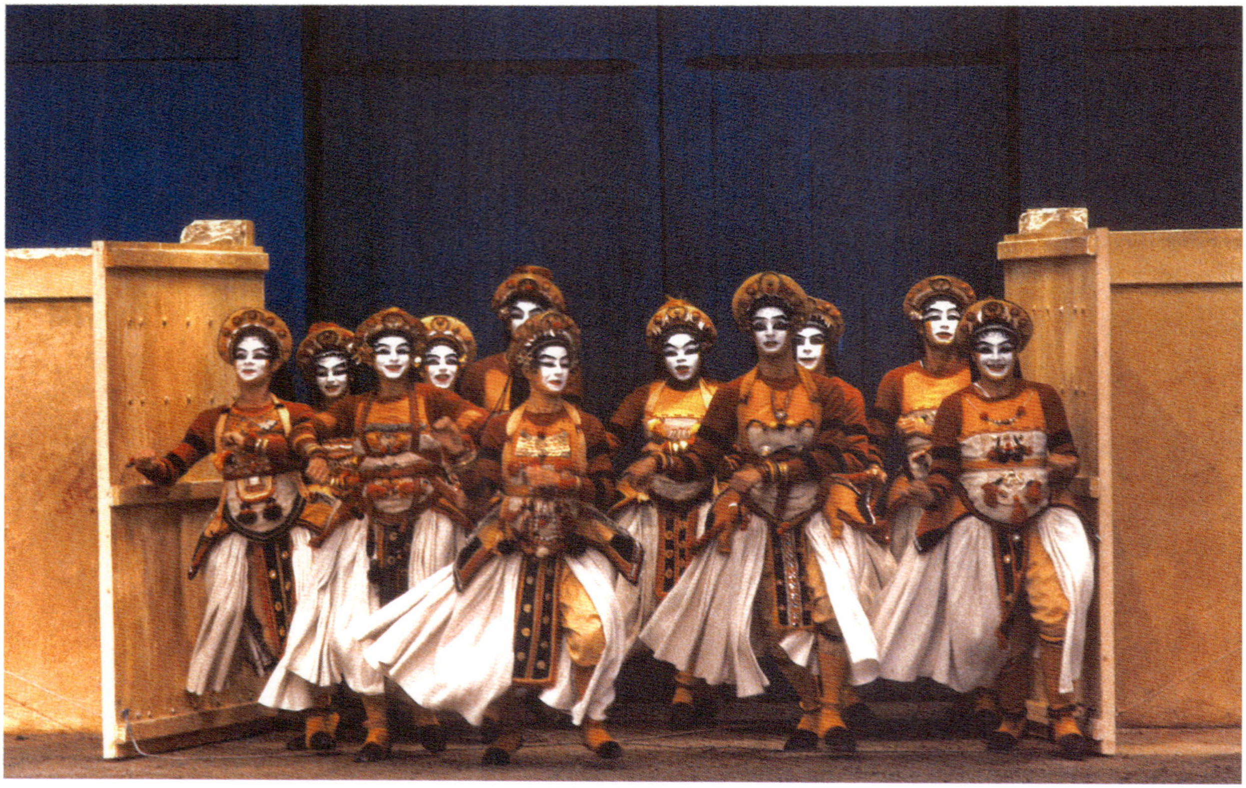

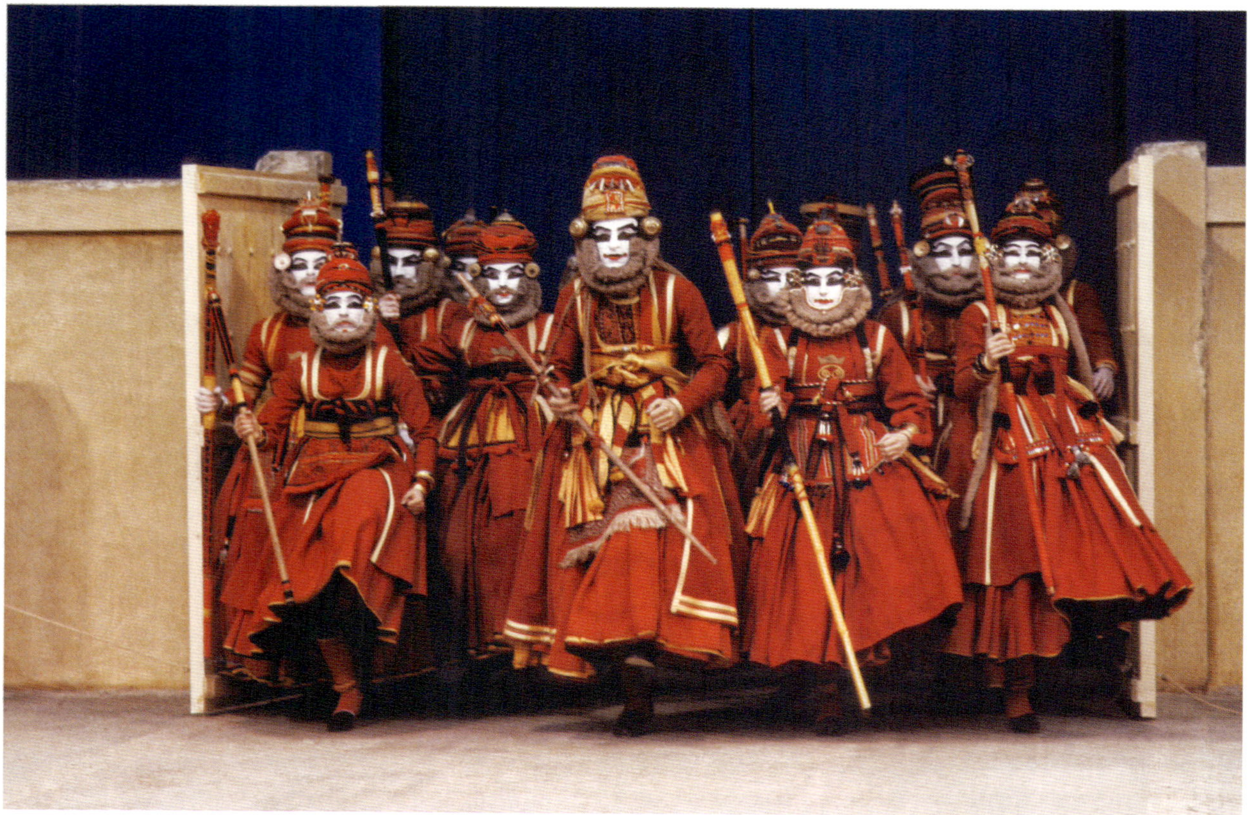

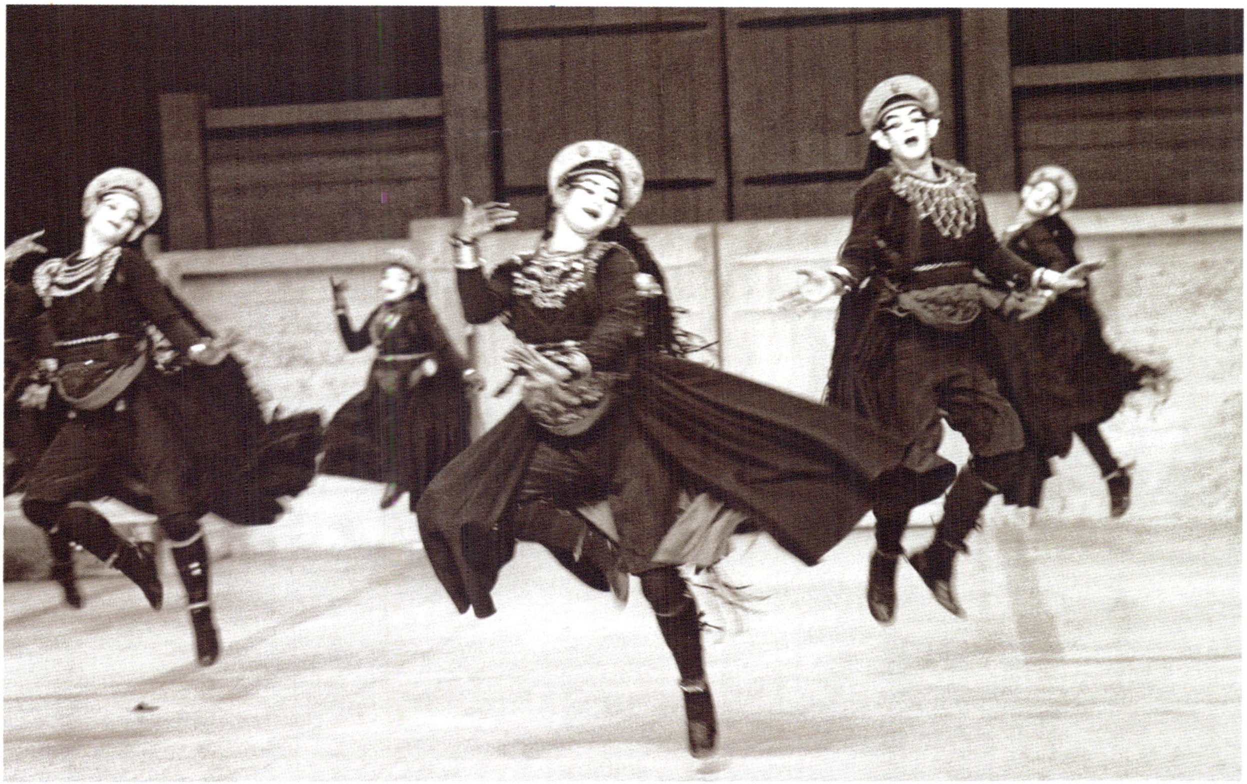

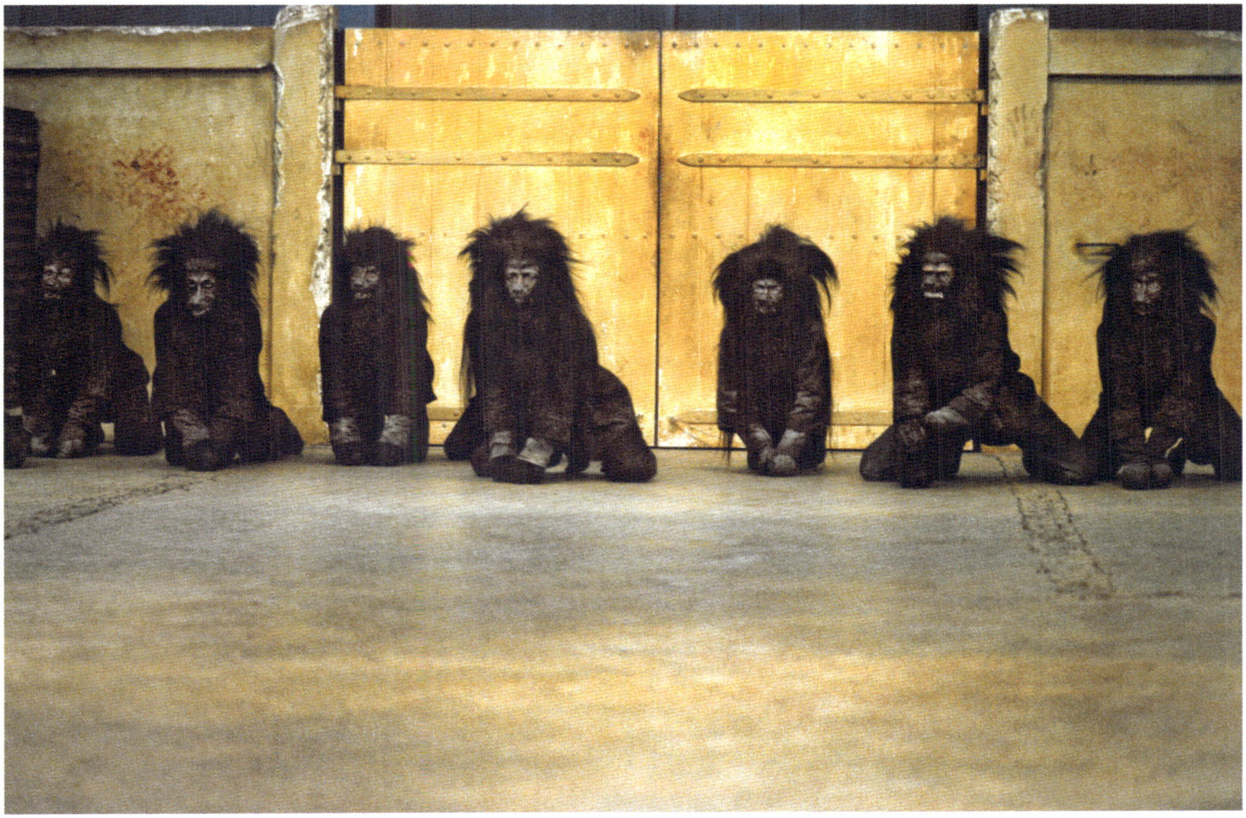

vestido de lençóis… Nas primeiras entradas dos coreutas, ainda que soubéssemos muito bem, pois o texto diz, que se tratava de grupos homogêneos de mulheres ou anciões, havia uma princesa japonesa, um indiano, dois esquimós… O mundo inteiro entrava no coro, e nada funcionava, claro, mas tínhamos que passar por isso. Estou persuadida de que o fato de ter havido num momento uma princesa japonesa, um indiano e dois esquimós nos impediu de ser como clones; pudemos encontrar um coro de anciões ao mesmo tempo todos semelhantes, mas não idênticos, todos juntos, mas cada um diferente. O "nível zero" não é uma figura de estilo para nós. Nós imaginamos mesmo: Ésquilo acaba de nos enviar sua peça, e às vezes, durante um exercício, rasgando as páginas do texto, eu dava as frases uma após a outra, para quebrar o montão de clichês sobre o teatro grego.

SIMON ABKARIAN: A impressão que nos dão os grandes autores de teatro, em particular Ésquilo, é que eles próprios ficavam surpresos com o que escreviam. Nós ficamos, pois, duas vezes surpresos. Em seguida, quando algo acontece no nível da música, do espaço e da direção de atores, sempre há surpresas, quer agradáveis, quer dolorosas. Por exemplo, quando vimos chegar as paliçadas: durante quatro, cinco meses, representamos atrás dessas paliçadas que mediam cinco centímetros de largura, que não eram muito estáveis. Mas conseguíamos sentar em cima delas. O dia em que as muretas foram construídas, conseguimos dançar em cima delas, porque havíamos conseguido representar sobre os cinco centímetros de paliçadas…

A. MNOUCHKINE: A parte de improvisação é grande no trabalho. Não se improvisa com o texto quando se trabalha sobre peças, sejam elas de Shakespeare, de Ésquilo ou de Hélène Cixous. Há uma diferença grande demais entre nossa pobre língua e a força da deles… Mas tudo o que não é o texto é improvisado.

S. ABKARIAN: Desde minha primeira "aparição", era como se diante do texto de Ésquilo eu devesse me encolher, voltar a ser pequeno, depois crescer de repente, despertar. Sair do chão. Falou-se muitas vezes de exumação, e a gente sempre rastejou atrás das paliçadas para ir colocar-se no lugar, mas era uma viagem poética que durava dez metros. Para os figurinos, cada um procurava: eu precisei construir um figurino durante um mês, fiz uma touca de setenta centímetros de altura. Entrei com o figurino, e durou trinta segundos – para a gente se dar conta. Aquiles acabou com uma simples meia na cabeça. Mas era preciso que eu fizesse tudo aquilo, e era preciso que Ariane o visse.

PÁGINA ANTERIOR

🔺 Coéforas.
Dança do coro (denominada "peã" no Soleil) das jovens mulheres. No centro, a corifeia C. Schaub. Ao seu lado, D. Bellugi-Vannuccini e B. Jodorowsky. M. Durozier se lembra que essa dança se tornou para os coreutas uma espécie de transe mortal (o coro incita Orestes a matar sua mãe).

🔻 Eumênides. O coro dos cães sentados diante das portas. Atrizes e atores estão revestidos de uma "máscara total" (ver dossiê "Os animais", p. 300).

J.-J. LEMÊTRE: Para mim, tratava-se realmente de improvisação no sentido oriental. Há sempre um momento em que se retorna às bases técnicas porque se está perdido, depois a gente pode partir de novo para outra coisa muito mais poética, mais misteriosa, maior. Não há transposição a fazer, eu dou a entender, os outros respondem e inversamente…

A. MNOUCHKINE: Parece-me que, para que as artes ou os artistas de cada arte possam comungar, eles não devem procurar a hegemonia nem a superioridade, é preciso que desapareça a arrogância das artes e dos artistas, é preciso ceder. De fato, tudo, num dado momento, cede a esse estranho pequeno sofrimento único que está no meio do palco, inclusive o medo, porque também o medo deve ceder. É a personagem que não cede jamais, mas o ator deve ceder ao interesse do conjunto.

B. PICON-VALLIN: Ceder para se ajudar?

A. MNOUCHKINE: Sim, para se ajudar, é preciso ceder. Do contrário, estamos numa relação de forças.

Da Música de Teatro

J.-J. LEMÊTRE: Não é música de cinema, no sentido de que as palavras são banidas: ambiência, ilustração sonora, atmosfera.

B. PICON-VALLIN: Além da presença de instrumentos no espaço teatral – não sei se podemos realmente falar de orquestra pois há apenas dois músicos – essa metáfora não poderia exprimir o modo como funcionam as relações entre as diferentes artes na cena?

A. MNOUCHKINE: O termo orquestra não é exatamente apropriado. A orquestra, se bem me lembro, é a própria arena, o lugar onde o coro evolui. Mas acho que o que se passa está mais próximo da relação que existe entre os músicos e atores do *kathakali* ou até do *nô*. Ora, no nosso caso, depois que tudo está bem estabelecido, instalam-se certas regras, não se faz qualquer coisa a cada noite, e se o espetáculo durasse quatro ou cinco minutos a mais, eu chamaria a atenção para o fato. Mas se os atores dão uma respiração a mais, os músicos os acompanham, e da mesma forma, se Jean-Jacques um dia é mais brutal em certos temas, eles o acompanham. Eles o acompanham no sentido de que vão com ele, não quer dizer que lhe acrescentam alguma coisa. Contrariamente ao sentido atual de "acompanhar", pelo qual se entende muitas vezes "acrescentar", acompanhar significa 'ir com", "ser companheiro". É por

▶ Coéforas **A corifeia (C. Schaub)**. Detalhes da touca, do figurino e da maquilagem, terminada por "lágrimas de sangue".

▶ Ifigênia em Áulis. **Aquiles** (S. Abkarian) estende um punhal a Ifigênia (N. Nityanandan).

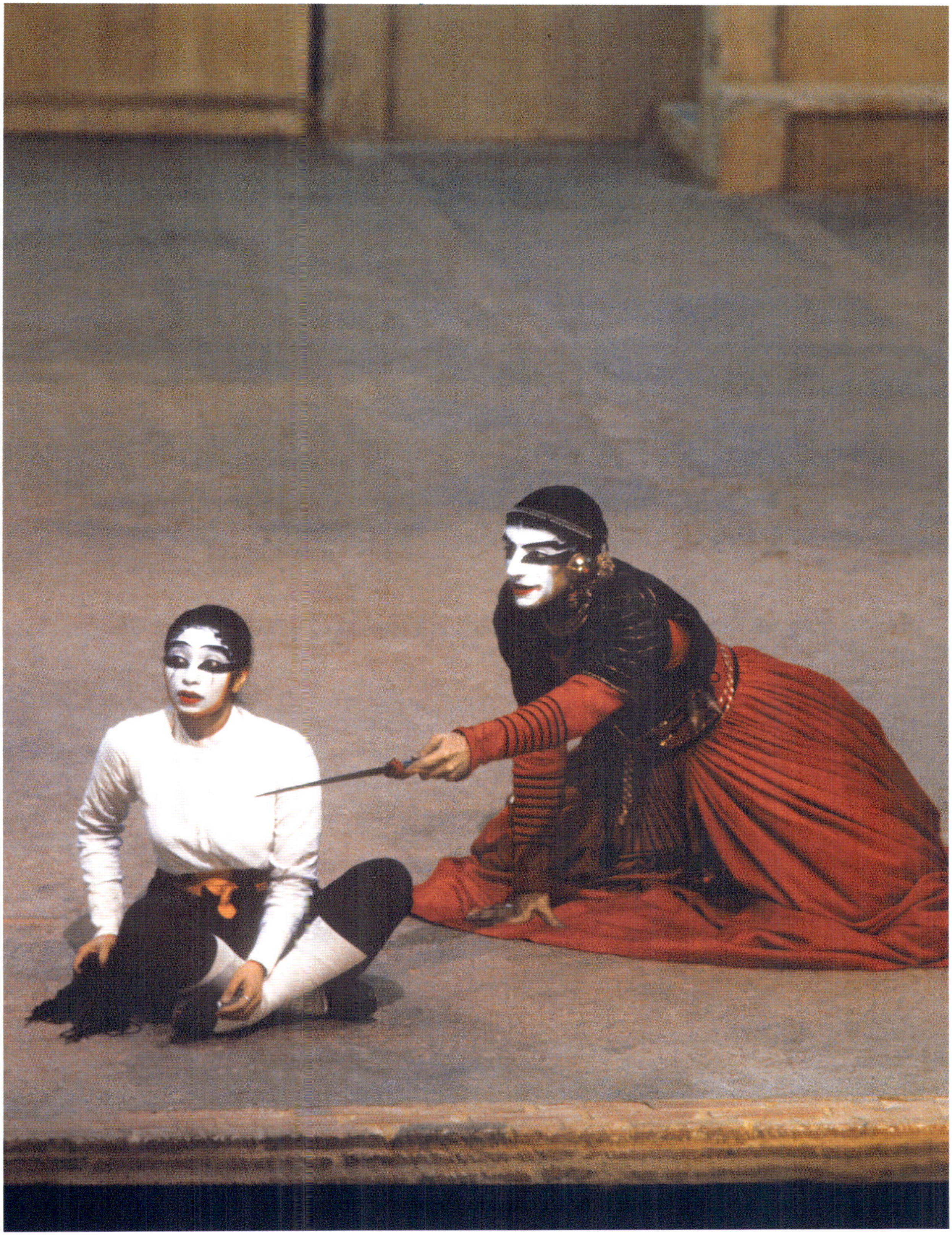

isso que não vejo tanto a imagem de uma orquestra, que é em primeiro lugar um conjunto conduzido pela batuta, mesmo se há algo assim para se chegar ao espetáculo. No momento da apresentação, se for uma bela apresentação, é o teatro, é a escuta que conduz.

Acho que algo une os atores, o público, a música, algo realmente da ordem do espírito, que se deve à possibilidade de por um momento se esquecer e ser somente escuta, quando os músicos, os atores, o público são completamente escuta. Isso depende de uma disciplina total, de um rigor absoluto e de uma liberdade mágica.

G.-C. FRANÇOIS: Uma orquestra é composta de artistas que praticam uma só e única arte, por isso é muito diferente do teatro.

J.-J. LEMÊTRE: As barras de compasso foram inventadas para que os músicos da orquestra possam se falar entre si por intermédio do regente. Mas elas criam certa rigidez. No Soleil, pela ausência dessas barras de compasso, nós evitamos as noções de enquadramento, de retorno do tempo forte e de ciclo. Isso permite maior flexibilidade para o ator. O início do tema, a cada apresentação, é o mesmo, portanto o ator sente que eu estou com ele, mas o fim é readaptado a cada noite. Além da palavra "orquestra", existe outro termo grego, a orquéstica, que foi totalmente esquecido e caberia muito bem aqui, pois significa a aliança entre atuação, dança e música. Se tomarmos a definição dos gregos, creio que a atuação fala ao coração, a dança fala ao corpo e a música à alma. E o conjunto fala ao homem inteiro.

S. ABKARIAN: Com Jean-Jacques, houve para tudo isso um aprendizado. Como ele não queria falar conosco a linguagem codificada dos músicos, ele nos deu chaves muito simples, procurava uma relação instintiva, portanto poética com a música. Ele nunca nos disse: "Olha, nesse momento aí, eu vou colocar um bemol". Ao contrário, nos dizia:

Coéforas
▲ O coro cerca o leito mortuário de Clitemnestra, desnudada e ensanguentada, sobre a passarela móvel. O corpo da atriz foi moldado, depois refeito em cera por E. Stiefel, que fabricará outros manequins-cadáveres para Agamêmnon e Egisto.

◥ Orestes (S. Abkarian) ajudado por Pílades (B. Jodorowsky) arrasta à força Clitemnestra (J. Carneiro da Cunha) para o vomitório. Orestes para Clitemnestra: "Você matou aquele que não devia, sofra aquilo que não deveria". (Ésquilo, *Coéforas*, trad. A.M., notas J. Bollack, Théâtre du Soleil, 1992)

"Este instrumento está afinado no modo da voz de tal pessoa, ou na tua voz". No começo, a gente não sabia escutar a música, podia até falar sobre o que Jean-Jacques fazia. Ou então acontecia que um ator não tivesse parado de se mexer antes de se pôr a falar, e então Jean-Jacques continuava a tocar, já que se pautava pelo seu corpo. Tudo isso até aprendermos uma disciplina, a da parada, para ir até outra parada.

A. MNOUCHKINE: Não há movimento sem parada. Se você olhar bem um dançarino, ele vai de imobilidade em imobilidade, mesmo no ar: ele para no ar! A música denuncia a ausência de parada, pois se Jean-Jacques toca sobre um movimento e se o ator fala quando ainda está em movimento, nada mais funciona. Acho que esta é a lei de todo gesto, de todo movimento que possui um sentido. No teatro, temos uma percepção extremamente profunda, porém muito estreita. O público não pode ver mais do que uma coisa de cada vez e, mesmo se conseguisse ver dez coisas num segundo, seria sempre sucessivamente, uma após a outra. A música impõe uma limpeza do movimento, do deslocamento e do texto que é essencial. Ela impede de "gaguejar", com os pés, com a boca, com os olhos e, sobretudo, com o coração.

S. ABKARIAN: Quando entramos nesse aprendizado, ainda não nos sentimos à vontade, mas começamos a compreender algo e um outro aspecto da música aparece. Em certos momentos, quando Jean-Jacques "entrava", ele se punha a tocar a situação teatral, a cena, as personagens presentes, e a emoção vinha. Isso, de aprender a escutar esse tipo de coisa, toma tempo. Um dia, eu disse a Ariane que até uma pedra poderia representar naquele momento, se Jean-Jacques tocasse assim, naquela cena. Só faltaria a pedra poder ouvir, para representar. Para nós, trata-se de um aprendizado de escuta da música e também de escuta do outro; muitas vezes estamos de tal modo preocupados com aquilo que vamos dizer que não ouvimos o parceiro ou não vemos o que está se construindo.

A. MNOUCHKINE: Fala-se da relação entre os atores e Jean-Jacques, porque é uma relação – quase – de pele a pele, e não se fala da dos atores com Guy-Claude, porque ela é muito esquisita. Acho que os atores não compreendem nada do cenário. Eu me lembro, bem no começo, quando não tínhamos ainda a possibilidade de ter, como para *Os Atridas*, um pequeno esboço do cenário (as paliçadas das quais falava Simon há pouco), nós ensaiávamos numa sala vazia. Isso fez com que, chegado o momento de ensaiar no cenário em construção, houvesse sempre um trauma terrível no momento em que os atores descobriam que iriam representar num espaço que lhes parecia gigantesco… Por mais que os atores – quando são realmente atores – tenham o sentido da música, do seu figurino, ainda assim o espaço é sempre perturbador para eles, mesmo que depois se acomodem muito bem nele. Atualmente, conforme ocorrem os ensaios, fazemos um pequeno simulacro do cenário tão logo ele se confirme.

G.-C. FRANÇOIS: O lugar da representação, a Cartoucherie, tem um papel muito importante. Tenho a impressão de construir algo que deve servir mais de ferramenta do que ser belo. Uma ferramenta é inventada a partir das necessidades, e estas são indicadas por Ariane e pelos atores. A estética não vem a mais. Uma coisa que é perfeitamente funcional, que corresponde perfeitamente a uma necessidade, primeiro a de um poema, de um texto, enfim de um ator, torna-se bela, acho que é assim que eu definiria a beleza no teatro.

J.-J. LEMÊTRE: Guy-Claude tem restrições diferentes das nossas. Se cometo um erro, apanho outro instrumento. Ariane ou os atores se enganam em algum momento: eles param e ensaiam outra coisa. Ele não pode quebrar uma parede inteira e refazê-la em dez minutos.

A. MNOUCHKINE: Isso pode acontecer, mas é melhor que aconteça menos para ele que para nós… Guy-Claude entrou ao mesmo tempo que eu na Cartoucherie, ele foi o diretor técnico da companhia, durante muito tempo compartilhou as quatorze horas de trabalho cotidiano. Depois, ainda que isso tenha me deixado muito triste, tornou-se evidente que ele não tinha bastante trabalho, com um cenário a fazer a cada ano ou a cada dois anos, e, sem jamais nos deixar, ele fez seu próprio caminho. Mas ele conhece todos os estratos da Cartoucherie, desde o fundo dos esgotos até a ponta do teto: mais do que cenógrafo, prefiro chamá-lo de construtor ou arquiteto. Quando se fala de cenário, começamos pela linguagem da construção. Depois vem a do toque, da cor… Acho que depois se busca uma espécie de volúpia.

G.-C. FRANÇOIS: Mas nada está programado nas relações entre as matérias, as cores, os sons…

A. MNOUCHKINE: É o resultado do trabalho, do tempo gasto para o trabalho! E do fato de que, num certo momento, haja alguém que possa dizer: "Não, isso não combina". Eu me lembro de um figurino nas *Eumênides* – o dos Cães – que tivemos muita dificuldade de encontrar: na verdade, era uma questão de matéria. É aí que o fator tempo é importante. Quando se pensa em certos modos de trabalhar ou nas obrigações que têm outros encenadores, é como se o dinheiro não tivesse sido investido onde era necessário. A gente o aplica na quantidade, faz dezoito espetáculos em vez de um só. Nós precisamos de tempo, porque aprendemos a caminhar a cada espetáculo. Eu sinto que aprendi muito com *Os Atridas*, assim como com *A Indíada*. Nada impede que, para o próximo espetáculo, de novo, eu não saiba nada e, ainda por cima, eu não queira saber. Porque no dia em que eu disser a mim mesma "eu sei", estarei fazendo de novo a mesma coisa.

J.-J. LEMÊTRE: Aliás, é muito difícil retomar o "timbre" de uma personagem e utilizá-lo para outra. A harpa, por exemplo: seu timbre era de tal modo assimilado ao Congresso de *A Indíada* que era impossível para mim reutilizá-la, como para o ator reouvi-la no espetáculo seguinte. Tanto mais que tenho escolha... Pouco a pouco, no trabalho, eliminamos a maior parte dos instrumentos ocidentais modernos e contemporâneos, por causa das imagens demasiado realistas ou cinematográficas que engendram. Eu gostaria de dizer também que a música é, de vez em quando, um cenário, mas não no sentido de uma canga.

A. MNOUCHKINE: Sim, às vezes, Jean-Jacques é o céu, ele é o mar, as nuvens... o destino.

J.-J. LEMÊTRE: E tem momentos também em que um ator chega a constituir o cenário...

A. MNOUCHKINE: O que chamamos de cenário é justamente esse espaço de aparição do qual você falou há pouco, que deve ser meu estado interior e que nem sempre é fácil de guardar. Esse espaço de aparição, é evidente que ele diz respeito a Guy-Claude. Ele caminha para um espaço de aparição concreto, sólido – mesmo se for de tecido –, de "verdade". Mas se Guy-Claude fizer céu demais, nem Jean-Jacques nem o ator poderão representar o céu, e daí o público só verá um único céu, isto é, o de Guy-Claude, enquanto a ausência aparente de céu, ou de terra, ou de mar, ou de barco, ou de cebolas, ou de presuntos pendurados na parede da taberna, permite tudo. É banalíssimo isso que eu disse. Mas o que é curioso é que essa regra, que é banal e é verdadeira num teatro que não teria nem cenário, nem música, permanece verdadeira quando há cenário, música, dança.

G.-C. FRANÇOIS: É no Soleil que eu aprendi o que o vazio podia querer dizer em arquitetura, aquilo que permite valorizar tudo que o homem – no caso o ator – traz por si mesmo.

Coéforas (ensaio).
Mnouchkine e S. Abkarian procuram o movimento certo.

Mesmo Que o Ator Seja o Rei

A. MNOUCHKINE: Outro dia, eu assisti ao belo, ao belíssimo espetáculo de Pina Bausch, *Orfeu e Eurídice* de Gluck, e eu lhe perguntei: "Você fez outras óperas? – Sim, *Ifigênia em Táuris*. – Você tem vontade de montar outras?". Ela me responde: "Eu ouço, eu ouço, e não encontro óperas nas quais haja lugar para mim". Verdi basta a Verdi. É preciso se habituar à ideia de ceder, é preciso ceder. Hélène Cixous diz: "Se a escrita de teatro não parar antes do fim, se, ao escrever, a gente não se lembrar que, de todo modo, o trabalho se conclui com a encarnação do texto no palco, então escrevemos um texto que é excessivo". O autor também deve… ser suspenso.

B. PICON-VALLIN: Saber ceder lugar aos outros, não tomar espaço demais; como dirigir os atores segundo esse princípio?

A. MNOUCHKINE: Penso que é sobretudo assim que se pode dirigir os atores. Mas "ceder" não quer dizer "fazer qualquer coisa".

C. SCHAUB: Deixar lugar, deixar vir. Se vamos na frente, de tanto querer avançar rasgamos a folha de papel, o texto, e nos chocamos com Jean-Jacques, nos esmagamos, nos esmagamos contra o cenário. O importante é a escuta. É preciso ser côncavo.

A. MNOUCHKINE: Isso não significa ser mole, não ter energia. É preciso que o ator tenha diante de si o mínimo de obstáculos possíveis, para ser o mais rico, o mais livre possível, mas até ele deve ceder ao teatro, ao texto, ao sentido. Deve ceder porque, mesmo que ele seja o rei, há um momento em que um pobre personagenzinho de nada é mais rei do que ele.

B. PICON-VALLIN: Há nos *Atridas* a busca de uma totalidade sem monumentalidade: um ciclo de peças – "obras completas" –, um chamado a todas as artes – poesia, música, dança, circo, atuação, artes plásticas, maquilagem. A orquestra comporta dezenas de instrumentos. A distribuição de papéis reúne atores de diferentes nacionalidades, de físicos opostos – veja, por exemplo, a amostragem de tamanhos. Ela recorre aos animais – o coro dos Cães das *Eumênides*. Essa totalidade foi desejada desde o início ou se impôs progressivamente?

A. MNOUCHKINE: Nós não procuramos a totalidade, nós procuramos Ésquilo e Eurípides. Embora houvesse latidos no fim de cada espetáculo, a ideia do coro de animais só veio durante os ensaios das *Eumênides*. Para os atores, eu nunca distribuo papéis de antemão. Quando Juliana chegou, ela trabalhou o papel de Clitemnestra que Simon havia ensaiado no começo. Ambos são muito grandes. Os tamanhos não deveriam ter nenhuma importância, são dados realistas. Mas a relação é bem-vinda entre a mãe e a filha, Clitemnestra e Ifigênia[12]: é bom que ela seja realmente tratada como uma criaturinha pequenina. A gente só se deu conta progressivamente da nossa dor, o projeto ultrapassava tudo o que se podia imaginar. As pessoas riam: "As *Eumênides* não são montáveis". Mas todas as dificuldades encontradas vêm do fato de que a gente não toma o texto ao pé da letra. Pior: não crê no texto e põe o foco na complexidade da tarefa, bloqueando-se diante do monte de besteira acumulada no curso dos séculos. Tudo o que há em nossos espetáculos foi encontrado no texto, num dado momento.

C. SCHAUB: As referências são sensuais, nunca intelectuais, temos indicações do tipo: "A bílis me sobe quase até o coração". É muito físico.

O Teatro e as Imagens

A. MNOUCHKINE: Há uma grande diferença entre produzir uma bela imagem no palco colocando alguém, não necessariamente um ator, numa iluminação, e fazer teatro encontrando a iluminação necessária para um ator, ou melhor, para uma personagem. Pessoalmente, adoro iluminar as personagens e adoro que sejam realmente vistas. Não consigo ouvir alguém que eu não estou vendo, e acho que o ator que não está iluminado não consegue atuar. Se você deixar um ator um pouco a mais no escuro, ele não pode representar, e não é por causa do seu narcisismo exacerbado: ele não pode representar porque não vê se não for visto.

G.-C. FRANÇOIS: Na Escola de Artes Decorativas, onde eu leciono, os alunos de cenografia têm um bom domínio plástico, mas precisam aprender a imaginar com e para os outros (autor, atores, técnicos) a fim de evitar a obra plástica isolada e, às vezes, introvertida. O teatro não pode se fazer inteiramente sozinho. Cada coisa no teatro só tem valor na medida em que temos necessidade do outro para nos expressar.

A. MNOUCHKINE: Para voltar ao teatro de imagens, ele é narcisístico, ele diz: "Olhem para mim, olhem para meu mundo". Mas eu quero saber o que você partilha do meu, por que nós vivemos no mesmo mundo, e o que posso fazer nesse mundo. Deve haver um estímulo no espetáculo. Acho que o texto de teatro é feito para chamar a compreender, reagir às vezes, aprender, receber. Nos *Atridas*, o coro entra e nos fala: "Tentem compreender, vocês são tão estúpidos, não compreendem nada. Eu, ancião, eu, criada, estou contando algo útil, que vocês esqueceram, estou contando o que vocês são. Tentem compreender logo, senão vocês vão matar sua mãe, sua filha".

B. PICON-VALLIN: Na colaboração entre as diferentes artes, o cinema tem pouco lugar no Soleil. No *Mefisto*, entretanto, havia projeções?

G.-C. FRANÇOIS: Havíamos pensado no cinema para o espetáculo sobre a Resistência, que devia preceder *Mefisto* e que nunca montamos.

A. MNOUCHKINE: Eu adoro cinema. Um dia talvez, num de nossos espetáculos, haverá cinema, uma personagem que irá ao cinema ou assistirá a um filme. Mas não se trata de tentar rivalizar com o cinema. É outra coisa. Acho que nenhuma arte pode, justamente, rivalizar com outra. Elas só podem acompanhar-se por um momento: por exemplo, Chaplin deve tudo ao teatro e, ao mesmo tempo, é o maior ator de cinema que a Terra já conheceu. Eu faço teatro, eu amo o teatro. Se um dia o cinema estiver no palco, se um dia as personagens olharem para uma tela, esta só permanecerá no palco se se tornar teatral e se o cinema atuar como um ator de teatro. Farei a tentativa e, ao cabo de oito dias, se continuar a ser cinema, diremos adeus: "Fica para outra vez"[13].

"Se Você Não Quiser Sofrer, Não Entre Aqui!"

A. MNOUCHKINE: Eu me dei conta de que falamos aqui do nosso trabalho e das convicções que partilhamos. Mas tudo isso não pode parecer demasiado triunfalista. Se possuirmos a convicção de ter razão em proceder assim, não se deve esquecer os meses e às vezes os anos de dúvida, os dias e as semanas durante as quais esse espaço de aparição, esse vazio magnífico, permanece um vazio mortal que põe os atores à beira da depressão nervosa. Então acho que estou errada, que não deveria trabalhar assim, que estou querendo demais, que seria melhor dizer ao coro: "Ponham-se uns atrás dos outros, em fila indiana, entrem lentamente, parem aqui, digam seu texto e depois sentem-se". Essa arte, essa "obra de arte comum" – adoro essa expressão –, é preciso que os atores saibam que ela se cria com um trabalho muito intenso, com renúncias às vezes muito cruéis. Há o "ceder", que é uma coisa, e o "renunciar", que é bem pior. Nos *Atridas*, o custo humano não aparece, e está certo: para o público, ele não deve aparecer, eu acho impudico, indecente mostrar ao público o que aquilo custou. Em compensação, creio que não se pode não dizer que, para isso, são necessários verdadeiros atores, que aceitam a dúvida, o obscuro, o buraco negro, que aceitam que a diretora lhes diga: "Eu não sei como é um coro, eu quero saber, mas eu não sei. Tudo o que eu sei, é o que ele não é". Senão, imagina-se que há uma espécie de receita, e não se compreende que, para consegui-la, é preciso meter a mão na massa até os cotovelos. Estamos aqui, após o trabalho realizado, com dois dos atores que foram as "locomotivas" do espetáculo, que portanto sofreram, ainda que não tanto assim, pois foram criadores[14]. Mas há todos aqueles que foram menos criadores, e aqueles que não o foram de modo algum. Seria preciso escrever sobre todos os nossos frontões: "Se você não quer sofrer, não entre aqui. Se você tem medo da dor, não faça teatro".

s. abkarian: Para prosseguir no sentido de Ariane, eu falei com uma dançarina de Pina Bausch sobre os ferimentos físicos. Eu desconfio das pessoas que permanecem intactas, virgens de toda dor. Mesmo se saímos ilesos de um campo de batalha, temos ao menos o sangue dos outros sobre nós. Se saímos límpidos, imaculados, é porque em alguma parte temos um problema de engajamento. Essa dançarina também tinha dodói por toda parte, todos eles têm dodóis por toda parte. E a gente gosta de se queixar, de falar disso. Tenho orgulho dos meus ferimentos de guerra, e Deus sabe como eu teria preferido escapar disso. Mas, para passar por isso, temos que tropeçar, que cair, não podemos aprender a andar de bicicleta sem cair, não podemos ficar intactos.

c. schaub: É um preço a pagar, que vale a pena, mas é preciso saber como se deve pagá-lo. Não basta ter a intenção de passar uma temporada de três meses na Índia, no Kalamandalam.

a. mnouchkine: Há um mal-entendido. Muitos atores jovens, inclusive entre nós, querem ter "a" receita, aquela que torna tudo fácil e rápido. Catherine quer dizer que o Kalamandalam – e, para começar, ela não passou três meses lá, mas dois anos – não é uma receita, apenas o início de um caminho difícil: a partir do momento em que você decide seguir esse caminho, tudo vai ficar muito difícil. Assim que começamos a saber alguma coisa, o perigo maior é a ilusão da facilidade. O teatro é difícil, e mesmo se isso não tem a ver com ele, o público muitas vezes se dá conta disso, ele vem nos dizer: "Quanto trabalho, mas quanto trabalho!". Aliás, ele também precisa trabalhar nesses espetáculos, como em

▲ Coéforas.
Face a face de Clitemnestra (J. Carneiro da Cunha) e Orestes (S. Abkarian). No chão, o punhal.

▼ Agamêmnon.
Dança do coro dos anciões, cada um com a energia que lhe resta.

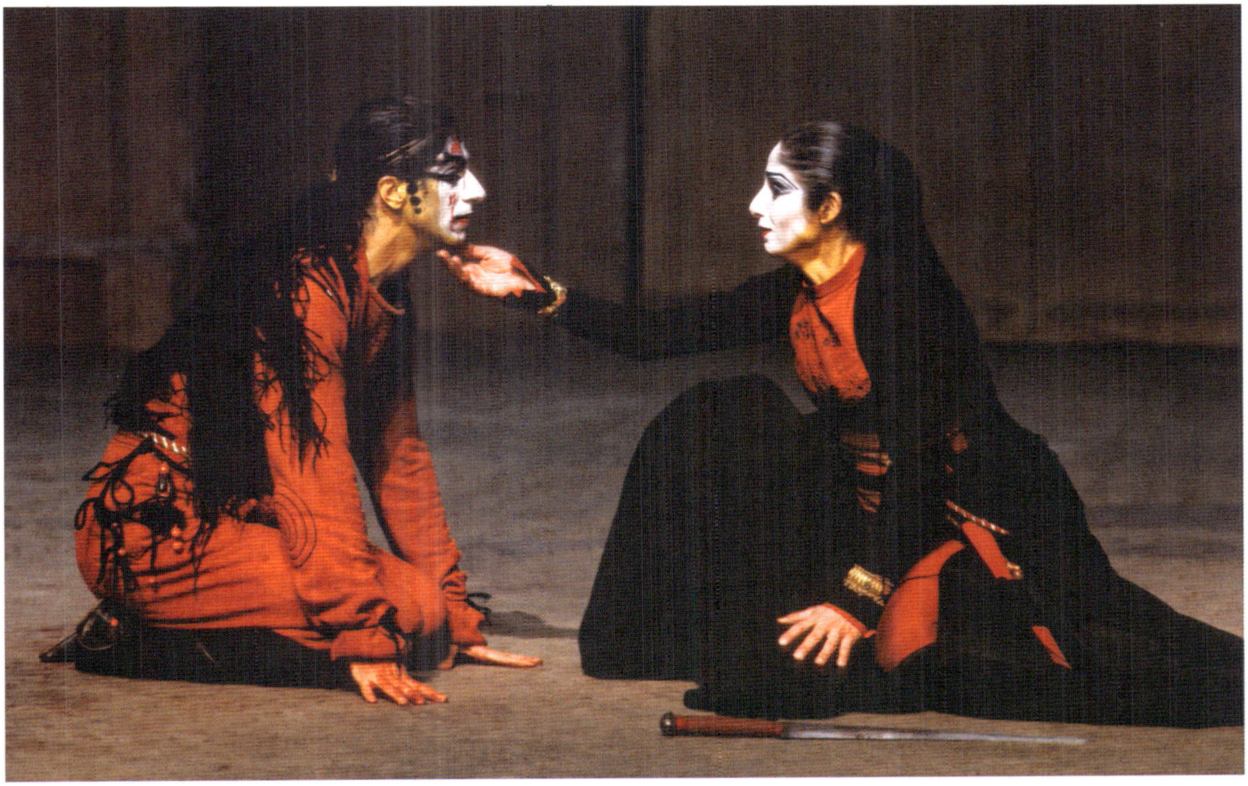

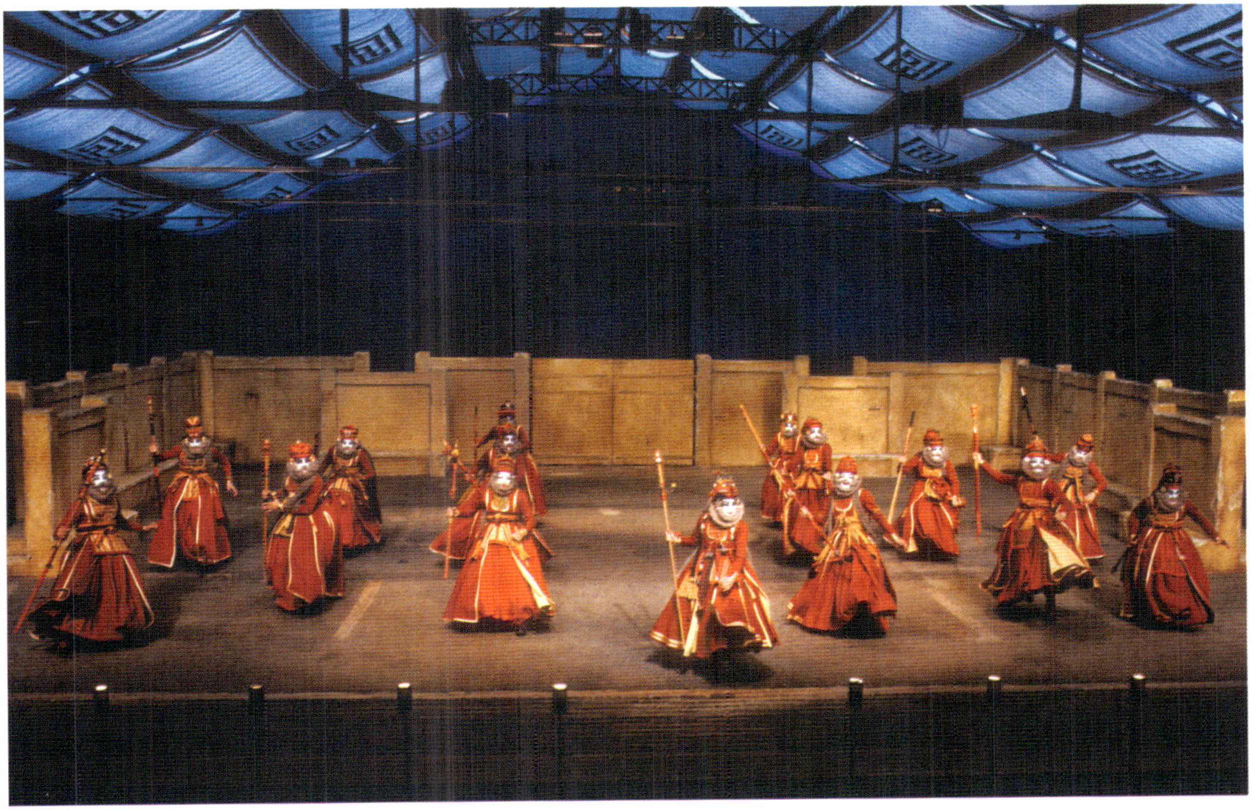

todos os nossos espetáculos. Os futuros profissionais ficam demasiado surpresos com a intensidade do que é exigido nos estágios do Théâtre du Soleil. Mas ninguém os obriga a vir... Então, obra total ou não total, mas total e comum ainda mais... Me perguntam: "Como Jean-Jacques faz a música? – Ele está lá, do primeiro ao último dia dos ensaios. – Ah, tá...E a que horas? – Às nove horas, às vezes às duas horas, se de manhã tiver outra coisa no programa". E o interlocutor se espanta: ele não poderia, ele tem muito a fazer.

As Danças em *Os Atridas*

C. SCHAUB: Eu me lembro que, nos ensaios, quando os anciões do coro de *Agamêmnon* punham-se a dançar, eram intervenções espontâneas, que não eram ditadas nem premeditadas e que vinham evidentemente da música e do texto, mas se tratava sempre de momentos em que a

Coéforas.
Orestes (S. Abkarian) dança seus sentimentos diante dos manequins-cadáveres de sua mãe Clitemnestra e de Egisto.

Agamêmnon (ensaio). Trabalho da dança de C. Schaub e J. Carneiro da Cunha (Clitemnestra). Esta última, que chegou no meio dos ensaios, deve juntar-se à dança do coro no momento em que se dá o retorno de Agamêmnon (sobre um carro vermelho, no fundo). A pesquisa é coletiva, os mais adiantados ajudam os outros.

emoção chegara a tal ponto que o coro não podia mais exprimir-se a não ser pelo corpo, por...

A. MNOUCHKINE: ... a gente chamava isso de pequenas "fricções terapêuticas"...

C. SCHAUB: ... sim, por essas "fricções terapêuticas" justamente. Acho que é um fenômeno que não pode se produzir no teatro ordinário, porque ele não tem o espaço necessário. Mas durante o trabalho sobre Os Atridas, havia sempre impulsos violentos que podíamos exprimir, e a música, seja nos seguindo, seja nos impelindo, era sempre como um tapete voador, permitia desenvolver essa emoção com o corpo, o som, de maneira primitiva talvez. Todas as danças do coro nasceram assim.

A. MNOUCHKINE: A dança de Orestes nas Coéforas é um dos momentos mais flamejantes, fulgurantes, extenuantes, quer para o ator, quer para o público. Mas é um momento coletivo – o que não tira nada de Simon, pois é também um grandíssimo momento do ator. Ele é totalmente coletivo, pois essa dança reúne tudo: a música, a grande música, as percussões, a luz que é muito peculiar, todo o coro atrás, e Ésquilo, mesmo se não há texto, porque sentimos todo o peso da cena precedente. Nesse instante, você não olha para mais nada a não ser Simon, e Simon é digno de que olhem somente para ele, mas esse momento é o ponto de encontro das três peças precedentes. Nas Coéforas, a cena

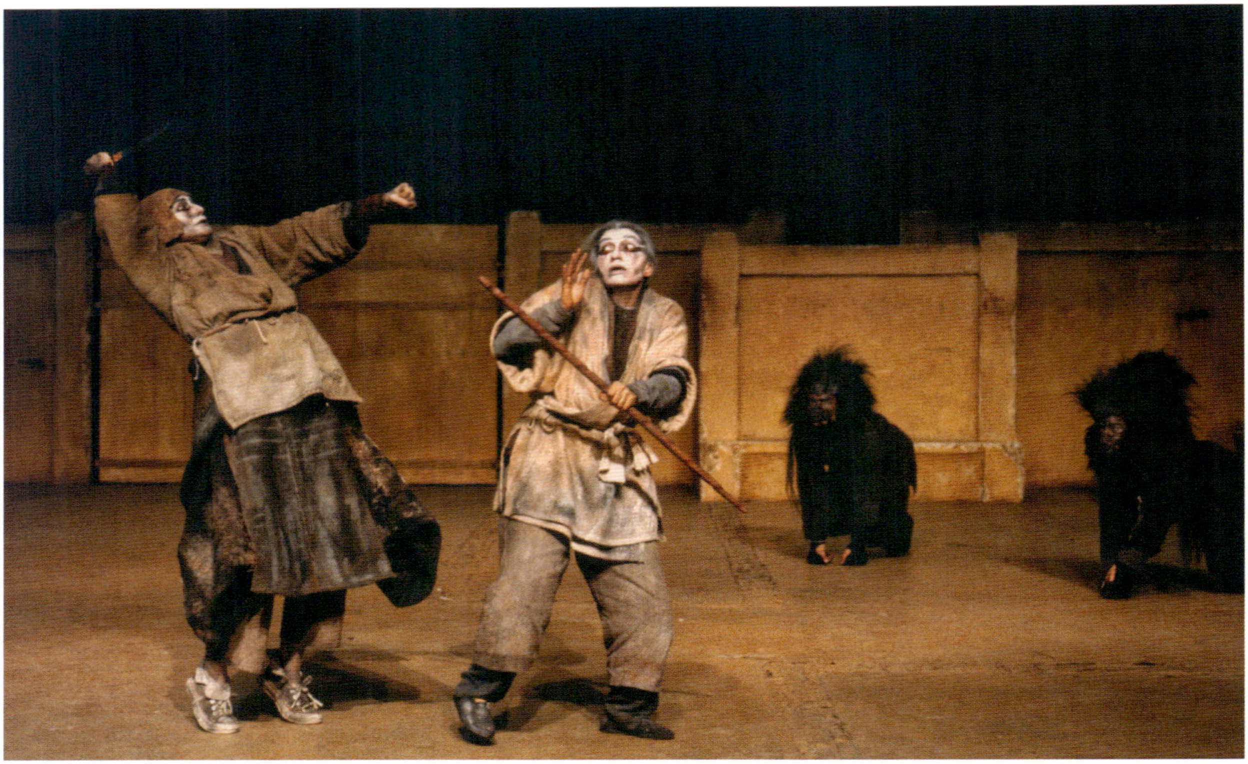

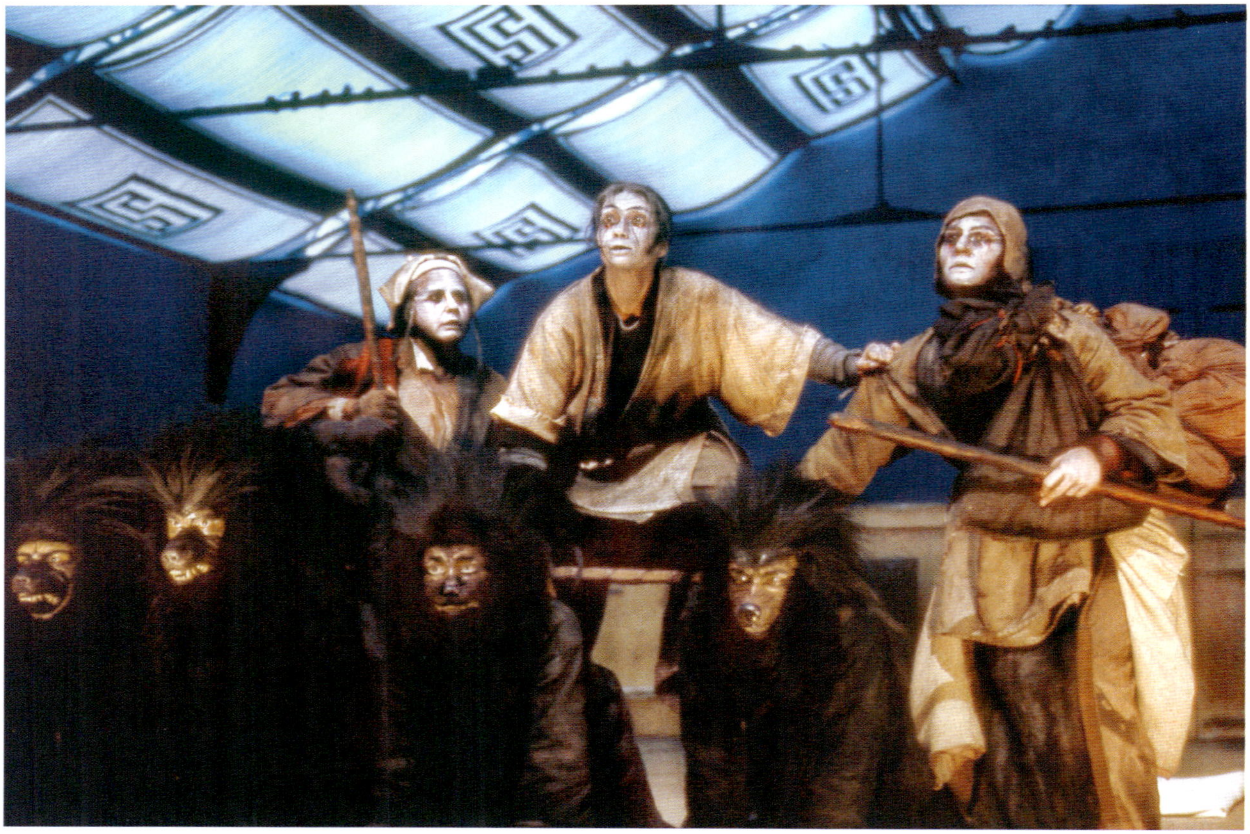

entre Clitemnestra e Orestes, o assassinato de Clitemnestra e essa dança são para Ésquilo o ápice trágico da sua trilogia. Depois ele tentará pôr um pouco de bálsamo nas chagas, ele vai escrever as *Eumênides*. Mas eu acho que a dança de Orestes é verdadeiramente uma "obra de arte comum". Se não, é um pouco como se você dissesse que aquele que chega com a tocha em Olímpia a transportou sozinho. Eu afirmo isso tanto mais de bom grado quanto Simon teve nesses espetáculos um papel criador que ultrapassa em muito aqueles que ele finalmente teve no palco. Se admitirmos que há uma "obra de arte comum", então ela existe em cada instante, seja com um ator sozinho no palco, seja com todos lá. No limite, quando não há mais ninguém no palco e quando a luz baixa, o palco ainda está muito carregado de todos os fantasmas, de todo o suor das personagens, do sangue de Ifigênia, de Clitemnestra. Para que o ator seja total num momento dado, é preciso que os outros cedam.

S. ABKARIAN: Não se pode falar depois de ter matado alguém em cena. Algo teatral deve acontecer, que é traduzido pela dança, por gritos, por uma espada ensanguentada. Quanto aos acessórios, quantas espadas fabricamos – espadas torcidas, espadas cris! Um dia, Ariane me disse: "É preciso uma espada que conte a história, a espada mais feroz que se possa encontrar". E era a espada mais simples, que sequer tinha

Eumênides
▲ Atena (J. Carneiro da Cunha) sentada de pernas cruzadas sobre um carro. Luminosa, Atena funda o primeiro tribunal dos cidadãos, que ela preside.
▶ Duas das três Erínias (C. Schaub de tênis e N. Nityanandan).
▶ De frente para os espectadores, as Erínias (M. Azencot, N. Nityanandan e C. Schaub) em trajes de viajantes-vagabundas, com bastões e alforjes, e quatro cães do coro. O trabalho dos atores (na maioria homens) nesse coro é extremamente físico.

guarda. Para *Os Atridas*, todo mundo teve o mesmo punhal, de tamanho diferente, mas era o mesmo metal, para o mesmo sangue. Quer dizer que nos demos algo, que "cedemos". Eu sei que tive esse problema de "ceder". É verdade, de tanto querer representar... Até o dia em que Ariane me disse: "É a história de Cassandra, nessa hora, é Cassandra que queremos olhar. Não você!". Mas toma tempo, isso de parar, de "ceder", para depois se dar, se transmitir. Às vezes pensamos: "É meu". Não, é dela, é dele, é nosso, é do público. E a dança de Orestes é também a dança de Clitemnestra, a do corifeu, a do coro, é a dança de Jean-Jacques, é também a dança de Ariane.

A Necessidade dos Extremos

A. MNOUCHKINE: Para *Os Atridas*, tivemos mais envolvimento com o *kathakali* do que com o *kabuki*. Mas todos sabem que há elementos de base que unem o *kathakali*, o *kabuki*, o *nô*, o *topeng* e a Grécia... Agora que olho os documentos, eu me dou conta de que efetivamente reencontramos a Grécia, mas voltamos a ela intuitivamente: nossa documentação, que começava na Turquia e passava pelo Cáucaso, não incluía os gregos. Eu não queria consultar documentos sobre a Grécia antiga porque temia cair nos clichês dos vasos gregos, das togas, dos drapeados. Continuo a pensar que no Ocidente há a dramaturgia, mas que no Oriente há a arte do ator, da qual não posso me privar e na qual continuarei a me abeberar sem escrúpulo. Acabo de ver *La Zone*[15], um pequeno filme em que se vê, às portas de Paris, caminhões-caçamba despejar literalmente o lixo sobre os catadores, com suas forquilhas e seus bonés. Eles recebem tudo na cara e começam a cavocar, há uma pequena esteira rolante, e as mulheres triam os trapos. É a Índia. São os mesmos olhos, as mesmas pausas, algo universal que remete aos extremos. Por que vou procurar lá longe, para um espetáculo que não tem nada a ver com a Índia? Porque tudo o que há de pior é pior lá, e tudo o que é belo é ainda mais belo. Precisamos desses extremos, da imbecilidade extrema, da crueldade extrema, porque entre nós, por ora e na aparência, tudo é morno, opaco. Eu que não tenho muito tempo, que tenho apenas uma vida, preciso dos extremos para me alimentar deles. No "Extremo-Oriente", não é o Oriente que eu procuro, é o extremo. Eu sinto algo absolutamente matricial na Índia, algo que não conheço, mas que reconheço, que me ajuda, que me alimenta. O pior indiano me ajuda a reconhecer o pior aqui, a beleza de tudo me ajuda a reconhecer a beleza aqui, porque reconheço mitos. Há um rio subterrâneo que une as culturas.

J.-J. LEMÊTRE: Na Índia, entre as teorias musicais, há uma que é exatamente a mesma que a da Grécia antiga. Utilizo modos que, creio, são gregos e, ao mesmo tempo, não posso impedir que sejam indianos. Eu parto da ideia de que a Grécia, num dado momento, deve ter pensado que era o centro do mundo e que havia se espalhado por toda parte. A vantagem da Grécia é que ela continha o Oriente e o Ocidente, na música em todo caso. Um brasileiro ou um turco dirá que reconhece uma passagem; um grego, um chinês, um cambojano também. É muito espantoso, e há nisso algo universal.

"Não Há Última Palavra"

B. PICON-VALLIN: Qual é o papel da diretora?
A. MNOUCHKINE: Acho que nunca consegui explicá-lo bem, e acho que é um papel variável, conforme os espetáculos. Às vezes, é uma guia. Às vezes, uma parede, outras vezes, um boxeador.
G.-C. FRANÇOIS: É uma harmonizadora de todas essas artes, pois há enormes riscos nessa confrontação.
A. MNOUCHKINE: É talvez uma força de interposição?
G.-C. FRANÇOIS: Eu nunca consegui encontrar uma comparação verdadeira... Aliás, a diretora é a única pessoa num grupo que não produz nada no sentido físico do termo. E sua liberdade de discernimento é ainda mais desenvolvida, porque ela não tem as limitações do instrumentista (o ator com seu corpo, o cenógrafo com suas estruturas e materiais).
J.-J. LEMÊTRE: É um dos pilares do triângulo de trabalho – fora o autor – que ela forma com os atores e a música. Eu utilizo a palavra "música" porque, no meu caso, compositor, intérprete e *luthier* se confundem.
B. PICON-VALLIN: É ela que tem a última palavra, é necessário que alguém tenha a última palavra?
A. MNOUCHKINE: Quando você diz "ter a última palavra", é como se houvesse um conflito permanente. Eu acho que, na verdade, se for preciso uma última palavra, é uma pena. Normalmente, não tem que haver uma última palavra: deve haver uma tal evidência que isso não seja mais

necessário. Dito isso, e insisto em relação à maneira como isso pode ser interpretado por todas as jovens companhias, é preciso por vezes uma última palavra, e neste caso é melhor que ela caiba ao diretor. Se não, intervêm perdas de tempo incomensuráveis e fatores pessoais. Mas, se tudo se passa na criação – não numa relação de forças, não no narcisismo de cada um, porém para o bem da criação –, não há última palavra. O próprio da evidência é que ela é precisamente comum. Algumas vezes, estamos muito satisfeitos com o que fizemos, depois a evidência não é a mesma no dia seguinte, é um caso possível. Há também o caso em que, diante de dificuldades, descobrimos uma solução que põe quase todo mundo de acordo e, depois, eu digo "não". Mas isso não chegará ao conflito, pois cada qual está pronto, se for possível fazer melhor, a continuar. O mais grave seria o dia em que eu dissesse: "Não, ainda não é isso" e os atores se encasquetassem e se obstinassem. Aí acho que seria o fim do Soleil. Se eu me visse diante de alguém que não estivesse decidido a ir até o fim do fim, eu iria fabricar… sapatos.

S. ABKARIAN: A diretora defronta-se com uma solidão de outra natureza que a do cenógrafo ou do compositor. Ela deve saber reter as coisas para o momento propício, se certos atores tomam iniciativas que chegam muito cedo para os outros. Ariane deve saber guardar dentro de si muito mais do que nós. As "cinco artes", como se diz, os "cinco sentidos", ela os abraça, enquanto nós só abraçamos uma coisa, sem querer desvalorizar o que fazemos.

A. MNOUCHKINE: Eu penso na maneira como o trabalho se dividia durante a construção de uma catedral. Havia um projetista, um arquiteto que fazia o plano, e aqueles que esculpiam tal ornamento, tal escultura, tal gárgula, aqueles que cuidavam dos vitrais. E essas artes diferentes deviam ser extraordinariamente bem coordenadas para que, por exemplo, determinada pedra chegasse no momento certo. O que é curioso em nosso trabalho é a relação móvel entre o conjunto e o detalhe, o tempo todo. Uns estão no detalhe, alguém está no conjunto, depois bruscamente aquele que estava no detalhe passa ao conjunto, e eu, enfim, devo ir considerar um detalhe. Constantemente, fazemos com que se sucedam primeiros planos e planos gerais. Eu me pergunto às vezes se isso que fazemos quando estamos todos preparando um espetáculo não se parece com esse trabalho de construtor de catedrais, em escala ínfima, em oito meses e não em noventa anos, mesmo que pareça imenso para nós…

CAPÍTULO 5 OS ATRIDAS OU A ARQUEOLOGIA DAS PAIXÕES

Triunfos e Dores

Os Atridas. O dispositivo é instalado em um cenário natural na Sicília (Orestiadi di Gibellina). No centro, um dos carros com rodinhas, manipulado de dentro por "condutores".

Um grande prêmio da Crítica. Longas turnês de espetáculos apresentados em alternância na Holanda, na Alemanha, na Inglaterra, na Áustria, no Canadá, nos Estados Unidos, na Sicília e na França permitirão tocar cerca de trezentos mil espectadores, total que ultrapassa (de pouco), nas "contas" do Soleil, o número de espectadores de 1789 e dos Shakespeares. Nada foi simples. Houve dissensões na trupe a propósito da guerra do Golfo. Em revolta contra seu "mestre de obra" e seu trabalho "anônimo" nos coros, alguns partem – outros também por razões mais pessoais, após uma longa estada nisso que eles consideraram como um tempo sem equivalente em suas vidas. Um estágio, durante as turnês, reunirá novos postulantes fervorosos que farão sua aprendizagem[16] trabalhando as danças dos coreutas, aquelas mesmas que cansaram aqueles que as criaram. E será que então, animados pela alegria dos "novos" por terem sido admitidos no coração dos seus sonhos, os coros dos *Atridas* eram ainda mais impressionantes?

6

CAPÍTULO 6
ONDE O SOLEIL AGORA VAI DEIXAR ENTRAR A CÂMERA

> Meu tesouro é o mundo. Eu não sou nem desinteressada nem altruísta desejando que ele seja o menos devastado possível.
> ARIANE MNOUCHKINE[1]

O que empreender após *Os Atridas*? "Para onde vamos? Vamos – nos pomos a caminho de. O que vai nos acontecer?", escreve Hélène Cixous[2]. Pois isso já é teatro, essa aventura da escolha de um tema imperiosamente necessário.

"Entre 3500 a.C. e o Ano de 1993": O Despertar das Erínias

A direção primeira, em 1992, é a queda do Muro de Berlim e do Império Soviético. Discussões, trocas de "e se…", leituras, documentação. Mas uma notícia que transtorna a opinião pública faz desviar brutal e definitivamente o projeto. Em outubro de 1992, o processo de Michel Garetta, diretor do Centro Nacional de Transfusão Sanguínea, sacode a opinião pública expondo à luz do dia os elementos de um escândalo que data de muitos anos e ganha o nome de "caso do sangue contaminado". Numerosos círculos sanitários, médicos, judiciários e políticos são questionados. As vítimas são principalmente crianças hemofílicas mortas pelas transfusões de sangue contendo o vírus HIV de

◀ Tambores Sobre o Dique, em forma de peça antiga para marionetes representada por atores.
Desse espetáculo muito teatral, pois os atores se tornaram marionetes manipuladas por seus camaradas, A. Mnouchkine fará um filme. Na imagem, empoleirados no alto de uma vigota metálica, dois koken vestidos de negro (A. Canto Sabido e J. Poirot) puxam os fios dos atores-músicos que tocam com virtuosismo tambores coreanos (salmulnori). No centro: Duan, a filha do adivinho (R. Ramos Maza), é a capitã dos vigias do dique, que manda tocar nos tambores os diferentes sinais de alerta. Em torno dela: V. Mangado, D. Jambert, F. de Melo e Souza, S. Beheshti, M.-A. Cardoso Ferreira, Maïtreyi, E. Doe Bruce, S. Canto Sabido, M. Rauchvarger, J. Marvan Enriquez, M. Jacques e J.-C. Maricot.

Personagens contemporâneas amputadas da mitologia.
Ariane Mnouhckine[3]

A Cidade Perjura ou O Despertar das Erínias. **A parte direita do dispositivo cênico: o cemitério com seus nichos, suas escadas e seus afrescos.**

doadores pouco ou não controlados. O tema é candente, pois o sangue é portador de uma imensa carga simbólica, como era em *Os Atridas*. O caso da contaminação pela doença é ao mesmo tempo realidade e metáfora – da crise moral dos poderes e das negligências múltiplas. O que devia salvar mata. O processo dos políticos só ocorrerá em 1999. As mídias e o cinema não ousam ainda tocar nesse caso não resolvido, tabu. O Soleil ousa, se engaja, questiona, acusa.

Cixous escreve *La Ville parjure ou le réveil des Érinyes* (A Cidade Perjura ou O Despertar das Erínias) entre dezembro de 1992 e setembro de 1993, investigando no meio médico, "indo à medicina" tal como ela fora para a Ásia, e buscando, na falta de distância geográfica e histórica, um apoio para metaforizar seu relato, para distanciá-lo, dando-lhe uma forma. Sua tradução das *Eumênides* será esse apoio. Quanto a Mnouchkine, ela descobriu o lugar de sua visão que torna possível e urgente tratar o tema que se apoderou assim do teatro: será um cemitério, e mais precisamente a Cidade dos Mortos, no Cairo, onde os excluídos da sociedade vivem em massa, na companhia dos defuntos.

A quarta peça dos *Atridas* punha em cena a organização por Atena do tribunal que julgava Orestes e o absolvia, ocasião em que a deusa funda o direito moderno, o voto, a cidadania, a justiça: a instituição da democracia. As três Erínias antigas, forças que velam pela vingança dos crimes familiais, vencidas, em seus andrajos terrosos, cor de lodo e fumaça, aceitavam voltar a ser subterrâneas e chamadas de Benevolentes. Mas o coro dos cães-lobos permanecia mascarado e rosnava até o fim. A democracia era frágil e o coro desconfiado.

Na *Cidade Perjura*, essas Erínias reaparecem acompanhadas de personagens-mediadores: Ésquilo (Myriam Azencot) torna-se guardião do cemitério[4], ser mágico e necessário, fazendo a junção entre as gerações e os grupos de personagens a Noite, mãe alegórica das Erínias, e dos espectros: as crianças vítimas. H. Cixous toma emprestada a língua de Ésquilo e a voz das "carpideiras pré-históricas"[5] para pôr em forma teatral o relato do escândalo, do presumido crime de Estado. Ela dá às personagens reais, mas transpostas, nomes fictícios ou que designam simplesmente suas funções: rei, rainha, advogados, médicos, professores, ministro. Ela opera, na acepção cirúrgica do termo, sobre a realidade que continua a subsistir no momento mesmo em que ela escreve, apoiando-se na obra de Anne-Marie Casteret, *L'Affaire du sang*[6].

Ensaiada durante seis meses, *A Cidade Perjura* é uma tragédia atual, criada sob o impulso dos *Atridas*, em que um coro de miseráveis, de despossuídos, cobertos de casacos beges ou cinzentos, com maquilagens

A Cidade Perjura... Espelhamento do retorno dos defuntos. As duas crianças, D. e B. Ézéchiel (L. Charron e M. Beslon), vítimas de transfusões de sangue contaminado, retornam à terra conduzindo suas marionetes de fios. Atrás delas, os koken, sombras negras que as guiam.

expressionistas para alguns, está de frente para os protagonistas do caso e sustenta a revolta da Mãe (Renata Ramos Maza), "metáfora de todas as dores das mães", que, cercada pelas Erínias solidárias, encontra-se no centro de um grande debate sobre a justiça e o perdão. Mnouchkine procurou fazer dançar esse coro e utilizar a *breakdance*: dançarinos urbanos vieram para a Cartoucherie. Mas é finalmente a simplicidade lenta de sua progressão que será retida. Encerrado atrás das grades do cemitério – recuperadas de um hospital abandonado –, ele se desloca entre as construções de pedras rebocadas, crivadas de cavidades, que, à direita e à esquerda do público, são as tumbas onde entram os vivos. Cenas que são como reminiscências involuntárias de um espetáculo do Goset moscovita[7], *Noite no Velho Mercado* (1925), de I.L. Peretz, no qual vivos e mortos dialogam num velho cemitério...

A Cidade Perjura é um dos espetáculos do Soleil menos amados pelo público e os atores se pronunciarão por voto em favor de sua interrupção. Sem dúvida, porque dura um tempo longo demais (duas partes de três horas cada uma), Mnouchkine pensa retrospectivamente que deveria cortá-lo. Sem dúvida também porque o tema é difícil e mal compreendido. Falou-se de um espetáculo sobre a Aids, quando na verdade tratava das transfusões de sangue sem controle e de suas terríveis consequências. Duas cenas são particularmente impressionantes: o fim, a imagem de um futuro possível, quando os protagonistas transpuseram as portas do além, e quando a parede do fundo se ilumina com o "pré-celeste" do qual falava Sihanuk. Centenas de pequenos diodos reconfortam o espectador que deixa a sala com o viático da Mãe: "Nossa peça acabou. Mas a de vocês começa. Agora é a sua vez de se obstinarem para querer que o justo advenha justamente"[8]. E aquela em que os dois pequenos garotos falecidos, de pulôver vermelho, retornam de entre os mortos manipulando suas marionetes pelos fios e conduzidos eles próprios pelos *koken* vestidos de preto, caminhando lentamente em direção ao público e em direção à Mãe, ao som da música gravada da ária *Lascia ch'io pianga* (*Rinaldo* de Haendel), cantada pelas crianças do coral dos Meninos Cantores de Viena.

É a primeira aparição de crianças no palco, essas crianças que vêm com seus pais à Cartoucherie e têm aí sua escola, desde os inícios do Soleil, essas crianças a quem o Soleil se dirige nas escolas ou nos liceus, desde *Os Palhaços*, essas crianças para quem ele faz os espetáculos tanto quanto para os adultos. Logo elas estarão em cena com muita regularidade; sua presença frágil e confiante é capaz de intensificar a atuação dos atores e transformar o olhar dos espectadores.

▶ A Cidade Perjura...
As Erínias (N. Nityanandan, J. Carneiro da Cunha e V. Grail) se dirigem ao público numa passarela de madeira. Atrás delas, o coro.

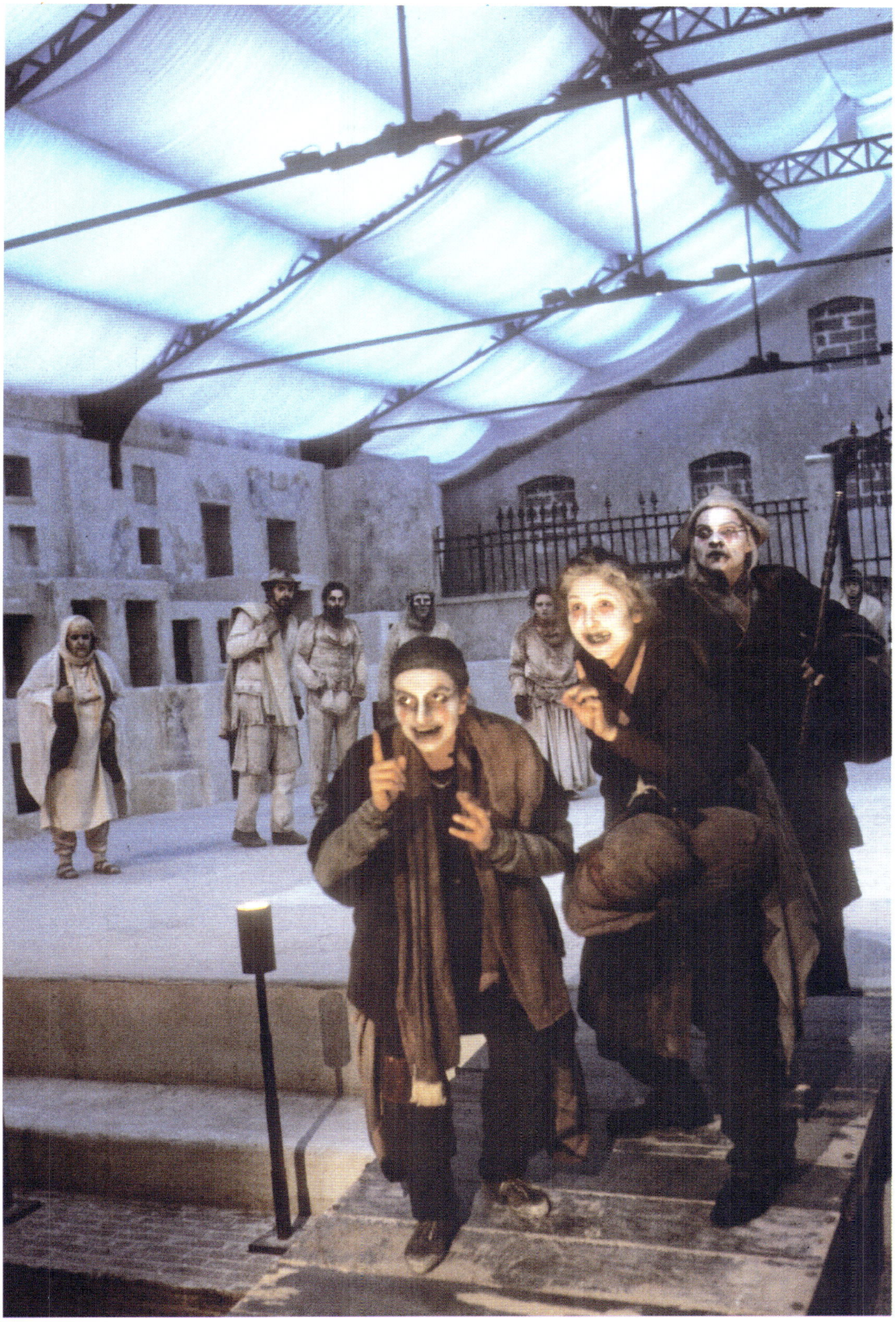

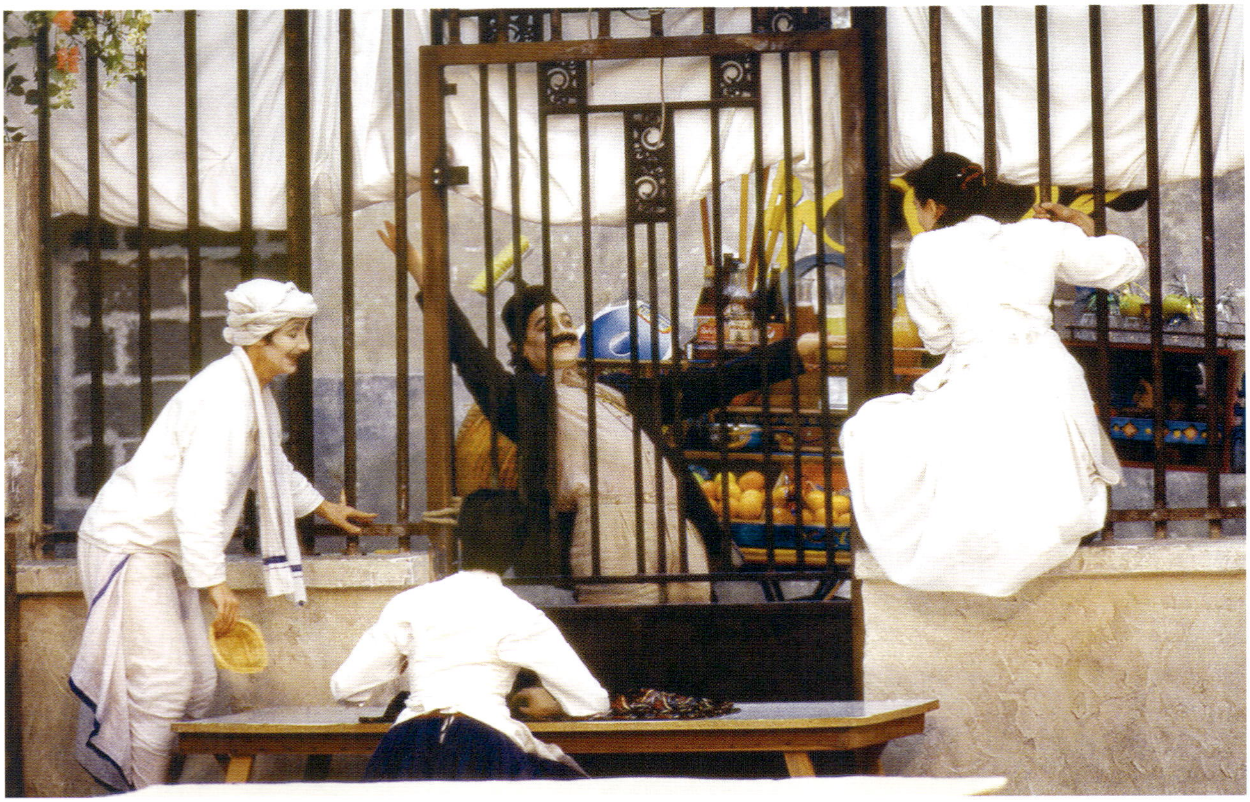

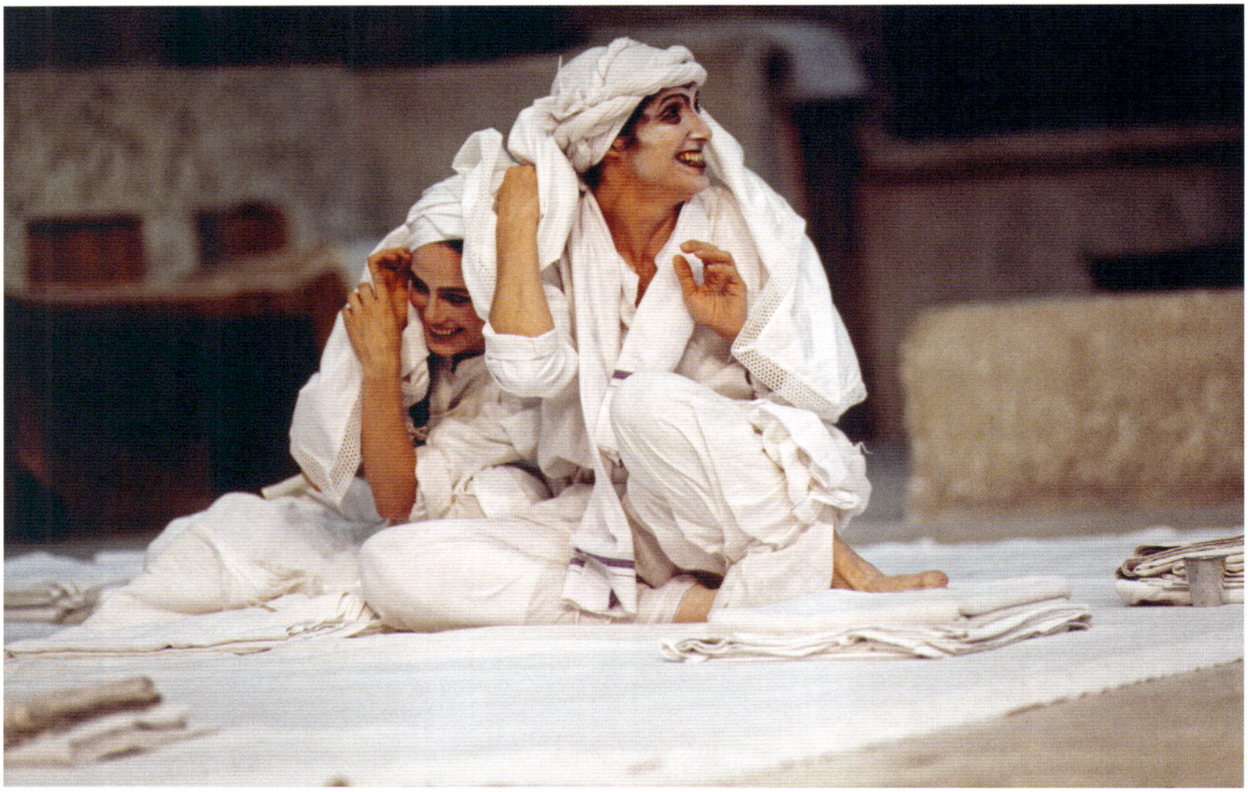

Um Tartufo Contra os Fundamentalistas

Com o caixa de novo vazio, é no mesmo dispositivo ligeiramente redesenhado que *Tartufo* será ensaiado, num período de tempo relativamente curto pelo padrão do Soleil. A peça está programada desde o início por B. Faivre d'Arcier para o Festival de Avignon, em Châteaublanc, em alternância com *A Cidade Perjura*. Criada em junho de 1995 no Wiener Festwochen, ela será reprisada em outubro na Cartoucherie. Na verdade, esse *Tartufo* será para o Soleil uma questão de sobrevivência. Mesmo assim, nenhum ideal é comprometido. Molière é convocado no momento preciso, e o Théâtre du Soleil afirma-se como um lugar de coragem e liberdade ao apoderar-se de um tema de ardente atualidade.

Preto e branco, o cartaz do espetáculo é composto apenas de texto impresso, e, ainda que se trate de um texto de Molière – "Eis uma comédia que fez muito barulho, que foi por muito tempo perseguida…" –, a percepção que temos é de um editorial de jornal, amarrotado e levado pelo vento. Não é mais o vulcão em fusão que o cartaz telúrico dos Shakespeares representava. O teatro está agora em pleno coração do mundo. Se a vasta sala da recepção mergulha o público num banho de música festiva do século XVII, a de Rameau, se o afresco é um *trompe-l'oeil* em que o autor malicioso parece olhar a assembleia do alto de um andaime fixado na fachada do teatro, o Soleil representa *Tartufo* reencontrando a situação de urgência na qual Molière o havia escrito. A ameaça da "cabala dos devotos", que Mnouchkine assimila à Inquisição, é substituída pela ameaça do fundamentalismo muçulmano. As primeiras apresentações ocorrem, aliás, com presença da polícia e controles de segurança e revista, devido a ameaças terroristas após a onda de atentados islâmicos que acaba de acontecer na França em 1995.

A peça é transposta, transportada para um Sul imaginário que a afasta e aproxima ao mesmo tempo, evocando a Argélia ou o Marrocos. Entre a parede do fundo do palco, com janelas tapadas por perpianhos, e as altas grades que fechavam o cemitério da *Cidade Perjura*, e aqui um vasto terraço ensolarado, encontra-se uma rua. O prólogo do espetáculo, antes da entrada de Madame Pernelle na peça, é construído em torno da chegada, por essa rua, de um mercador ambulante (Sergio Canto), com uma *chechia*[10] vermelha na cabeça, que faz estalar suas castanholas e ressoar seu rádio, do qual irradia *Mani, Mani,* interpretada pelo cantor de *raï* Cheb Hasni, assassinado em Oran em setembro de 1994[11]. As buganvílias rosadas se comprimem contra as grades negras das quais

> Todas as grandes obras tornam-se periodicamente mais contemporâneas.
> Ariane Mnouchkine[9]

Tartufo
▲ Início do espetáculo, atrás do portal, o mercador ambulante (S. Canto), com suas laranjas, seus frascos e sua música.

▼ O mundo alegre e branco das mulheres desta família mediterrânea se opõe ao mundo sombrio dos homens. Sentadas no chão, J. Carneiro da Cunha e R. Ramos Maza.

pendem panos brancos. Poderia se dizer que faz calor, pelo trilar das cigarras. O pequeno mundo da casa de Orgon (Brontis Jodorowsky) saiu ao chamado das castanholas, numa revoada de vestimentas imaculadas; as mulheres tocam os tecidos, as revistas, as laranjas que o mascate transporta em sua carreta chacoalhante. A música gravada enche a sala, alegre, ritmada. Só falta Madame Pernelle (M. Azencot) irromper nessa balbúrdia festiva para fazê-la cessar com um apito nervoso. Envolvida de preto e cinza da cabeça aos pés, ela vem acompanhada de "sua" aia, que se desdobrou em duas gordas comadres, Flippe e Pote[12], embaladas em saias de múltiplas camadas. Foi o palco que fez emergir essas criaturas, duas atrizes que se divertem muito ao ensaiar o papel juntas. Esse prelúdio sem palavras ao som do *raï* estabelece a situação. Ele é musical, mas não há mais espaço para a música de J.-J. Lemêtre[13] quando se faz ouvir o texto em versos de Molière, saturado de música interior, que parece bastar a si próprio. Articulada por estrangeiros (há

Tartufo
Cléante (D. Bellugi-Vannuccini), Valère (M. Jacques), Flippe e Pote (V. Crouzet e M.-P. Ramo Guinard). Nas grades da casa estão pendurados toldos brancos e espalham-se buganvílias.

CAPÍTULO 6 ONDE O SOLEIL AGORA VAI DEIXAR ENTRAR A CÂMERA

uma dezena de nacionalidades diferentes no palco, sobretudo após a reprise de outubro, com um novo trabalho de dicção após as críticas feitas em Avignon), a língua de Molière adquire uma cintilante beleza pelo espelhamento dos diferentes sotaques.

Mnouchkine havia pensado em montar *Tartufo* vinte anos antes; teria, disse ela, tratado então do stalinismo. Em 1995, a questão colocada se refere ao que acontece quando "a ideologia, em vez de propor um ideal, torna-se um instrumento de opressão e serve para açambarcar o poder"[14]. Mais precisamente, por trás do relato dos acontecimentos que se desenrolam na casa de Orgon, o integrismo, o fanatismo religioso, as agressões sofridas pelas famílias e pelas mulheres (violações, casamentos forçados) que são visados. Lembremos as manifestações de violência extrema que se desencadeiam desde 1992 contra os intelectuais e as mulheres, relacionadas à ascensão do islamismo na Argélia, e a condenação à morte de Talisma Nasreen em Bangladesh. O Ocidente,

Tartufo (S. Meshkim Ghalam) entrou acompanhado não só de Laurent, seu criado, mas de quatro ou cinco esbirros que permanecem na porta. A atmosfera calorosa da casa, onde sobre lençóis brancos foram estendidos tapetes floreados, mudou bruscamente.

O Processo do Motim de Nancy

Realizado no contexto do GIP e apresentado em junho de 1972 em várias reprises, após *1793*. O processo dos seis amotinados da casa de detenção Charles III terminou com um julgamento severo. O espetáculo retoma o essencial dos debates e põe em cena a justiça. À esquerda: J.-C. Penchenat e A. Mnouchkine como advogada. À mesa, G. Bonnaud (texto publicado na revista *Esprit*, outubro de 1972). Ver dossiê "As marionetes", a grande marionete da Justiça, p. 298.

como Orgon, se faz cúmplice daqueles que, em nome de Deus, se arrogam o direito de matar, aprisionar e violentar, diz Mnouchkine[15].

Entre 1995 e 1999, a atividade da Aida um pouco adormecida é reanimada: a associação intervém em mais de cem casos de artistas ou jornalistas vítimas do Grupo Islâmico Armado. No programa do espetáculo, apresentado em cinco colunas como um jornal, estão reunidos textos que ampliam o problema no tempo e no espaço: o Édito de Nantes, o prefácio ao *Tartufo*, textos de Pierre Nicole, Bossuet, Voltaire, São Paulo, Boileau, ao lado de notícias e artigos de imprensa. Todos tratam de tolerância e intolerância, informam sobre as ameaças e os crimes do fanatismo religioso, católico ou muçulmano, e suas consequências regressivas para a cultura e a condição das mulheres[16].

O Soleil se apresenta aqui como engajado a serviço de uma causa, a da liberdade de pensamento, dos artistas, das mulheres, e não a serviço de um partido político. Engajamento, pois, e não militância, mesmo se às vezes o Soleil intervém ao lado de militantes. G. Bonnaud já o constatara em 1972: "De fato, queremos realmente testemunhar, mas não militar, recusando-nos a nos tornar os teatreiros da espiral sem fim dos comícios políticos"[17]. A atividade do Soleil junto à Aida demonstra bem essa atitude. Mnouchkine pensa que, através da criação, a denúncia torna-se legítima e convincente: "Nós o faremos com os nossos meios: o teatro, o cinema, o canto, a pintura, o livro"[18].

A causa da justiça é essencial e atravessa todas as épocas do Soleil. Muitas encenações ou leituras-espetáculos de processos aconteceram ali: *O Processo de Nancy* com o GIP durante *1793*, em que Ariane faz o papel de um advogado, com outros membros da trupe, assim como Gilles Deleuze e Michel Foucault; *O Processo de Praga* num dispositivo bifrontal em dezembro de 1979, que retoma do VONS (Comitê de Defesa das Pessoas Injustamente Perseguidas) as minutas do processo em que Vaclav Havel é condenado a cinco anos de prisão e cujo relatório gravado clandestinamente, a despeito do sigilo, cruzou as fronteiras[19]; *Processo de Wei, o Fabricante de Primaveras* em 1984, em defesa do dissidente chinês Wei Jingsheng. Espetáculos montados rapidamente, espetáculos de intervenção, em que se trata de realizar um ato artístico quando se identificou uma urgência. *O Processo de Praga* é retomado uma vez em fevereiro de 1980 por Mnouchkine e Chéreau em Munique, em alemão (com Signoret e Montand entre os atores), e passa ao vivo na televisão, destinado aos tchecos. Enfim, em 1982, uma noite inteira será consagrada em Avignon a Havel, quando o Soleil representa *Ricardo II*. Mas a urgência não significa jamais mediocridade. Assim, em 2010, a intervenção do Théâtre du Soleil em Paris, quando das manifestações por uma reforma justa das aposentadorias, se faz em torno da boneca gigante da alegoria da Justiça, cuja cabeça foi esculpida segundo o quadro de Prud'hon *A Justiça e a Vingança Perseguem o Crime*. Ela avança com a orquestra do Soleil, guia a multidão e dança quando esta se detém para lutar contra os corvos-marionetes que a agridem pendurados em varas e procuram fazê-la vergar, rodeada de estandartes que, em vez de exibir *slogans*, são magnificamente trabalhados pelos atores e levam citações de grandes escritores (Shakespeare, Hugo, Rousseau…). Ela efetuará cinco excursões no outono de 2010, que serão

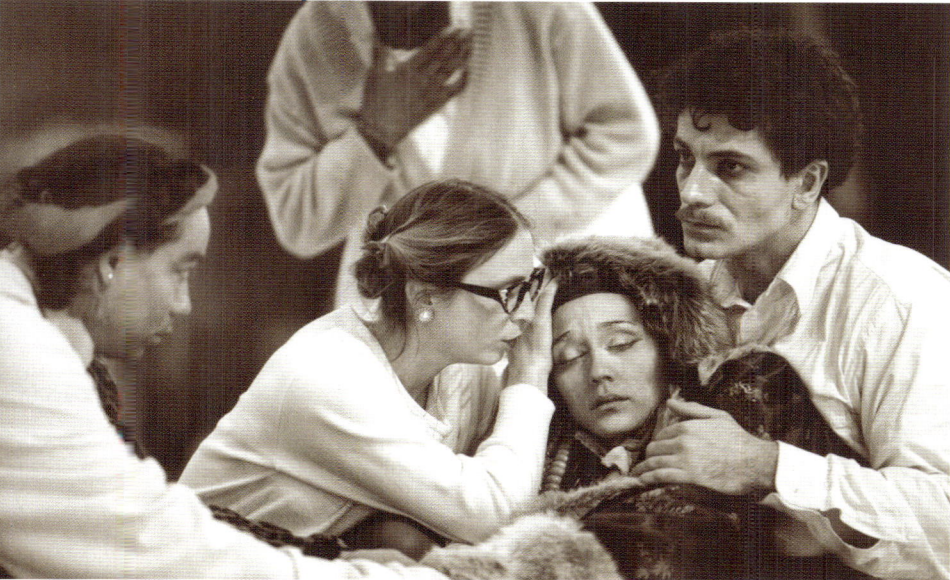

▶ Famílias malinesas são acolhidas na Cartoucherie (1996) depois de expulsas da igreja Saint-Bernard. Essa experiência será o viveiro do espetáculo seguinte, E Súbito Noites de Vigília.

▲ E Súbito Noites de Vigília. Uma tibetana (R. Ramos Maza) da trupe acolhida teve um mal-estar. O diretor do teatro (M. Jacques) e Clarissa, da Solidarité Internationale Médicine (C. Pecheny), cuidam dela.

todas teatralizadas e dramatizadas. Já em maio de 1973, o Soleil desfilava sob uma frase de Marat, e em 1980, para a libertação da pianista Alba Gonzalès Souza, encarcerada na Colômbia, sob as palavras de Sêneca: "Enquanto estivermos entre os homens, pratiquemos a humanidade". E é no Primeiro de Maio de 2002, por ocasião da grande manifestação contra o Front National, que os corvos fizeram sua aparição, atacando então a bandeira francesa...

É preciso tirar todo sentido ideológico do termo "político" para definir o engajamento do Soleil e deixar-lhe apenas seu sentido grego de teatro cidadão, que reflete o papel que ele deve ter na cidade e o põe em prática: o de velar, despertar, fazer perguntas, resistir, promover a transformação de indivíduos e grupos. Profundamente convencida da justeza dos ideais do CNR (Conselho Nacional da Resistência), Mnouchkine pensa que é necessário, nos dias de hoje, saber fazer a diferença entre o Bem e o Mal[20]. E à simplificação da qual alguns a acusam por seus "bons sentimentos" e seu maniqueísmo, ela poderia, sem dúvida, opor aquela que impõe também todo discurso ideológico sob aparências teóricas e complicadas. O engajamento no Soleil testemunha uma outra concepção da política, assim como um outro modo de fazer teatro. Um modo inteiro, simples, mas não simplificado, em que a moral, a ética e a beleza estão na base do engajamento.

E, para voltar ao *Tartufo*, o mal está nele, talvez o próprio diabo esteja nele, nesse homem barbudo com olhos circulados de preto, com orelhas vermelhas. Ele entra em cena após o entreato, no ato III, precedido por um furioso rumor de rua escandindo *slogans* islâmicos, e cruza a soleira da casa num silêncio aterrorizante, rodeado por um bando de seis esbirros mudos, à sua imagem.

O fato de o terraço de Orgon se sobrepor ao cemitério da Cidade dos Mortos marca o espetáculo. As razões são em primeiro lugar de ordem econômica, mas é mesmo da arte do Soleil que se trata, em que o passado e a História não são nunca apagados do presente absoluto do trabalho e da atuação, mas ocupam seu pano de fundo e o fecundam, pois o contemporâneo não pode existir sem sua dimensão, consciente ou inconsciente, que a superposição dos cenários metaforiza.

O dispositivo, portanto, é estranho, porém verossímil. As cavidades de certas tumbas são fechadas por portas ou postigos, e os afrescos e esculturas ainda ornam suas paredes rebocadas. Os andares laterais formam miniterraços e servem de armazenamento para alguns objetos do cotidiano ou de locais de atuação para os atores. Pilhas de lençóis a dobrar nos cestos, pilhas de tapetes a estender sobre o chão bege, castiçais, utensílios de cozinha, leitos baixos. O espaço é de um branco luminoso, os tapetes coloridos estão amiúde recobertos de panos brancos. As pessoas sentam-se no chão, mas após a irrupção de Tartufo (S. Moshkin Ghalam, ator e dançarino de origem iraniana[21]), a atuação, mais inquieta, utilizará dois barcos de pedra rebocados construídos no centro da área cênica, assim como as elevações laterais. As entradas se fazem pela grade ou pelas escadas na borda do palco, vindo os atores das profundezas da casa, de sob as arquibancadas. Como em *Os Atridas*, o palco é atravessado pela atuação de um lado ao outro. A casa de Orgon é a casa do Soleil e, no final, os policiais ameaçam tanto o palco quanto a sala, cujas saídas eles bloqueiam.

Inventados pelos atores, os figurinos não são "de uma época, mas de um mundo", alguns inspirados num álbum de fotografias de família iraniana, outros com toques mais contemporâneos. As tradições se misturam. Dorina com turbante (J. Carneiro da Cunha) usa calça, como Elmira (N. Nityanandan), que a completa com um colete cinturado. Mas o branco une o grupo das mulheres e de Damis (H. Cinque), e o preto, o dos homens.

Enfim a Câmera...

A atuação, como sempre trabalhada primeiro com máscaras da *Commedia dell'Arte* e de *topeng* que não aparecem no espetáculo, é muito móvel, muito dinâmica, revivificada às vezes por Mnouchkine, que distribui páginas pretensamente recebidas por fax de Molière, para torná-lo ainda mais presente. Será um efeito do preto e branco dos figurinos? O estilo de atuação que emerge desse *Tartufo* é o do grande cinema mudo: nos olhares aumentados pela pintura preta, nos rostos finamente branqueados, nas expressões e nos desenhos do corpo. As piadas das damas Flippe e Pote evocam Chaplin, grande referência do Soleil. Sem dúvida, encontramos essa tendência já em *Mefisto* ou na *Cidade Perjura*, mas é aqui que essa busca aparece com mais evidência, numa composição teatral de tipo cinematográfico: planos afastados, aproximados, planos de conjunto, planos de corte.

É então que Mnouchkine decide introduzir uma câmera no teatro, durante os ensaios. Trata-se, por certo, de um encontro acontecido em

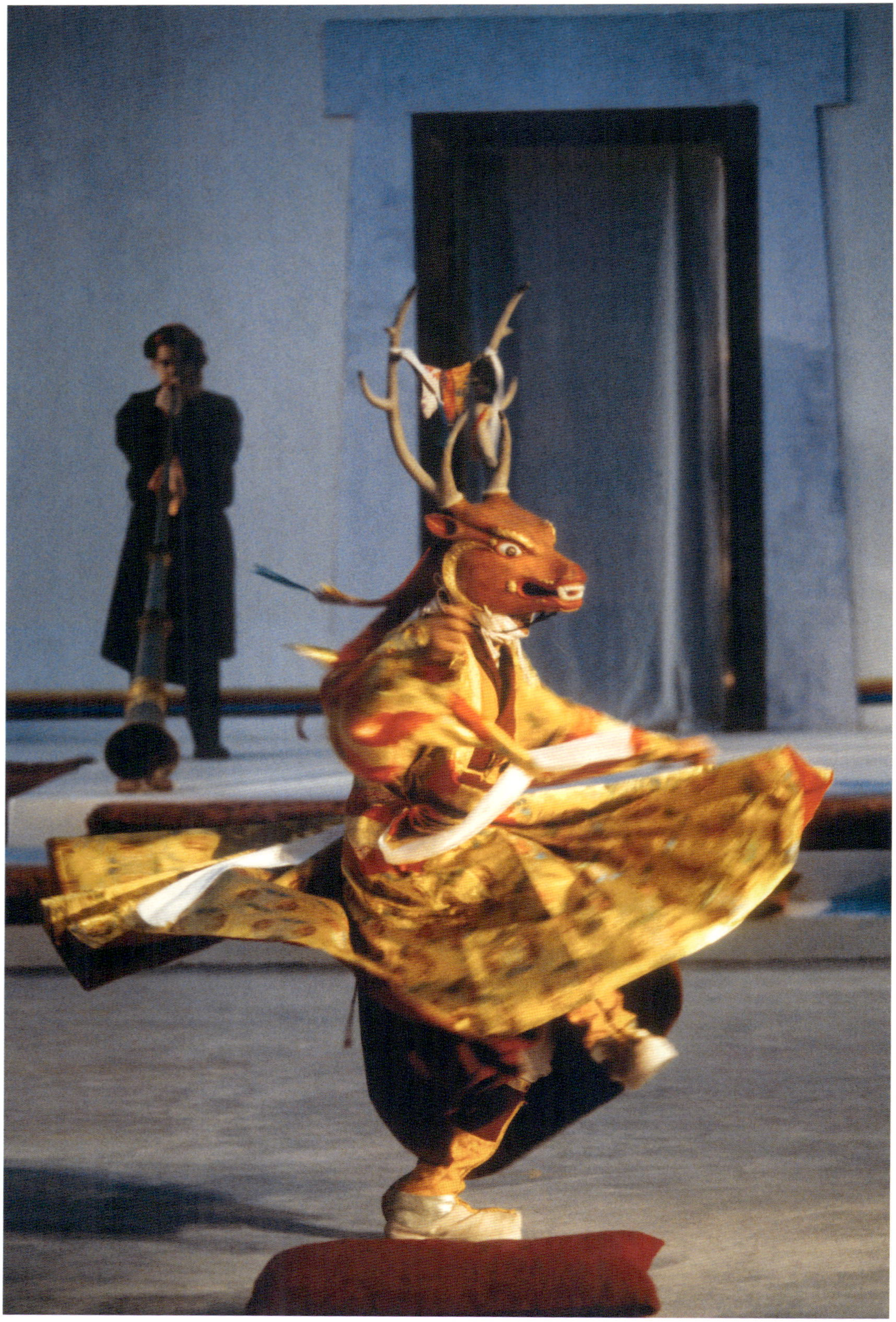

boa hora, o de Éric Darmon, cineasta, etnólogo de formação, que filmou por alguns minutos a *Cidade Perjura* para a TV5. Ela notou sua eficácia discreta, não intrusiva. É ele que irá filmar o *Tartufo*, sabendo fazer-se passar despercebido. Trata-se de uma dupla entrada do cinema no Soleil, no nível do trabalho de criação – Mnouchkine examina à noite os *rushes*, que ainda não são acessíveis aos atores – e como suporte para transmitir um aspecto da obra teatral.

Tartufo inaugura, pois, uma nova atitude: deixar o teatro em processo contínuo se fazer sob o olhar da câmera. Ele será seguido de três grandes realizações, *Tambores Sobre o Dique*, *O Último Caravançará* e *Louca Esperança*. Alguns espetáculos foram entrementes filmados por outros[22]. Várias circunstâncias intervieram na mudança de opinião de A. Mnouchkine quanto ao papel do cinema e do vídeo com relação ao espetáculo. Como os poucos minutos filmados do *Revizor* montado por Meierhold que nos chegaram da noite do primeiro terço do século XX: "Isso me tocou tanto. Porque era a prova de que esse espetáculo havia existido. Eu não li a beleza da encenação. Mas o momento em que o ator pega com uma colher de chá o dedinho de sua parceira para fazer-lhe a corte... Eu compreendi que, talvez, para os alunos, os estudantes, os jovens atores, seja preciso deixar traços". Os tempos mudam, torna-se sem dúvida menos impossível obter mais dinheiro para financiar projetos mais sólidos, pois, para Mnouchkine, não é questão de captação. Logo de início, sua ligação profunda com o cinema lhe dá outros objetivos.

Com a experiência promovida em torno do *Tartufo*, durante os ensaios filmados pela "câmera-esponja" de Darmon, em cumplicidade com a trupe, o cinema adestra realmente o Soleil e vice-versa. A filmagem, a montagem e o filme[23] marcam o início de uma nova etapa e a trupe se amplia com parceiros do cinema. *Au Soleil même la nuit, scènes d'accouchements* (No Sol Mesmo à Noite, Cenas de Partos), trata somente do preparo do espetáculo, mas é como o livro não escrito pela chefe da trupe (que aparece nos créditos "em harmonia" com É. Darmon e C. Vilpoux) sobre as venturas e vicissitudes, os deveres e riscos, as finanças e o cotidiano de uma vida consagrada ao teatro, à pesquisa inquieta e incerta de suas leis. Cartões com breves legendas introduzem suspense na narração fílmica contínua, com saltos e peripécias, toda encaminhada para a noite da estreia, onde justamente o filme para. Na tela, a vida e a arte se entremesclam sem romantismo, o espectador circula do palco ao escritório, das cozinhas aos ateliês, das descomposturas aos deslumbramentos. Aquela que diz não escrever escreve

◀ E Súbito Noites de Vigília. A dança do Cervo, de equilíbrios complicados, interpretada por D. Bellugi-Vannuccini. No fundo, de ambos os lados da porta, dois músicos sopram as longas trompas tibetanas que acompanham a dança, com as percussões de J.-J. Lemêtre. Momento estranho e mágico.

de fato, com vinte anos de intervalo e a partir do "material Molière", dois filmes de aprendizagem sobre o papel e o lugar do teatro, a vida da trupe, o trabalho do ator.

Se, após *1789*, os espetáculos do Soleil dialogam uns com os outros através dos ciclos que formam e as variações de distância interpostas entre a ficção e o real, a aceitação de marcas conservadas pelo filme intensifica esse diálogo. Tornadas perenes em suporte de vídeo ou digital, as novas obras coexistem com as antigas à maneira de um repertório[24].

Pessoas Deslocadas. A Atualidade Se Apoderou do Teatro

O engajamento do Soleil de 1995 – tomada de posição contra o fundamentalismo, Declaração de Avignon e greve de fome pela defesa da Bósnia – recrudesce em 1996, quando o Théâtre acolhe famílias de sem-documentos africanos, expulsas em março da igreja Saint-Ambroise (Paris 12ᵉ). Durante uma quinzena, depois, mais uma vez, no fim de julho, após a nova expulsão, muito violenta, da igreja Saint-Bernard, onde haviam se instalado no fim de junho, trezentas pessoas, a maioria do Mali, vivem no Soleil, dormem na Recepção ou em tendas, bem como em outros teatros da Cartoucherie. Com eles vão e vêm representantes de diversas associações que os sustentam, como Médicos Sem Fronteira ou o Gisti[25], com os quais o Théâtre estabelece laços sólidos.

Mnouchkine reunirá um colegiado de mediadores encarregados do diálogo entre o Estado e as famílias, composto de vinte e seis personalidades, antigos membros da Resistência, como Stéphane Hessel, o almirante Sanguinetti, historiadores, juristas, advogados, magistrados, filósofos; as reuniões ocorrem no palco, no cenário do *Tartufo*. O Soleil tornou-se o abrigo e o QG provisório da luta dos sem documentos, albergando adultos e crianças que se autogerem numa alegre desordem, organizando ações. Fanta Koita, maliana e francesa, sustento dos sem documentos, que permaneceu no Soleil, é um resquício vivo desse período, atrás do carrinho de bebidas de gengibre e hibisco que ela vende na recepção a cada espetáculo. É dessa experiência muito intensa que nasce *E Súbito Noites de Vigília*. O cartaz do espetáculo retoma o tratamento visual do *Tartufo*, uma notícia de jornal, mas desta vez em chamas.

PÁGINA SEGUINTE
E Súbito Noites de Vigília.

▲ A dança do tashi shölpa. No palco vazio, liso e branco, a trupe tibetana mostra sua arte à trupe francesa. No centro, a sra. Tsültim (R. Ramos Maza) introduz seis dançarinos, o rosto coberto com uma máscara plana (S. Canto, D. Bellugi-Vannuccini, C. Pecheny, N. Sotnikoff, S. Nicolai e S. Lolov). Eles cantam em tibetano enquanto dançam acompanhados de percussões e carrilhões.

▼ A inventividade do Soleil para convocar o reino animal não tem limite. Sobre esse cavalo paramentado de ouro, S. Canto, H. Cinque e uma criança (A. Caoudal). No fundo, o Mendigo (J. Carneiro da Cunha).

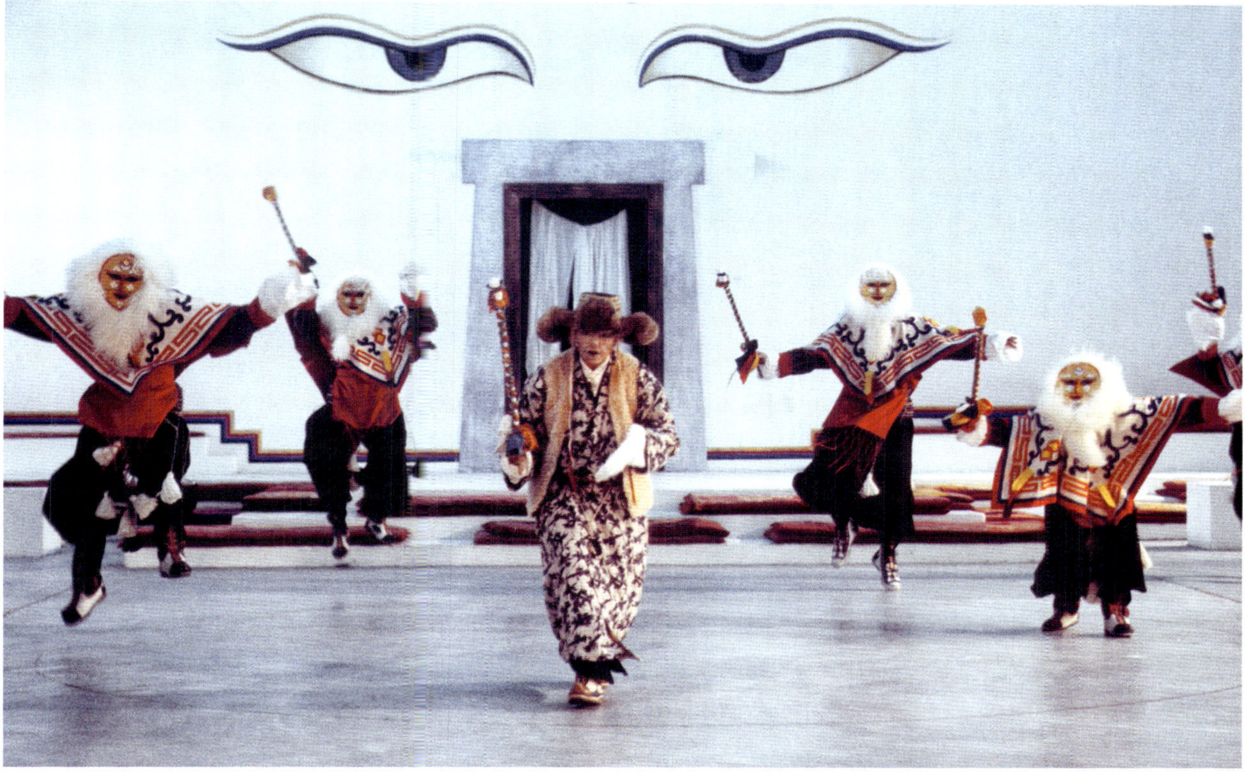

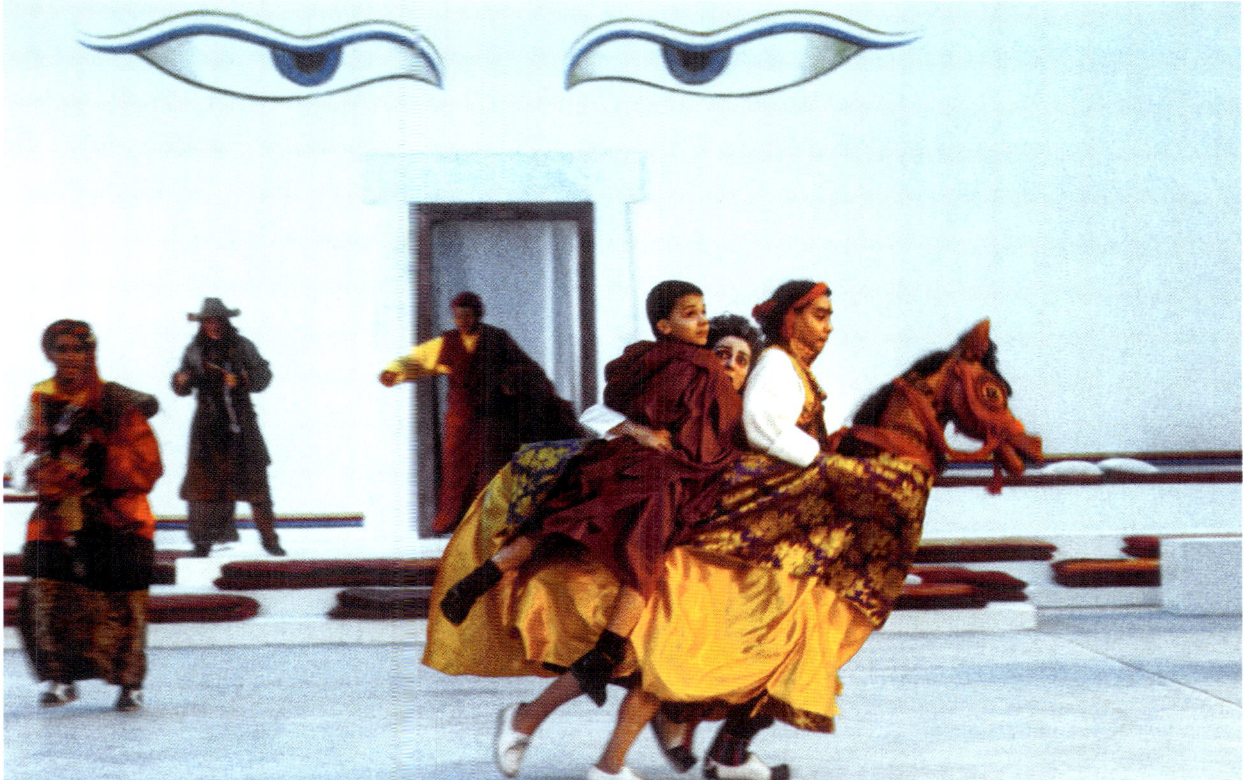

Uma Escrita "em Harmonia Com…"

O desejo de falar do teatro do Tibete, reino fervoroso esmagado pela China, anima Mnouchkine desde sua primeira viagem ao Nepal, antes da criação do Soleil. Ele vai se materializar de maneira imprevista, a partir da defesa dos sem-documentos. Hélène Cixous realiza, com vistas a um espetáculo, entrevistas com o padre Henri Coindé, pároco da igreja Saint-Bernard, e com dezenas de africanos. Mas é o Tibete que vai se instalar, se introduzir no coração das parlendas entre a diretora e a autora. O mundo interior de Mnouchkine é a Ásia. E a "função autor" recua diante de uma abordagem transposta pelas improvisações dos atores.

O grande tema do trabalho teatral será a hospitalidade, a acolhida do estrangeiro nas naves de um teatro que não é outro senão o Soleil, velho sonho de Mnouchkine para a casa-teatro. Mas os estrangeiros da ficção que se elabora são tibetanos e, além disso, membros de uma trupe de teatro. Assim, ela moldará em conjunto a pequena história dos artistas de teatro (que toda a trupe não viveu, pois há, como sempre, recém-chegados) e a história de um país martirizado sobre o qual a informação abunda no programa do espetáculo e no *foyer* do teatro. Trata-se de mostrar como é invasivo o penar de todo um povo, como o engajamento é difícil, perturbante, problemático, como ele gera dúvidas, hesitações, temores e sofrimentos, mesmo se aqueles que apoiamos são tão discretos quanto os tibetanos.

A preparação do espetáculo *E Súbito Noites de Vigília*, construído sobre improvisações coletivas guiadas pela música de Lemêtre, e iniciadas por "confabulações" (entendimentos entre os atores sobre o começo de sua improvisação), passa por encontros com refugiados tibetanos, numerosos na França[26]. Os atores assistem a festas no Pagode de Vincennes, com danças, máscaras e cantos, leem o livro de Palden Gyatso[27], depois encontram o monge budista que passou trinta e três anos nas prisões chinesas e vive desde 1992 no exílio em Dharamsala; eles assistem a conferências, aprendem todos, cada dia, durante três meses, cantos e danças sob a direção de Dolma Choeden, pedagoga vinda do Tipa (Tibetan Institute of Performing Arts) de Dharamsala, se iniciam na língua tibetana e no budismo. Eles se "tibetanizam", diz H. Cixous. Seu papel aqui se limitará a reelaborar certas falas, a propor cenas complementares (prólogo, epílogo). Cenas como "A delegação" são quase documentários, oriundos do encontro da trupe com Palden Gyatso, que veio falar sobre as torturas sofridas na prisão. Stiefel copia autênticas máscaras tibetanas, que serão usadas em cena; os calçados, necessários para as danças mascaradas espetaculares, chegam de avião.

A fábula se desenvolve no curso de improvisações: expulsa pelo governo francês, uma delegação tibetana ocupa um teatro para protestar, com atores franceses, contra a venda de aviões militares à China pela França. Uns encenam sua existência, outros, após a exaltação dos primeiros momentos, retornam às suas preocupações cotidianas. Ao passo que a luta dos sem-documentos permitiu a regularização de muitos dentre eles, o espetáculo termina mal: os aviões partem, zunindo, para a China.

Para uma parte da crítica francesa, a fraqueza do texto provoca tédio, o que está longe de ser partilhado pelos espectadores, ativos e emocionados, como mostram as cartas recebidas pelo Soleil. Mnouchkine responde que, se o texto de uma grande peça "pode nutrir o corpo dos atores, aqui o processo é inverso: é o corpo dos atores que produz o texto, mais modesto. A poesia está alhures". E se o texto é "uma língua daqui e dali, e de *tashi delek*, leve, alegre, econômica, urgente, alusiva"[28], ele nunca está nu, mas incessantemente irradiado pela atuação que o precede, segue ou acompanha, pela música, pelas cores e pelas danças, e não deve ser percebido independentemente delas, como nas grandes criações coletivas dos anos 1970. Mas, e aí reside a diferença, a construção de planos narrativos, que tratam não "do Tibete, mas de nós diante do Tibete", é estratificada, constantemente espelhada, pela presença dos atores-personagens, do Tibete cujas tradições e língua são acolhidas e estudadas pelos atores do Soleil, e das crianças que têm um papel na fábula.

Cada ator do teatro-anfitrião não representa apenas seu papel, mas também o do outro e, no caso das personagens tibetanas, o público pode se equivocar: assim, a antiquíssima e difícil dança do Cervo (*shawa chakar*), interpretada por Duccio Bellugi-Vannuccini, que irá até o extremo limite de sua própria fadiga e da de sua personagem-lama, nos toca mais com o ator do Soleil do que quando será interpretada mais tarde, em algumas ocasiões, por autênticos monges tibetanos[29]. Assim, o espectador passa por toda uma paleta ativa de emoções, através de uma experiência humana que o teatro lhe propõe partilhar e de relações variáveis com o espetáculo – da ilusão ao distanciamento, do reconhecimento ao sentimento de estranheza e de maravilhoso, do riso às lágrimas. Oferecem-lhe até, na manhã de sua noite de vigília, sonhos ou baguetes para compartilhar, quando da turnê em Moscou. Parece que a distância entre a ficção e a realidade do Soleil e do Tibete, através da qual se efetua a transposição,

Tambores Sobre o Dique
Calhaus brancos rodeiam o palco como na cena do nô. A parte central é inundável. O rio está presente: há a água real, a da inundação final onde flutuarão pequenas marionetes com a efígie das personagens, mas também a água figurada pelos vastos panos de seda agitados. Duas passarelas ao fundo permitem entradas e saídas por trás. A música foi transferida para o lado esquerdo do palco. As rampas são lanternas retangulares. Na parede, as sedas pintadas fazem mudar a cor do céu e a paisagem. São dezessete sedas diferentes, pintadas por Y. de Maisonneuve e D. Martin.

é muito fraca. A "ausência de literatura", como diz Mnouchkine, a diminui ainda mais, pois a linguagem é muito cotidiana. A distância que o espetáculo põe continuamente em jogo é a do "transtorno"[30], das repercussões de um acontecimento num cotidiano que ele transforma e no qual ele modifica os pontos de vista. Ela é também a distância introduzida pelo maravilhoso teatral das danças tibetanas (*tashi shölpa*), ao qual se somam momentos de dissonância, como o aparecimento das Damas Pantaleão mascaradas (H. Cinque e M.-P. Ramo Guinard) no episódio "A caça ao iaque", em que o iaque é uma máscara "total" de E. Stiefel, ou o do Mendigo-Vagabundo (J. Carneiro da Cunha), figura do excluído como mediador, poética e popular. As máscaras tibetanas e da *Commedia dell'Arte* dialogam nesse espetáculo, que elabora também um discurso sobre o teatro. Na ficção, duas trupes estão face a face, situação que metaforiza a pergunta feita incessantemente pelo Soleil: como pode o teatro ocidental acolher o teatro oriental e nutrir-se dele? E que se desdobra nesta outra: como não se tornar realista aproximando-se tanto do real? As respostas, às vezes tingidas de humor e autoparódia, estão no palco sob os olhos imensos do buda pintado na parede caiada do fundo.

Tipificadas sem caricatura, as personagens têm muitas vezes a justeza e a precisão daquelas dos grandes filmes mudos, desenhadas pelos atores no cruzamento da expressão plástica que as cinzela no espaço e da batida rítmica que lhes insuflam J.-J. Lemêtre e sua orquestra de quinze instrumentos tibetanos, de trinta outros inventados – sem contar os outros oriundos de trinta países diferentes – e também de um piano, já que a ação concerne a europeus. Pôde-se falar de uma "sinfonia de andamentos"[31]. "Não se anda num palco de teatro, caminha-se", diz a Estagiária (Delphine Cottu) no espetáculo. E as pequenas peregrinações de cada um no palco de uma brancura cintilante confluem na grande caminhada da trupe em que figuram numerosos atores novos, sua lenta transformação durante mais de trinta anos através de um continente chamado Teatro. Os atores experimentaram "o terror que se apodera [deles] nos primeiros dias de ensaio diante do vazio onde eles têm que se instalar. Terror sagrado sem o qual é impossível começar essa viagem iniciática que é a fabricação de todo espetáculo"[32].

Tambores Sobre o Dique
Os atores-marionetes e seus koken. O Chanceler (D. Bellugi-Vannuccini) é assassinado pelo Senhor Hun (S. Lolov). Manipuladores: V. Mandago, S. Decourchelle, M. Jacques. Um dos koken tira da roupa do Chanceler um tecido vermelho para figurar o sangue que corre.

Voz de Duccio Bellugi-Vannuccini

Foi uma experiência magnífica, entre os mais belos papéis que já desempenhei. Na turnê em Moscou, foi emocionante encontrar um pequeno grupo de refugiados tibetanos. O espetáculo foi, para eles, uma iluminação, e eles nos iluminaram, no seu pequeníssimo restaurante para onde nos levaram. É nessas noites que dizemos: é para isso que serve o teatro.

> Eu considero que o teatro deve ser ao mesmo tempo político, histórico, sagrado, contemporâneo, mitológico. São apenas as proporções que mudam de espetáculo para espetáculo.
>
> Ariane Mnouchkine[34]

Contemplando as Lanternas[33]

Compreende-se melhor a amplitude da pesquisa do Soleil quando se viu sucessivamente *E Súbito Noites de Vigília* e *Tambores Sobre o Dique*, em forma de peça antiga para marionetes interpretada por atores, representadas em alternância em 1999[34]. Após uma aproximação extrema com a realidade vivida, o máximo distanciamento. Para o espetáculo que fecha o século, o Soleil retorna às grandes formas dos Shakespeares e dos *Atridas*, reinventando, por meio das formas tradicionais japonesas, seu próprio *bunraku*. E mais ainda: ele encontra nessa forma imaginária uma forma de *kabuki* raramente representada em nossos dias, na qual os atores de *kabuki* que admiravam tanto as grandes marionetes do *bunraku* representavam às vezes como elas, bem no meio do espetáculo.

A composição da trupe, como vimos, mudou. A assistente de Mnouchkine, Sophie Moscoso, deixou o Soleil[35]. Aquele que irá sucedê-la, Charles-Henri Bradier, é estudante, como ela o fora na sua chegada. Mas seu caminho parece um percurso iniciático. Primeiro, conquistado pelos *Atridas*, que viu muitas vezes, ele se engaja no movimento da Declaração de Avignon, em julho de 1995. Tornando-se responsável pelo escritório da Declaração no outono, ele auxilia também no bar, na administração, partilhando as tarefas. Ele retorna ao Soleil para a aventura dos sem documentos, depois, em 1997, para a do movimento Epopea (reuniões "utopistas" do mundo da cultura, além de suas fronteiras corporativistas e geográficas), em seguida organiza o acolhimento da trupe de Christophe Rauck, recém-egresso do Soleil, e de um grande estágio em cujo término entram novos atores, muitos dos quais continuam até hoje. Mnouchkine lhe pede que transcreva no computador o texto das improvisações de *E Súbito Noites de Vigília*, gravado em cassetes, que é então transmitido a H. Cixous.

Voz de Charles-Henri Bradier

Um dia, na cozinha, Ariane, refletindo sobre seu próximo projeto, me disse que queria ir à Índia, e me propõe acompanhá-la nessa viagem preparatória. Foi uma grande surpresa para mim! Acho que essa é uma das grandes qualidades de Ariane, a de depositar confiança com muita rapidez e simplicidade nos mais jovens de seus colaboradores. Ela me propunha ser como Sidarta e empreender uma viagem iniciática ao país do teatro, na companhia

Tambores Sobre o Dique

▲ As máscaras da filha (J. Marvan Enriquez) e da mãe do marionetista (E. Doe Bruce).

◀ Prova de uma máscara flexível feita pelos atores e M.-A. Cardoso Ferreira; trata-se de uma etapa de pesquisa. Sobre a mesa, as cabeças das pequenas marionetes, dublês das personagens, que S. Nicolai realizará (ver dossiê "As marionetes", p. 298).

PÁGINA SEGUINTE

▲ A mercadora de lanternas (R. Ramos Maza, manipuladores: S. Canto Sabido e V. Mandago) e o Chanceler (D. Bellugi-Vannuccini, manipuladores: V. Mandago, S. Decourchelle).

▼ Hun (S. Lolov, manipulador: M. Jacques) e o Grande Intendente (M. Azencot, manipulador: S. Canto Sabido). As mãos frágeis dos atores-marionetes seguram leques.

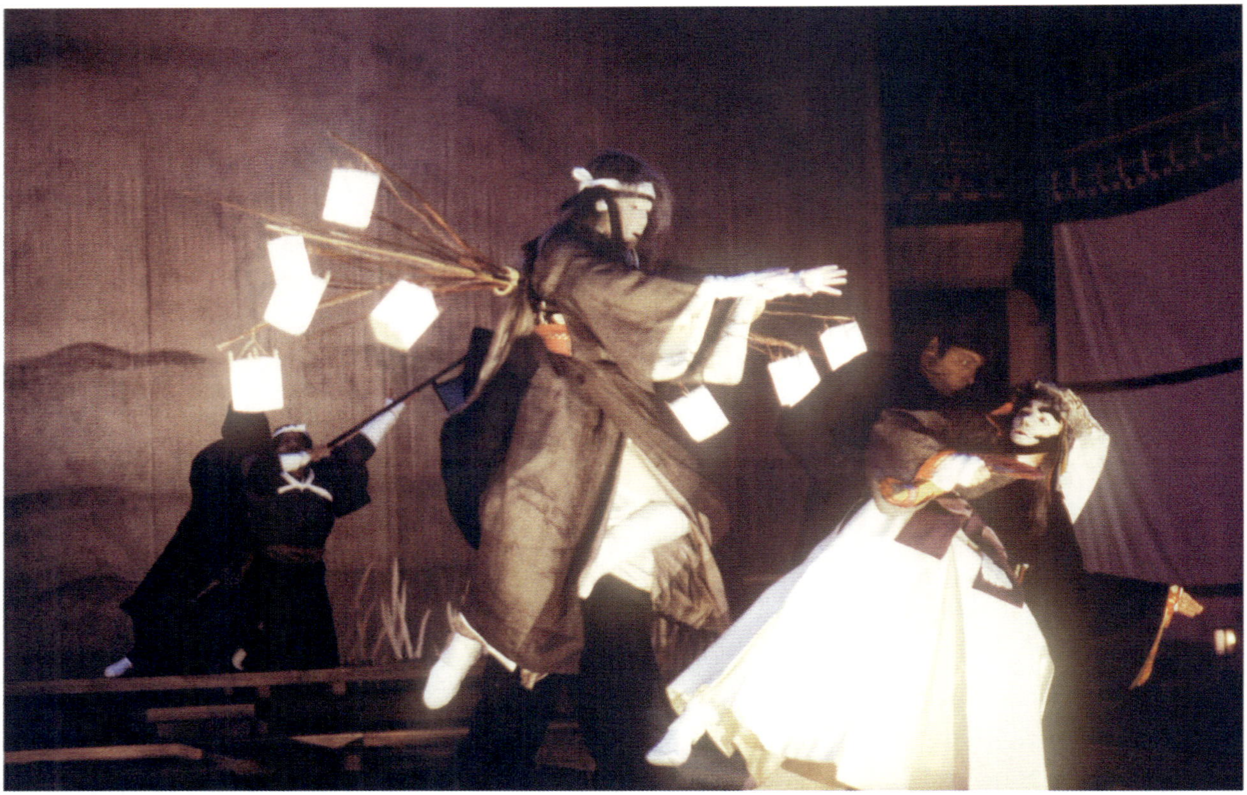

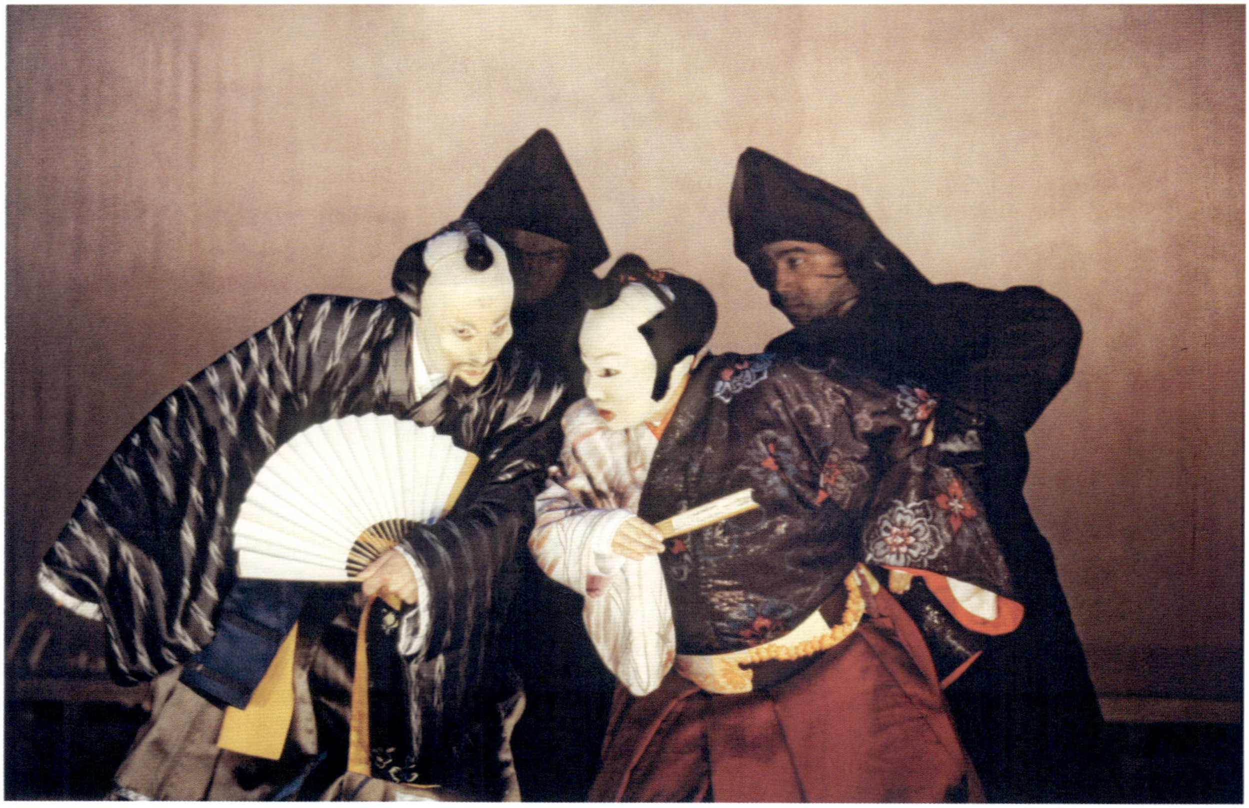

Tambores Sobre o Dique

O "beijo voador" de Duan (R. Ramos Maza) e Hun (S. Lolov). A figura executada pelos atores-marionetes e seus koken é um duplo porté, que exige grande esforço físico. No filme, esse "beijo voador" será transposto, após longas explorações, em um "beijo debaixo d'água" (isto é, sob as sedas vermelhas agitadas).

PÁGINA SEGUINTE

Senhora Li, vendedora de macarrão (J. Carneiro da Cunha, manipuladores: S. Canto Sabido e J.-C. Maricot) e sua criada Kina (S. Raynal), que faz malabarismo com pratos chineses.

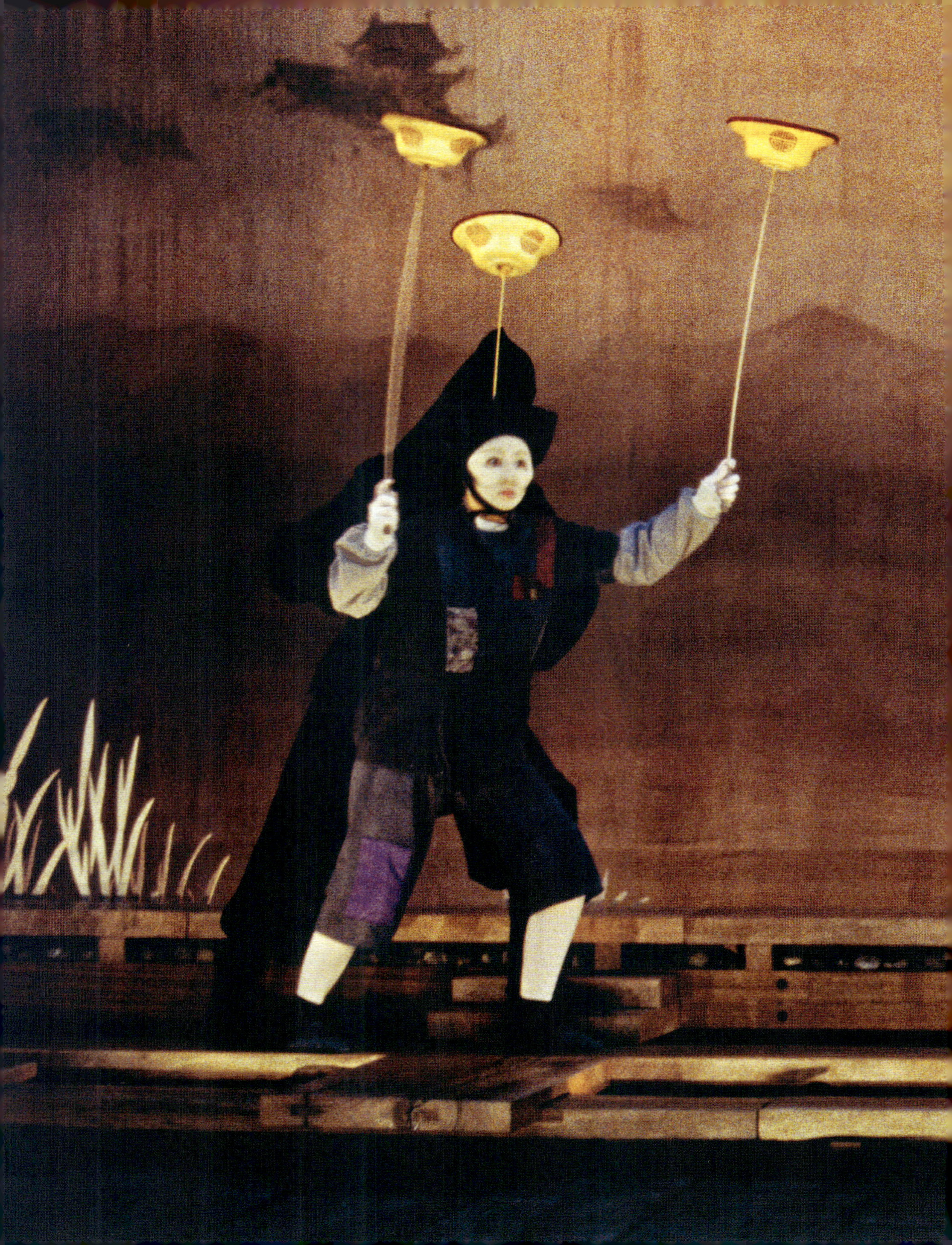

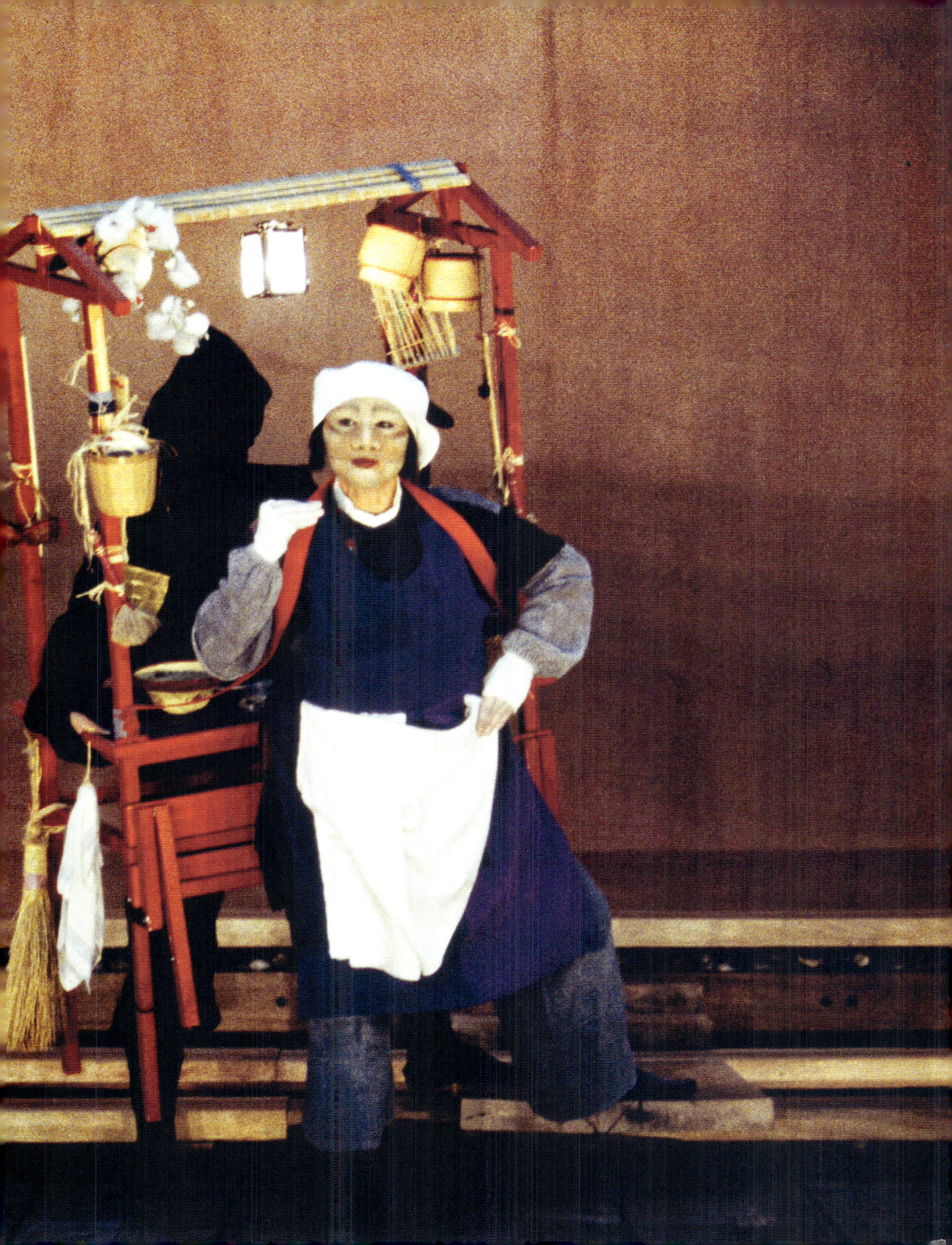

> de um dos seus mais luminosos servidores! O presente de uma vida. Fomos primeiro ao Sri Lanka, onde Ariane havia localizado uma forma rude e muito antiga de dança tradicional, depois ao Kerala, às fontes do teatro, para encontrar o que sobrevivia e o que já soçobrava no esquecimento[36].

No retorno, ele será o novo assistente. Com ele, entram também no Soleil o computador e depois o vídeo como ferramentas para a criação.

Nos arquivos de H. Cixous, notas de preparação datadas de agosto de 1998 indicam duas direções: mostrar um mundo em perigo e estar num teatro. As parlendas rituais entre a diretora e a autora deixaram vestígios na forma de trocas de bilhetes. Num deles, A. Mnouchkine salmodia: "O mundo inteiro é um jardim de cerejeiras, a terra é um jardim de cerejeiras, o planeta é um jardim de cerejeiras". Vê-se, mais adiante, o aparecimento de um sr. Six-Hou, velho poeta chinês que contaria a abertura de um pequeno teatro de marionetes resistentes[37]. Ele se tornará o sr. Hsi-Xhou, numa proposta que se desenvolverá e complicará: "'Se você escrevesse uma peça que tivesse sido escrita pelo poeta Hsi-Xhou, uma peça antiga, que foi representada outrora tanto por marionetes quanto por atores, que ora eram mulheres representando todos os papéis, ora homens representando todos os papéis, conforme a peça era apresentada em determinado reino sob determinada lei e determinado interdito?', eis o que a diretora disse um dia à autora. Então a autora se pôs a escrever a peça que havia sido escrita por seu antigo predecessor e mestre, o poeta Hsi-Xhou"[38].

Uma primeira versão é redigida por H. Cixous, intitulada *En contemplant les lanternes* (Contemplando as Lanternas), na qual um jovem ator, talvez de *nô*, herdeiro de sua linhagem, deve escolher entre a resistência armada vital para o futuro de seu país e a fidelidade à sua arte ancestral que deve ser salvaguardada. É com ela que todos os atores vão partir para uma viagem para a Ásia, financiada pelo Soleil. "Não a fizemos antes", diz Mnouchkine, "porque não tínhamos os meios, ainda que alguns atores já tivessem ido à Índia por ocasião da *Indíada*"[39]. Trata-se de uma formação para a trupe renovada, ao mesmo tempo comum e diferente para cada um.

Voz de Charles-Henri Bradier
Antes de atacar o trabalho que ela desejava basear nas lições de disciplina, na ligação entre o corpo, a música e a atuação dos

teatros tradicionais da Ásia, Ariane queria que os atores, como ela mesma fez em 1964, fossem "perder-se" nesse continente do teatro. Pistas lhes foram fornecidas, bem como itinerários e contatos no seio de países que nós lhes propusemos percorrer por serem particularmente "ricos" em descobertas, como a Índia, o Japão, Taiwan, a China, a Coreia, Bali, mas também o Camboja, o Vietnã ou a Indonésia… Ariane também partiu. Foi bem no início dos e-mails, e a trupe podia às vezes encontrar-se aqui ou ali, por ocasião de eventos particulares, descobertos por uns e imediatamente partilhados com os outros. Daí datam nossas relações particularmente amistosas com Taiwan (Wu Hsing Kuo e o Contemporary Legend Theater…) e a Coreia (Kim Duk Soo e o conjunto orquestral tradicional Samulnori Hanullim…)[40].

O Jardim das Cerejeiras do Soleil

A feitura da versão definitiva de *Tambores Sobre o Dique* dura mais de nove meses, ela é "costurada" num vaivém de escrita/ atuação que vai mais longe do que toda escrita de palco repertoriada. O fio condutor retoma a atualidade mais recente na China das cheias catastróficas do rio Amarelo e da ruptura da barragem das Três Gargantas, a maior do mundo, mas afastando-a para um passado muito antigo. Desde a primeira semana de ensaio, torna-se evidente, embora imprevisto, que os atores devem ser marionetes. De início com fios, essas marionetes e seus "duplos" são trabalhadas graças a improvisações filmadas. Um professor de *samulnori* (tambores coreanos), Han Jae Sok, enviado pelo mestre Kim Duk Soo, encontrado durante as viagens preliminares, vem ensinar sua arte aos atores, que se tornam virtuosos e interpretarão no espetáculo um episódio de percussões extremamente espetacular. A trupe revê toda a obra de Kenji Mizoguchi[41] e Akira Kurosawa. É só bem no fim que ela descobre que as marionetes são outras, que a presença de manipuladores ou *koken*[42] de *bunraku*, vestidos e velados de preto, torna-se necessária e que é preciso dobrar a distribuição de papéis.

O Soleil mergulha profundamente num Oriente de ficção e de técnicas teatrais sofisticadas: história de uma China imemorial onde as inundações e catástrofes naturais são costumeiras para a fábula ecológica sem nenhuma personagem histórica, *bunraku* e *nô* japoneses para a forma. Mas os problemas levantados são contemporâneos, ligados à corrupção, à urbanização e ao desflorestamento mal controlados, aos defeitos causados nos diques assim como nos imóveis de moradia, à tomada de decisão política e às guerras fratricidas que ela pode acarretar, tão terríveis quanto os cataclismos naturais – inundações intestinas contra as quais não existem diques. Ir tão longe para falar do que nos toca tão de perto.

Radical e esplêndido, o espetáculo parece surgir da noite dos tempos: ele explora o próprio coração do teatro, na busca de seu "óleo essencial"[43]. O texto parece polido pelos grandes *nô* traduzidos para o inglês em cuja leitura Hélène Cixous mergulhou nas bibliotecas de Chicago, enquanto a trupe sulcava a Ásia. Ele é ritmado e simplificado pelas estranhas vozes que o dizem em ritmo lento, visto que os atores representam o papel de grandes bonecos manipulados por seus colegas transformados em *koken* velados de preto. Inédito, um novo gênero emerge dos saberes antigos, pois a marionete encontra aqui uma voz, a sua[44]. Para tanto, foram necessárias vinte e sete versões recenseadas, talvez mais, do texto escrito – feito, desfeito e refeito graças ao computador, ao fax e ao vídeo – submetido à prova do palco, a experiências múltiplas de proferição (haicais, resmungos, canto lírico) e à concisão da atuação, impiedosamente exigida pela marionete.

A arte de Mnouchkine, que procura uma depuração ao mesmo tempo serena e inquieta, como que suspensa, do jogo da vida, da morte e da História, segue os passos dos práticos-pensadores do teatro: Edward Gordon Craig e sua reflexão sobre a marionete[45], esse ancestral do ator, ou V. Meierhold, que afirma que aquele que domina a "arte de dirigir o ator do teatro de marionetes" conhece "os segredos dessas maravilhas teatrais que – infelizmente! – os 'teatreiros' que somos não conhecem"[46]. O Soleil cria "supermarionetes", segundo a expressão craiguiana, soberbas e terrificantes. Multiplicadas, as distâncias se fazem misteriosas, separando e religando personagens, marionetes, atores e manipuladores, que são como os delegados da diretora e do músico no palco.

Será a atriz ou seus manipuladores que fazem "cabritar"[47] a silhueta da marionete atarracada e sedosa do velho senhor Khang (J. Carneiro da Cunha e seus manipuladores: Jean-Charles Maricot, Sergio Canto Sabido, Alexandre Roccoli)? São os manipuladores que agitam as vestimentas dos bonecos trementes, ou a música da orquestra de Lemêtre que faz coexistir o *shamisen* do *bunraku* e o oboé, ou então a poderosa sibilação sugerindo a tempestade que se ergue? Os *koken* têm o olhar cravado em suas criaturas e seguem sob seus véus pretos os movimentos dos atores vivos que muitas vezes os arrastam. Mas são eles que sustentam os atores-bonecos para as entradas e para as saídas, quando eles perdem progressivamente a energia da atuação que os animou para voltar a ser matéria inerte, puro objeto. São eles também que os guiam quando se trata de transpor com um salto mais ou menos ligeiro os obstáculos de um dispositivo de percursos complexos, ou que os elevam em fabulosos *portés* de dança clássica em que a marionete triunfa, ordena ou agoniza e morre, perdendo por seus flancos machucados um fino filete de tecido rubro. Mas são eles ainda que os aliviam um pouco de seu peso para obter esse passo deslizante proveniente do *nô*, enquanto a música levanta quase visivelmente o pé do ator ou tece um tapete de ar debaixo dele. "A diretora deve limpar o gelo diante dos atores para que eles possam deslizar livremente", diz Mnouchkine[48]. Uma atriz com patins de rodinhas (Dominique Jambert) atravessava *E Súbito Noites de Vigília* rodopiando. Aqui, os atores deslizam, escapam da gravidade e alçam voo, habitando a forma da marionete que cada um inventou para si.

Uma jovem revoltada encontrou asilo numa boneca recamada, mas gasta, com mãos frágeis de porcelana branca, como se já tivessem sido quebradas e costuradas (Duan, a filha do adivinho, R. Ramos Maza, e seus manipuladores, S. Canto e Vincent Mangado). Enrijecidas pela arte, finas e imóveis, as pequenas mãos das marionetes agitam-se na sua delicada inércia. No mais das vezes são os *koken* que seguram os acessórios (leques, sombrinhas, espadas, lanternas) e os manipulam. O movimento incessante provém do resto do corpo, de suas zonas articuladas, balançando, oscilando, cambaleando para a direita e para a esquerda, em busca de um equilíbrio sempre perdido e sempre procurado.

Tudo é preciso, desenhado como numa estampa; os *koken* desaparecem às vezes sob o preto de seus uniformes; outras vezes, surgindo ao longe, eles são achatados pelo fundo colorido, e nos parecem serem apenas sombras dos grandes bonecos que se tornaram de súbito totalmente autônomas. A ação ocorre entre o céu e o rio. Os elementos são figurados por cortinas de seda: dezessete reposteiros verticais com tons sutilmente matizados, regularmente desfolhados, pintados com nuvens ou paisagens ("As cores do céu mudam tão depressa", diz o texto), e dois panos a desdobrar e ondular, água azulada que se tornará rosada com o sangue dos combatentes.

A luz da Cartoucherie, sempre tão solar, se ensombreceu: o dispositivo dos *Tambores* é instalado na nave da Recepção e seu "céu" é menos equipado que a vidraria de fluorescentes da terceira nave. E o preto dos uniformes dos *koken* escurece a paleta das cores. Nesta criação em que a trupe do Soleil assumiu todos os riscos, venceu os temores e os desânimos frequentes, o propósito é sombrio: a inundação engole tudo, a água invade o palco, no fim da apresentação, e leva os bonecos do Mestre de Marionetes. Com água até o pescoço e velado por seu *koken*, ele salva um a um seus pequenos artistas, à imagem de todas as marionetes-personagens do espetáculo, e instala-os, lado a lado, na borda do palco inundado, de frente para o público. Revê-se, então, as fileiras de inumeráveis bonecos que, do alto das paredes, fixavam o público em *Sihanuk*. Pensa-se nas estatuetas do teatro de miolo de pão do gueto judeu de Vilnius durante o terror nazista, que A. Mnouchkine evoca amiúde. Resistência pela arte, a única que pode resistir? Imortalidade da arte do teatro, no começo da qual se encontram as marionetes?

No próprio coração de um difícil trabalho de ator, a dialética grotesca do vivente e do inerte, do animado e do inanimado é levada à incandescência, e nos perturba profundamente. A emoção é de ordem ética e estética, ela é intensificada pela tomada de consciência da soma de esforços, de pesquisas cotidianas, que essa obra exigiu, diante desse trabalho comum de fabricação teatral, em que um não é nada sem o outro, em que o trabalho artístico se realiza apoiando-se em materiais preciosos, como queria Craig.

A emoção confina sem dúvida com o sagrado. "O rosto da marionete é imóvel. Sobre esse espelho passam as inúmeras expressões de nossas paixões. O rosto imóvel só faz o espaço ficar maior", escreve H. Cixous[49]. No rosto da jovem que é minha vizinha por uma noite, rolam lágrimas. Quando pergunto, ela responde: "Os olhos, são os olhos…". Pois as mãos não são as únicas a ter conquistado a imobilidade. Os finos semblantes são cobertos de máscaras flexíveis, costuradas pelos atores com gaze e nylon enchumaçado de algodão, tingido ou pintado, que os deformam, lhes dão outra forma, os tornam irreconhecíveis. Em *Tambores*, em que não se trata tanto de coação quanto de conquista, os olhos fundos parecem de madeira ou de pedra. "É no êxtase que se apossa do rosto que se percebe a imensidade dos deuses", continua H. Cixous. Corpo em êxtase da supermarionete que Craig define como o

CAPÍTULO 6 ONDE O SOLEIL AGORA VAI DEIXAR ENTRAR A CÂMERA

ator "com o fogo a mais e o egoísmo a menos", olhares brilhantes e fixos do boneco que não são outros senão os olhos vivos do ator. A experiência da representação tem uma dimensão de transcendência: transcendência da arte – arte do teatro, que arrebata, levanta, comunica a energia necessária para enfrentar a obscuridade, que dá asas ao espectador, as mesmas de que Mnouchkine, fazendo-os andar no caminho das marionetes, dotou seus atores.

É nesse espetáculo que foi muito encenado e que viajou muito que se deve ver um adeus às formas asiáticas que alimentaram o Soleil e que permanecerão como embasamento do trabalho, mesmo se não são mais diretamente convocadas. Mas esse adeus, longe de ser um fim, é uma matriz. Quando da turnê em Tóquio, em 2001, os mestres do *bunraku* agradeceram o Soleil por lhes restituir seu tesouro perdido, por lhes fornecer pistas para fazer evoluir suas tradições. Reinventada livremente, porém respeitosamente por outros, uma tradição pode se revivificar, é um dos fenômenos importantes da interculturalidade. E se, em sua viagem de 1998 à Índia, Mnouchkine constatava o desaparecimento de certas tradições, ela podia também se regozijar por saber que, após a passagem de *Tambores* por Tóquio, no teatro *kabuki* de Embashi Embuyo, Bando Tamasaburo reprisou *Kinkakuji* [O Pavilhão de Ouro] em que o *onnagata* que representa a princesa Yuki torna-se, durante um longo momento, um boneco de *bunraku* manipulado por um *koken* – um *koken* de *kabuki*, semelhante aos do Soleil – em meio a uma neve de pétalas rosas caídas de uma cerejeira.

7

CAPÍTULO 7
DEZ ANOS DE CRIAÇÃO COLETIVA
ENTRE CINETEATRO, TEATRO DOCUMENTÁRIO E EPOPEIA LÍRICA

> Era um primeiro esboço. Nós o havíamos denominado, aliás, *A Era de Ouro, Primeiro Esboço*. Eu considero, hoje, que era o primeiro esboço de espetáculos como *O Último Caravançará* ou *Os Efêmeros*.
> ARIANE MNOUCHKINE[1]

> Escolhemos partilhar, permanecer numerosos.
> ARIANE MNOUCHKINE[2]

O primeiro decênio do século XXI, marcado pelo 11 de setembro de 2001, sobrevindo durante a turnê de *Tambores Sobre o Dique* no Japão, e a descoberta do centro de alojamento e acolhimento de urgência humanitária de Sangatte, depois dos campos de internamento de refugiados na Austrália, reconduzem Mnouchkine e o Soleil a um presente cada vez mais brutal. Por certo, desde *Sihanuk*, os grandes temas políticos do fim do século XX e do começo do século XXI, os massacres e as guerras fratricidas, os êxodos entraram no Soleil, e as questões da perda, do desaparecimento, da separação, em particular a do exílio dos "humanos migradores" atormentam Mnouchkine. Surgido como ameaça em *Tartufo*, o exílio inspirará as três criações coletivas, de 2002 a 2010, em diferentes níveis – mais sociológicos (os fluxos de migrantes contemporâneos do *Último Caravançará*), mais íntimos (as discórdias familiais de *Os Efêmeros*), mais históricos (as grandes expedições dos novos conquistadores do início do século XX para as terras "prometidas" da Patagônia em *Os Náufragos do Louca Esperança*), mais afegãos (o trabalho que A. Mnouchkine

◀ *O Último Caravançará (Odisseias). Origens e Destinos*, relato 8, "A caminho da Austrália".

Sobre as imensas sedas agitadas por seus camaradas, os atores do Soleil (aqui D. Bellugi-Vannuccini, M. Durozier, S. Nicolai, D. Jambert, V. Mangado, S. Brottet-Michel) representam as travessias perigosas e muitas vezes trágicas (aqui a do Oceano Índico) por migrantes amontoados em barcos improvisados.

desenvolverá ao lado de Hélène Cinque e do Teatro Aftaab de Cabul com *A Ronda Noturna*, ensaiada e apresentada no Soleil).

O engajamento do Soleil em todos os seus espetáculos, bem como em suas tomadas de posição e nos apoios prestados a diferentes causas, dá a imagem de um teatro continuamente atravessado pelos sobressaltos de um mundo em movimento. Este decênio é uma época em que a atividade da Aida no Soleil está cada vez mais estreitamente ligada a seu trabalho artístico. Houve o apoio aos artistas chilenos, aos heróis presos na Primavera de Praga, aos artistas argentinos, depois aos artistas e jornalistas argelinos; Christophe Floderer, que retoma em 1997 as rédeas da atividade da associação fundada em 1979, trata então de numerosos casos de pedido de asilo territorial, ao mesmo tempo que estabelece as bases de uma organização das turnês. Elaine Méric o substitui em 2003 para acompanhar, a partir do *Caravançará*, certos refugiados encontrados em Sangatte, "tirar" outros dos campos australianos, garantir a regularidade da estada na França dos membros do Teatro Aftaab e responder aos problemas com os quais podiam chocar-se os atores não europeus da trupe.

A atenção dada a essas situações pela viajante inquieta que é Mnouchkine, mas sem dúvida também o exílio de seu pai obrigado a deixar Leningrado em 1923, a cujo respeito ela pouco se exprimiu até os *Efêmeros*, marcaram profundamente o recente decênio do Soleil. E pode-se evocar, transmitida à pequena Ariane por sua tia Galina, a visão, inscrita em seu pai e "em seguida nela para sempre", de soldados de feições asiáticas, mortos de frio, seguindo o passo de cavalos que puxavam trenós, avistados da janela de um vagão parado, num trem que, tomado pelo Exército Branco, atravessava a Sibéria numa longa errância[3].

O Cineteatro de Ariane Mnouchkine

Conhece-se a nova cara do Soleil do século XXI pelos "filmes de teatro" realizados na Cartoucherie, cuja filmagem influenciou o espetáculo seguinte. No entanto, os filmes não são os espetáculos, eles são sua recriação cinematográfica, para a qual Mnouchkine procurou procedimentos que permitissem passá-los para a tela. Assim, para *Tambores Sobre o Dique*, ela acusa o aspecto muito teatral do espetáculo para poder filmá-lo, e reinjeta o teatro no cinema por meio de operações

A Ásia, ainda estou lá pelas histórias que encenamos, mas também a esqueço porque sei que agora o tesouro está lá e eu não posso mais perdê-lo. Ariane Mnouchkine[4]

Acho que, com Os Efêmeros, provamos de certo modo que o teatro não precisa ter medo do cinema. Esse espetáculo traz a marca da escrita fílmica, mas sem tela ou técnica especial que não seja teatral. Ariane Mnouchkine[5]

puramente cinematográficas. É difícil tratar aqui do importante trabalho de transposição que esses "filmes de teatro"⁶ necessitaram.

Essas experiências ao mesmo tempo artísticas e técnicas – escrever um roteiro, organizar a filmagem, enquadrar, readaptar os cenários, seguir o trabalho de montagem e pós-produção – são em parte compartilhadas pela trupe, que representa de novo diante da câmera, participa, olha e comenta as tomadas em torno das telas de controle antes de refazê-las. Trata-se de outra prática de criação coletiva, que os atores vivem ao lado dos profissionais do cinema, próximos da trupe. Ela contamina o trabalho teatral que, desde os inícios do Soleil, se nutre de grandes obras da história do cinema, sendo cada espetáculo como que concebido e embalado num programa de sessões cinematográficas escolhidas. O Soleil renova, com seus filmes de teatro, sua abordagem da transposição e da criação coletiva no teatro, tanto mais que as novas ferramentas digitais acarretam uma nova organização do trabalho de pesquisa.

O próprio cinema encontrou, enfim, aos olhos de Mnouchkine, sua legitimidade para aparecer no palco, em pequenas telas (cenas de *O Garoto* no *Caravançará*, de *King Kong* e *No Tempo das Diligências*⁷ em *Os Efêmeros*), ou mais diretamente em vias de se fazer: assim, a fábula do *Louca Esperança* é a rodagem de um filme mudo, encenado e projetado simultaneamente, ao vivo. Constantes vaivéns ocorrem entre as duas práticas, no mesmo espaço, na mesma casa, o computador guardando memória e registros animados das tentativas e das pesquisas. Os filmes de teatro do Soleil nutrem suas três criações coletivas. Assim, as técnicas fílmicas mais simples de legendagem, praticadas nas turnês internacionais e nas diferentes versões do DVD de *Tambores*, inspiraram sem dúvida a legendagem de *O Último Caravançará*/espetáculo. Mas o caráter cada vez mais cosmopolita da trupe, das personagens criadas e das línguas utilizadas, tentando aliás cada um dos atores falar a língua do outro, também tornava essa solução evidente. Assim, as vozes em *off* do *Caravançará* e do *Louca Esperança* respondem à da narradora-diretora dos *Tambores*/filme, ao mesmo tempo, aliás, que à tradição do *benshi*, o comentador dos primórdios do cinema japonês, cuja função ainda não se extinguiu em Tóquio. Quanto aos praticáveis de rodinhas, carretas que povoam as cenas desses três espetáculos, pode-se atribuir-lhes várias origens: a *dolly* da câmera montada sobre uma plataforma de rodinhas, mas também a carroça dos atores do *Capitão Fracasse* e de *Molière*, o caminhão da partida dos migrantes, a prancha de rodinhas, o *ekkyklema* grego. Superposição de fontes que faz entender a validade orgânica dessa solução cenográfica,

PÁGINA SEGUINTE

Os Náufragos do Louca Esperança (filmagem)

▲ Espelhamento do espetáculo: a Cartoucherie é transformada em estúdio de cinema, as arquibancadas desapareceram, o palco é ampliado, novos cenários são criados. A trupe representa para a câmera de hoje a filmagem de 1914 e, como as personagens, participa ativamente do trabalho técnico. No centro: Jean Salvatore (S. Nicolai) e Alice (G. Kraghede-Bellugi). À esquerda: A. Mnouchkine e J.-P. Meurisse, o cinegrafista.

▼ Os atores com seu figurino examinam com A. Mnouchkine as tomadas do dia. Da esquerda para a direita: M. Larrañaga y Ausin, A. Grant, D. Bellugi-Vannuccini, D. Jambert, J. Carneiro da Cunha, A. Mnouchkine, Ch.-H. Bradier. Atrás: J. Jancso, A. Simma, S. Nicolai, A. Milléquant, J.-S. Merle, P. Giusti, O. Corsini, V. Mangado, M. Bauduin, S. Bonneau, P. Poignand, M. Durozier, E. Doe Bruce, A. Saribekyan.

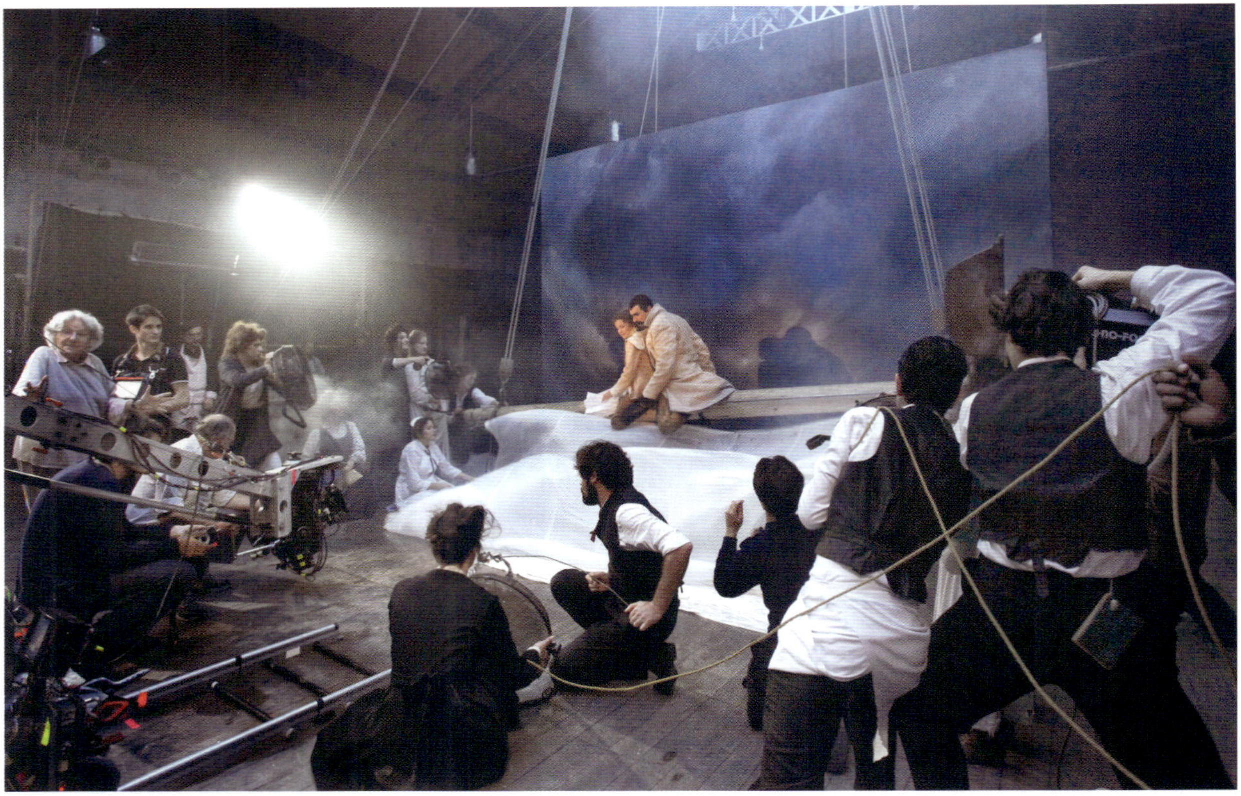

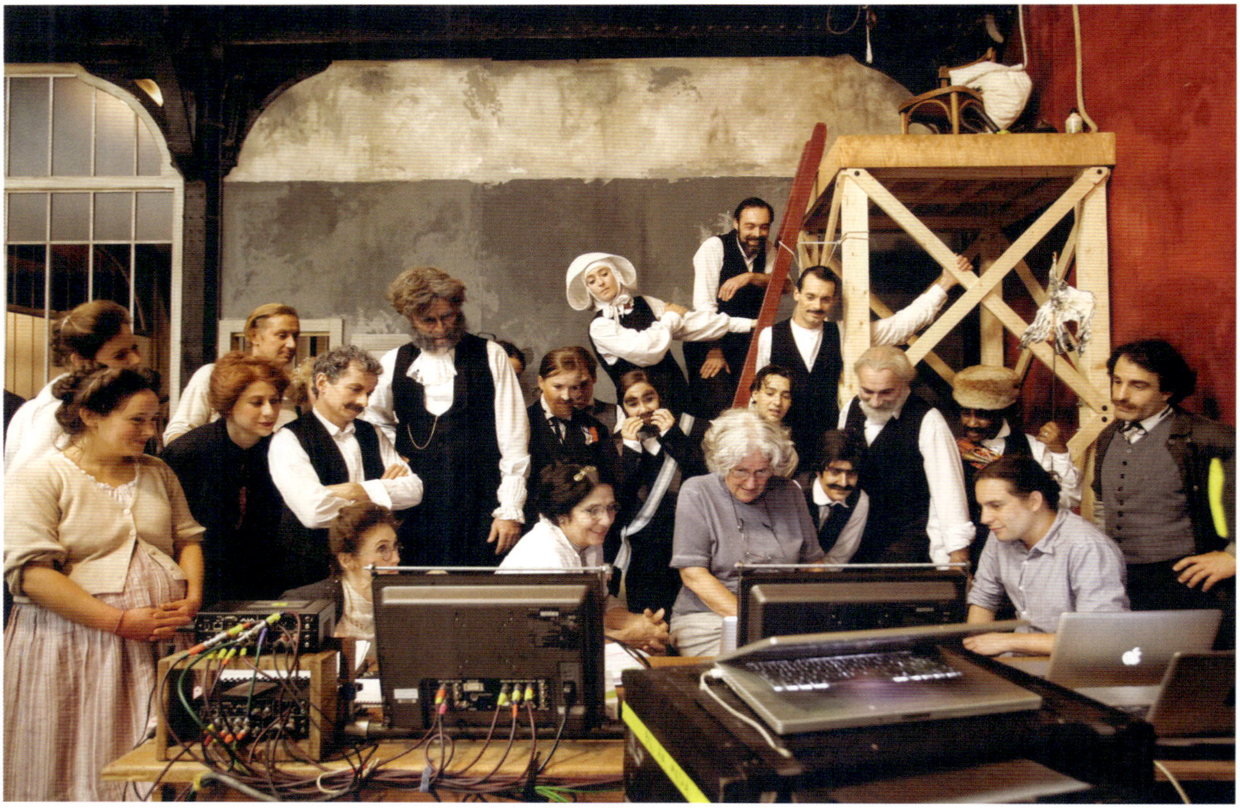

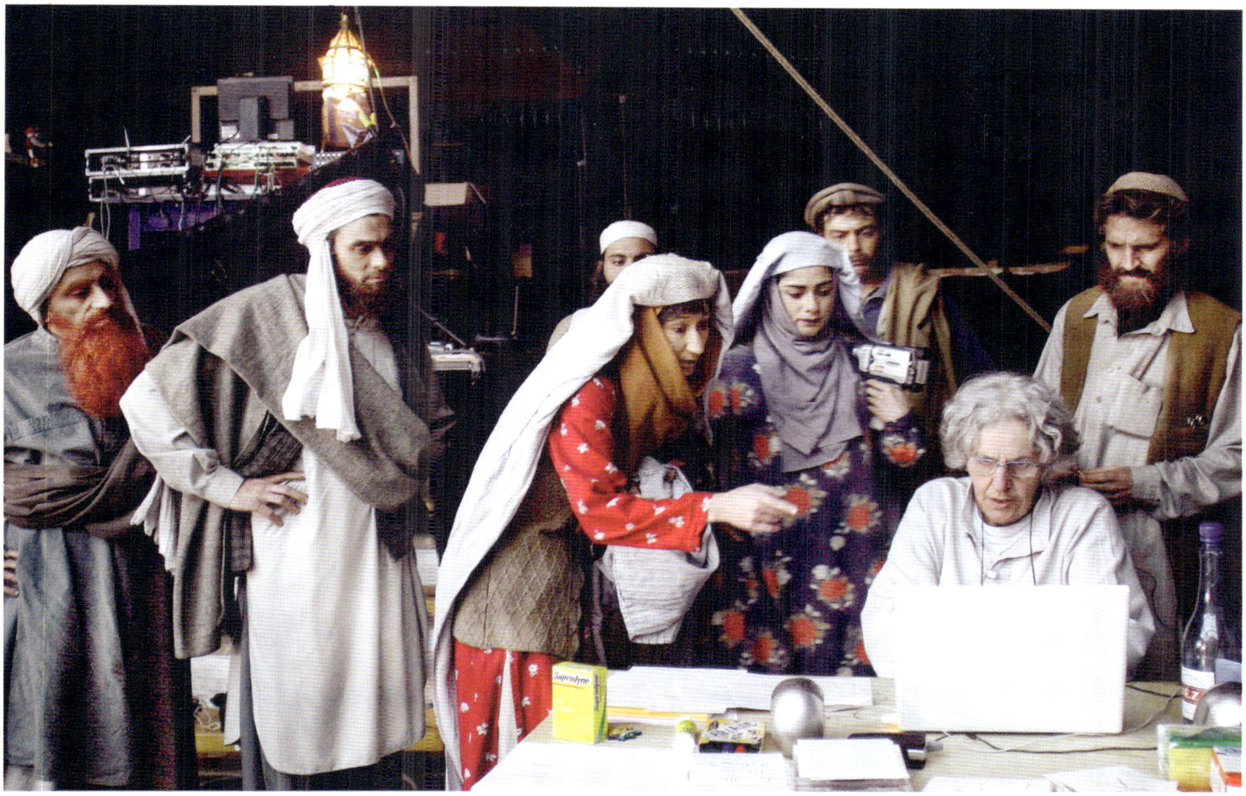
Supradyne

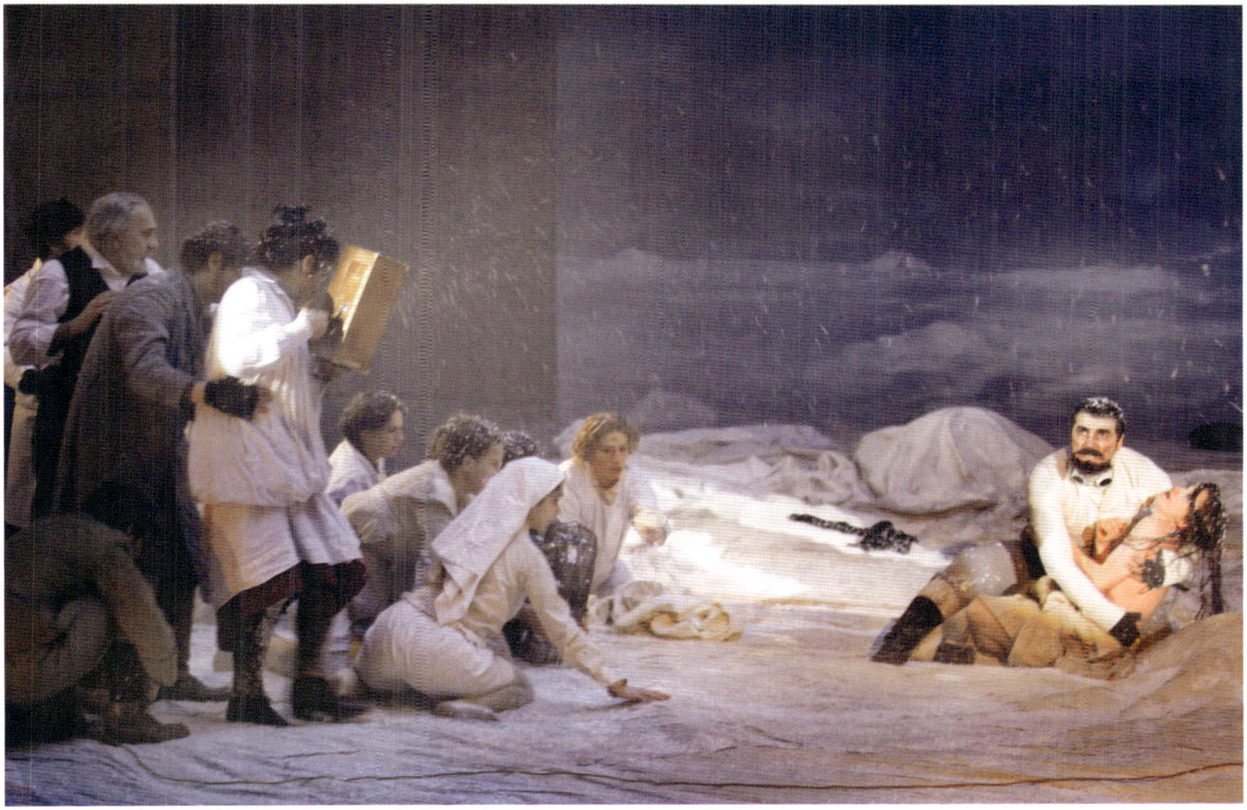

em que se conjugam a história do teatro, a da trupe, as técnicas cinematográficas, os objetos da modernidade e o veículo da diegese. Quanto às carretas do *Louca Esperança*, estão no seu lugar, pois estamos no cinema, e o espetáculo é verdadeiramente um "cineteatro".

Tudo se passa como se, acabando o século, as formas iniciais do cinema ocidental e, em particular, as do cinema mudo, se substituíssem, ou melhor, se superpusessem às formas asiáticas. Mas Eisenstein não analisa isso, em 1928, após ter visto as turnês do *kabuki* em Leningrado, os parentescos dessa arte antiga com o cinema? O palco de cinema se assenta sobre os palcos de teatro nascidos das Ásias do Soleil.

Em *Os Náufragos do Louca Esperança*[8], a cultura do cinema mudo, independente e arcaico, capaz de multiplicar a expressividade do movimento próprio às formas teatrais populares (o teatro de feira é reintroduzido no palco do Soleil com as equilibristas, as pancadarias e as tortas de creme), mas que está também ligado às utopias políticas, sociais e científicas do início do século XX, torna-se capaz de reencantar a arte do teatro pela encenação de seu artesanato coletivo visto por uma trupe de teatro.

E Súbito Noites de Vigília e *Tambores Sobre o Dique* inauguram o retorno à criação coletiva nas improvisações dos atores-autores, indicando ao mesmo tempo sua possível transformação graças à chegada do computador e do vídeo. Essas ferramentas vão aliviar e ao mesmo tempo tornar mais complexa a escrita coletiva. Todas essas transformações da produção teatral que levam a criar novos estados, fílmicos, de espetáculos e a servir-se do vídeo como caderneta de anotações afetaram mais de um teatro, porém raros são aqueles que, durante dez anos, as converteram num método, ligado às condições que de pronto o Soleil soube se proporcionar e construir: uma casa-teatro capaz de tornar-se casa-mundo e casa-cinema.

Um Novo Laboratório de Escrita Coletiva: Organização

Uma equipe ampliada cerca agora a diretora. Ao lado de C.-H. Bradier, há uma pessoa especialmente encarregada de gravar em vídeo os ensaios, apelidada de "memória visual"[9]. O assistente será progressivamente desincumbido das tarefas iniciais de transcrição das improvisações, de legendagem das turnês e dos espetáculos (na França). Mas aquilo de que ele é responsável é de bom tamanho: ele mantém

PÁGINA ANTERIOR

▲ O Último Caravançará (filmagem)
A. Mnouchkine consulta no seu computador o rascunho que ela compôs com os atores. Ao seu redor, da direita para a esquerda: P. Guarise, D. Santonja-Ruiz, S. Masson, J. Marvan Enriquez, J. James. Atrás: E. Dorand, V. Mangado.

▼ Os Náufragos do Louca Esperança (Auroras)
Jean Salvatore (S. Nicolai) reanima Anna, a professora gelada (D. Jambert) esfregando seu corpo com neve. À esquerda, a câmera, e o coletivo da filmagem encarregado dos efeitos especiais. Da esquerda para a direita: A. Sarybekian, M. Durozier, S. Jailloux, J. Carneiro da Cunha, A. Borsari, A. Milléquant, P. Giusti, F. Voruz.

Os Náufragos do Louca Esperança (ensaio)

Yuras, o jovem indiano Alakaluf (Seear Kohi), fiel companheiro do Kaw-Djer (Jean Salvator de Habsbourg-Toscane), o herói de Jules Verne, salta na tempestade. Um koken, branco para ser "invisível" entre os blocos de gelo de E. Stiefel e os cobertores brancos que figuram o solo nevado, agita suas roupas graças a fios costurados, juntando assim à neve e ao frio a força do vento. Há aí um concentrado do atletismo coletivo próprio ao Soleil, em que a energia de uns deve ajustar-se à eficácia dos gestos dos outros.

um diário de bordo sobre o que se diz e o que se faz, fotografa, organiza e classifica os materiais juntados (escritos, fotos e filmes). Ele reúne a documentação, é o interlocutor permanente dos atores quando Mnouchkine se adiantou no trabalho e não está mais disponível.

Voz de Charles-Henri Bradier

[Para os *Tambores*] Ariane me pediu bem depressa para tornar as notas acessíveis para que ela pudesse ter tempo de relê-las e cada um pudesse tirar proveito delas. A cada noite, eu retomava minha transcrição do dia, para enriquecê-la e apresentá-la, pondo em destaque aquilo que havia sido particularmente importante. Na manhã seguinte, ela estava à disposição nos fichários, que continham também as fotos correspondentes. Era um diário de bordo concreto, destinado a ser diretamente útil aos atores. Eu indicava se

Imagens do trabalho coletivo no Soleil
O Último Caravançará

estávamos no texto ou na improvisação, eu precisava quem eram as personagens e os atores nos papéis que lhes eram distribuídos e, sobretudo, eu retomava escrupulosamente as palavras de Ariane aos atores. Cada semana, eu redigia um sumário, uma recapitulação dos "momentos fortes". Todos os dias era preciso também transferir

CAPÍTULO 7 DEZ ANOS DE CRIAÇÃO COLETIVA ENTRE CINETEATRO, TEATRO DOCUMENTÁRIO E EPOPEIA LÍRICA

as imagens dos ensaios para VHS, para poder rever as tomadas com os atores. As improvisações ou os trabalhos nas cenas eram então classificados, depois, ao cabo de alguns meses, reclassificados, um verdadeiro trabalho de montagem: chega-se então às séries que mostravam a origem e o desenvolvimento de uma personagem ou de uma situação, em continuidade, ou então aos primeiros encadeamentos das cenas, em cronologia.

Para *O Último Caravançará*, nossas ferramentas se desenvolverão, diretamente no Final Cut (software de edição de vídeo), em que classificaremos as imagens das improvisações. Podíamos então escolher ainda mais no interior dos momentos filmados, fazer verdadeiras pequenas montagens e gravar DVDs mais rapidamente. Isso confirmava também que nosso método correspondia de fato às tentativas de construção dramatúrgica:

Os Efêmeros
Na segunda nave, preparação das carretas (D. Cottu, D. Bellugi-Vannuccini e F. Ressort). A carreta da porta, retangular, servirá para os episódios "A Sacanagem" e "O Perdão". A carreta redonda à direita é um consultório médico para os episódios "O Ultrassom" e "A Mesopotâmia".

essa montagem narrativa e poética, absolutamente virtual, e até arriscada, das improvisações, permitia entrever algo que não era ainda o espetáculo acabado, mas que ele poderia vir a ser.

Para *Os Efêmeros*, meu trabalho de anotação tornou-se ainda mais ativo e perseguia um objetivo que podia ser, de maneira subterrânea, assimilado a um trabalho dramatúrgico. Eu classifico habitualmente minhas notas conforme os caminhos que são abertos pelas propostas dos atores, segundo os mundos que se agregam no palco. Uma parte do meu trabalho, com a pessoa que cuida do vídeo, é fazer uma lista dessas improvisações, depois escolhê-las conforme as indicações de Ariane, nomeá-las e, finalmente, classificá-las, para encontrá-las facilmente para um exame ulterior, ou associá-las, quando percebemos que uma improvisação não está suficientemente construída ou que, ao contrário, sua matéria está dividida em duas propostas demasiado independentes uma da outra.

Para *O Último Caravançará*, tratava-se de histórias a seguir, ainda que fossem por natureza inacabadas, fragmentos de vida, etapas de viagens, paradas ou itinerários. Mesmo assim, por trás

Os Náufragos do Louca Esperança

dessa impressão de acumulação, havia uma estrutura sólida, não se podia misturar tudo, havia rotas a seguir e uma marcha da História. Para *Os Efêmeros*, a matéria era mais difusa, oriunda dos inconscientes, inclassificável. E nós percebemos rapidamente que, para conservar em nosso trabalho sua qualidade de irrupção, essa

CAPÍTULO 7 DEZ ANOS DE CRIAÇÃO COLETIVA ENTRE CINETEATRO, TEATRO DOCUMENTÁRIO E EPOPEIA LÍRICA

> relativa brutalidade emocional, não podíamos estabelecer nenhum vínculo, nem tecer um pano de fundo familiar.[10]

O vídeo dá o texto cênico completo de uma improvisação, "a partitura anotada", diz Mnouchkine[11], "uma obra tangível", aquela que faltava às criações coletivas dos anos 1970; ela pode ser retrabalhada, mas a boa improvisação deve também ser bem filmada para ser retrabalhada, insiste Ariane. A classificação permite a triagem, a marcação dos lugares e, portanto, um exame fácil – exame coletivo na tela grande, em que o olhar do ator deve tornar-se um olhar do diretor, e exame pessoal que se torna possível, sobretudo depois de *Os Efêmeros*, quando o olhar do ator estava suficientemente formado por essa prática coletiva e dirigida.

O papel da diretora evolui. O ator Sava Lolov dizia de Mnouchkine que ela trabalhava como uma budista em *O Último Caravançará*, para caracterizar sua passividade ativa diante das propostas e suas exigências de ampliação, de precisão, de abandono das visões acessórias para criar a visão final. Ela própria vê-se então como dando "ferramentas de encenação aos atores", que assumem a criação, ao passo que "seu papel não é continuar a atravancar", mas que ela "peneira, escolhe, impele,

Macbeth. **Intervenção do músico (J.-J. Lemêtre) durante um ensaio.**

recusa, aceita, põe um grão de sal ou um grão de fermento". Ela diz: "Eu sou diretora, mas trabalho coletivamente; não é modéstia. Esse método de trabalho é artisticamente eficaz e politicamente justo". Por meio desse método de criação coletiva ao mesmo tempo organizado, dirigido e à escuta, é um modelo de sociedade que parece ser proposto, e Mnouchkine reconhece que ela se tornou cada vez menos abertamente diretiva, o que indica o caminho percorrido desde *1789*, em que ela se julga retrospectivamente "muito violenta"[12]. Nos créditos de *Os Efêmeros*, a direção é assinada por todos os atores e Mnouchkine, em ordem alfabética.

O trabalho musical também se transformou. Com *O Último Caravançará* apareceram as gravações e a mixagem. Lemêtre faz arranjos sutis de uma música clássica que pertence amiúde a uma memória coletiva. Para o *Louca Esperança*, ele utiliza um banco de dados preparatório ,composto por setecentos discos ou CDs (que cobrem a época 1880-1914), de mixagens realizadas em estúdio, onde ele retrabalhou o som, as nuances, os sopros e as composições pessoais. Ele propõe, adapta, trabalha com o texto falado, e não com o escrito, afina-se conforme a voz dos atores ou, nas cenas mudas, o seu ritmo físico. A música não deve esmagar o ator, que deve crescer na dimensão do que ela propõe.

Os Náufragos do Louca Esperança. L. Cocito, Ch.-H. Bradier e A. Mnouchkine examinam as imagens de uma improvisação filmada (fevereiro-março de 2009).

Ela o impede de ser psicológico quando ele está "na música". A diretora e o músico se falam com fones de ouvido desde *Os Efêmeros*, em que a posição do músico num balcão elevado o exigia, mas essas trocas secretas são talvez necessárias para a criação coletiva, assim como são secretas as "confabulações" dos atores com o músico que precedem cada uma de suas improvisações – momento em que ele é posto a par de alguns dados, captando o resto de relance, ao acompanhá-los.

Enfim, o espaço das criações coletivas, "sonhado" por Mnouchkine, é tão rapidamente confirmado pelo diálogo cúmplice que ela mantém com G.-C. François que o cenógrafo histórico associado não tem mais a fazer senão deixar para os atores o cuidado de povoar a matriz proposta. Os atores tornam-se, no processo do trabalho, cenógrafos-construtores, e uma grande parte de seu trabalho de preparo das improvisações consiste em inventar, sobre carretas de diferentes tamanhos e formas[13], cujo princípio é encontrado desde as primeiras improvisações do *Caravançará*, seu espaço que é o quadro, no sentido cinematográfico do termo, de seu aparecimento em cena. Assim, Serge Nicolai se vê como ator armado de furadora e martelo. Mas representar em pequenos palcos que, além do mais, são móveis constitui uma nova escola de atuação para os atores.

Trabalhar em Conjunto Sobre Documentos Vivos: *O Último Caravançará* (*Odisseias*)

A gênese de *O Último Caravançará* se dá na época das turnês dos *Tambores*, no momento em que Jean-Pierre Alaux, do Gisti, leva Ariane a Sangatte, perto de Calais. No imenso hangar desativado da construção do Eurostar, ela descobre um mundo diferente daquele apresentado pelas mídias: os membros da equipe da Cruz Vermelha e sua generosidade, as famílias e pessoas vindas do Irã, do Iraque, do Afeganistão, viajantes sem bagagens, sem documentos, que fogem de um país em guerra, de um governo que os persegue, de um ditador, dos talibãs que achincalham os direitos das mulheres e proíbem a educação para todos. Ou que fogem da miséria, todos repletos de seu mundo e de suas histórias: um caravançará dos dias de hoje, a ressoar com as odisseias de miseráveis errantes humanamente tão ricos.

Na última apresentação em Sydney, uma frase, projetada sobre as preciosas sedas dos *Tambores Sobre o Dique*: *Free the refugees* (Libertem

O teatro pode dizer tudo, fazer tudo. Nunca o senti tanto quanto na criação de O Último Caravançará.
Ariane Mnouchkine[14]

os Refugiados), soa como o anúncio do próximo espetáculo, nas antípodas. É que na Austrália Mnouchkine passou as tardes opressivas do sol de janeiro, acompanhada de Shaghayegh Beheshti, atriz que fala farsi, em Villawood, "campo de detenção" no subúrbio de Sydney, onde se amontoam centenas de refugiados que aguardam o milagre de sua "regularização" na Austrália, a terra prometida que eles por fim atingiram. Porém, o que lhes acontece no mais das vezes é o retorno forçado para a guerra ou para a miséria que eles deixaram com perigo de vida, ou a "deportação" para países que haviam atravessado anteriormente, como a Indonésia tão próxima e suas ilhas de Lombock ou de Bali, para onde Mnouchkine irá e onde cruzará com outros destinos desesperados.

É a primeira coleta de entrevistas em torno de uma pergunta de Mnouchkine àqueles que abandonaram tudo: que relato transmitir a seus filhos? A transmissão dessas vidas, frágeis conchas sobre as rotas e os mares do mundo, será também o centro do espetáculo. De volta à França, um novo e grande estágio permite encontrar novos atores e aumentar a diversidade cultural da trupe. Mnouchkine irá regularmente a Sangatte, sempre com Shaghayegh Beheshti, bem como com Sarkaw Gorany, ator curdo refugiado que a guiará pelos dédalos do campo onde ele viveu, e que atuará no espetáculo. Alguns atores que, durante as turnês dos *Tambores*, viram *Rwanda 94* do Groupov, também irão até lá, fortemente comprometidos.

A documentação sobre a qual vai se apoiar o trabalho de improvisação é essencialmente constituída dos testemunhos de homens e mulheres encontrados, aos quais se trata de dar uma voz pública e pessoal. Na etapa final da criação de *A Era de Ouro*, as improvisações eram testadas, guiadas, corrigidas por um público interessado. Aqui, esse encontro é situado no começo do trabalho. Engajamento e prática artística se misturam estreitamente, a ponto de se confundirem. É o caso de Jean-Charles Maricot: representando o papel de Parviz, um refugiado de Sangatte que perdeu a perna ao agarrar-se ao Eurostar – no espetáculo –, Maricot cuidará de Parviz até que este obtenha seus documentos. Cenas como o interrogatório por videoconferência do refugiado iraquiano Al Bassiri no tribunal de Melbourne serão totalmente verídicas.

Os "documentos vivos" assim reunidos sobre um longo período serão de três ordens: os que a diretora gravou, os encontros efetuados pelos atores e suas experiências pessoais nas diferentes partes do mundo de onde provêm (Irã, Bulgária, Rússia). Mnouchkine não dará

O Último Caravançará
▲ Origens e destinos, relato 330, "Retorno a Jalalabad". Zpojmai (A. Grant) e Kazhal (V. Le Coënt), duas mulheres afegãs de niqab, vêm ver, deslizando cada uma sobre uma pequena carreta, as ruínas de sua casa, dispostas sobre uma carreta maior.

▼ Origens e destinos, relato 337, "Alice no país das maravilhas" Na Geórgia, Svetlana (D. Cottu), plantada sobre sua carreta coberta de terra negra, fala com Abai Kalgan (S. Lolov), o pastor ossete montado no seu asno. O asno tem sua própria carreta. Acocorada na carreta, Assia, a filha de Svetlana (M. Larrañaga y Ausin). Os puxadores (da direita para a esquerda): E. Doe Bruce, S. Brottet-Michel, O. Corsini, V. Bianchini, D. Santonja-Ruiz, É. Gruat.

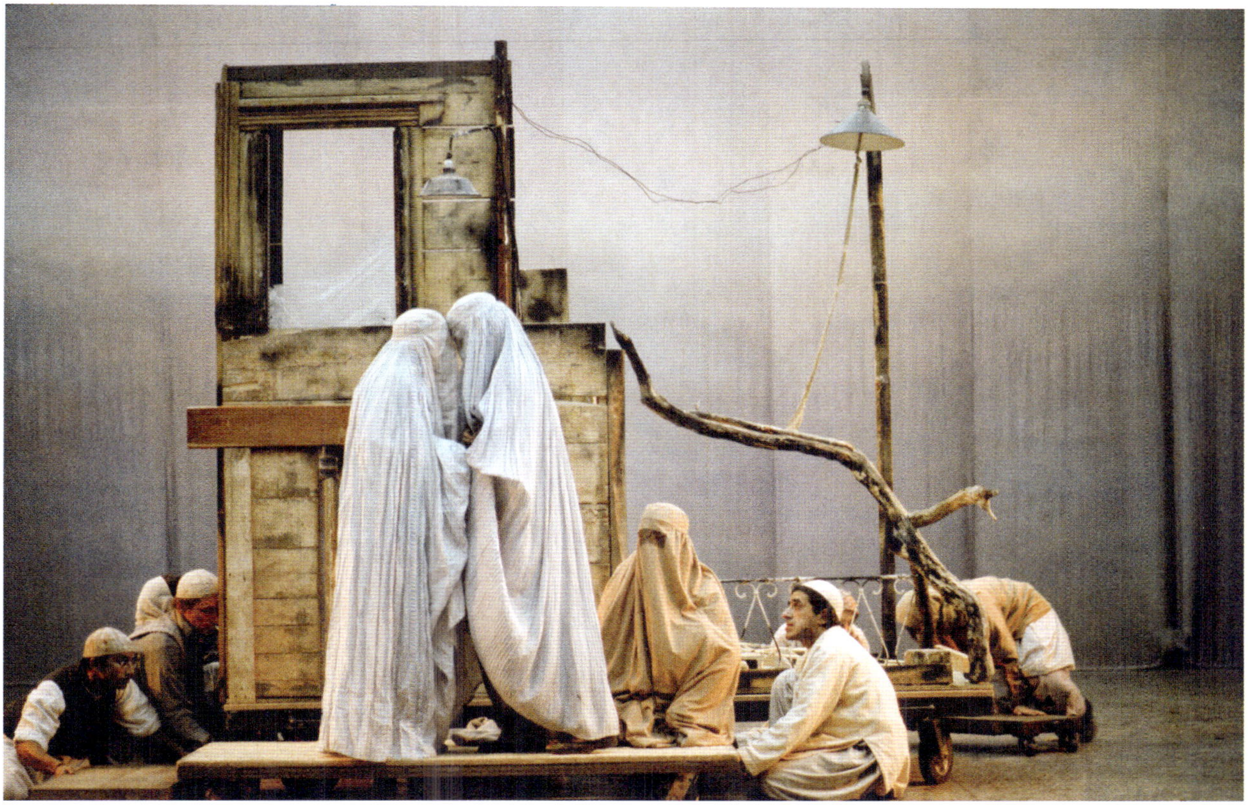

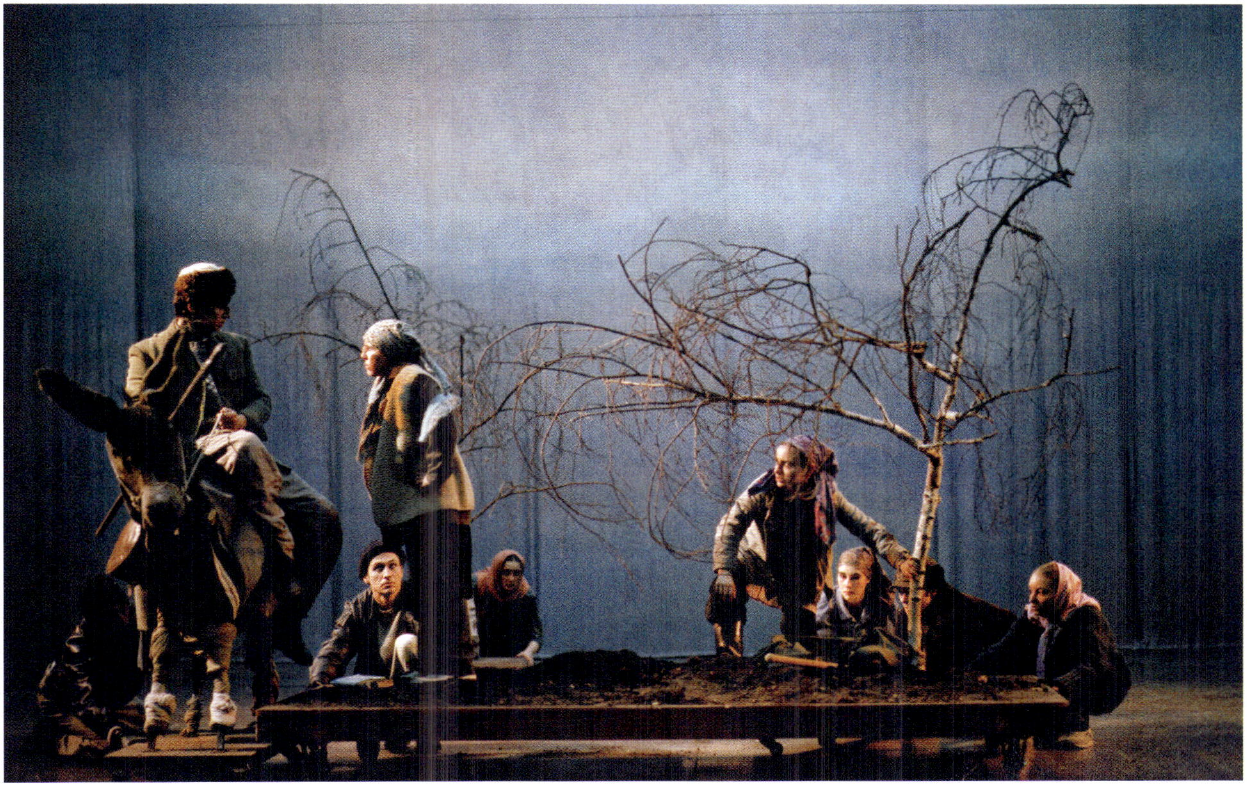

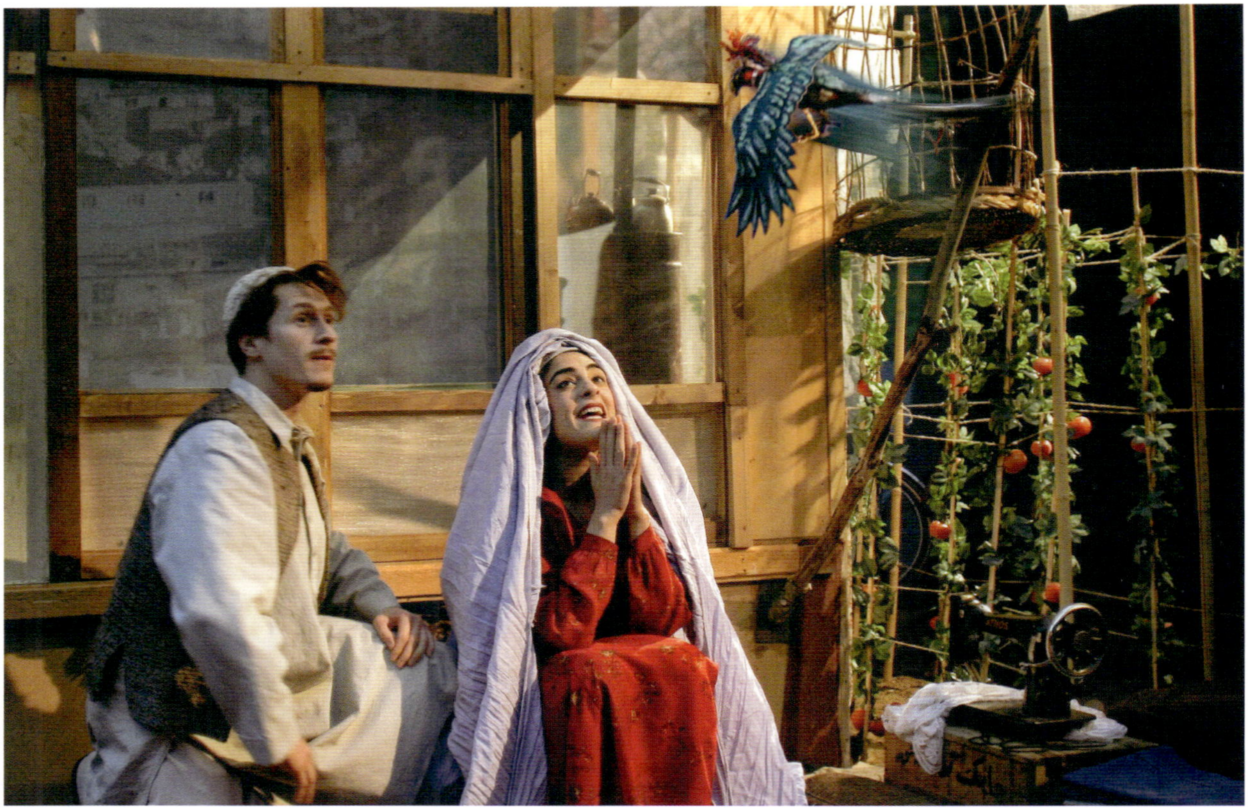

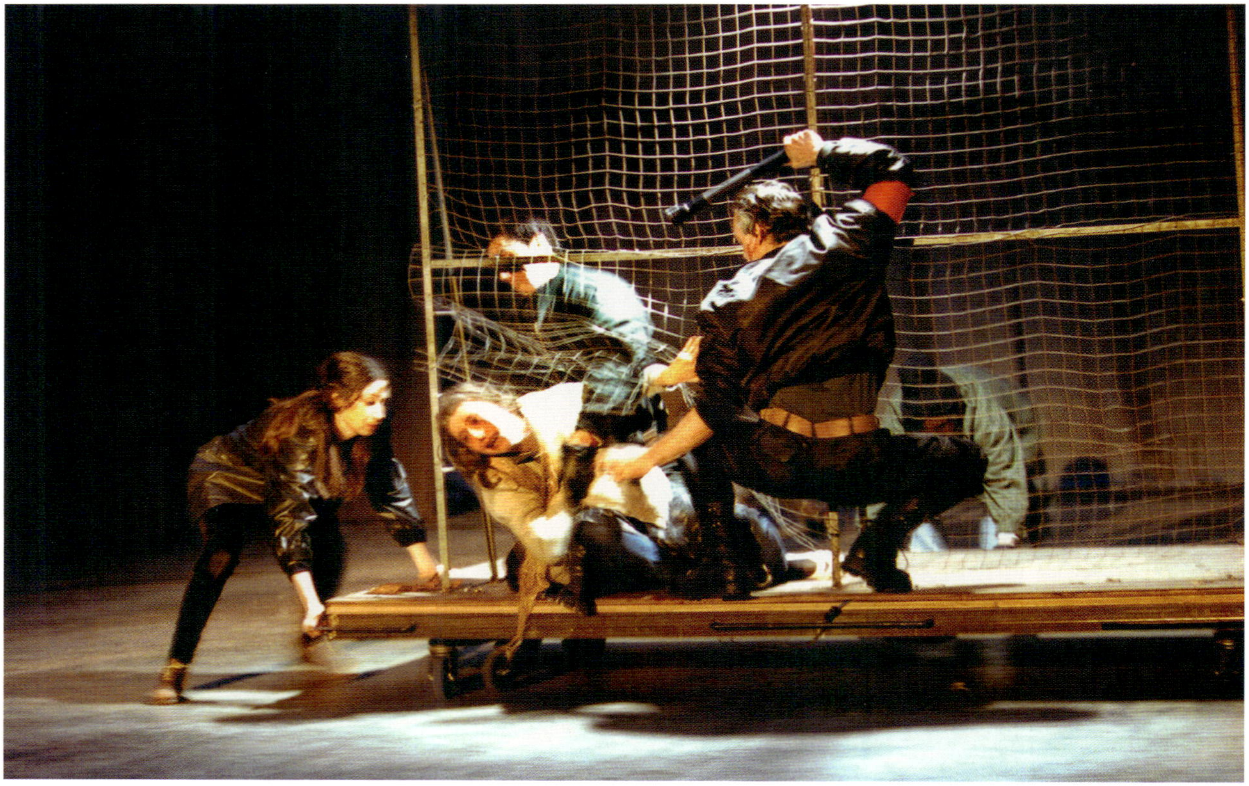

Dans trois jours, ta sœur et toi vous quittez l'Iran ...

PÁGINA DUPLA ANTERIOR

O Último Caravançará

⚑ O rio cruel, relato 136, "Um amor afegão".
Sobre seu terraço de rodas, os enamorados Fawal (S. Brottet-Michel) e Azadeh (S. Beheshti), que acabará enforcada pelos talibãs, conversam com o pássaro da felicidade.

⚑ O rio cruel, relato 122, "O grande assalto dos refugiados".
Os agentes de segurança do Eurotunel (F. Ressort e V. Mangado) maltratam Clavdia (E. Loukiantchikova-Sel), que quer saltar no Eurostar. Os puxadores: S. Masson e D. Santonja-Ruiz.

⚑ O rio cruel, relato 332, "A última manifestação".
Em Teerã, na sua sala-carreta, o pai Mirza Zamani (M. Durozier) e seus filhos Eskandar (J.-C. Maricot) e Parastou (S. Beheshti). O diálogo é travado em dari, a tradução é exibida na fachada.

⚑ Origens e destinos, relato 331, "Presente de casamento".
Milenka, a jovem noiva sérvia (aqui V. Bianchini), morta, está estendida sobre sua carreta de teatro. Em torno dela, Liszitsa, um vagabundo sérvio (S. Brottet-Michel), e, na moto, Vuk, um proxeneta sérvio (S. Nicolai). A puxadora: J. Marvan Enriquez.

imediatamente essas gravações aos atores, e Shaghayegh tem a missão de nada dizer – mas, segundo C.-H. Bradier, ela irradia esse conhecimento. Quando ela os der enfim, estará evidente para todos que essas vozes devem ser ouvidas no espetáculo. Elas alimentarão uma segunda etapa da criação e fornecerão a estrutura do espetáculo.

A imensa saga, coproduzida pela Ruhrtriennale com o apoio de Gérard Mortier, dura seis horas (com as pausas necessárias para que o espectador possa respirar e se recuperar), em sua versão integral representada no fim de semana. Ela é composta de duas partes: "O rio cruel" (abril de 2003) e "Origens e destinos" (novembro de 2003). Estas, por sua vez, são subdivididas em capítulos ou sequências, em que se encontram as mesmas personagens e em que a maior parte dos trinta e sete atores, sem contar as crianças, representam vários papéis.

Que forma inventar para que o documento não perca sua força de impacto e que ao mesmo tempo esse teatro documentário seja uma obra de arte? As soluções são muito diferentes das propostas por Peter Sellars que, sobre o mesmo tema, no mesmo ano de 2003, apresenta *Os Filhos de Hércules* de Eurípides, envolvendo a apresentação de debates e filmes para abri-la à atualidade. Atrás do palco nu, recoberto de uma camada de cimento alisado e colorido na massa com degradês de cinza e preto, uma seda cinza se ergue, sobrevivente de *Tambores Sobre o Dique*. Essa seda se levantará no começo e no fim de cada sequência para as entradas e saídas permitidas também pelas duas passarelas inclinadas que margeiam lateralmente o palco. No proscênio, uma longa cavidade retangular. Sobre esse palco vazio, ao mesmo tempo sombrio e luminoso, tudo é dedicado ao movimento, pois o espetáculo só fala de peregrinações, de viagens e de perdas de raízes. A representação é feita sobre praticáveis rolantes postos em movimento ou detidos por "puxadores", que assistem às cenas e são os delegados do público, e até um coro silencioso, mas expressivo. Cada lugar tem sua carreta que entra, carregada com seu cenário e suas personagens. Outras personagens podem intervir, sobre praticáveis menores. Eles são assim elevados acima do piso do palco, constantemente deslocados e desequilibrados.

Um dos episódios recorrentes é a passagem da fronteira: um grande praticável colocado na borda do buraco retangular, limitado na frente por uma rede de arame que os atravessadores cortam para que os refugiados se introduzam entre as malhas e saltem no vazio – que representa ao mesmo tempo o risco, o esconderijo onde os policiais os procuram e o trem ao qual, aproveitando-se de uma desaceleração, eles devem se agarrar para alcançar a Inglaterra. Outros palcos rolantes evocam um porto francês, uma estrada caucasiana, uma praia, uma casa afegã ou tchetchena, uma oficina clandestina, a pista de pouso de Roissy, o tribunal australiano, uma falésia inglesa... Alguns trazem um contêiner para o contrabando, um asno, uma moto, ou simplesmente árvores que indicam as diferentes estações, ou ainda um poste de iluminação pública. Os tabiques erigidos sobre essas "caravanas" teatrais podem ser munidos de aberturas que permitem enquadrar os rostos em "primeiro plano". A referência ao cinema – mudo, ficção, documentário[15] – é constantemente presente na atuação em que a palavra é rara, assim como no tratamento do espaço, decupado e móvel, no movimento das carretas, na diversidade dos enquadramentos e planos que elas propõem, na narração liberta de toda cronologia, na multidão de línguas utilizadas, todas ferramentas que o teatro "poliu com toda a sua potência poética"[16].

Com esse dispositivo espacial, pronto para acolher dezenas de histórias de partidas e de separações dilacerantes, combinam-se um dispositivo visual e um dispositivo musical que pertencem tanto à dramaturgia quanto à cenografia. O estatuto do texto em *O Último Caravançará* é de duas espécies: depoimentos gravados e falas dos atores de todas as nacionalidades, que falam vinte e duas línguas (farsi, russo, búlgaro, inglês, ucraniano, alemão, turco, árabe, dari, tchetcheno...). Os depoimentos, expressos em suas línguas originais, comovem pelo timbre particular das vozes, pela beleza das sonoridades, pela profunda emoção que os faz vibrar. São traduzidos para o francês por uma escrita que corre sobre a seda do fundo, enquanto o equivalente francês das falas é projetado sobre qualquer parte do dispositivo. Poderosa associação do oral e do escrito!

A música continua a ser o "tapete" sonoro sobre o qual representam os atores: ela serve também de marcação de cena – evocando o lugar, o momento, identificando um acontecimento político; ela compõe um espaço sonoro estratificado que completa o texto, reduzido ao essencial, e aprofunda a narração. Instrumentos para a música ao vivo, máquinas eletrônicas, *samplers*, esse grandioso mercado de sons desta vez está um pouco afastado do público por uma grande cortina cinza transparente.

Cada parte de *O Último Caravançará* começa com as tribulações dos exilados sobre a água – rio ou mar – em agitação desenfreada: sequências em que os praticáveis oscilam sobre metros e metros de seda desdobrada, furiosamente sacudida pelos atores. Essa forma constrói um hino à palavra dada: na abertura de cada parte, a voz de

Mnouchkine, primeiro ao vivo e mais tarde gravada, anuncia numa carta (traduzida oral e simultaneamente em farsi por Shaghayegh Beheshti e inscrita em projeção animada sobre a seda cinza), dirigida a um de seus principais interlocutores por ocasião das investigações realizadas, que o espetáculo prometido está enfim terminado e lhe pede notícias suas.

"Cara Nadereh", essas palavras ressoam ainda em meus ouvidos, ampliando o endereçamento do espetáculo a outros além de nós, público do Soleil. Nadereh reencontrada verá o espetáculo quando da turnê em Melbourne, assim como o capitão Rinnan, comandante do cargueiro *Tampa*, que havia recolhido, contra a ordem dada, crianças náufragas ao largo das costas australianas, e que será celebrado pela trupe e pelo público durante uma apresentação em Lyon. Essa forma é também, tanto na sua gênese quanto na sua realização, um hino à fraternidade, materializado pelas saudações em que, após tantas cenas de violência e de ódio, os trinta e sete atores do Soleil, homens de um lado, mulheres do outro, se lançam uns nos braços dos outros.

Voz de Ariane Mnouchkine (primeiro adeus ao Caravançará)
Meus amigos muito queridos,

A canícula finalmente acabou. Enfim, respira-se. Quase dava medo. Uma espécie de cataclismo teimoso tinha se acocorado sobre a cidade, sitiando-a pelo céu, com seus grossos pés pesando sobre seu peito, realmente decidido a asfixiá-la. Enfim, veio uma ordem divina que fez o monstro levantar-se. Ele se retirou de má vontade. Ele voltará.

A Cartoucherie é fresca, espantosamente fresca. A Recepção é escancarada. À esquerda, através da cortina de plástico, goteja a luz do ateliê, à direita o grande negro da sala. E a poeira branca que envolve tudo de bruma. O caos necessário a todo começo. A todo nascer do dia. Sim, vocês, na Grécia, estão na harmonia de um pôr do sol. Na sua quase perfeição, e provavelmente também na sua melancolia. E eu, eu estou na desordem do nascimento. Na sua cacofonia. Na sua angústia.

Eu desejo ao *Último Caravançará* o mais glorioso pôr do sol com o qual uma constelação como a nossa possa sonhar. Creio, sem fanfarronice, que este espetáculo fez o bem à sua volta. E se ele o fez, é também porque nós fizemos bem o nosso trabalho. Ficamos em silêncio, escutamos, acreditamos, recebemos, e quase todas as noites, e até a última noite, perseguimos meticulosamente a excelência. E sobretudo, quase todos os dias, nós permanecemos unidos e, quase todos os dias, nós nos amamos.

Eu os abraço com mais força do que vocês poderiam suportar.
Ariane

Carta de 29 de julho de 2006 dirigida à trupe, que estava ensaiando *Os Efêmeros*, interrompidos pela última turnê do *Último Caravançará*, na Grécia.

Um Outro Espetáculo-Rio: *Os Efêmeros*

Os Efêmeros criam a surpresa, parecem ir contra a corrente. Aliás, não se reconhece mais o espaço familiar da Cartoucherie, cuja terceira nave foi totalmente remanejada num dispositivo bifrontal onde os espectadores, inseridos na encenação, ficam face a face ao longo das seis horas e trinta minutos que dura o espetáculo, sentados nas arquibancadas limitadas por grades em que se avolumam linhas de pequenos diodos atentos e festivos que "encuadram" bustos e semblantes. O espetáculo é uma montagem de pedaços de vida, tomados ao vivo. Os atores lavam a louça, cozinham, comem, têm cheiro de alvejante ou alecrim grelhado, um médico faz um ultrassom, um homem espreme um suco de laranja para sua mãe, crianças são vestidas, comemora-se um aniversário, uma menina aprende a andar de bicicleta, uma mãe se emboneca para o casamento de sua filha, um homem maltrata sua mulher, e a morte dos parentes ronda sem cessar. O espetáculo avança sobre novos territórios que são os do íntimo, do familial e do banal. A famosa distância parece totalmente reduzida a zero: a regulagem do foco de A. Mnouchkine é de novo modificada para aproximar o individual, ou melhor, o "nós" através do "eu". *Os Efêmeros* dialogam com o *Caravançará*, desenvolvem temas que apontam por vezes para o coração da grande epopeia – instantes preciosos e simples da vida passada da qual o exílio os separou para sempre –, o íntimo trespassando sob o épico graças aos relatos das testemunhas. O objeto de observação não é mais prioritariamente o estrangeiro, conforme uma das máximas do Soleil: "Quanto mais longe se coloca seu imaginário, melhor se consegue falar de si"[17].

O ponto de partida… a perda, um cometa que se abatia sobre a Terra, imagem da qual nós partimos. O fim do mundo é nosso desencadeador inicial. Ele foi ainda mais importante como desencadeador do que se podia pensar. Ariane Mnouchkine[17]

Trata-se aqui de um único país, a França, e de franceses de quatro gerações, as mesmas que coexistem hoje no Soleil. Em vez do sopro épico da sobrevivência que conduz o *Caravançará*, é o sopro de uma época (de 1940 até hoje) que anima *Os Efêmeros*. A experiência acumulada pela trupe e transmitida em seu seio é aqui capital, ela lhe permite avançar, enriquecida pela cultura da precisão e do desenho cênico ensinada pelas tradições dos palcos orientais e das máscaras[19]. Enfim, a distância mínima entre o teatro e seu material é assumida por um modo de criação e um dispositivo específicos que evitam qualquer recolhimento temeroso, qualquer naturalismo, qualquer voyeurismo, e permitem ver como raramente se viu: os espectadores procuram-se mutuamente olhando ao mesmo tempo os atores, eles próprios olhados por "puxadores" atentos.

"Um Relato Íntimo a Trinta Vozes"[20]

O desafio reside desta vez no modo de escrever um relato teatral a partir das lembranças de infância, ao mesmo tempo muito pessoais e mutuamente assumidas, que uns e outros contam sob o olhar de Ariane Mnouchkine e de comum acordo com ela, que se entrega, nesse processo, tanto quanto seus atores, que remonta, em sua história, até a de seus avós sob a ocupação nazista. Delicadeza e fragilidade desse compartilhamento muito pessoal. A criação coletiva não tem rede de proteção, a exposição de cada um é máxima. Deixa-se falar os inconscientes. Trabalha-se – e a palavra ensaio não convém mais: fala-se em conjunto e se improvisa, apropriando-se dos relatos dos outros; trata-se de confidências, de tentativas, de experiências – sem texto, sem fábula contínua, sem outro material senão o de si mesmo e, às vezes, de álbuns de fotografia. Sem dúvida, no curso dessa complexa gênese, a literatura (Anton Tchékhov, Edmond Jabès, Pablo Neruda, Marcel Proust, Raymond Carver…), a história (Marc Bloch, Simone Weil, Primo Levi, Hanna Krall…), os encontros (com Caroline Piketty[21], que inspirará a arquivista do espetáculo), os filmes documentários ou autorais (Bergman, Kurosawa[22], Rossellini, Scola, Wells, Sirk, *Noite e Neblina* de Resnais, *L'Assassinat d'une modiste* [Assassinato de uma Modista], de Catherine Bernstein etc.) são procurados como guias.

As "visões" que são solicitadas aos atores são as de "pequenos seres humanos que descobrem que são mortais" e que a separação é

Os Efêmeros

▲ Coletânea 2, episódio 15, "Nos arquivos" (Stang Bihan). A menina (R. Jodorowsky) sobre um velho colchão. O sótão das lembranças íntimas, dos arquivos pessoais, fará eco ao do Louca Esperança, **lugar onde se encontram os traços de uma aventura coletiva.**

▼ Coletânea 1, episódio 1, "Um maravilhoso jardim" (Stang Bihan).
Uma pequena carreta, com uma portinhola de jardim e um cartaz, avança. A jovem (D. Cottu) que perdeu sua mãe sobe nela. O olhar da puxadora (É. Gruat) e a atitude da jovem bastam para transmitir a dor lancinante da separação.

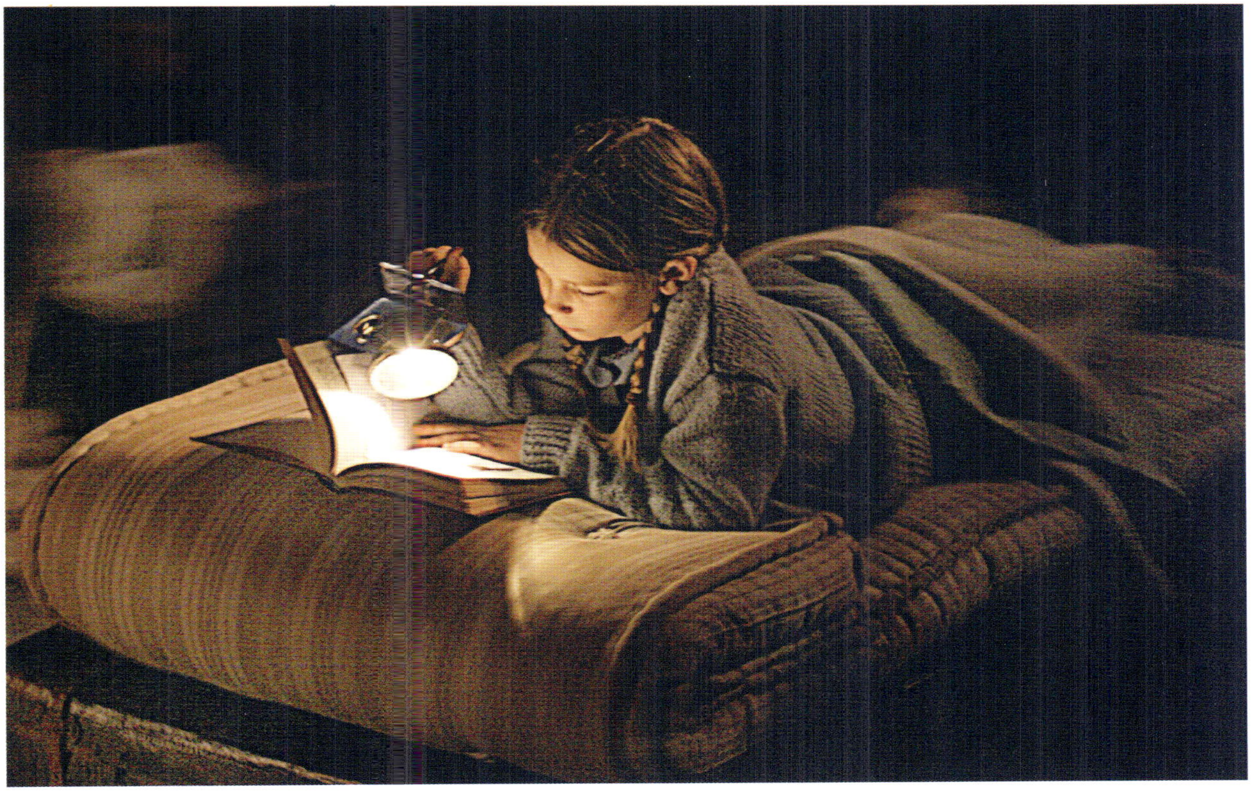

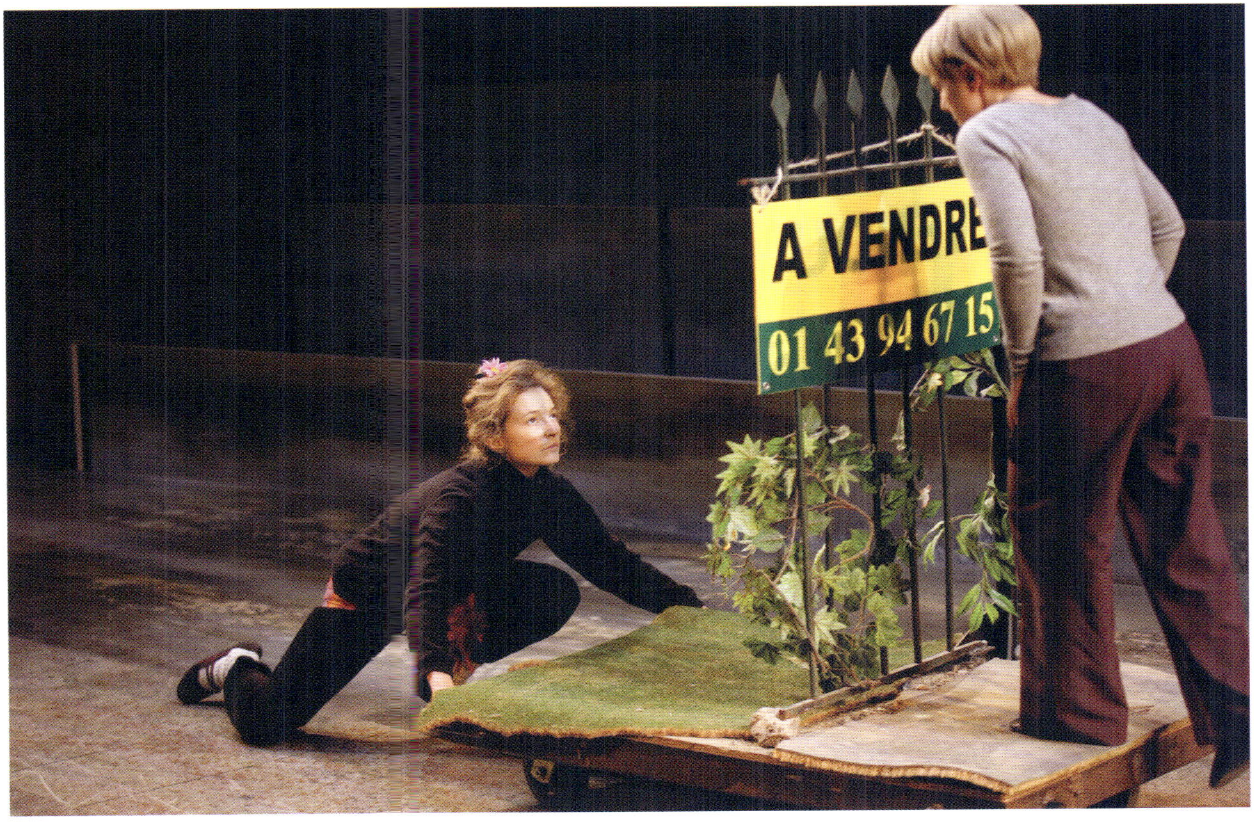
A VENDRE
01 43 94 67 15

Os Efêmeros

▲ Coletânea 1, episódio 9, "A carta tão esperada (O paraíso do povo)". Momento de emoção íntima entre Roxana (J. Carneiro da Cunha) e Manolo (M. Durozier).

▼ Coletânea 2, episódio 29, "Um lugar maravilhoso" (Stang Bihan). Um soldado alemão (D. Bellugi-Vannuccini) interrompe a reunião de uma família que assiste ao filme de John Ford. A tela está em outra carreta. Da esquerda para direita: M. Durozier, V. Colemyn, J. Carneiro da Cunha, A. Simma, E. Loukiantchikova-Sel, R. Jodorowsky. As puxadoras: É. Gruat e M. Larrañaga y Ausin. Há nos Efêmeros momentos de teatro sobre a Resistência.

Os Efêmeros

▲ Coletânea 2, episódio 23, "Os pomos do amor". Exaustos, os pais trouxeram seus filhos (R. de Miranda e R. Delgado) da quermesse. Eles são como que embalados pelos dois puxadores (D. Bellugi-Vannuccini e S. Mahmoud-Vimtam). De costas, D. Jambert, V. Mangado, V. Colemyn e as crianças.

▼ Coletânea 2, episódio 25, "O perdão". Odette Rivière (C. Grandville) impede sua irmã Fanny (M. Larrañaga y Ausin) de abrir a porta para os vizinhos Tatiana e Alexei Menuhin, vítimas de uma razia. No alto, J.-J. Lemêtre.

Os Efêmeros
Coletânea 1, episódio 11, "O filho querido".
Uma sala burguesa numa carreta retangular. Ao telefone, a filha da família (D. Cottu) recebe a notícia do acidente mortal ocorrido com seu irmão, que era esperado para o almoço. A puxadora (M.-L. Crawley), atenta e cheia de empatia, puxa com precaução a carreta.

inelutável. Tendo permanecido muito tempo sem palavras, as improvisações se fazem a partir da música de Lemêtre, que compôs um caderno de estudos-visões musicais, todos em tonalidades menores, sobre temas definidos com Ariane, e que recorre a ele segundo as indicações que lhe dão os atores em exercício. Dos atores se exige: transparência, contenção, simplicidade, saber "pelar-se", operar com escalpelo, receber a visão do outro, procurar o concreto, ser meticuloso.

A escrita desse espetáculo se compõe também com os objetos, uma maré de objetos – mobiliário, bibelôs, abajures, telefones, brinquedos, louça – recolhidos das calçadas, comprados do Emmaus[23], encontrados nos depósitos de uns e de outros e postos à disposição. Os objetos contam o que são as personagens. Escolhidos e dispostos com cuidado de decorador (é essa palavra – *ensemblier* – do vocabulário de cinema que Mnouchkine emprega) pelos atores, cuja atuação consiste também, como para *O Último Caravançará*, em criar eles mesmos o quadro de suas improvisações. Os objetos são atores, parceiros: eles falam e sua linguagem é sussurrada. Gastos, sujos, fora de moda, bricolados, chegando tais quais do passado e das zonas onde foram recolhidos, trazem consigo as inumeráveis vidas anônimas ou identificadas das quais são testemunhas.

Relatos íntimos, improvisações coletivas, música, objetos, vídeo, tais são os instrumentos desse laboratório de escrita cênica. De quase quatrocentas cenas, umas cinquenta serão retidas. Serão os capítulos das duas "Coletâneas" que constituem o espetáculo, como indica o programa, concentrando a essência de muitos relatos íntimos, que contam o que são "todo um grupo, uma classe, um país"[24]. Mais ainda, trata-se de "tecer uma tela francesa, europeia e, finalmente, mundial"[25]. Procurar o pequeno para encontrar o grande, um dos princípios heurísticos de Mnouchkine.

Pode-se imaginar também as dores daqueles cujas improvisações não são retidas. Ariane já havia pensado por um momento ser possível para o *Caravançará* juntar uma terceira parte, com promissoras improvisações abandonadas, mas, assim como seu projeto de representar numa ordem diferente a cada noite as sequências do *Caravançará*, isso não se realizará.

Os Efêmeros
Coletânea 1, episódio 14.
"O aposento da mãe (Natal)".
A partida de Kate, a mãe inglesa (A. Grant), desespera sua filha Liliane (D. Cottu), retida por seu pai (M. Durozier). Trata-se de um ensaio: nas pequenas arquibancadas do espaço bifrontal, veem-se os rostos graves de A. Mnouchkine e C.-H. Bradier.

Um Dispositivo de Visão e Rememoração, Entre Cinema e Romance

A concepção de *Os Efêmeros* começou durante as turnês, depois filmagem e montagem do *Último Caravançará*/filme[28]. As arquibancadas se escalonam em torno de um espaço alongado que Mnouchkine chama alternadamente de "mesa de autópsia, arena, lupa, Piazza Navona". Sob a tribuna do músico situada em face de uma outra, um depósito onde se empilham autênticas caixas de arquivos, abre-se a área de atuação, assim designada como passagem, corredor do tempo onde deslizam carretas. Mas uma nova forma, circular, se impõe rapidamente. Esferas de mundos íntimos, essas carretas avançam totalmente carregadas de personagens, móveis e objetos. Acarpetadas, eletrificadas, elas entram e atravessam, girando sem fim em torno de si próprias, estranho balé bem regulado, ao longo do corredor de piso cinza mosqueado, oferecendo-se ao público na totalidade de seu volume. "Puxadores" felinos, atentos, inquietos, delicados, governam a velocidade e o ritmo dos deslocamentos, desvelando as ações das personagens representadas por seus colegas. Como *koken*, eles possibilitam o representação dos atores que colocam na arena. E a ação se desenrola em três longos planos-sequências improváveis no cinema, visto que se pode captar num só e mesmo olhar o interior de cada quarto todo mobiliado, mas sem parede, e o avesso do cenário.

Sem jamais perder de vista os outros espectadores que constituem o seu plano de fundo, o que evita toda identificação, assiste-se, pois, ao jogo das paixões humanas em suas múltiplas estações. Esse teatro em imagens, em movimento constante, de palavras contadas, é um teatro da memória, musical, gestual, uma espécie de cinema atlético e ao vivo. Primeiros planos reiterados sobre as personagens (atores e objetos), detalhados pelas rondas desse dispositivo cinético, planos amplos quando as carretas desaparecem debaixo das cortinas que, em cada fim de corredor, inflam suas pregas cinzas como no teatro *nô*. Cada objeto suscita o reconhecimento espantado, os espectadores se falam, balbuciam, choram, riem (os atores os ouvem e isso não os incomoda). Pois o lento movimento giratório, repetitivo, e o aparecimento de visões em *flashback* das personagens sobre as carretas provocam neles reminiscências fulminantes e os convidam a dar-se o tempo de rememorar seus próprios eventos fundadores, ao lado das histórias dos seres que se tornaram fictícios, que o trabalho teatral comum soube esculpir, ligar, e que eles seguem de uma entrada a outra. Frequentes pausas, em que

---

A combinação do formalismo dos praticáveis de rodinhas com a autenticidade absoluta de cada objeto, de cada garrafa, é notável. O modo como, partindo de uma pequena carreta vazia, o espetáculo desenvolve imagens grandiosas, quando giram em conjunto seis plataformas ou mais, depois retorna a esse pequeno "óvulo", é notável. É simplesmente um verdadeiro romance – pode-se evocar Thomas Mann, Marcel Proust, Joyce...
Lev Dodine[26]

Um teatro da compaixão no sentido forte do termo.
Lev Dodine[27]

o espaço vazio não é povoado senão de matéria sonora, reforçam essa proposta de trabalho ativo sobre si mesmo.

E o teatro pode fazer tudo, ousar tudo. A ponto de descobrir como se demorar na relação de uma velha, suja, louca, doente, com sua médica (Perle e Nelly, respectivamente representadas por S. Beheshti e J. Carneiro da Cunha), um acidente de trânsito fatal ou a revolta de um escrivão diante da situação de um casal superendividado. Ou como fazer intervir crianças, essas "pequenas pessoas" frágeis e fortes, que estão em toda parte nesse espetáculo – nosso passado e nosso porvir.

"Um dia inteiro ainda é curto demais!", escreve uma espectadora, numa dessas numerosas cartas que o público endereça regularmente ao Soleil. Ficar-se-ia de bom grado, de fato, nas margens do rio-tempo a desenrolar, lúcidos, com os atores, nossas próprias carretas, quartos da infância, dos pais, das mães tão presentes, dos filhos ou netos. *Os Efêmeros* é um ritual de evocação coletiva daquilo que tece intimamente o frágil presente de cada um. O grande Lev Dodine qualifica esse espetáculo de "revolucionário". O Soleil experimenta aí um novo engajamento, urgente: recentrar-se no homem comum, grão de areia que a globalização exila para longe de si mesmo, tentar compreendê-lo, compreender-se sem os véus do narcisismo egótico, dos vastos problemas ou das ideologias. De onde viemos, quem somos? Num período de rápidas transformações, a busca do fio essencial que liga os seres humanos ao mundo é resolutamente política e necessária, como vai ser o objetivo dos *Náufragos do Louca Esperança*. Preparando-o, Ariane diz, em 2009: "Acho que atualmente o espetáculo mais político que se pode fazer é um espetáculo que traz um pouco de entusiasmo, de clareza e esperança ao ser humano. Não há nenhuma outra coisa a dizer hoje em dia senão isso, pois sim, é corporal. [Nós fazemos um trabalho] sobre a força da alegria, do riso, da humanidade [...] que quer viver junto e acredita ainda, acredita no socialismo, no porvir"[29].

Os Náufragos do Louca Esperança (Auroras)
Um Espetáculo em Grande Formato

A história das relações que o Soleil mantém com o cinema é como que concentrada nesse espetáculo que representa o confronto amigável das duas artes: ele constrói a epopeia de uma

Vocês devem se deixar invadir pela música para lhe obedecer. Eu olho o texto e vejo essas terríveis palavras velhas, é como se as mergulhássemos num líquido regenerador. É apenas o coração palpitante da música e os corações palpitantes de vocês que devem fazê-lo, e ao mesmo tempo tudo isso tem que palpitar no ritmo.
Ariane Mnouchkine[30]

Os Náufragos do Louca Esperança (Auroras)
Cartaz do filme de Murnau realizado em afresco por M. Lefebvre e E. Gülgonen nas paredes da Recepção, em meio a outros cartazes de filmes mudos.

equipe de cinema que filma uma utopia política narrada por Júlio Verne num romance póstumo (*Os Náufragos do Jonathan*), e isso na tormenta dos meses opressivos que precedem 1914. Após ter falado da memória familiar, com uma precisão "local" e pessoal que lhe permitiu tocar o universal, o Soleil ajusta seu foco para o início do século XX e mergulha em outros arquivos, os da civilização ocidental, para falar de um grupo unido pela fé num século nascente, nos progressos que ele faz entrever, nas ideias socialistas e numa nova arte popular, o cinema.

Mnouchkine queria primeiro voltar a Shakespeare com *Otelo*, mas era um mau caminho. O apoio que ela concede a Ségolène Royal pode tê-la inspirado pelas questões que ela propunha então para o funcionamento da democracia. O acaso do encontro com *En Magellanie* fez o resto. Um relato como ponto de partida: tem-se de novo necessidade da autora, que permanecia, aliás, presente todos esses anos, pronta a intervir num ou outro ponto, a pedido. Cixous começa a escrever "relatos magalânicos", depois um grupo de "roteiristas", entre os mais antigos atores, reúne-se para imaginar os possíveis filtros para transpor ao palco esse relato utópico, introduz visionários, artistas, depois um cineasta. Toda uma documentação é reunida acerca do início do século XX e suas utopias. Os atores examinam numerosos filmes mudos[31]. O trabalho de palco começa com improvisações muito longas que acabarão numa construção dramatúrgica estratificada e complexa.

Além do papel de "diretor musical", sem o qual nada do que se passa no palco do Soleil poderia advir, J.-J. Lemêtre assume um papel de ficção: ele é Camille, pianista e sonoplasta. Filmagem e projeção estão associadas pelo fabuloso relato teatral em que se encaixam sutilmente estes cinco níveis: o da taberna do *Louca Esperança*, cujo dono Félix Courage, amante da sétima arte que simboliza a fé no futuro, mecenas sem o saber, abre sua bodega para um cineasta rompido com a grande firma Pathé, Jean LaPalette (M. Durozier), e sua equipe de câmera, sua irmã Gabrielle (J. Carneiro da Cunha) e seu amigo de infância Tommaso (D. Bellugi-Vannuccini), que tomarão os atores que lhes faltam entre os empregados de Félix; o do navio que, no fogo da criação, receberá o nome da taberna hospitaleira, o *Louca Esperança*, que leva para a América do Sul emigrados de todos os meios e naufraga; o de Jean Salvadore (S. Nicolai) que cruzará a rota dos emigrados numa das ilhas glaciais da Magellanie, onde eles encalharão; o da grande história do colonialismo e da Primeira Guerra Mundial, em que encontramos a rainha Vitória (Astrid Grant) e Darwin, em que Jean Jaurès será assassinado e em que a mobilização obrigará os artistas a precipitar o fim de seu filme e tratar todas juntas as sequências restantes; e por fim, o da trupe do Soleil que dá vida

Os Náufragos do Louca Esperança (Auroras)
Um "beijo de cinema": todos assistem estupefatos e alegres à cena do beijo entre a Srta. Marguerite (O. Corsini) e Schubert (S. Brottet-Michel). Da esquerda para a direita: J.-S. Merle, F. Voruz, V. Mangado, E. Doe Bruce, V. Panikkaveettil, A. Milléquant, M. Durozier, A. Simma, D. Bellugi-Vannuccini, S. Nicolai e J. Carneiro da Cunha.

PÁGINA DUPLA SEGUINTE
▶ No sótão de Félix Courage, os atores se preparam para entrar em uma filmagem. À direita do palco, sob a lâmpada laranja, Camille está ao piano. Carregou-se o cesto de neve. Instala-se a tela para os cartões-legendas projetados simultaneamente. Dispõem-se os painéis pintados. Ajusta-se a superfície nevada (cobertores). À esquerda do palco, a mesa do diretor. De camisa branca, Gabrielle, que vai girar a "manivela da câmera". Instala-se um gradil e os painéis das cabines do navio. Trazem-se pedaços de geleira. O espaço com todas as suas gruas evoca a imagem de um grande navio. Enfim, os emigrados encalhados na ilha de Hoste refazem o mundo. Suas palavras inaudíveis inscrevem-se passo a passo no quadro, em branco sobre fundo negro, como os cartões do cinema mudo.

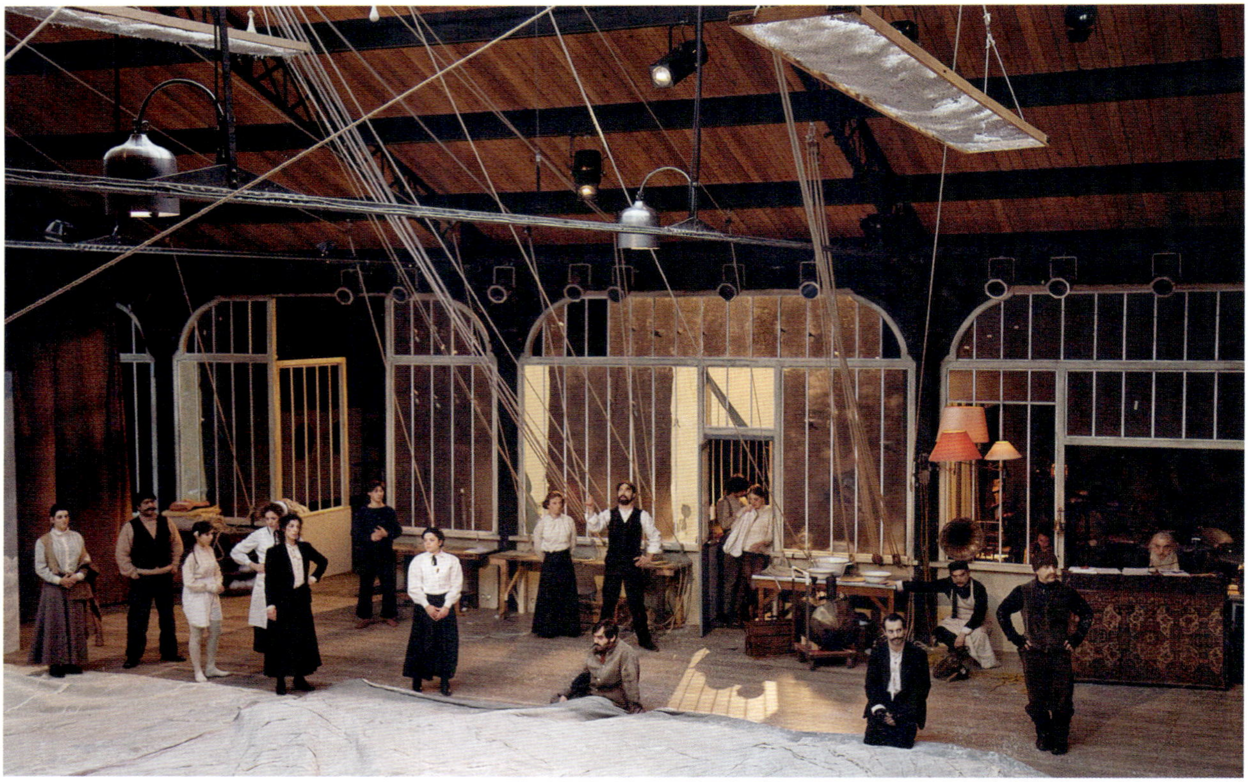

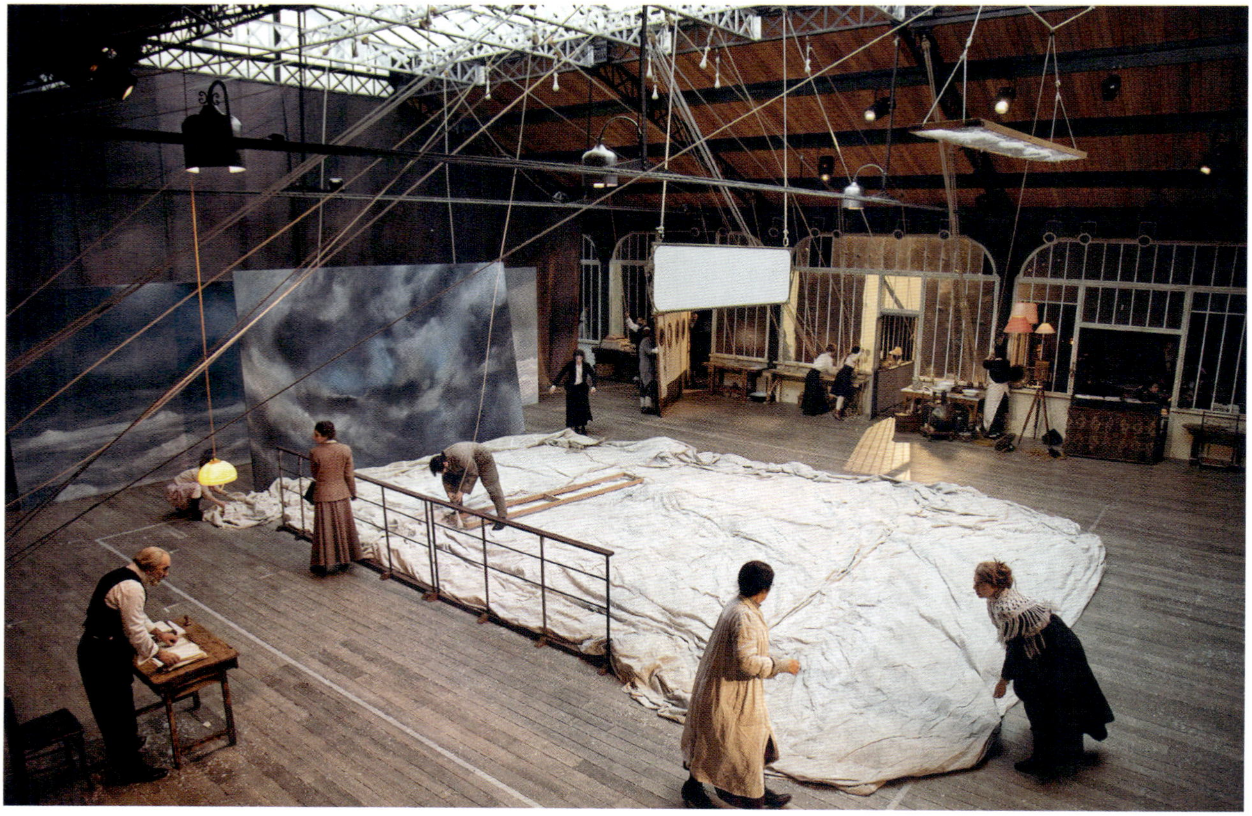

Louise :
Hoste sera le phare de l'Espérance.

a uma equipe de filmagem (após ter rodado dois filmes no Soleil…) e trata de modo humorístico seus próprios métodos de criação num metadiscurso que termina em esplêndida metáfora sobre o papel da arte, a imagem final do "farol na tempestade".

Os atores representam à maneira dos atores do Grande Mudo nas cenas em que são atores de cinema, e o que dizem sobre as utopias políticas e sociais do início do século XX é afixado num cartaz suspenso por um sistema de guias e polias acima do imenso palco ou sobre um elemento do cenário, enquanto eles falam mexendo os lábios. Na "dança do cinema mudo", que a representação põe em movimento com seu coro de trinta e cinco atores, do qual emergem as personagens que não são jamais simples figurantes e no qual os empregados do cabaré são também criados do palco e do cinema, o incrível pode acontecer: o Soleil chega, cúmulo do paradoxo, a dar novamente um sentido às palavras. A projeção das falas (mimicadas pelos atores) nos cartões durante a rodagem do filme – subterfúgio mágico – reanima as grandes palavras rechaçadas pela história do século XX, as que em 1970 faziam tremer os atores de 1793, as que em 1996 foram inscritas no frontão do teatro, no momento das ações em prol dos sem documentos. Aquilo que – liberdade, igualdade, fraternidade, humanidade, socialismo –, simplesmente dito, teria parecido ridículo devido ao contexto sociopolítico, faz, como Mnouchkine anuncia nos ensaios, exultar os espectadores; essas palavras voltam a ser críveis e promissoras de sentido, quando projetadas e, portanto, escritas e lidas, no palco de um teatro que, em 2010, atua fraternalmente com o cinema nascente.

A representação combina as fontes: Félix Courage (Eve Doe Bruce) é um arlequim, Tommaso dança seu papel com uma graça infinita. A câmera, cuja manivela está sendo girada, é falsa. *O Louca Esperança* remonta aos tesouros do burlesco e às primeiras cenas de amor que vão fazer o sucesso do cinema. Quando o palco está vazio, a voz em *off* do *benshi* conta o que se passa na equipe do filme ou anuncia os acontecimentos históricos.

O êxito do espetáculo é imenso, as pessoas que cultivam a sétima arte se precipitam para ver esse cinema dos primórdios recriado por um teatro apaixonado por essa infância e todos os efeitos especiais de caráter artesanal de uma arte que se inventa à medida que se fabrica: para ver as tempestades de neve de papel, as geleiras produzidas com cobertas brancas, o salvamento de banhistas afogados no fundo do porão, os peixes, o nhandu, um verdadeiro náufrago num tacho e, efeito digno do

Os Náufragos do Louca Esperança

▲ O cabaré em que a equipe de Jean LaPalette (M. Durozier) filma dá seu nome ao navio que leva os emigrantes. Uma proa de tela, uma vela e os painéis pintados de um céu nublado bastarão para filmar a partida do navio. Jean dá indicações a seus atores amadores. Da esquerda para a direita: J. Jancso, M. Bauduin, D. Jambert, A.-A. Dosse, V. Mangado, S. Jailloux, P. Giusti, A. Grant, A. Sarybekian, P. Poignand, O. Corsini, S. Bonneau, A. Milléquant, J.-S. Merle, A. Simma, D. Bellugi-Vannuccini, S. Nicolai.

▼ As trucagens para o naufrágio Em torno de uma bacia retangular cheia d'água e agitada por meio de colheres de pau, o frágil e magnífico navio miniatura, filmado sob raios e trovões. Todos estão apaixonadamente concentrados em suas respectivas tarefas (projetor, ventilador, balde para projetar a água das ondas…). Da esquerda para a direita: P. Poignand, O. Corsini, A. Simma, E. Doe Bruce, S. Jailloux, M. Bauduin, D. Bellugi-Vannuccini, J. Carneiro da Cunha, M. Durozier, S. Nicolai, A. Milléquant, J. Jancso, D. Jambert, V. Mangado, A.-A. Dosse, F. Voruz, A. Grant.

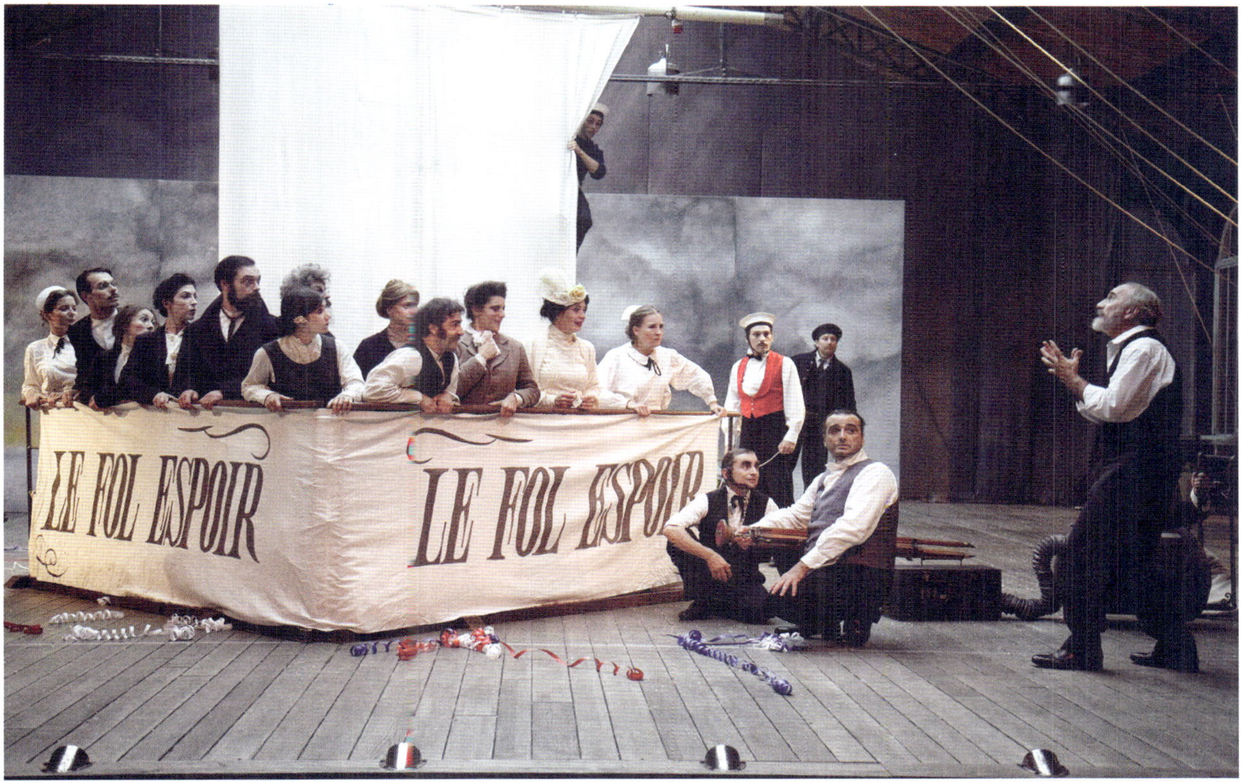
LE FOL ESPOIR
LE FOL ESPOIR

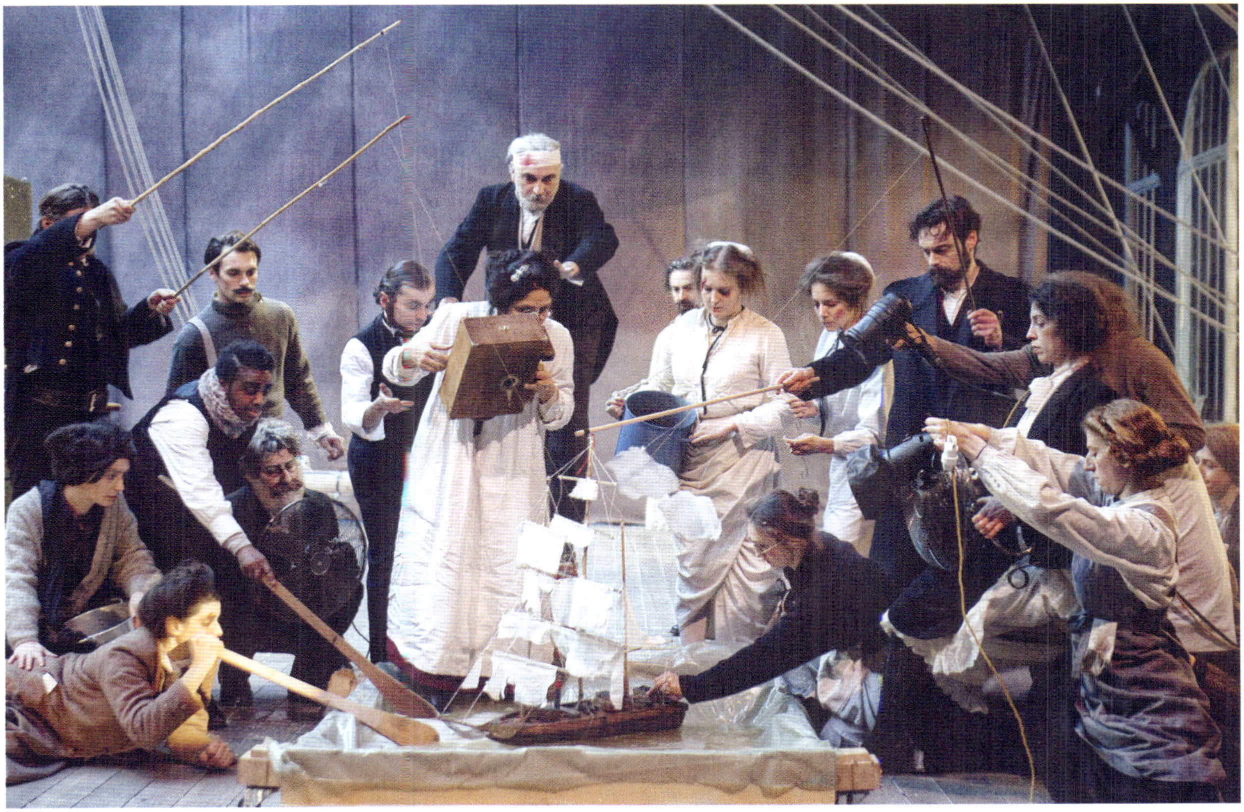

Châtelet[32] de outrora, a proa de um enorme navio que fende o palco. O sucesso é tão total que um dos maiores detratores de Mnouchkine, conhecido diretor de teatro, confessa numa carta, enfim conquistado, que era ela que tinha razão. E a emoção de Patrice Chéreau o levou a interrogar-se: "Será que eu precisava ter abandonado o teatro?"[33].

Um ciclo parece se fechar: Ariane Mnouchkine realiza aqui totalmente sua utopia íntima, a de reunir trupe de teatro e de cinema, cuja diferença a levara a optar pelo teatro. Ela identifica o sótão de Félix e o palco ensombrecido do Soleil, no início dos *Náufragos*, a uma reserva de arquivos, e faz assim do teatro a memória do cinema. Ela pode, enfim, mostrar na sua plenitude a amplidão do trabalho que ela exige de seus atores: as óperas do *Caravançará*/espetáculo (pedaços de trabalho coral para preparar o palco, que permitem passar de uma história a outra) formam agora, graças ao princípio da filmagem, o essencial do espetáculo, e não simplesmente entreatos. Assim, as utopias desvalorizadas pela triste história do século XX encontram-se paradoxalmente realizadas no palco do Soleil, onde atores e personagens ativam-se ombro a ombro, praticamente sem deixar o palco, para fazer funcionar a representação teatral, a filmagem e o serviço do cabaré – atores, *cameramen*, truqueiros[34], técnicos, dublês, figurantes, todos juntos, todos importantes –, fornecendo a imagem impressionante de uma possível obra comum, coreografada, toda voltada para a precisão, a beleza e a liberdade. Em contraponto à guerra que estoura, o palco mostra uma utopia sonhada e realizada no engajamento coletivo dos artistas que, muito embora a vida em trupe sempre esteja longe de ser fácil e suscite crises assim como a vida cotidiana, sabem o que é trabalhar em conjunto – disciplina, acordo sobre os objetivos comuns, atenção para com os outros, saberes e competências.

Vê-se aqui, como em *O Último Caravançará*, o teatro em atuação a serviço do mundo, através da extrema atenção dos atores uns em relação aos outros, levados em modo coral para fora de si próprios através de estados particulares: compaixão e hospitalidade (*Caravançará*) ou fervor e fé na arte (*Louca Esperança*). O lirismo dessas epopeias transporta também os espectadores para fora de seu cotidiano, abre-os ao encontro dos outros. Esse fenômeno de empatia, que é a capacidade de assumir o ponto de vista dos outros mantendo-se ao mesmo tempo inteiro em si próprio[35], permite que o público e os atores se constituam em "nós", permanecendo ao mesmo tempo "eu", e atinjam o universal. Após o *Louca Esperança*, meus vizinhos de uma noite, sentados nos bancos brancos do Soleil, murmuravam "obrigado" enquanto aplaudiam...

CAPÍTULO 7 DEZ ANOS DE CRIAÇÃO COLETIVA ENTRE CINETEATRO, TEATRO DOCUMENTÁRIO E EPOPEIA LÍRICA

É com um pouco desse lirismo que faz compreender algo da atmosfera peculiar do Soleil que se poderia terminar este capítulo.

Mas cabe acrescentar que, após uma grande turnê, o filme e os longos ensaios, *Macbeth* foi encenado, pois, diz Mnouchkine, "Shakespeare insistiu". H. Cixous escreveu uma peça no embalo, em torno desse personagem maléfico, político criminoso, ávido de poder, pronto a tudo segundo Shakespeare, até a subverter a ordem da natureza para saciar sua paixão. A peça contemporânea a seguir utilizará o mesmo dispositivo – palco negro, espaço forrado de sedas cinzentas – no interior das naves cobertas de vermelho. Um novo ciclo se abre, pois, em que o cinema continua a ter sua palavra a dizer.

O Soleil retornou a Shakespeare, a quem é dedicada toda a decoração da Recepção, que é ao mesmo tempo celebração do gênio elisabetano, inscrição do Soleil na história mundial das representações de suas peças (reproduções pintadas de cartazes de cinema e teatro) e imagem do mundo tal como ele poderia ser na beleza de sua infinita diversidade. Mas o horizonte de espera dos espectadores é frustrado. Esse *Macbeth* não tem nada a ver com o *Louca Esperança*, nem com os Shakespeares dos anos 1980. Como para 1793 ou *Os Efêmeros*, o público é surpreendido, e são necessárias duas semanas durante as quais atores e espectadores "ensaiaram juntos" para que o espetáculo encontre seu alento, aquele que existe quando o palco é totalmente sustentado pela escuta da sala. A nova tradução de Mnouchkine é precisa, poética, mas de pronto compreensível. O orgulho de viver que habitava as personagens semideuses de *Ricardo II* ou *Henrique IV* desapareceu. Macbeth (S. Nicolai) é doente e o Soleil utiliza os elementos de seu vocabulário cênico para desvelar os sintomas de sua lepra destruidora.

Os budas foram recobertos de tecido vermelho, todo o espaço está em sangue. As múltiplas mudanças de cenário exigidas pela escrita são coreografadas por uma tribo de criados de cena que agem em estreita cumplicidade, ou por *koken* todos vestidos de preto, e sua rápida precisão dá ao espetáculo um ritmo de *thriller*. O dispositivo retoma o vomitório dos *Atridas*, que lança de sob as arquibancadas uma passarela em declive por onde entram e saem grupos de personagens, saltando e correndo, ao som de percussões, um pouco como nos Shakespeares. Plataformas circulares provenientes dos *Efêmeros* fazem girar a feitiçaria de um balé de mesas de banquete. As bruxas têm algo a ver com as Erínias e dançam ao som da música do peã dos *Atridas*, composta por Lemêtre, que unia as quatro peças do ciclo grego. Quanto à música final que ressoa a partir da plataforma escura na qual brilham pequenas luzes que esculpem as formas estranhas dos instrumentos, é o tema de Gandhi na *Indíada*.

A presença constante de Lemêtre é mais discreta que de costume – o habitual trabalho musical com os atores não ocorreu, e a música tornou-se mais cinematográfica –, mas ele encontrou poderosos acordes para essa partitura shakespeariana, como o *Réquiem* de Fauré quando a floresta de Birnam avança sobre o castelo de Dusinane, e realiza montagens de sons cósmicos captados pela Nasa para compor a matéria sonora angustiante desse *Macbeth*, convertido na tragédia de um homem comum, devorado pela ambição e pelo reconhecimento midiático, seguido pelos microfones e *flashes* crepitantes –, tragédia de um personagem de seriado, desprovido de grandeza, mas causador de um mal maior do que ele. Os figurinos misturam as épocas e os países, mas para o esmagamento final do monstruoso personagem, hoje tão banal, Mnouchkine cria imagens que evocam a Resistência. Ela deslocou o último verso da peça de Shakespeare para terminar o espetáculo, na charneca de cânhamo ruivo que cobre o palco escuro – onde se tecem ecos de seu longínquo *Sonho de uma Noite de Verão* no solo de pele de cabras –, com um generoso convite para agir em conjunto, cada qual à sua maneira e à sua medida. Podia *Macbeth* terminar de outro modo no Soleil? Diante do mal em ação ("Aquilo que começa pelo mal tomará suas forças no mau", *Macbeth*, III, 2, na tradução de A.M.), só resta resistir. "*Macbeth*, tragédia do poder…", escreve C.-H. Bradier numa carta aos atores. E continua: "'E o povo nessa história?', interrogava-se Hélène… Pois bem, vocês o convocaram. Olhando para vocês, nós nos tornamos um pouco mais povo'[36].

Macbeth
Os koken ou criados de cena (S. Beheshti e J. Jancso; M. Chaufour e A. Milléquart) de uniformes contemporâneos traçam com pétalas de rosas vermelhas o caminho que leva ao crime. Esta imagem contém a lembrança do hanamichi, a passarela do kabuki "caminho das flores", que inspirou tanto o Soleil.

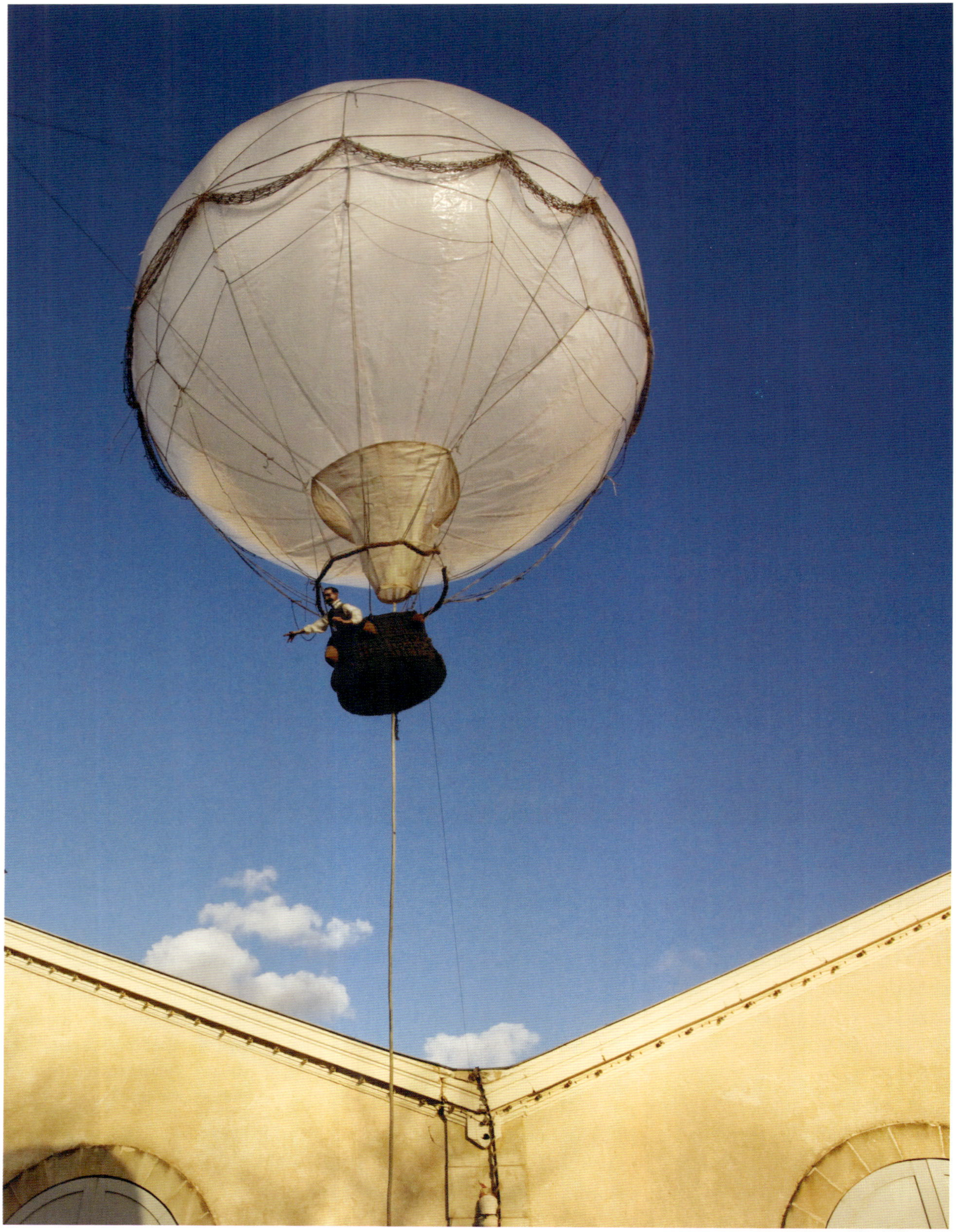

VISÕES TRANSVERSAIS
SEIS DOSSIÊS TEMÁTICOS

Temas e motivos essenciais fazem-se ouvir no Soleil desde seus inícios; eles nutrem seu trabalho, sua estética. A descoberta de um desenho de Roberto Moscoso para *1789*, com um grande boneco e um pássaro na ponta de uma vara, me lembrou imediatamente a Justiça e os corvos nas ruas de Paris, em 2010. E todos os pássaros brancos manipulados que apareciam, de espetáculo em espetáculo... O desenho de uma carreta de rodinhas, alegre e colorida, da mão do mesmo Moscoso para O *Capitão Fracasse* me levou a considerar a longa linhagem de carretas do Soleil, sem esquecer os carros dos *Atridas*. E desde *Fracasse* ainda, representa-se diante de telas pintadas, transformando-se, dos Shakespeares ao *Louca Esperança*, em sedas palpitantes, furiosas ou delicadas, material precioso comprado na Ásia e tratado com arte.

Uma seleção de imagens sobre alguns temas selecionados – as marionetes, os animais, as carretas, as telas e as sedas, as crianças, as saudações – proporcionará ao leitor algumas chaves de ingresso no mundo do Soleil. A. Mnouchkine afirma: "Dentre os grandes mestres dos atores, há as marionetes". Tão presentes os bonecos e tão fortes: a ponto de transformar os atores em sua imagem. Mnouchkine exige sem cessar de seus atores que preservem sua parcela de criança. E as crianças partilham da vida de seus pais-atores que criam espetáculos para elas e mais tarde as terão como parceiros. E se não há crianças em cena no *Louca Esperança*, Mnouchkine as convocou para a rodagem do filme. Afinal, não são elas o porvir, aquelas para quem se trabalha? Enfim, a experiência das saudações, feitas de compartilhamento e fraternidade, é desde sempre parte integrante de todos os espetáculos do Soleil.

Visões transversais
◀ Um pequeno balão habitado por um boneco com a efígie de Jean Salvatore (realizado por Elena Antsiferova) acolhe os espectadores na entrada do cabaré Louca Esperança.

As Marionetes

1 Croquis de pesquisa de R. Moscoso, 1789.
2 O passarinheiro do Último Caravançará nas ondas de seda azul (V. Mandago). **3** As minúsculas marionetes de Tambores Sobre o Dique à imagem das personagens. **4** Manequins à imagem dos atores, A Noite Milagrosa. **5** Os atores-marionetes de Tambores Sobre o Dique e seus manipuladores. **6** As crianças-fantasmas da Cidade Perjura e suas marionetes. **7** A marionete da Justiça carregada por quatro membros do Soleil e atacada por um dos corvos, Paris, 2010. **8** Os bebês-clowns da Sra. Cleópatra, Os Palhaços. **9** Pequenas marionetes de 1789. **10** Ensaio para 1789. **11** A grande boneca da Rainha, 1789.

VISÕES TRANSVERSAIS SEIS DOSSIÊS TEMÁTICOS 299

Os Animais

1 **O nhandu dos** Náufragos do Louca Esperança. **2** **Um cavalo de** E Súbito Noites de Vigília. **3** **O urso Moona Baloo, na** Indíada ou A Índia dos Seus Sonhos. **4** **O iaque de** E Súbito... **5** **Os cavalos de Macbeth. 6** **Os peixes do** Gênio do Monte Tan Vian (conto vietnamita representado para as crianças por atores do Soleil, 1973). **7** **O asno georgiano do** Último Caravançará. **7** **Os cães do coro das Eumênides.**

VISÕES TRANSVERSAIS SEIS DOSSIÊS TEMÁTICOS

As Carretas

1 "Um maravilhoso jardim" em Os Efêmeros.
2 A carreta dos atores de Molière. **3** Caixa que desliza para a sra. Gabrielle, que filma em Os Náufragos do Louca Esperança. (Ver também abaixo, p. 344, Macbeth).
4 Carreta retangular dos Efêmeros e seus puxadores.
5 e **7** Carretas de Molière. **6** Entrada de duas carretas do Último Caravançará (as árvores também se deslocam sobre rodinhas), foto de ensaio. **8** Pesquisa de R. Moscoso para O Capitão Fracasse.

VISÕES TRANSVERSAIS SEIS DOSSIÊS TEMÁTICOS

Telas e Sedas

1 O Último Caravançará: painéis de seda pintados como o céu e a água do rio. **2** A secagem das sedas que será preciso tingir e pintar (Y. de Maisonneuve e D. Martin) para Tambores Sobre o Dique na nave dos budas. **3** e **8** Dois dos dezessete painéis de seda pintados de Tambores Sobre o Dique. **4** As sedas em movimento, Macbeth. **5** Instalação de painéis pintados para o cenário do filme no espetáculo Os Náufragos do Louca Esperança. **6** Uma das telas pintadas de 1789. **7** Desenho de G.-C. François para Noite de Reis. **9** O Gênio do Monte Van Tien (sob lona). **10** Os Náufragos do Louca Esperança. **11** Uma das sedas de Henrique IV.

VISÕES TRANSVERSAIS SEIS DOSSIÊS TEMÁTICOS 305

As Crianças

1 Intervalo para torta de creme na filmagem do Louca Esperança. **2** Filmagem de Molière. **3** As crianças numa casca de noz que atravessa o rio furioso. O Último Caravançará. **4** Os Efêmeros. Coletânea 1, episódio 5, "As conchinhas". **5** Os Náufragos do Louca Esperança/filme. Gabrielle adulta encontra Gabrielle criança. **6** 1789. Atrás da grande mesa, o reboque-creche que se tornará sua escola. **7** Ariane fala com Parastou criança durante a filmagem do Último Caravançará. **8** Macbeth. Banquo e seu filho. **9** Em turnê em Saint-Étienne no dispositivo dos Efêmeros. A. Mnouchkine dirige-se aos atores: no alto, os adultos; em baixo, as crianças. **10** Os Efêmeros. Uma preparação é necessária: tête-à-tête dos atores com seus parceiros infantis. **11** Diante do enorme navio encalhado nas geleiras (filmagem do Louca Esperança).

VISÕES TRANSVERSAIS SEIS DOSSIÊS TEMÁTICOS   307

Agradecimentos

1 Sonho de uma Noite de Verão. **2** Mefisto. **3** Noite de Reis, agradecimentos com passos de bharata natyam em Munique, em 1983. **4** Os Náufragos do Louca Esperança. A última (360ª) em Taiwan. Agradecimento de toda a trupe. **5** Os Efêmeros. Agradecimento bifrontal, com as crianças. **6** Tartufo. Agradecimentos em forma de foto de família. **7** Eumênides. Agradecimento com a equipe técnica. **8** Ricardo II. **9** A História Terrível Mas Inacabada... Os atores, o público e os bonecos (o povo khmer). **10** O Último Caravançará. Os atores desceram até a sala e estão no mesmo plano dos espectadores. **11** Noite de Reis: agradecimentos dos atores em Berlim.

VISÕES TRANSVERSAIS SEIS DOSSIÊS TEMÁTICOS

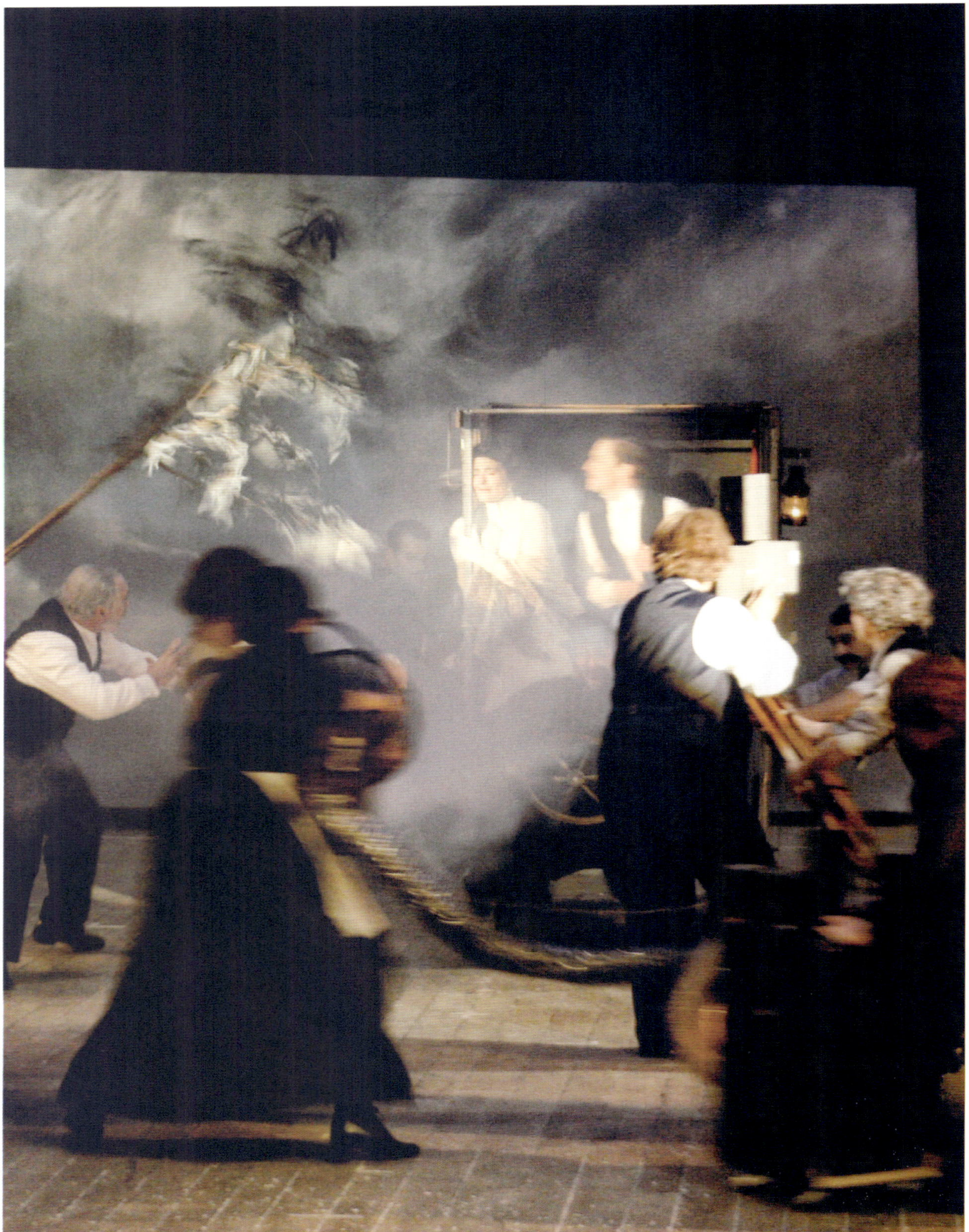

EPÍLOGO
A GALÁXIA DO THÉÂTRE DU SOLEIL

> A influência do teatro é incomensurável. Numa sala de seiscentas pessoas, nunca se sabe em quem a pequena chama vai se acender naquela noite.
> ARIANE MNOUCHKINE[1]

Este livro está chegando ao fim e, como Jean LaPalette e sua equipe do *Louca Esperança*, na véspera do conflito de 1914, decidem filmar tudo em continuidade, sinto-me autorizada a imitá-los e dizer tudo que resta a dizer, em sequência, o que me poupará de fazer um balanço. Pois o Soleil é uma rota, e seu balanço está contido primeiro nos versos do poeta espanhol Antonio Machado: "Viajante, não há caminho, caminhando se faz o caminho"[2]. Mas resta evocar aqueles que cercam o teatro, o público, e aqueles que ele convida, que ele encoraja ou que o encorajam.

◀ Os Náufragos do Louca Esperança (Auroras)

A filmagem da falsa fuga de Marguerite. Espantoso vaivém entre teatro, artesanato, efeitos especiais e aparecimento de imagens cinematográficas...

O Público: Tecer Laços

O cuidado com o público é indissociável da existência de todo teatro, mas é particular no Soleil. Pois é em parte ao público que ele deve sua existência. É, lembremos, o sucesso obtido junto aos espectadores entusiastas que leva a manter a jovem trupe quando, de retorno à França após o êxito colossal de *1789* em 1970, em Milão, ela não é acolhida em parte alguma e decide instalar-se na Cartoucherie. Trata-se de um cuidado recíproco. Mas essa preocupação data de

Muitas vezes, por ocasião de nossa pequena reunião ritual cotidiana com os atores, antes de começar, nós nos lembramos que há na sala espectadores para quem esta é a primeira apresentação de teatro. E outros para quem será a última.
Ariane Mnouchkine[3]

O Escritório, 1987:
L. Andreone e E. Doe Bruce, que se tornará atriz no Soleil.

muito antes. G. Hardy conta como, por ocasião de *A Cozinha*, após o encontro com Sonia Debeauvais[4] e os endereços que ela havia transmitido, ele ia ver as pessoas e ficava uma ou duas horas a falar com elas.

Voz de Gérard Hardy

Eu acumulava as fichas das pessoas que acabava de conhecer, porque estive o ano todo metido nesse trabalho. O que era interessante era ir ver os responsáveis por comitês de empresa, por associações, falar-lhes do nosso ofício, do que a gente fazia e da maneira como o fazia, ter uma verdadeira relação com eles. Eles podiam em seguida falar disso a seus aderentes[5].

O fichário que começa a constituir-se pacientemente explodirá por ocasião de *1789*. Essa prática das relações com o público por Gérard Hardy e Odile Cointepas foi transmitida a Liliana Andreone, que entrou no Soleil em 1976, para o filme *Molière*, a fim de trabalhar na costura, e depois para *Mefisto* na tesouraria. Ela fica então encarregada do "Escritório", pois Hardy estava mais no palco.

Voz de Liliane Andreone

Gérard havia constituído um fichário muito amplo, que era chamado de fichário redondo[6]; foi ele quem me ensinou a trabalhar. O fichário do público é composto de pessoas que se inscreveram voluntariamente. Gérard dizia: "Não pegue nunca um endereço num cheque, isso te prestará o serviço contrário ao que você quer. Se as pessoas quiseram estar no teu fichário, quando receberem tua carta, como foram elas que pediram, elas a abrem. Quando é um endereço roubado, é só mais uma propaganda e vai para o lixo". Para o Louca Esperança, a bilheteria ia muito bem e era preciso poder manter contatos realmente humanos. Apelou-se para muitas pessoas à nossa volta, pois a gente não dava mais conta. Gérard veio nos ajudar, voluntariamente, foi um momento maravilhoso para todo um grupo de pessoas que viram Gérard em ação… E ele transmitiu aos mais jovens, diretamente, sua experiência.

Essas relações personalizadas, pacientes, não intrusivas com o público, essa escuta amistosa, calorosa, e que não passa por um sistema de assinatura, resultou nos fichários informatizados que se declinam em "Indivíduos", "Coletividades" e "Estrangeiros", e que evoluem constantemente. Com Sylvie Papandreou, segundo pilar do Escritório[7], que entrou no Soleil em 1997, Liliana constata que hoje o fichário "Indivíduos" ultrapassa o fichário "Coletividades", fiel reflexo do estado da sociedade.

Voz de Sylvie Papandreou

Hoje em dia, há menos comitês de empresa e associações no fichário "Coletividades", agora temos "grupos de amigos" e contatos que se organizam entre si para vir juntos. Passamos muito tempo com eles ao telefone… Mas nossa organização empírica é mágica. É só no Soleil que isso acontece. O que eu aprendi, depois de trabalhar durante vinte anos nessa área, no teatro, é que tudo aqui é possível. E não há pessoas importantes e outras menos importantes[8].

Assim, o Escritório, do qual dependem a recepção do público e o preenchimento da sala de quinhentos lugares[9], é maleável e flexível, encontrando soluções para os problemas dos espectadores, transferindo uma sala inteira quando uma estreia é adiada pela chefe da trupe, não cobrando nunca os cheques antes da apresentação do dia, mas sempre depois, guardando uma reserva de lugares livres em função do calendário. Estudantes são bem-vindos, pois são o público de amanhã, mas no Soleil nunca se enche a sala com eles, eles nunca constituem mais do que um quinto da lotação. Para *O Último Caravançará*, o Soleil organizou excepcionalmente matinês escolares, reunindo assim mais de mil e quinhentos alunos, vindos de Paris, dos subúrbios e do interior.

Bem depressa, o teatro comunicou-se diretamente, de maneira personalizada, enviando sua "Carta ao público" para informá-lo de seu estado, de seus projetos, do avanço do trabalho. Esse laço em que se exprime o senso de responsabilidade em relação ao dinheiro público que o ajuda a viver é também marcado pela afeição para com seus espectadores antigos e vindouros, destinatários da obra em preparo. Em troca, o público do Soleil lhe endereça missivas para testemunhar, descrever suas reações, expressar seu reconhecimento ou anunciar como irá ao próximo espetáculo – como os espectadores da primeira hora que reuniram, unicamente por iniciativa sua, quase quinhentas pessoas e fretaram ônibus para levar seus "convidados" de Château-Renault para ver os *Os Náufragos do Louca Esperança*.

> ### Carta de Château-Renault
> Assim, no sábado 13 de março, numa dezena de dias, trezentos e vinte alunos do colégio estarão com vocês, no seu teatro, e assistirão ao novo espetáculo. Haverá também meus colegas do colégio: professores, monitores, o coordenador, a zeladora Yvette, Rabiaa, que trabalha na cozinha, e o diretor. Pais de alunos quiseram vir e eles vieram com amigos, e os amigos trouxeram seus amigos. Dentre eles, alguns foram alunos do colégio há vinte e cinco anos e foram comigo ao Théâtre du Soleil. Eles tinham então treze anos. Seremos quatrocentas e vinte pessoas e iremos em oito ônibus[10].

Essas trocas de correspondências calorosas dilatam o campo das relações com o público, assim como o *site*, concebido em função de uma recepção atenta, com uma "Arbre à palabres"[11] sob a qual o público pode abrigar seus comentários e conversas, com informações sobre as atividades do Soleil ("Nossas novidades"), sobre as que acontecem na Cartoucherie ("Em nossas naves") e sobre questões importantes e fatos atuais ("Sentinelas e alertas"), com um olhar em forma de dica sobre os espetáculos ou atividades de trupes amigas, distantes ou não ("Propaganda ativa", termo emprestado de Coupeau), e com todo um saber a transmitir – inicialmente colocado em rede por ocasião dos três anos em que o Soleil esteve no programa do exame do ensino médio – sobre os espetáculos passados, bem como sobre os momentos da história do teatro em que o Soleil pôde se abeberar.

EPÍLOGO A GALÁXIA DO THÉÂTRE DU SOLEIL

G. Hardy e A. Mnouchkine intervêm em uma escola em Avignon por ocasião dos Palhaços (julho de 1969).

"Eu Diria Que o Público Faz o Teatro Conosco"[12]

A relação simples e direta que o Escritório instaura com o espectador prossegue desde a entrada no Soleil, em que ele é acolhido como um hóspede, e não como um cliente. J. Delcuvellerie escreve a propósito de *1789*: "Nós já estamos, antes da primeira cena, investidos de um papel diferente do espectador comum: nós sustentamos uma empresa, um projeto novo, nós estamos incluídos num mundo solidário e não somente consumidor"[13]. A relação perdura hoje em dia, embora diversificando suas formas (ajuda ao Teatro Aftaab, contribuição para o projeto de filme do *Louca Esperança*, cujo orçamento é difícil de fechar). Para o *Louca Esperança* como para os Shakespeares, os espectadores foram fazer fila na Cartoucherie para obter seus ingressos, pois o atendimento telefônico pifou (em 2010, o Soleil não aceitava reservas por internet). Um reconhecimento recíproco e exprimível fundamenta essa relação, as interlocutoras do Escritório, estando os atores e Mnouchkine presentes no *foyer* durante os intervalos – quando o público se alimenta ou simplesmente se refresca com jarras d'água postas a sua disposição nas mesas da Recepção – e no fim do espetáculo.

Em 1993, Mnouchkine diz: "O público é rei. Quando ele entra, é ele que vai decidir se teve razão de pagar para vir aqui. Ele deve poder dizer a si próprio: 'Vocês me alimentaram, vocês me deram forças, vocês me permitiram voltar para casa um pouco melhor, um pouco mais consciente, um pouco mais claro, um pouco mais generoso, um pouco mais forte'. E a emoção dos espectadores, o modo como eles vêm nos contar o que sentiram… Eles nos fortalecem de novo. Eles nos alimentam em todos os sentidos do termo, materialmente em primeiro lugar. O fato é que as pessoas tomam o ônibus, o metrô, gastam cento e trinta e cinco francos [vinte euros], vêm aqui em vez de ficar na frente da televisão. Com seu depoimento, seu reconhecimento, elas nos justificam e nos elegem de novo, quero dizer: elas expressam seu acordo para que nós as representemos de novo"[14]. Em 2014, a multidão de espectadores que se comprime no *foyer* "shakespeariano" do Soleil ainda o emociona e maravilha.

Quarto criador, o público é particularmente reativo ao palco. Olhos arregalados, lágrimas, desmaios por causa dos Shakespeares ou dos *Efêmeros*, palavras ditas ao reconhecer nas carretas giratórias os brinquedos ou móveis da infância (*Os Efêmeros*). Ele cantarola baixinho de início, depois mais forte tão logo ressoam as primeiras notas da *Internacional* à chegada do barco (*O Louca Esperança*). Catherine Schaub descreve a versatilidade das emoções do público em os *Atridas* na turnê em Bradford: "Fazia tanto calor que todos os espectadores tinham leques, a gente tinha diante de si um mar humano com leques. Era extraordinário observar os efeitos deles nos momentos de tensão ou alívio, produziam como que ondas e eram sempre orquestrados"[15]. Reações individuais que se fazem coletivas, como no momento das saudações em que, face a face com os numerosos atores, aos quais, nas últimas apresentações, se juntam os técnicos e o Escritório, enfileirados, segurando-se pela mão após haverem mostrado sua arte, o público em espelho se constitui em grupo, comunidade também fortemente unida por aplausos amiúde muito prolongados, e até ovações. Depois da apresentação, os espectadores muitas vezes têm vontade de falar, procurando suas palavras para dizer a experiência ao mesmo tempo íntima e compartilhada que viveram, a expansão dada a suas vidas por esses espetáculos gigantes e estimulantes, para exprimir emoções que eles dizem físicas e sempre a impressão de um imenso trabalho executado com generosidade e simplicidade[16].

É que tudo é feito, em Vincennes como em turnê, para criar as condições favoráveis a essa troca que é a atividade teatral, em que todos os sentidos devem ser solicitados e não somente o espírito. Mnouchkine conta: "Eu me lembro de noites passadas em Bali numa aldeia: os garotos vêm ver um pedaço do espetáculo e partem de novo, vão comprar um cone de camarões, ou dormem nos joelhos de suas mães. Aqui, sempre tivemos duas tentações: a de cativar totalmente o espectador e a de deixá-lo livre. É preciso que ele respire, que não seja nem oprimido nem constrangido, e ao mesmo tempo queremos que seja de tal modo cativado que não se mexa nem fale. Para atingir esse equilíbrio, precisamos de um certo tipo de espaço, de um certo tipo de música, de ritmo. Tudo isso é profundamente orgânico. Trata-se de uma união entre o espírito e o corpo. No teatro, se o corpo não está bem, o espírito não pode funcionar corretamente. Mas se apenas o espírito for solicitado, o corpo não sente nada e não há emoção"[17].

Um Teatro Popular em Ato

Voz de Ariane Mnouchkine

A resposta do público veio como uma espécie de bênção. Não acho que, quando fazíamos nosso trabalho, a gente pensava: vamos ter público. No fundo não sabíamos o que isso queria dizer, quando começamos. O que era o amor do público. O que isso ia provocar em mim, o reconhecimento, o amor, a responsabilidade, o perigo e a culpa. De temer sempre que ele fique decepcionado, triste.

Cada vez que falo disso, revejo uma coisa que aconteceu quando eu era criança, devia ter doze anos. Morávamos no 16e arrondissement, na rua Lalo, ao lado da Porte Maillot, que era ainda um terreno baldio. Circos se instalavam lá. Um dia, fomos ao circo com a empregada. Uma tarde de primavera, tinha fila, entramos nela para pegar nossos ingressos para o Circo Pinder. Diante de nós, três ou quatro pessoas à nossa frente, uma velha senhora chega ao guichê, murmura alguma coisa. Ela se vira e passa pela fila dizendo: "Quem diria, na minha idade, não ter dinheiro para pagar um ingresso de circo… Que coisa…". E foi embora. Isso permaneceu para mim como uma vergonha perpétua. Por que eu não ousei pagar o ingresso dessa mulher e dizer à empregada: "Vamos pagar o ingresso!"? Eu não ousei. Acho que, na minha relação com o público, há essa mulher.

No fundo, depois de quarenta anos, estou compensando essa vergonha de criança que não ousou. Não ousei lhe falar, tive medo que a empregada dissesse "não". Não ousei tampouco enfrentar uma recusa digna por parte daquela mulher. Eu me lembro da luz daquele fim de dia, por volta de oito horas da noite, aquelas sombras longas. Daquela velha senhora para quem aquela jovem burguesa não ousou comprar o ingresso. Eu não o fiz, virou um crime. Quando senhoras idosas vêm falar comigo após o espetáculo, eu volto a pensar muitas vezes naquela mulher.

O teatro popular praticado pelo Théâtre du Soleil não está ligado a uma ideologia, mas mantém laços calorosos com um público numeroso e muito diversificado. Mnouchkine utiliza hoje a fórmula de Antoine Vitez, um teatro "elitista para todos". O que significa acessível a todos financeiramente, e também intelectualmente, porém no mais alto nível. Um teatro que seja ao mesmo tempo simples, daquela simplicidade adquirida ao termo de um longo e complexo percurso, e não daquela da qual se partiria, e refinado, no qual cada um, em função de sua idade e origem, encontre aquilo que lhe é necessário. É um teatro que reúne gerações – hoje contamos quatro –, classe sociais – pelo menos entre o público de liceu e o da esfera da Educação Nacional, com o qual o Soleil mantém estreitas ligações, mas desde *A Cozinha* aparecem resenhas dos espetáculos numa imprensa especializada pouco propensa a interessar-se pelo teatro – e nacionalidades. Transgeracional, transocial, internacional, é com essas características que o Soleil colore sua concepção de um teatro popular, sem teorizá-la nem dogmatizá-la. Mnouchkine diz que "somos encarregados de almas, quando estamos numa trupe[18]". Os responsáveis pelas relações com o público, que por muito tempo circularam entre palco, técnica e administração, encarnam essa atitude; de seu lado, o público parece responsável por seu teatro, e é amiúde o boca a boca que, desde os inícios, transmite a informação, os impulsos, as emoções em torno dos espetáculos. Pois o que caracteriza o estado do espectador do Soleil, segundo Mnouchkine, é a "esperança" ativa, e não a expectativa, passiva.

▲ Instalação do dispositivo dos *Efêmeros* em Nova York, no Park Avenue Armory, a convite do Lincoln Center (2009). O tecido listrado vermelho e branco que o circunda evoca o que cerca o público japonês nas representações de nô ao ar livre. Após a passagem do Soleil, esse local que pertencia ao exército é agora dedicado à arte.

▼ Em Bochum (Jahrhunderthalle Ruhrtriennale) em junho de 2004, uma "reunião" antes de uma representação de *O Último Caravançará*.

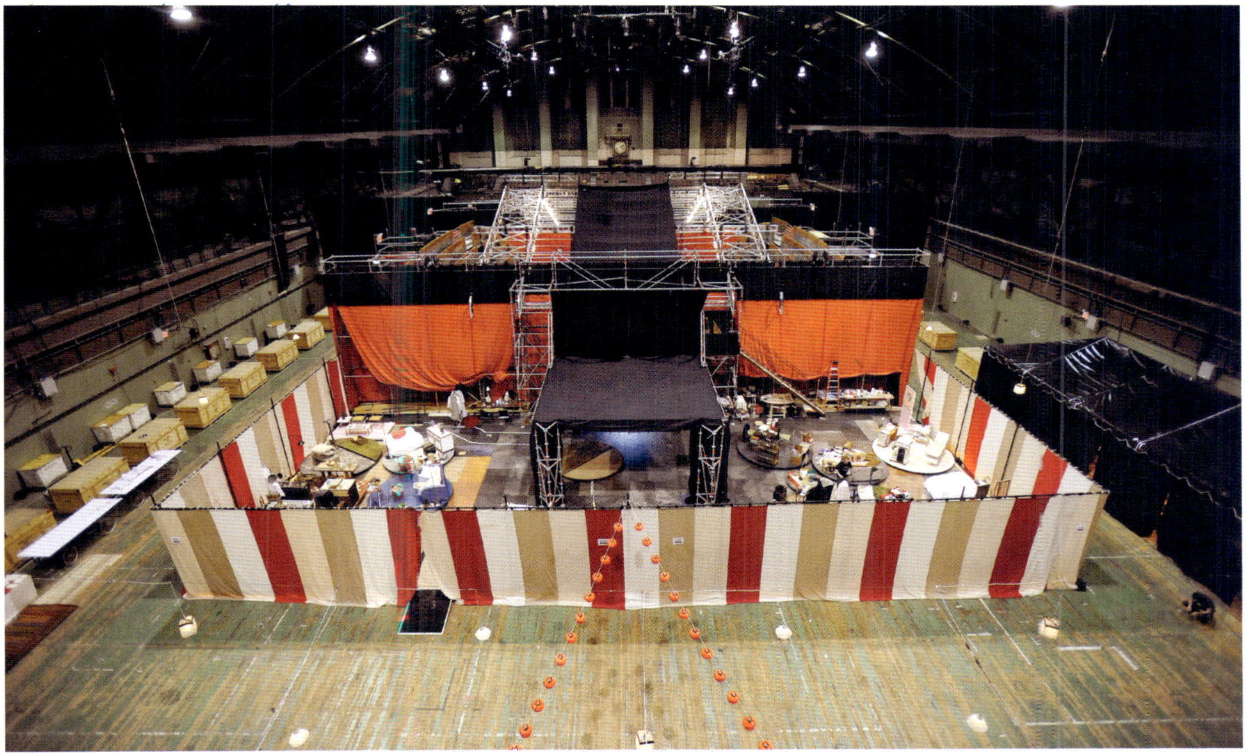

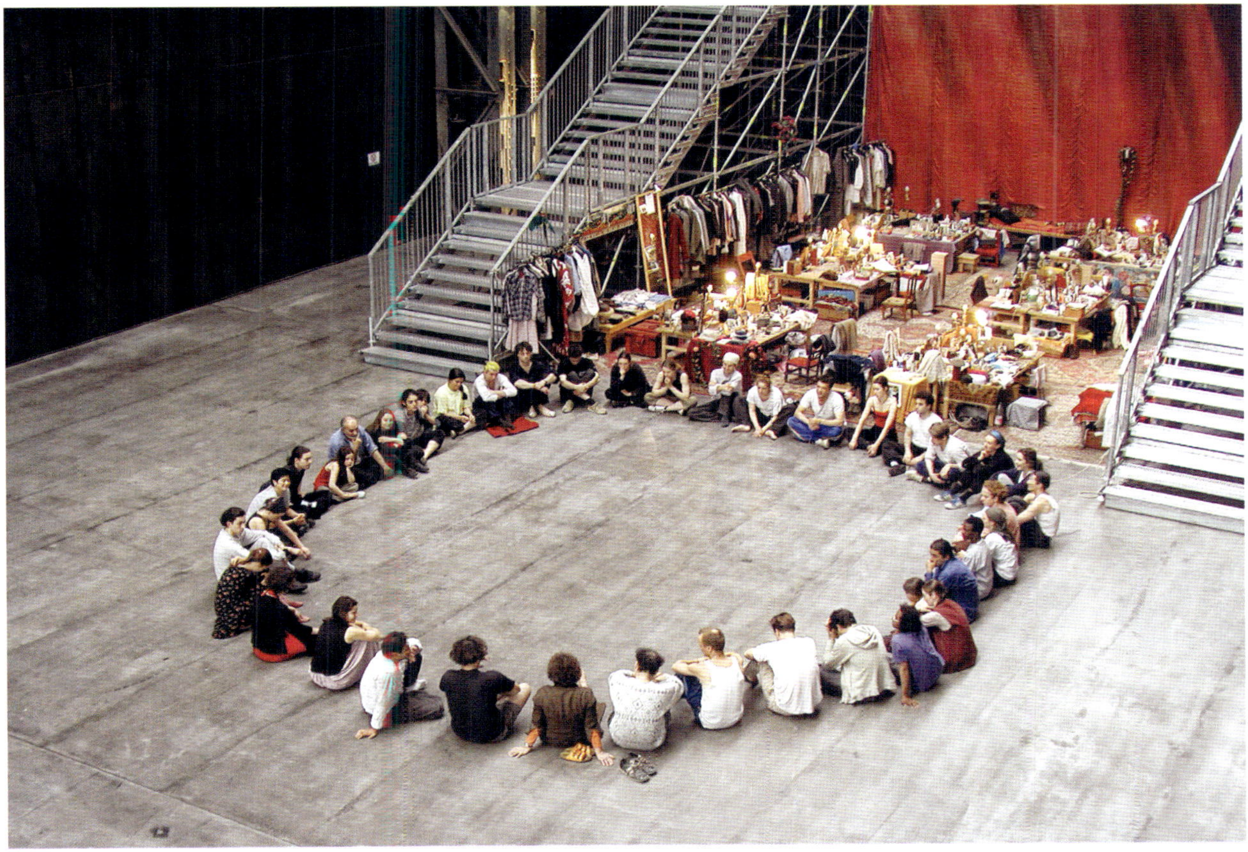

Os Planetas em Redor do Soleil

Toda uma cosmogonia cerca o Théâtre du Soleil, reagrupando pessoas oriundas de horizontes diversos, da França e do exterior – círculos novos segundo as temáticas específicas dos espetáculos –, dos teatros antigos e tradicionais, de estagiários e jovens trupes cujos começos Mnouchkine hoje apoia. Todos se encontraram alguma noite, nas banquetas em que as pessoas se apertam para dar lugar aos que chegam, ou numa das longas jornadas de teatro oferecidas nos fins de semana.

O Théâtre du Soleil abrigaria, como se diz em *Ronda Noturna* pela boca da personagem do Guarda afegão, os "arquivos do mundo"? Arquivos materiais sem dúvida compostos de todos os figurinos e máscaras que Ariane Mnouchkine apresenta aos estagiários como o tesouro do lugar, e de numerosos instrumentos musicais; e arquivos imateriais: os homens e mulheres que atravessaram essas naves, seja para representar, seja para ensinar, seja como espectadores, seja para fabricar ou pintar os elementos dos dispositivos e os afrescos, seja para trabalhar na cozinha, ajudar a resolver problemas, inventar projetos – podendo e devendo os conhecimentos e competências requeridos ser transmitidos na fluidez do lugar.

Uma parte da história do teatro popular francês está ligada ao Soleil e a sua escola "interna". Citemos, para começar, o Théâtre du Campagnol, dirigido por J.-C. Penchenat, que criou o primeiro espetáculo dessa companhia na Cartoucherie, em 1977. Em 1997, Christophe Rauck, que entrou em meio aos *Atridas*, funda sua companhia Terrain Vague; ele é acolhido no Soleil durante seis semanas com *O Círculo de Giz Caucasiano* que apresentou em seguida no Berliner Ensemble. Diretor do Théâtre Gérard-Philipe de Saint-Denis, ele contratou atores que passaram pelo Soleil (P. Hottier, J. Plumecoq-Mech, V. Colemyn, M. Azencot). E como dirige agora o Théâtre du Nord, em Lille, é Jean Bellorini que lhe sucedeu. Sua companhia Air de Lune foi acolhida no Soleil, desde seu primeiro espetáculo, *A Gaivota*, ao sair da escola Claude-Mathieu, e depois, em 2010, com *Tempête sous un crâne* (Tempestade Sob um Crânio), baseada em *Os Miseráveis* de Victor Hugo. Simon Abkarian, que faz carreira no cinema, escreve, representa e monta, com sua companhia TERA, fundada em 1998, espetáculos que têm a ver com sua experiência no Soleil, como *Pénélope, ô Pénélope*, em que atuam G. Bigot, J. Arnold e C. Schaub, ou *Ménélas rébétiko rapsodie*[19], que ele interpreta como ator-dançarino, dialogando com músicos em cena. No Petit Théâtre de Pain, no País Basco, como nos Estados Unidos com o Actor's Gang, G. Bigot transmite o que adquiriu no Soleil. A recriação de *Sihanuk* em *khmer* no Camboja, que ele realizou com D. Cottu, dá uma ideia da extensão do perímetro teatral do Soleil e do aprofundamento de seu impacto. Hélène Cinque, com sua trupe L'Instant d'une Résonance, apresentou no Soleil *Canseiras do Amor em Vão* e *Cimbelino*, peças abandonadas por ocasião dos Shakespeares. E é a uma jovem companhia de teatro de rua, Les Lorialets (hoje Baraque Liberté), que representa *Nossa Comuna – História Mal Conhecida Contada Sobre um Tanque* sob os plátanos da Cartoucherie (2012-2013), que o Soleil confiou o cuidado de fazer ouvir, em seguimento ao *Caravançará*, novos testemunhos de refugiados no Museu da História da Imigração de Paris.

Andrés Pérez Araya, que entrou no Soleil como estagiário em 1983, para os Shakespeares, em que representou o papel de um Guarda Negro, participou das grandes epopeias asiáticas (Zhou EnLai, Khieu

A Ronda Noturna pelo teatro afegão Aftaab "em viagem", criada no Soleil em francês e em dari. Um afegão sem documentos torna-se guarda noturno de um teatro no meio de um bosque, lugar encantado onde desfila, durante uma longa noite de inverno, uma multidão de personagens. A tela que permite a Nader conversar com sua família é utilizada como um teatro de marionetes.

Samphan, Ghandi) e voltou ao Chile para fundar a companhia Gran Circo Teatro, fortemente influenciada por sua passagem pelo Soleil, do qual ele ressaltava que "para ele, homem de teatro proveniente de um país em desenvolvimento, era um lugar onde se podia aprender muitas coisas"[20] e, ao mesmo tempo, totalmente original. Quando de sua turnê chilena de 2012, o Théâtre du Soleil prestou homenagem ao diretor desse teatro muito reputado na América Latina, falecido em 2002. E poder-se-ia continuar esse começo de árvore genealógica[21]...

A transmissão é uma tarefa cada vez mais importante no correr dos anos, de início através de grandes estágios gratuitos oferecidos na Cartoucherie – o de 2009, do qual voltou a participar Philippe Caubère, suscitou mais de mil e quinhentos pedidos e decorreu com quatrocentas e cinquenta pessoas durante oito dias[22]. A prática do Soleil se difunde alhures, reforçada pelos estágios que, desde 1984 (G. Bigot e M. Durozier em Los Angeles, depois no Brasil), os atores proporcionam, bem como J.-J. Lemêtre, por ocasião das turnês internacionais, ou ex-atores que deixaram a trupe mas permaneceram próximos, convidados por festivais, universidades ou teatros voltados para tais trocas artísticas.

Um desses estágios é particularmente memorável: aquele que, em 2005, Mnouchkine ofereceu no Afeganistão com os quarenta atores da trupe, todos conscientes dos perigos que poderiam enfrentar em Cabul. Ele deu nascimento ao Teatro Aftaab, cujo nome significa sol na língua dari. O Soleil apadrinhou o grupo, que já tem sua história. Após seus primeiros espetáculos, *Romeu e Julieta* em Cabul, *Tartufo* em Paris, segundo a encenação de Mnouchkine, ele apresentou, em 2006, *Ce jour-là* (Aquele dia), a partir de improvisações conforme o modelo de *O Último Caravançará*. Com *A Ronda Noturna*, encenada por H. Cinque, os atores afegãos inventam texto e situações para representar seu exílio, entre as paredes e baús do Soleil, dos quais um deles, na ficção teatral, tem a guarda. Eles transpõem a *Commedia dell'Arte* em modo afegão e o espetáculo se apresenta ao mesmo tempo como um prolongamento de *E Súbito Noites de Vigília* e como metarrelato da questão da transmissão teatral.

Voz de Maurice Durozier

Em Cabul, a gente se deparou com acontecimentos que nos ultrapassavam. O teatro participou do renascimento da vida numa sociedade destruída pela guerra. Ele nos levou a dar de novo, por meio dele, uma razão de viver a alguns. É a função da arte no mundo. Eles tiveram o exemplo de uma trupe: diante

EPÍLOGO **A GALÁXIA DO THÉÂTRE DU SOLEIL**

deles, homens e mulheres trabalhavam em conjunto. Era possível. E quando começamos a ensaiar *Os Efêmeros*, eles estavam presentes, conseguimos fazê-los vir. À ideia primeira do espetáculo sobre um cometa que anunciava o fim do mundo, eu revejo seus olhos, eles diziam "o fim do mundo"[23].

O Soleil lançou igualmente em 2003 o Festival Premiers Pas, cuja direção artística A. Mnouchkine confiou a Alexandre Zloto, jovem chefe de trupe (TAF Théâtre). No princípio também denominado Enfants de Troupe, o festival se coloca sob a bandeira do Chamado de Copeau e constrói seu evento, sob lona ou ao abrigo das naves, conforme a disponibilidade do lugar, com grupos animados pelo espírito de trupe, distinguindo-se por seu desejo de trabalhar em conjunto a longo prazo e sua necessidade de confrontar-se com o público.

Estágio no Afeganistão em 2005. Os atores afeções trabalham diante de A. Mnouchkine com máscaras da Commedia del 'Arte e balinesas trazidas pelo Soleil.

Fundada em junho de 1989, sob o impulso de Mnouchkine, a Arta, Association de Recherche des Traditions de l'Acteur, foi criada para organizar sessões de formação com mestres de teatro. Ela é dirigida por Lucia Bensasson, atriz no Soleil de *1789* aos Shakespeares, e Claire Duhamel, atriz, administradora da companhia Renaud-Barrault em Orsay, que se tornou adida cultural em Santiago do Chile durante a ditadura e ajudou artistas a virem para a França; Jean-François Dusigne, que atuou nas epopeias asiáticas e agora é professor de estudos teatrais, lhe sucedeu. Mestres asiáticos, russos ou ingleses vieram conduzir os estágios, dos quais participam igualmente atores do Soleil quando estão disponíveis.

A hospitalidade do Théâtre du Soleil é também a acolhida, por amizade com o centro Mandapa de Milena Salvini, com a Maison des Cultures du Monde (Casa das Culturas do Mundo) ou a Arta, de formas teatrais longínquas que são as fontes de inspiração da trupe. Assim, vindas da Índia, trupes de *kathakali* e *kuttiyatam* (escolas Sopanam e Kalamandalam), grandes dançarinos como Kelucharan Mohapatra (dança *odissi*), cujo aparecimento no palco do Soleil foi o mais recente, Shantala Shivalingappa (dança *kuchipudi*), Khema de Costa e Upekha da Silva (danças do Ceilão). E do Japão, famílias de *kyogen* (família Nomura, família Shigeyama) e *kabuki* (Fujima Kanjuro); do Camboja, a trupe real de Sbek Thom (grandes couros, teatro de sombras); da Indonésia, um grupo de *wayang kulit* (teatro de sombras de Java) e de Calon Arang (Bali); da Coreia, Kim Ri-Hae (dança *salpuri*) e o conjunto de percussões tradicionais Samulnori Hanullim, dirigido por Kim Duk-Soo; do Tibete, o Tipa, os monges dançarinos do mosteiro de Schechen e os Monges Gyuto; de Taiwan, Wu Hsing-Kuo, ator formado na Ópera de Pequim, que, convidado para uma *master class*, apresenta cenas do *Rei Lear* e parte com encorajamentos para relançar seu Contemporary Legend Theatre, em dissolução. O Soleil acolhe também a trupe de Siah Bazi, teatro popular cômico do Irã, perseguido pela República Islâmica e hoje praticamente extinto, o grande cantor iraniano Shahram Nazeri ou o jazzista israelense Giora Feidman. Ele apresenta em 1993 um espetáculo indiano, a partir de uma ideia de Mnouchkine e Rajeev Sethi, *A Índia de Pai Para Filho, de Mãe Para Filha*, forma popular com contadores, músicos, dançarinos, acrobatas, mágicos, tecendo o fio da transmissão. E tantos outros...

O Soleil abre seu teatro ao seu gêmeo da Dinamarca, o Odin Teatret de Eugenio Barba, em 2000 com *Mythos* e *Ode ao Progresso*, em 2005 com *Salt* e *O Sonho de Andersen*, cuja cenografia inspirará profundamente a dos *Efêmeros*, e em 2012 com *A Vida Crônica*. Ele também cede seu palco a Anatoly Vassiliev para seu *Don Juan, ou o convidado de pedra*, e todas as suas naves para grandes noites de música indiana (*ragas* do Norte em 2000, cantos carnáticos do Sul em 2010). Ele recebe Pol Pelletier com seu espetáculo solo *Joie* (Alegria) em 1994, o Radeau com *Les Cantates* (As Cantatas) em 2001, Patrice Chéreau para uma leitura de *La Légende du Grand Inquisiteur* (A Lenda do Grande Inquisidor) em 2008. Ele se abre enfim a encontros e colóquios sobre temas da atualidade, questões de educação artística ou história do teatro, bem como a celebrações diversas. A lista seria longa, as enumerações são tediosas e, por falta de espaço, incompletas[24]. Os exemplos estão aí apenas para dar uma ideia da multiplicidade das trocas que o Soleil engendra, da rede de amizade e de saber intercultural que se desenvolve em torno dele.

A Outra Rota

A Outra Rota era o título que *Os Náufragos do Louca Esperança* poderiam ter tido. É o que eu gostaria de dar a estas linhas. Qual é o segredo da duração do Soleil, que se situa fora de todo o sistema francês de instituições teatrais? A renovação periódica não premeditada, porém necessária, em razão das saídas e do rejuvenescimento que se segue, pondo lado a lado uma utopia dos anos sessenta, as ideias e realizações do CNR, e energias virgens? A estabilidade de base proporcionada pelo serviço público à francesa combinada com a adesão pessoal ao contrato moral que exige o projeto coletivo? O ótimismo lúcido de Mnouchkine? Sua energia indomável, sua personalidade rara e decidida, em que "a artista e a pedagoga, a inventora da beleza e a educadora não cessam jamais de coexistir e dialogar"[26]? A qualidade do trabalho do grupo, da maioria das pessoas que formam esse grupo? A organização equitativa de um trabalho intenso? O sucesso no exterior como na França? O desejo de ir sempre mais longe? Tudo isso ao mesmo tempo, mas em primeiro lugar, sem dúvida, a confiança no teatro como forma artística de hoje e como modelo possível de uma sociedade que se busca, assim como a confiança dos atores na sua chefe de trupe, mesmo nas horas em que ela duvida. Mas também o fato de que, se a trupe se manteve firme, é que "há sempre alguém para soprar suas brasas"[27]. O fogo estava também gravado no logotipo da Taganka, em Moscou, e o braseiro, imagem da criação coletiva, mas as

Eu não tenho a impressão de ter perdido, eu diria que ainda não ganhamos.
Ariane Mnouchkine, 1998[25]

dissensões internas devidas ao contexto político russo prevaleceram, o extinguiram. Não é o caso do Soleil, e Mnouchkine nunca abandonou sua trupe, apesar do desejo que tinha de fazer um "verdadeiro" filme, após *O Último Caravançará*. Ela fez seu cinema no teatro.

Houve períodos de desconfiança em relação ao Soleil, em que se criticou no seu trabalho uma falta de dialética. Mas o caminho de uma obra é avaliado ao ritmo das realizações, e aquilo que parecia mais fraco deve ser considerado diante do que resultou disso, germe de algo mais possante. Ariane Mnouchkine pode ser considerada, diz B. Faivre d'Arcier, um "tesouro nacional vivo", como se diz dos grandes mestres na Ásia. Mas, embora inteiramente devotada ao seu engajamento na arte, ela intervém na vida social, e o Soleil é um teatro de resistência: para *Macbeth*, há quarenta e duas pessoas em cena (de vinte e quatro nacionalidades diferentes) e a trupe compreende oitenta (uma centena quando vêm os reforços), enquanto há demissões por toda parte.

Vinte e oito espetáculos e sete filmes, e espectadores que escrevem: "Continuem", "Não parem". O hangar onde o Soleil instalou seu teatro, cuja beleza cada um concorda em reconhecer, é um espaço que não é nem público nem privado, mas comum, conectado com o mundo por toda uma rede de arte, aventuras e amizades, um espaço de utopia que, segundo Mnouchkine, é o "possível ainda não realizado". De fato, um grande espaço-tempo festivo. E político porque festivo. Ir lá é uma festa, e para alguns até um assombro maravilhoso, e a trupe tem também a arte de organizar festas, além das apresentações, para regenerar as energias, celebrar acontecimentos. Essa outra rota é ainda longa, e o Soleil está bem acompanhado. Pois, como diz Simon Abkarian: "nunca partimos do Théâtre du Soleil. Há sempre algo que resta na peneira do tempo, uma interrogação perpétua, um amor dos atores, um amor do público, do rigor, do respeito, da delicadeza, uma busca da perfeição jamais atingida, sempre tentada. Nós nos tornamos mutuamente humanos com esse teatro"[28].

Carta de Ariane Mnouchkine aos Alunos do Ensatt[29]

Vocês têm sorte.

Vocês têm sorte de ter ido à escola, ao liceu, talvez à universidade sem restrição, sem quota.

Vocês têm sorte, sim, pois não é em todo lugar do mundo que, nesta segunda-feira, 30 de setembro de 2013, moças e moços como vocês podem ingressar numa escola de teatro.

Sem precisarem se esconder, sem temerem pela sua vida, sem se arriscarem a serem queimados vivos, vocês têm sorte de entrar hoje nesta prestigiosa escola de teatro, onde vocês serão levados a fazer mímica, a representar, a encarnar atos provenientes de sentimentos extraordinários, puros, obscenos, sublimes, diabólicos, atrozes. Humanos, enfim.

Ariane Mnouchkine, maio de 2014.

E se vocês não representarem esses sentimentos, pois não é o caminho que vocês escolheram, vocês, os futuros técnicos, não pensem que vão se safar tão facilmente. As pontes de onde eles se atirarão, os balcões aos quais se suspenderão, a tempestade em que encalharão, a margem, a selva das cidades, a masmorra do rei, o pomar, o som do machado que o abate, o trovão das angústias e dos remorsos, os ocasos e albores do sol, os crepúsculos, tudo isso é com vocês. O travesseiro que sufoca, vocês o bordarão. O lenço também. A túnica envenenada, vocês a costurarão. O sangue, vocês o farão correr. Os sóis, as obscuras claridades, a lua afrodisíaca, são vocês que os suspenderão.

Então não se achem, vocês os viris, os futuros diretores técnicos, aqueles que não levam desaforo, vocês estarão no campo de batalha. Vocês travarão a batalha. Vocês também terão os calafrios e as cólicas. Em todo caso, é o que eu espero para vocês.

Mas diacho, por que estou dizendo tudo isso? É quase agressivo.

Eu digo tudo isso para vocês porque tenho medo. Tenho medo por vocês. Sempre tenho medo que impeçam vocês de imaginar, de sonhar, de voar. Tenho medo dos cínicos, dos grosseiros, dos desleixados de olhar desabusado. Tenho medo que alguém, talvez até entre vocês, sim, principalmente entre vocês, os desencante. Um gozador e suas latas de cerveja, uma voz gritalhona e seus sacos plásticos. Observações acerbas entre duas bitucas. E acabou. *The moon is down*. De plástico, ela também.

Mas o que você está dizendo?... Que saudação de boas-vindas é essa? Seja gentil com eles. Eles são jovens, encoraje-os.

Mas, justamente, eu os encorajo à minha maneira, dizendo-lhes minhas inquietudes e designando meus inimigos.

O diretor, aquele que está lendo minha carta, me escolheu, a mim, como madrinha, os professores aceitaram, não é pouca coisa, é uma honra, mas é sobretudo uma responsabilidade. Enorme. Eu não posso fazer-lhes uma saudação falsa que não diga o que eu creio, que não nomeie os instrumentos que eles deverão absolutamente possuir e partilhar para se lançar na epopeia que, para eles, começa hoje. E que para mim começou há cinquenta e cinco anos.

Eu creio na imaginação, na liberdade, mas também na pontualidade, eu creio na fantasia da palavra, mas também na polidez, esse mínimo da ritualização de nossa vida cotidiana.

Eu creio na generosidade da representação e da ação, mas antes de tudo eu creio na da escuta.

Eu creio acima de tudo na amizade, que será o filtro, a poção mágica de vocês.

Eu creio que a sua escola não deve fazer de vocês atores de um lado e técnicos do outro, mas homens e mulheres de teatro pura e simplesmente. Um cabo, um projetor, um martelo, uma furadeira, um sentimento, uma boa dicção, um silêncio precavido, uma melodia, um verso, uma escala bem colocada, isso pertence a todos. Vocês precisam terrivelmente uns dos outros. Se vocês não quiserem compartilhar o saber, a prática, vocês serão menos fortes, menos felizes, menos altivos. Eu lhes asseguro, eu lhes asseguro.

Eu creio que a sua escola não deve preparar vocês para entrar no mercado, mas no imenso canteiro de obras de um mundo melhor no qual, graças à sua arte, cabe a vocês trabalhar agora.

Eu creio que todos os governos da França, de Navarra e da Europa devem cessar de vincular a ajuda que oferecem à juventude às jaulas nas quais vocês seriam, por realismo, obrigados a entrar. A sua escola não deve ensiná-los a resignar-se.

Vocês não devem entrar em nenhum compartimento, nenhuma jaula, seus únicos limites são aqueles que o respeito pelo outro, a Justiça, a solidariedade e a ternura humana impõem ao coração e à consciência de vocês.

Um abraço,
Ariane

Macbeth (ensaio)
A. Mnouchkine revela aos atores em ensaio a proposta de cartaz do espetáculo.

ANEXO
REFERÊNCIAS CRONOLÓGICAS

1939: Nascimento de A. Mnouchkine em Boulogne-sur-Mer, França.

1958-59: Estada na Grã-Bretanha.

1958: Espetáculo da Ópera de Pequim visto no Théâtre des Nations.

1959: Criação da Association Théâtrale des Étudiants de Paris (Atep) [Associação Teatral dos Estudantes de Paris].

1961: *Gengis Khan* de H. Bauchau, Arènes de Lutèce.

1963: Primeira viagem à Ásia.

1964 (29 de maio): Criação do Théâtre du Soleil.

1964-65: *Os Pequenos Burgueses* de M. Gorki, adaptação A. Adamov, encenação A. Mnouchkine, cenário e figurino R. Moscoso, MIC da Porte de Montreuil, depois Théâtre Mouffetard (2.900 espectadores), Paris.

1965-66: *O Capitão Fracasse*, segundo T. Gautier, adaptação P. Léotard, encenação A. Mnouchkine, cenário R. Moscoso, figurino F. Tournafond, Théâtre Récamier (4.000 espectadores), Paris.

1967: - *A Cozinha* de A. Wesker, adaptação P. Léotard, encenação A. Mnouchkine, cenário R. Moscoso, circo de Montmartre (63.400 espectadores), Paris.
- Grande Prêmio do Teatro do Sindicato da Crítica para *A Cozinha*
- Prix du Brigadier para *A Cozinha*
- Prêmio da Associação dos Espectadores.

1968: - *Sonho de uma Noite de Verão* de Shakespeare, adaptação P. Léotard, encenação A. Mnouchkine, música J. Lasry, cenário R. Moscoso, figurino F. Tournafond, circo de Montmartre (47.000 espectadores), Paris.
- *L'Arbre sorcier, Jérôme et la tortue* (A Árvore Feiticeira, Jerônimo e a Tartaruga), encenação C. Dasté, música J. Lasry, circo de Montmartre, Festival de Avignon.

1969-70: *Les Clowns* (Os Palhaços), criação coletiva do Théâtre du Soleil, em colaboração com o Théâtre de la Commune de Aubervilliers, encenação A. Mnouchkine, música J. Lasry, cenário R. Moscoso, figurino C. Candries, Théâtre de la Commune de Aubervilliers.
Turnê: Festival de Avignon, Piccolo Teatro de Milão.
Reprise no Élysée-Montmartre (40.000 espectadores), Paris.
Agosto de 1970: Entrada na Cartoucherie de Vincennes.

1970-71: *1789*, criação coletiva do Théâtre du Soleil, encenação A. Mnouchkine, cenário R. Moscoso, figurino F. Tournafond, criação no Piccolo Teatro de Milão. Reprise na Cartoucherie.
Turnê na França e no exterior: Villeurbanne, Besançon, Caen, Le Havre, Martinica, Lausanne, Berlim, Londres, Belgrado (281.370 espectadores).

1972-73: *1793*, criação coletiva do Théâtre du Soleil, encenação A. Mnouchkine, cenário R. Moscoso, figurino F. Tournafond, Cartoucherie. Reprise de *1789* em alternância com *1793* na Cartoucherie (102.100 espectadores).

1974: *1789*, filme do espetáculo realizado por A. Mnouchkine (DVD em vias de edição).

1975: *L'Âge d'or, première ébauche* (A Era de Ouro, Primeiro Esboço), criação coletiva do Théâtre du Soleil, encenação A. Mnouchkine, espaço cênico G.-C. François, figurino F. Tournafond, máscaras E. Stiefel, Cartoucherie.
Turnê: Varsóvia, Veneza, Louvain-la-Neuve, Milão, Veneza (136.080 espectadores).

1976-77: *Molière*, filme escrito e encenado por A. Mnouchkine com o Théâtre du Soleil. Cenários G.-C. François, figurino D. Ogier, imagens B. Zitzermann, música R. Clémencic (DVD Bel Air Classiques, 2004).

REFERÊNCIAS CRONOLÓGICAS

1977: *Dom Juan* de Molière, encenação P. Caubère, cenário G.-C. François, figurino F. Tournfond (30.439 espectadores).

1979-80: *Mefisto, Romance de uma Carreira*, segundo K. Mann, adaptação e encenação A. Mnouchkine, cenário G.-C. François, figurino N. Noël e D. Ogier, música J.-J. Lemêtre, máscaras E. Stiefel, Cartoucherie. Turnê: Festival de Avignon, Ateliê teatral de Louvain-a-Neuve, Lyon, Roma, Berlim, Munique, Lons-le-Saunier. Vídeo do espetáculo por Bernard Sobel (160.000 espectadores).

1981-84: Os Shakespeares, tradução e encenação A. Mnouchkine, cenário G.-C. François, máscaras E. Stiefel, figurino J.-C. Barriera e N. Thomas, música J.-J. Lemêtre (253.000 espectadores).

1981: *Ricardo II*, Cartoucherie.

1982: ▪ Grande Prêmio do Teatro do Sindicato da Crítica para *Ricardo II*.
▪ *Noite de Reis*, Festival de Avignon. Representada em seguida em alternância com *Ricardo II* na Cartoucherie.

1984: *Henrique IV*, 1ª parte. Cartoucherie.
Representada em alternância com os dois espetáculos precedentes.
Turnês 1982-84: Festival de Avignon, Festival de Munique, Los Angeles (Olympic Arts Festival), Berlim (Berliner Festspiele).

1985-86: *L'Histoire terrible mais inachevée de Norodom Sihanouk, roi du Cambodge* (A História Terrível Mas Inacabada de Norodom Sihanuk, Rei do Camboja), de H. Cixous, encenação A. Mnouchkine, música J.-J. Lemêtre, cenário G.-C. François, figurino J.-C. Barriera e N. Thomas, figuras e máscaras E. Stiefel, Cartoucherie.
Turnê 1986: Amsterdã (Holland Festival), Bruxelas, Madri, Barcelona (108.445 espectadores).

1986: Prêmio de Melhor Ator do Sindicato da Crítica para G. Bigot no papel de Sihanuk.

1987: Prêmio Europa para o Teatro.

1987-88: *L'Indiade ou l'Inde de leurs rêves* (A Indíada ou a Índia dos Seus Sonhos) de H. Cixous, encenação A. Mnouchkine, música J.-J. Lemêtre, cenário G.-C. François, figurino J.-C. Barriera e N. Thomas, máscaras E. Stiefel, Cartoucherie.
Turnê: Tel Aviv (Festival de Jerusalém). Vídeo do espetáculo por Bernard Sobel (89.000 espectadores).

1989: *La Nuit miraculeuse* (A Noite Miraculosa), filme realizado por A. Mnouchkine, argumento A. Mnouchkine e H. Cixous (VHS).

1990-93: *Les Atrides* (Os Atridas). Encenação A. Mnouchkine, música J.-J. Lemêtre, cenário G.-C. François, esculturas E. Stiefel, figurino J.-C. Barriera e M.-H. Bouvet (286.700 espectadores).

1990: *Ifigênia em Áulis* de Eurípides, tradução J. Bollack, Cartoucherie.

1990: *Agamêmnon* de Ésquilo, tradução A. Mnouchkine, Cartoucherie.

1991: ▪ *Coéforas* de Ésquilo, tradução A. Mnouchkine, Cartoucherie. Representado em alternância com os dois espetáculos precedentes.
▪ Grande Prêmio do Teatro do Sindicato da Crítica para *Les Atrides*.

1992: *Eumênides* de Ésquilo, tradução H. Cixous, Cartoucherie. Representado em alternância com os três espetáculos precedentes.

Turnês 1991-93: Amsterdã (Holland Festival), Essen (Theater der Welt), Sicília (Orestiadi di Gibellina), Berlim (Berliner Festspiele), Lyon (TNP), Toulouse (Le Sorano), Montpellier (Le Printemps des Comédiens), Bradford (European Art Festival), Montreal (Festival de Théâtre des Amériques), Nova York (BAM), Viena (Wiener Festwochen).

1993: *L'Inde de père en fils, de mère en fille* (A Índia de Pai Para Filho, de Mãe Para Filha), encenação R. Sethi, sobre uma ideia de A. Mnouchkine (8.414 espectadores).

1994: *La Ville parjure ou le Réveil des Érinyes* (A Cidade Perjura ou o Despertar das Erínias) de H. Cixous, encenação A. Mnouchkine, música J.-J. Lemêtre, cenário G.-C. François, figurino N. Thomas e M.-H. Bouvet, Cartoucherie.

Turnê 1995: Liège (Théâtre de la Place), Recklinghausen (Ruhr Festspiele), Viena (Wiener Festwochen), Festival de Avignon (51.200 espectadores).

1994: Prêmio de Melhor Criação de Peça em Língua Francesa do Sindicato da Crítica para *La Ville parjure*.

1995-96: *Le Tartuffe* (Tartufo) de Molière, encenação A. Mnouchkine, cenário G.-C. François, figurino N. Thomas e M.-H. Bouvet, música J.-J. Lemêtre, criação em Viena (Wiener Festwochen).

Turnê 1995: Festival de Avignon, Saint-Jean-d'Angély, Liège (Théâtre de la Place). Outubro de 1995: representações na Cartoucherie.

Turnê 1996: La Rochelle, Vienne (França), Copenhague (Copenhagen 96), Berlim (Berliner Festspiele) (122.000 espectadores).

1996-97: *Au Soleil même la nuit (scènes d'accouchements)* (No Sol Mesmo à Noite [Cenas de Partos]), filmes de É. Darmon e C. Vilpoux em conjunto com A. Mnouchkine (DVD Bel Air Classiques 2011).

1997-98: *Et soudain des nuits d'éveil* (E Súbito Noites de Vigília), criação em conjunto com H. Cixous, encenação A. Mnouchkine, cenário G.-C. François, pinturas D. Heusslein-Gire, figurino N. Thomas e M.-H. Bouvet, música J.-J. Lemêtre, Cartoucherie.

Turnê junho 1998: Moscou, Festival Tchékhov (55.000 espectadores).

1999: segundo *La Ville parjure ou le Réveil des Érinyes*, filme de C. Vilpoux, images É. Darmon, música J.-J. Lemêtre, (Livro/DVD Théâtre du Soleil, 2010).

1999-2002: *Tambours sur le digue* (Tambores Sobre o Dique), sob a forma de peça antiga para marionetes representada por atores, de H. Cixous, encenação A. Mnouchkine, música J.-J. Lemêtre, cenário G.-C. François, pinturas, Y.

Maisonneuve e D. Martin, figurino N. Thomas e M.-H. Bouvet, Cartoucherie (150.000 espectadores).

2000:
- Grande Prêmio do SACD para *Tambours sur le digue*.
- Grande Prêmio do Teatro do Sindicato da Crítica.

Turnê 2000: Basileia (Kaserne Basel|), Antuérpia (DeSingel).
Turnê 2001: Lyon (Célestins-Théâtre de Lyon), Montreal (Festival de Théâtre des Amériques), Tóquio (New National Theater), Seoul (National Theater of Korea).
Turnê 2002: Sydney (Festival de Sydney).

2001-02: *Tambours sur le digue*, filme de A. Mnouchkine rodado na Cartoucherie em 2001 (DVD Arte Vidéo, 2002).

2003: *Le Dernier Caravansérail (Odyssées)* (O Último Caravançará [Odisseias]). Criação coletiva, música J.-J. Lemêtre, cenário G.-C. François, pinturas D. Martin, tinturas Y. de Maisonneuve, figurino N. Thomas e M.-H. Bouvet, Cartoucherie (185.000 espectadores).
Abril: *Le Dernier Caravansérail (Odyssées)*, *Le Fleuve cruel* (O Rio Cruel), Cartoucherie.
Novembro: *Le Dernier Caravansérail (Odyssées)*, *Origines et destins* (Origens e Destinos), Cartoucherie.
Turnês 2003-05: Roma, Quimper (Théâtre de Cornouaille), Avignon, Bochum (Ruhrtriennale), Lyon (Théâtre des Célestins), Berlim (Teatro Arena), Nova York (Lincoln Center Festival), Atenas, Melbourne.

2005: Molière de Teatro Público, Molière de Melhor Companhia, Molière de Melhor Cenógrafo (S. Nicolai, D. Bellugi-Vannuccini, G.-C. François), Molière de Melhor Criador de Música de Cena para *Le Dernier Caravansérail (Odyssées)*.

2006:
- *Le Dernier Caravansérail (Odyssées)*, filme de A. Mnouchkine, rodado na Cartoucherie em 2005 (DVD Bel Air Classiques – Arte Vidéo, 2006).
- *Les Éphémères* (Os Efêmeros), espetáculo do Théâtre du Soleil, em dois registros, Cartoucherie.

Turnê: Quimper, Festival de Atenas, Festival de Avignon, Festival de Buenos Aires, Festival Põe em Cena (Porto Alegre), São Paulo, Taipé, Viena (Wiener Festwochen), Saint-Étienne (160.000 espectadores).
- *Un Soleil à Kaboul, ou plutôt deux* (Um Sol em Cabul, ou Melhor Dois), documentário realizado por D. Bellugi-Vannuccini, P. Chevalier e S. Canto Sabido (DVD Bel Air Classiques, 2009).

2007: A. Mnouchkine recebe um Leão de Ouro em Veneza pelo conjunto de sua obra.

2008:
- *Les Éphémères*, filmados em Saint-Étienne por B. Zitzermann (DVD Bel Air Classiques – Arte Vidéo, 2009).
- A Universidade de Oxford confere a A. Mnouchkine o título de *doctor honoris causa*.

2009: A. Mnouchkine recebe o prêmio Ibsen do governo norueguês pelo conjunto de sua obra.
Turnê de *Les Éphémères*: Lincoln Center Festival em Nova York.
- *Ariane Mnouchkine. L'Aventure du Théâtre du Soleil* (Ariane Mnouchkine. A Aventura do Théâtre du Soleil), documentário de C. Vilpoux (Arte Vidéo, 2009).
- *Un cercle de connaisseurs* (Um Círculo de Conhecedores), documentário de J. Dosse (DVD Bel Air Classiques – Arte Vidéo, 2009).

2010:
- *Les Naufragés du Fol Espoir (Aurores)* [Os Náufragos do Louca Esperança (Auroras)], criação coletiva meio escrita por H. Cixous, música J.-J. Lemêtre, figurino N. Thomas, M.-H. Bouvet e A. Tran. Cartoucherie.

Turnê: Lyon (Théâtre des Célestins), Nantes (Grand T.), Festival de Atenas, São Paulo (SESC Belenzinho), Rio de Janeiro (HSBC Arena), Porto Alegre (Parque Eduardo Gomes), Festival Santiago a Mil, Wiener Festwochen, Edinburgh International Festival, Taipé (Teatro Nacional de Taiwan) (185.000 espectadores).
- Prêmio de Melhor Criação de Peça em Língua Francesa do Sindicato da Crítica para *Les Naufragés du Fol Espoir (Aurores)*.
- Molière de Teatro Público. Molière de Criador de Figurino (N. Thomas, M.-H. Bouvet e A. Tran) para os *Les Naufragés du Fol Espoir (Aurores)*.

2011-12: *Les Naufragés du Fol Espoir*, rodagem do filme na Cartoucherie e em turnê (DVD Bel Air Classiques, 2014).

2014: *Macbeth*, de Shakespeare, tradução e encenação A. Mnouchkine, música J.-J. Lemêtre, figurino N. Thomas, M.-H. Bouvet e A. Tran. Cartoucherie.

ANEXO
OS PROGRAMAS DO SOLEIL: CRÉDITOS

Os personagens indicados por * só aparecem na segunda temporada do espetáculo

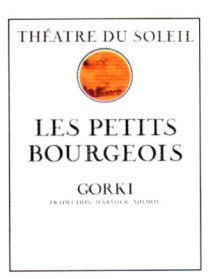

Os Pequenos Burgueses

De Máximo Gorki, adaptação de Arthur Adamov

Criação do espetáculo em novembro de 1964 na MJC da Porte de Montreuil

Elenco por ordem de entrada
Tatiana Vassilievna: Sonia Katchadhourian
Polia: Chantal Solca
Piotr Vassilievitch: Jean Sagolce, Jean-Pierre Tailhade*
Vassili Vassilievitch: Pierre Giuliano
Akoulina Ivanovna: Louba Guertchikoff
Stepanida: Cécile Ricard
Pertchikine: Gérard Hardy
Terenti Krisanfovitch Teterev: Paul Besset
Elena Nicolaievna: Édith Zetlin, Joséphine Derenne*
Nil Vassilievitch: Philippe Léctard, François Joxe*
Maria Nikitchina Tsvetaieva: Cristel Lazarewsky, Anne Demeyer*
Chichkine: Claude Merlin
Uma camponesa: Natia Carcelli, Marie Irakane*
Direção: Ariane Mnouchkine
Cenários e figurinos: Roberto Moscoso
Produção: Gérard Hardy
Música: Roger Tessier
Pianista: Pierre Audon
Fotos: Martine Franck
Cartaz e programa: Catherine Legrand
Administração: Jean-Pierre Tailhade
Tesouraria: Jean-Claude Penchenat
Publicidade: Gérard Hardy
Com a colaboração de: Georges Donzenac, Jean-Claude Penchenat, Geneviève Penchenat, Jean-Pierre Tailhade, Françoise Tournafond, Baudouin Bauchau, Liliane Léotard.

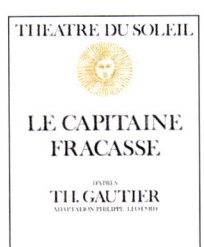

O Capitão Fracasse

Baseado em Théophile Gautier, adaptação de Philippe Léotard

Criação em 21 de janeiro de 1966 no Théâtre Récamier

Elenco por ordem de entrada
O acordeonista: Gilles Lecouty
Pierre: Claude Merlin
O Barão de Sigognac: Gérard Hardy, François Joxe*
Matamore: Lau Ferrera, Gérard Hardy*
Hérode: Jean Caune, Henry Czarniak*
Léandre: Thomas Leizlier
Scapin: Jean-Pierre Tailhade
Zerbine: Joséphine Derenne
O Boiadeiro: François Joxe, Daniel Bart*
Isabelle: Chantal Solca
As Armaduras: Max Douchin, Alain Foussat, Yves Beneyton*, Marc Roucout*
O Garçon de piste: François Decaux*
Um pajem: Alain Foussat, Yves Beneyton*
Uma cariátide: Pierre Danger, Hans Stark*
O Marquês des Bruyères: Michel Barcet, Georges Bonnaud*
Chiriguiri: Max Douchin, Marcel Robert*
Agostin: Paul Besset, Jean Caune*
Chiquita: Barbara Girard
Manequins: Pierre Danger, Alain Foussat, François Joxe, Claude Merlin, Yves Beneyton*, Marc Roucout*, Hans Stark*, Claude Merlin*, Charles Anthony*
Um soldado: Max Douchin
O Duque de Vallombreuse: Charles Antony
Merindol: Pierre Giuliano, Pierre Giuliano*

Os Vigaristas: Max Douchin, Alain Foussat, Lau Ferreira* Pierre Giuliano*
O Professor de ginástica: Max Douchin, Pierre Giuliano*
O Barbeiro: Pierre Danger, Pierre Giuliano*
A Primeira Jovem: Daïna La Varenne
A Segunda Jovem: Chantal Baudot*
O Rufião: Lau Ferreira, Marc Roucout*
Os Bandalhos: Pierre Danger, Lau Ferreira, François Joxe, Claude Merlin, Yves Beneyton*, François Decaux*, Marc Roucout*, Hans Stark*
O Bodegueiro: Max Douchin, Marcel Robert*
Albert: Thomas Leiclier
Direção: Ariane Mnouchkine
Cenários e acessórios: Roberto Moscoso
Praticável realizado por: Paul Besset
Acessórios realizados por: Roberto Moscoso
Figurinos: Françoise Tournafond
Figurinos realizados por: Liliane Léotard, Roger Jouan, Louba Guertchikoff, Françoise Tournafond
Maquilagens: Nicole Felix
Canções: Música: Dominique Brial
Letra: Philippe Léotard
Pancadarias coordenadas por: Georges Donzenac
Produção: Saadi Bahri
Luz: Serge Wolf
Fotos: Martine Franck
Cartaz e programa: Catherine Legrand
Administração: Jean-Pierre Tailhade
Tesouraria: Jean-Claude Penchenat
Publicidade: Gérard Hardy
Com a colaboração de: Paul Besset, Georges Donzenac, Myrrha Donzenac, Pierre Giuliano, Louba Guertchikoff, Philippe Léotard, Roberto Moscoso, Martine Franck, Françoise Tournafond

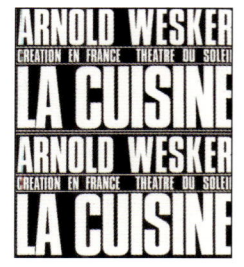

A Cozinha
De Arnold Wesker, adaptação de Philippe Léotard

Criação em 5 de abril de 1967 no Cirque de Montmartre

Elenco por ordem de entrada
Fred, vigia noturno: Max Douchin, Georges Bonnaud*
Max, açougueiro: Pierre Forget
Raphaël, ajudante: Roger Bardelot, Mario Gonzalès*
Bertha, bufê frio: Maria Iracane, Louba Guertchikoff*
Nadia, garçonete: Geneviève Penchenat, Rosine Rochette
Ida, garçonete: Françoise Jamet, Daïna La Varenne
Paul, confeiteiro: Jean-Claude Penchenat
Raymond, confeiteiro: Fabrice Herrero
Liliane, garçonete: Daïna La Varenne, Françoise Jamet*
Huguette, garçonete: Françoise Fabrice, Élisabeth Hazan, Christine Sandre*
Anne, cafés: Nicole Félix, Lucia Bensasson
Denise, garçonete: Mireille Franchino, Liliane Léotard*
Geneviève, garçonete: Élisabeth Hazan
Simone, garçonete: Anne Demeyer
Youssef, ajudante: Omar Hamidechi, Salah Teskouhk*
Jackie, garçonete: Myrrha Donzenac
Mado, garçonete: Josette Boussard, Geneviève Penchenat
Monique, garçonete: Joséphine Derenne
Alfredo, assados: Guy Laroche
O Maître d'hôtel: Antoine Delcambre, Georges Lucas*
Philippe, caldos, ovos: René Patrignani
Samir, grelhados: Claude Merlin
Hans, frituras: Carlos Denis, Jean-Marie Verselle*
Mario, peixes: Charles Antoni, Marc Godard*
José, legumes quentes: François Joxe, Jacob Weizbluth*
Peter, peixes: Jean-Pierre Tailhade, Philippe Léotard*
Franck, o segundo chef: Gérard Hardy, Roland Amstutz*
O Chef: Serge Coursan
Peretti, o patrão: Léo Peltier, Roger Weber*
O Mendigo: Gérald Denizot
Adaptação: Philippe Léotard
Direção: Ariane Mnouchkine
Assistente: Nora Kretz

Cenários: Roberto Moscoso
Construção: Daniel Pesquet
Coletividades: Gérard Hardy, Françoise Fabrice
Fotos: Martine Franck
Cartazes e programas: Catherine Legrand
Produção: René François
Administração: Jean-Pierre Tailhade, Jean-Claude Penchenat
Secretariado: Françoise Descotils
Relações públicas: Gérard Hardy

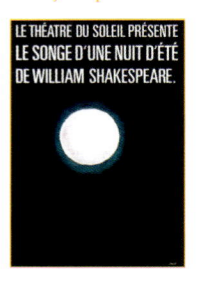

Sonho de uma Noite de Verão
De William Shakespeare, adaptação de Philippe Léotard

Criação em 15 de fevereiro de 1968 no Cirque de Montmartre

Elenco por ordem de entrada
O Músico: Teddy Lasry
Teseu: Paul Besset
A Rainha Amazona: Joséphine Derenne
Egeu: Jacques Tourane
Hérmia: Élisabeth Hazan
Demétrio: Charles Antoni
Lisandro: François Joxe
Helena: Rosine Rochette
As Amazonas: Danielle Chinsky, Michelle Amado, Lucia Bensasson, Dorte Oloe
O séquito de Teseu: Georges Bonnaud, Philippe Druillet, Marc Godard, Fabrice Herrero
Tamias: Jean-Pierre Tailhade
Pedro Pinho: Claude Merlin
Humilde (tecelão): Philippe Léotard
Francisco Flauta (remenda-foles): Jean-Claude Penchenat
Esgalgado (alfaiate): Gérald Denizot
João Caldeia (caldeireiro): Gérard Hardy
Esmerado (marceneiro): Serge Coursan
Puck: René Patrignani, Jean-Marie Verselle
O Fauno: Jean-Marie Verselle, Georges Bonnaud

Oberon: Germinal Casado, Jean-Frédéric Brossard
Titânia: Ursula Kübler
Os Faunos: Dorte Oloe, Max Douchin, Philippe Druillet, Georges Bonnaud, Marc Godard, Fabrice Herrero, Jean-Pierre Tailhade, Jean-Marie Verselle
Adaptação: Philippe Léotard
Direção: Ariane Mnouchkine
Direção técnica: Guy-Claude François
Cenários: Roberto Moscoso
Figurinos: Françoise Tournafond
Música: Jacques Lasry
Luz: Roger Leuvron
Maquilagens: Nicole Félix
Dança coordenada por: Ursula Kübler
Fotos: Martine Franck
Cartaz, programa: Annie e Louis Briat
Cenário executado por: Daniel Pesquet, Roberto Moscoso, François Berthet
Figurinos executados por: Nicole Bize, Rodolphe Sabourdy
Acessórios executados por: Françoise Tournafond, Erhard Stiefel
Música interpretada por: Yvonne Lasry, Jacques Lasry, Teddy Lasry, Bernard Baschet
Produção: René François, com a colaboração de Baudouin Bauchau
Sonoplastia: Anne Demeyer
Administração: Jean-Pierre Tailhade
Secretariado Geral, Tesouraria: Jean-Claude Penchenat
Encarregados das coletividades: Gérard Hardy, Myrrha Donzenac
Secretariado: Françoise Descotils

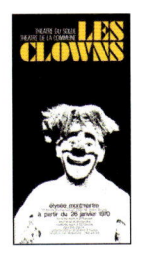

Os Palhaços

Criação em 25 de abril de 1969 no Théâtre de la Commune d'Aubervilliers

Um espetáculo de (fora de ordem) Mireille Franchino, Mario Gonzalès, Gérard Hardy, Ariane Mnouchkine, Jean-Claude Penchenat, François Joxe, Jean-Marie Verselle, Rosine Rochette, Anne Demeyer, Georges Bonnaud, Joséphine Derenne, Max Douchin, Teddy Lasry, Claude Merlin, Serge Coursan.
E com a participação de (fora de ordem) Josette Boulva, Philippe Léotard, Françoise Jamet, Fabrice Herrero, Lucia Bensasson, Charles Antoni, Liliane Léotard, Gérald Denizot, Ursula Kübler, Jean-Pierre Tailhade.
Senhora Patafiole: Anne Demeyer
Senhor Fiu-Fiu: Jean-Marie Verselle
Senhor Albert: Max Douchin
Senhor Pépé la Moquette: Mario Gonzalès
Senhor Laïobule: Claude Merlin
Senhor Léopold: Gérard Hardy
Senhora Cléopâtre: Joséphine Derenne
Senhor Appollo: Jean-Claude Penchenat
Senhorita Scampouzzi: Ariane Mnouchkine
Senhor Rigolin: Philippe Léotard
os músicos
Palhaço-Maestro: Teddy Lasry
Palhaço-Piano: Rosine Rochette
Palhaço-Bateria: Charles Contri
Palhaço-Tuba: Michel Derouin
Palhaço-Pratos: Jean-François Labouverie
Palhaço-Trombone: Georges Bonnaud
Direção técnica: Guy-Claude François
Cenário: Roberto Moscoso
Figurinos: Christiane Candries
Música: Teddy Lasry
Maquilagens: Fabrice Herrero
Fotos: Martine Franck
Cartazes, programa: Annie e Louis Briat, Catherine Legrand
Acessórios: Roberto Moscoso, Fabrice Herrero
Cenário executado por: Sébastien Alward, Baudouin Bauchau, Lucia Bensasson, Claude Forget, Guy-Claude François
Figurinos executados por: Hélène Séris, Christiane Candries, Geneviève Bouchez, Didier Dumas
Produção figurinos e acessórios: Liliane Léotard
Administração: Jean-Pierre Tailhade
Secretariado geral: Jean-Claude Penchenat
Encarregado das coletividades: Gérard Hardy
Secretariado: Françoise Descotils

O espetáculo Os Palhaços foi realizado em colaboração com toda a equipe do Théâtre de la Commune d'Aubervilliers.

1789, A Revolução Deve Deter-se na Perfeição da Felicidade

Criação em Milão a convite do Piccolo Teatro em 11 de novembro de 1970, depois na Cartoucherie em 26 de dezembro de 1970

Um espetáculo de (por ordem de entrada) Jean-Claude Penchenat, Georges Bonnaud, Daïna La Varenne, Rosine Rochette, Roland Amstutz, Françoise Jamet, Gérard Hardy, Marc Godard, Jean-François Labouverie, Serge Coursan, René Patrignani, Mario Gonzalès, Michel Derouin, Geneviève Rey, Luc Bartholomé, Michel Toty, Nicole Félix, Fabrice Herrero, Anne Demeyer, Joséphine Derenne, Louis Samier, Lucia Bensasson, Louba Guertchikoff, Myrrha Donzenac, Philippe Dubois, Gilles Milinaire
Participaram da repr se Jean-Claude Bourbault, Philippe Caubère, Marie-France Duverger, Philippe Hottier, Maxime Lombard, Clémence Massard, Claude Meunier, Alain Salomon, Franck Poumeyreau
Direção: Ariane Mnouchkine
Cenário: Roberto Moscoso
Figurinos: Françoise Tournafond e Christiane Candries
Direção musical: Michel Derouin
Fotos: Martine Franck
Cartaz: Catherine Legrand
Marionetes e acessórios: Nicole Princet
Direção técnica: Guy-Claude François
Cenário executado por: Baudouin Bauchau, Michel Bricaire, Guy-Claude François, Claude Forget, Louis Loyseau de Grandmaison e Roberto Moscoso

Figurinos executados por: Hélène Séris, Michel Dufays, Solange Félix, Odile Cointepas, Christiane Candries e Françoise Tournafond
Acessórios executados por: Jean-Claude Barriera, Gilbert Moreaux, Nicole Princet
Anotadora: Sophie Lemasson
Conselheira histórica: Élisabeth Brisson
Coletividades: Gérard Hardy, Odile Cointepas, Françoise Lemoine

1793, A Cidade Revolucionária É Deste Mundo

Criação do Théâtre du Soleil em 12 de maio de 1972 na Cartoucherie

ELENCO
os cidadãos, as cidadãs
Basile Renoir, padeiro: Gilles Milinaire
Adrien Réveillard, ferreiro: René Patrignani
Germain Fabre, gravador: Georges Bonnaud
Honoré Ferron, escrivão: Jean-Claude Penchenat
Agricol Chapette, federado de Marseille: Maxime Lombard
Néné d'Allauch, federado de Marseille: Philippe Caubère
Angele Lafargue, criada de quarto: Geneviève Rey
Henriette Rocancourt, engomadeira: Nicole Félix
Rose-Marie Quentin, lavadeira: Joséphine Derenne
Louise Cassius de Linval, diarista: Myrrha Donzenac
Thérèse Barridoux, mulher de La Halle: Françoise Jamet
Anna Chapuis, bordadeira: Lucia Bensasson
Émilie Retranché, costureira: Daïna La Varenne
Jeanne Anglivielle, vendedora de jornais: Louba Guertchikoff
Léonie Liénard, entregadora: Anne Demeyer
Gabrielle Petit, ajudante de cozinha: Dominique Valentin
Félicien Parent, ajudante de açougueiro: Jean-Claude Bourbault
Baptiste Dumont, jornalista: Franck Poumeyreau
Charles-Henri Lebreton, empregado dos correios: Gérard Hardy
Antoine Maréchal, marceneiro: Roland Amstutz
Jean Choux, militar: Serge Coursan
Joseph Dupril, vendedor de vinho: Philippe Hottier
Simon Catel, músico: Michel Derouin
Participaram da reprise
Marc Godard, Marie Catherine
Direção: Ariane Mnouchkine
Cenário e luz: Baudouin Bauchau, Jean-Noël Cordier, Antônio Ferreira, Claude Forget, Guy-Claude François, Louis de Grandmaison, Roberto Moscoso, Alain Salomon
Figurinos: Jean-Claude Barriera, Nathalie Ferreira, Chantal Forget, Françoise Tournafond
Direção musical: Michel Derouin
Fotos: Martine Franck
Cartaz: Catherine Legrand
Administração: Françoise Descotils, Françoise Lemoine
Coletividades: Gérard Hardy, Odile Cointepas, Françoise Lemoine
Anotadora: Sophie Lemasson
Documentação histórica: Jean-François Labouverie
Recepção do público: Betty Coursan, Maurice Coutarel, Christian Dupavillon, Jacques Leroy, Marguerite Vernot

A Era de Ouro, Primeiro Esboço

Criação em 4 de março de 1975 na Cartoucherie

Um espetáculo de Jean-Claude Barriera, Baudouin Bauchau, Lucia Bensasson, Georges Bonnaud, Jean-Claude Bourbault, Philippe Caubère, Odile Cointepas, Jean-Noël Cordier, Emmanuel de Bary, Anne Demeyer, Joséphine Derenne, Françoise Descotils, Myrrha Donzenac, Nicole Félix, Antônio Ferreira, Nathalie Ferreira, Guy-Claude François, Martine Franck, Mario Gonzalès, Gérard Hardy, Philippe Hottier, Françoise Jamet, Catherine Legrand, Sophie Lemasson, Françoise Lemoine, Maxime Lombard, Clémence Massart, Ariane Mnouchkine, Jean-Claude Penchenat, Alain Salomon, Erhard Stiefel, Jonathan Sutton, Valérie Tisné, Dominique Valentin, Julie Vilmont.

OS ATORES E SEUS PERSONAGENS
Salouha: Lucia Bensasson
Abdallah: Philippe Caubère
Mimi, a Coquete: Anne Demeyer
Viviane Volpina, M'Boro: Joséphine Derenne
Béatrice: Myrrha Donzenac
Irene: Nicole Félix
O Pantaleão de Nápoles, Marcel Pantaleão, Ramon Granada, um jovem: Mario Gonzalès
La Ficelle, Sr. Gueulette, um jovem: Philippe Hottier
A velha Bernarda: Françoise Jamet
Antoine Raspi, prefeito de Nápoles: Maxime Lombard
Sylvette, A amante da praia: Clémence Massart
O Príncipe de Nápoles, Olivier, Aimé Lheureux: Jean-Claude Penchenat
Sr. Dussouille: Alain Salomon
Mahmoud Ali: Nicolas Serreau
O Arlequim de Nápoles, Max, O amante da praia: Jonathan Sutton
Lou, a Gorda: Dominique Valentin
Direção: Ariane Mnouchkine
Assistente de direção: Sophie Lemasson
Produção: Emmanuel de Bary
Máscaras: Erhard Stiefel auxiliado por Valérie Tisné
Figurinos: Françoise Tournafond, Jean-Claude Barriera, Nathalie Ferreira
Realização do espaço cenográfico: Guy-Claude François (diretor técnico), Jean-Noël Cordier (iluminador), Antônio Ferreira (obras), Baudouin Bauchau (maquinista)

OS PROGRAMAS DO SOLEIL: CRÉDITOS

Recepção: Georges Bonnaud, Françoise Lemoine
Cartazes: Catherine Legrand
Fotos: Martine Franck, Jean-Claude Bourbault
Administração: Françoise Descotils, Jean-Claude Penchenat
Coletividades: Gérard Hardy, Odile Cointepas

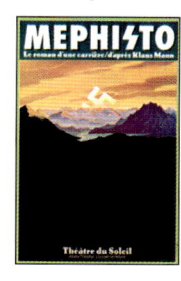

Mefisto, Romance de uma Carreira

Baseado em Klaus Mann, adaptação de Ariane Mnouchkine

Criação em 4 de maio de 1979 na Cartoucherie

OS PERSONAGENS (por ordem de entrada)
Klaus Mann, depois Sébastien Brückner: Christian Colin
Hendrik Höfgen: Gérard Hardy
Carola Martin: Lucia Bensasson
Hans Miklas: Jonathan Sutton
Theresa von Herzfeld: Marie-Françoise Audollent
Otto Ulrich: Jean-Claude Bourbault
Magnus Gottchalk: Yves Gourvil
Senhora Efeu: Louba Guertchikoff
Knurr: Roland Amstutz
Juliette: Myrrha Donzenac
Myriam Horowitz: Anne Demeyer
Alex: Norbert Journo
Érika Brückner: Joséphine Derenne
Nicoletta von Niebuhr: Nicole Félix
Théophile Sarder: René Patrignani
Lorenz: Julien Maurel, depois Pierre Fatus
O Menino: John Arnold
Thomas Brückner: Jean Dupond
Émelyne: Odile Cointepas
Ludwig: Claude Forget
Hans Jesthinkel: Georges Bonnaud
NO CABARÉ O PÁSSARO DA TORMENTA
O Apresentador: Roland Amstutz

General Fonnesique: Jonathan Sutton
Hitler: Christian Colin
NO RESTAURANTE
O Maître d'hôtel: Georges Bonnaud
O Oficial: Jean Dupond
A ORQUESTRA
Direção musical: Jean-Jacques Lemêtre
Auxiliado por Luciano Moro Marangone
Violino: Roland Amstutz
Violão: Marie-Françoise Audollent
Percussões: Lucia Bensasson
Trombone: Georges Bonnaud
Cornetim, clarineta: Jean-Claude Bourbault
Flauta transversal: Odile Cointepas
Piano, gaita, percussões, glockenspiel: Jean Dupond
Contrabaixo: Claude Forget
Percussões: Yves Gourvil
Piano: Louba Guertchikoff
Percussões: Norbert Journo
Violino, saxofone: Jonathan Sutton
Canto final: Martine Rouvières
REALIZAÇÃO
Adaptação baseada na tradução de Louise Servicen (Éditions Denoël) e direção: Ariane Mnouchkine
Cenário: Guy-Claude François
Figurinos: Nani Noël, Daniel Ogier
Produção dos figurinos: Liliane Long
Música: Jean-Jacques Lemêtre
Assistente de direção: Sophie Moscoso
Máscaras: Erhard Stiefel
Cabelo: Bruno
Maquilagens: Nicole Félix
Documentação: Sophie Moscoso, Lorenz Knauer
Trabalho vocal: Martine Rouvières
Trabalho de dança: José Vieira
Cartazes e grafismos: Annie Abadie, Catherine Legrand
Fotos: Michèle Laurent, Yon Intxaustegi, Martine Franck
Administração: Jean-Pierre Hénin
Relações com o público: Liliana Andreone, Odile Cointepas, Gérard Hardy
Relações com a imprensa: Marie-Françoise Audollent
O CENÁRIO
Direção técnica: Guy-Claude François
Desenhos e maquetes em cores: Dominique Plait, Dorothée Crosland
Construções madeira: Claude Forget
Construções metálicas: Antônio Ferreira

Luz: Jean-Noël Cordier
Projeções: Yon Intxaustegi
Pintores: Dorothée Crosland, Christian Delhomme, Thierry François, Fabrice Herrero, Xavier Philippe, Dominique Plait
Escultores: Christian Delhomme, Raul Gomez, Osvaldo Rodriguez
Luminárias: Norbert Journo
Construtores: Baudouin Bauchau, Frédéric Duperray, Antônio Ferreira, Claude Forget, Patrice Lainé, Justino Lourenco, Élisabeth Sassier, José Vasconcelos
Iluminadores: Laurence Aucouturier, Jean-Noël Cordier, François Watrin
Estagiários: John Arnold, Véronique Gargiulo
OS FIGURINOS
Figurinista realizadora: Marie-Jo Bouton, Victoria Gomes, Brigitte Méllé
Figurinista decoradora: Joëlle Loucif
Decoradora: Nani Noël
Decorador: Daniel Ogier
Figurinista cortadora: Nathalie Thomas

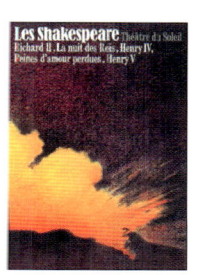

CICLO DOS SHAKESPEARES
Ricardo II

De William Shakespeare, tradução Ariane Mnouchkine

Criação em 10 de dezembro de 1981 na Cartoucherie

A FAMÍLIA REAL
O Rei Ricardo II: Georges Bigot
A Rainha: Odile Cointepas
A Duquesa de Gloucester: Lucia Bensasson
João de Gante, duque de Lancaster, tio do rei: John Arnold
Henry Bolingbroke, seu filho: Cyrille Bosc
O Duque de York, tio do rei: Philippe Hottier
O Duque de Aumale, seu filho: Philippe Blancher
OS AMIGOS DE RICARDO

Bushy: Julien Maurel
Bagot: Antoine Del Pin
Green: Jean-Baptiste Aubertin

OS NOBRES

Thomas Mowbray, duque de Norfolk, o banido: Maurice Durozier
Lord Fitzwater, marechal: Marc Dumétier
O Conde de Northumberland: Maurice Durozier
Henry Percy, dito Hotspur, seu filho: Jean-Pierre Marry
Lord Ross: Philippe Carbonneaux
Lord Willoughby: Guy Freixe
O Conde de Salisbury, enviado do rei junto aos galeses: John Arnold
O bispo de Carlisle: Guy Freixe
Sir Stephen Scroop, o guerreiro agonizante: Maurice Durozier
O abade de Westminster: Pierre Fatus
Sir Pierce Exton, o assassino: John Arnold

OUTROS PERSONAGENS

O Capitão galês: Marc Dumétier
O Jardineiro: Philippe Hottier
O Aprendiz do Jardineiro: John Arnold
Os Bufões de Ricardo: Pierre Fatus, Julien Maurel
A Dama de Honra da Rainha: Hélène Cinque
O Pajem dos York: Hélène Cinque
Os Criados: Jean-Baptiste Aubertin, Philippe Carbonneaux, Hélène Cinque, Antoine Del Pin, Pierre Fatus, Véronique Gargiulo, Fabien Gargiulo, Julien Maurel
Tradução e direção: Ariane Mnouchkine
Assistente: Sophie Moscoso
Cenário: Guy-Claude François
Máscaras: Erhard Stiefel
Figurinos: Jean-Claude Barriera, Nathalie Thomas e Leyla Ates, Victoria Gomes, Geneviève Humbert, Fanny Mandonnet, Michele Van Ruymbeke, Philippe Carbonneaux, Élisabeth Chailloux, Louba Guertchikoff
Música: Jean-Jacques Lemêtre e Claude Ninat
Luz: Jean-Noël Cordier e Laurence Aucouturier, François Watrin, John Arnold, Myriam Azencot, Maurice Durozier, Guy Freixe, Véronique Gargiulo, Clémentine Yelnik
Alvenaria: Antônio Ferreira e Victor Costa, José Vasconcelos, Jean-Baptiste Aubertin, Baudouin Bauchau, Philippe Blancher, Cyrille Bosc, Hélène Cinque, Antoine Del Pin, Anne Demeyer, Marc Dumétier, Pierre Fatus, Fabien Gargiulo, Véronique Gargiulo, Philippe Hottier, Louise Mailliard
Carpintaria e andaime: Claude Forget e Georges Bigot, Cyrille Bosc, Hélène Cinque, Anne Demeyer, Véronique Gargiulo, Fabien Gargiulo, Louise Mailliard, Jean-Pierre Marry
Construção metálica: Antônio Ferreira, José Vasconcelos e John Arnold, Philippe Blancher, Hélène Cinque, Pierre Fatus, Fabien Gargiulo, Véronique Gargiulo, Louise Mailliard, Julien Maurel
Maquinário: Claude Forget, François Watrin
Tendas: Mehmet Ates e Leyla Ates, Marie-Françoise Audollent, Odile Cointepas, Louise Mailliard
Pintura, pátina e douradura: Gérard Hardy
Acessórios: Georges Bigot, Philippe Blancher, Maurice Durozier, Antônio Ferreira, Claude Forget, Philippe Hottier, José Vasconcelos
Treinamento físico: Philippe Hottier
Trabalho vocal: Martine Rouvières
Cartaz e grafismo: Annie Abadie
Fotos: Martine Franck, Michèle Laurent, Lesly Hamilton
Administração: Jean-Pierre Hénin
Tesouraria: Maria Albaiceta
Cozinha: Lucia Bensasson, Joséphine Derenne e Maria Albaiceta
Relações com o público: Liliana Andreone, Myriam Azencot
Relações com a imprensa: Marie-Françoise Audollent e Véronique Coquet

Noite de Reis

De William Shakespeare, tradução Ariane Mnouchkine

Criação em 10 de julho de 1982 no Festival de Avignon, depois em alternância com Ricardo II na Cartoucherie

Por ordem de entrada
O Duque Orsino: Georges Bigot
Curio: Hélène Cinque
Valentim: Julien Maurel
Viola: Joséphine Derenne
O Capitão: Maurice Durozier
Sir Toby Belch: Philippe Hottier
Maria: Hélène Cinque
Sir Andrew Aguecheek: Clémentine Yelnik
Olívia: Odile Cointepas
O bobo Feste: Julien Maurel
Malvólio: John Arnold
Sebastião: Jean-Pierre Marry
Antônio: Maurice Durozier
Fabiano: Georges Bigot
Primeiro oficial: Cyrille Bosc
Segundo oficial: Philippe Blancher
O Padre: Cyrille Bosc
Criados de palco: Laurence Aucouturier, Cyrille Bosc, Philippe Carbonneaux, Marc Dumétier, Guy Freixe, Véronique Gargiulo
Tradução e direção: Ariane Mnouchkine
Assistente: Sophie Moscoso
Cenário: Guy-Claude François
Figurinos: Jean-Claude Barriera, Nathalie Thomas e Geneviève Humbert, Marie-Hélène Bouvet, Anne Demeyer
Música: Jean-Jacques Lemêtre e Claude Ninat
Coreografia: Maïtreyi
Luz: Jean-Noël Cordier e Laurence Aucouturier, François Watrin
Construção e acessórios: Antônio Ferreira, Claude Forget, Erhard Stiefel, José Vasconcelos e Victor Costa, Jean-Baptiste Aubertin, Baudouin Bauchau, Philippe Blancher, Cyrille Bosc, Antoine Del Pin, Marc Dumétier, Pierre Fatus, Fabien Gargiulo
Maquinário: Claude Forget, François Watrin
Tendas: Gérard Hardy e Mehmet Ates, Philippe Carbonneaux, Véronique Gargiulo, Rui Frati, Guy Freixe
Preparação física: Maïtreyi
Cabelo: Madeleine Cofano para Bruno
Fotos: Martine Franck, Michèle Laurent
Cartaz e grafismo: Annie Abadie
Administração: Jean-Pierre Hénin
Tesouraria: Maria Albaiceta, Rui Frati
Relações com o público: Liliana Andreone
Relações com a imprensa: Odile Cointepas

Henrique IV

De William Shakespeare, tradução Ariane Mnouchkine

Criação em 18 de janeiro de 1984 na Cartoucherie. Peça apresentada em alternância com as duas anteriores.

A FAMÍLIA REAL

O rei Henrique IV: John Arnold
Henrique, Príncipe de Gales, filho do rei: Georges Bigot

OS PROGRAMAS DO SOLEIL: CRÉDITOS

João de Lancaster, filho do rei: Hélène Cinque
OS FIÉIS DO REI
O Conde de Westmoreland: Guy Freixe
Sir Walter Blunt: Philippe Blancher
OS AMIGOS DO PRÍNCIPE HENRIQUE
Sir John Falstaff: Philippe Hottier
Poins: John Arnold
Bardolph: Fabien Gargiulo
Peto: Hélène Cinque
A Anfitriã: Odile Cointepas
OS INIMIGOS DO REI
Thomas Percy, conde de Worcester: Guy Freixe
Henry Percy, conde de Northumberland: Maurice Durozier
Henry Percy, apelidado Brulcoeur, seu filho: Julien Maurel
Lady Percy, esposa de Brulcoeur: Odile Cointepas
O Conde de Douglas: Maurice Durozier
Sir Richard Vernon: Serge Poncelet
OUTROS PERSONAGENS
O Chefe da Polícia: Marc Dumétier
Primeiro Viajante: Maurice Durozier
Segundo Viajante: Serge Poncelet
OS GUARDAS NEGROS
Cyrille Bosc, Marc Dumétier, Jean-François Dusigne, Fabien Gargiulo, Robert Gourp, Jean-Pierre Marry, Andrés Pérez, Éric Rey
Tradução e direção: Ariane Mnouchkine
Assistente: Sophie Moscoso
Cenário: Guy Claude François
Pintura, pátina e douradura: Philippe Carbonneaux, Geneviève Humbert, Véronique Gargiulo, Pascale Boutroux
Música: Jean-Jacques Lemêtre
Músicos: Jean-Jacques Lemêtre, Luciano Moro Marangone
Construção de instrumentos: Claude Ninal, Caroline Lee
Criado da música: Véronique Gargiulo
Figurinos: Jean-Claude Barriera, Nathalie Thomas, Marie-Hélène Bouvet, Thérèse Angebault, Francine Gaspar, Victoria Gomez, Nacira Ouchene
Máscaras e acessórios: Erhard Stiefel
Luz: Jean-Noël Cordier e Laurence Aucouturier, Carlos Obregón
Carpintaria, andaime e acessórios: Claude Forget e Thierry Meunier
Alvenaria e pintura: Victor Costa, Joaquim Baptista, Antônio Ferreira, José Vasconcelos
Dicção: François Joxe

Anotadora: Myriam Azencot
Fotos: Martine Franck, Michèle Laurent
Cartaz e grafismo: Annie Abadie
Administração: Jean-Pierre Hénin
Relações com o público: Liliana Andreone e Clémentine Yelnik
Tesouraria: Maria Albaiceta
Relações com a imprensa: Odile Cointepas e Liliana Andreone
Locação: Louba Guertchikoff e Pedro Guimarães
Controle e manutenção: Baudouin Bauchau

A História Terrível Mas Inacabada de Norodom Sihanuk, Rei do Camboja
De Hélène Cixous

Criação em 11 de setembro de 1985 na Cartoucherie

O CAMBOJA
A CASA REAL
Norodom Sihanuk, rei, depois príncipe do Camboja: Georges Bigot
O rei defunto, Norodom Suramarit, pai de Norodom Sihanuk: Guy Freixe
A rainha Kossomak, mãe de Norodom Sihanuk: Odile Cointepas
A Princesa, esposa de Norodom Sihanuk: Hélène Cinque
Senhora Mom Savay, ex-primeira dançarina real: Claire Rigollier
OS FIÉIS E OS AMIGOS DO REI
O Senhor Penn Nouth, ministro e conselheiro: Maurice Durozier
O Capitão Ong Meang, ajudante de ordens: Simon Abkarian
Chea San, embaixador do Camboja em Moscou: Zinedine Soualem
OS INIMIGOS DO REI
O Príncipe Sisowath Sirik Matak, primo do rei: Bernard Martin
O general Lon Nol: Guy Freixe

O Embaixador do Camboja em Paris: Andrés Pérez
A CRIADAGEM REAL
Dith Boun Suo, criado do rei: Gérard Hardy
Dith Sophen, criado da rainha Kossomak: Zinedine Soualem
Rama Mok, o músico: Jean-Jacques Lemêtre
O Pequeno Músico: Hélène Cinque
Os Criados: Simon Abkarian, Baya Belal, Mario Chiapuzzo, Christian Dupont, Pedro Guimarães, Jean-Pierre Marry, Éric Rey
PHNOM PENH
Senhora Khieu Samnol, a vendedora de legumes, mãe de Khieu Samphan: Myriam Azencot
Senhora Lamné, a vendedora de peixes, vietnamita: Clémentine Yelnik
Yukanthor, seu filho adotivo*: Fabien Gargiulo
A CRIADAGEM DE LON NOL
O Capitão Sim Narang, ajudante de ordens: Éric Rey
O Capitão In Sophat: Mario Chiapuzzo
Militares: Jean-François Dusigne, Pedro Guimarães, Éric Rey
A REPÚBLICA DE LON NOL
O enviado de Um Sareth*: Andrés Pérez
Cheng Heng, presidente da Assembleia Nacional*: Christian Dupont
Long Boret, Primeiro-Ministro*: Serge Poncelet
Saukham Khoy, Presidente da República*: Jean-Pierre Marry
OS KHMERS VERMELHOS
Saloth Sâr: Serge Poncelet
Khieu Samphan: Andrés Pérez
Hou Youn: Jean-François Dusigne
Ieng Sary*: Éric Rey
Ieng Thirith, esposa de Ieng Sary*: Claire Rigollier
OUTROS PERSONAGENS
Os Camponeses: Simon Abkarian, Zinedine Soualem
O Embaixador do Japão no Camboja: Jean-François Dusigne
O Vendedor Chinês*: Zinedine Soualem
O Kamaphibal, funcionário Khmer Vermelho*: Bernard Martin
Chorn Hay, funcionário Khmer Vermelho*: Pedro Guimarães
OS ESTADOS UNIDOS DA AMÉRICA
O Conselheiro Henry Kissinger: Serge Poncelet

Melvyn Laird, Secretário de Estado da Defesa: Jean-François Dusigne
O General Abrams, comandante em chefe das forças estadunidenses no Vietnã do Sul: Simon Abkarian
Robert McClintock, Embaixador dos EUA no Camboja: Fabien Gargiulo
O General Taber: Marc Dumétier
Hawkins, agente da CIA: Mario Chiapuzzo
John Gunther Dean, Embaixador dos EUA no Camboja*: Simon Abkarian
Keeley, secretário de Dean*: Marc Dumétier
Pete McCloskey, deputado republicano*: Mario Chiapuzzo
O enviado dos EUA a Pequim*: Pedro Guimarães
O secretário do enviado*: Gérard Hardy

A UNIÃO SOVIÉTICA
Alexis Kossyguine, Primeiro-Ministro: Simon Abkarian
O intérprete: Éric Rey

A CHINA
Zhou Enlai, Primeiro-Ministro: Andrés Pérez
O Embaixador do Camboja em Pequim: Fabien Gargiulo
Étienne Manac'h, Embaixador da França em Pequim: Bernard Martin

O VIETNÃ
Pham Van Dong, Primeiro-Ministro da república do Vietnã do Norte*: Serge Poncelet
O general Giap, Ministro da Defesa e combatente em chefe das Forças Armadas da República do Vietnã do Norte*: Christian Dupont
O general Van Tien Dung, seu adjunto*: Jean-François Dusigne

Direção: Ariane Mnouchkine
Assistente: Sophie Moscoso
Música: Jean-Jacques Lemêtre
Músicos: Jean-Jacques Lemêtre, Pierre Launay
Cenário: Guy-Claude François
Figurinos: Jean-Claude Barriera, Nathalie Thomas e Marie-Hélène Bouvet
Máscaras: Erhard Stiefel
Luz: Jean-Noël Cordier e Laurence Aucouturier, Carlos Obregón
Madeira: Claude Forget e Robert Catenacci, Thierry Meunier
Fedra, gesso e cimento: Victor Costa e Joaquim Pedrosa, Fernando dos Anjos
Tijolo: Yannick Girard, Pierre Sauton e Manuel Cunha, Eugênio Sampaio, Peter Upor
Metal: José Vasconcelos, Caroline Lee e Benoît Barthélémy
Pintura: Mario Chiapuzzo, Véronique Gargiulo, Gérard Hardy, Clémentine Yelnik
Estatuetas: Erhard Stiefel e Beate Blasius, Ly Nissay, Véronique Gargiulo, Baya Belal, Sylviane Veniat
Acessórios: Caroline Lee, Claude Forget, Erhard Stiefel e Liliana Andreone
Construção de instrumentos musicais: Caroline Lee, Jean-Jacques Lemêtre, Claude Forget e Pierre Launay
Com, para todos os trabalhos, a ajuda não qualificada mas indispensável de: Simon Abkarian, Myriam Azencot, Georges Bigot, Mario Chiapuzzo, Hélène Cinque, Odile Cointepas, Marc Dumétier, Christian Dupont, Maurice Durozier, Jean-François Dusigne, Guy Freixe, Fabien Gargiulo, Pedro Guimarães, Gérard Hardy, Jean-Pierre Marry, Bernard Martin, Andrés Pérez, Serge Poncelet, Éric Rey, Claire Rigollier, Zinedine Soualem, Clémentine Yelnik
Contrarregra: Christian Dupont
Administração: Jean-Pierre Hénin
Relações com o público: Liliana Andreone e Naruna de Andrade, Clémentine Yelnik
Tesouraria: Maria Albaiceta e Selahattin Öter
Relações com a imprensa: Odile Cointepas e Liliana Andreone
Controle e manutenção: Baudouin Bauchau
Vigia: Hector Ortiz
Cartaz: Roberto Moscoso
Programa: Anne Delbende
Fotos: Martine Franck, Michèle Laurent
Certos instrumentos musicais foram construídos por Marcel Ladurelle, luthier, e Robert Hébrard, luthier, e a realização do percufone ficou a cargo de Patrice Moullet. Os cabelos são de Michel Provini (Claude Maxime).
As cadeiras e poltronas foram fabricadas por Gilles Bigot, companheiro marceneiro.
Durante as apresentações, certos personagens foram representados sucessivamente pelos atores seguintes:
A Princesa: Sophie Piollet
Senhora Mom Savay: Baya Belal
Dith Boun Suo: Mauricio Celedon
Os Criados: Pedro Celedon, Paul Golub, Jean-Louis Lorente, Bernard Poysat, Catherine Schaub
O Capitão Sim Narang: Paul Golub
O Criado de Lon Nol: Ly Nissay
Ieng Sary: Antonio Diaz-Florian
Ieng Thirith: Baya Belal
Saukham Khoy: Mauricio Celedon
General Taber: Mario Chiapuzzo
O Secretário do enviado dos EUA a Pequim: Jean-Louis Lorente
O Intérprete: Pedro Guimarães

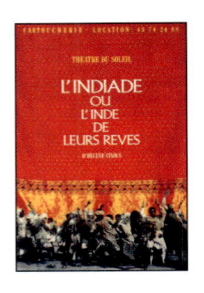

A Indíada ou A Índia dos Seus Sonhos

De Hélène Cixous

Criação em 30 de setembro de 1987 na Cartoucherie

Elenco por ordem de entrada
O PARTIDO DO CONGRESSO E SEUS PRÓXIMOS
Pandit Jawaharlal Nehru: Georges Bigot
Maulana Abul Kalam Azad: Maurice Durozier
Sarojini Naidu: Myriam Azencot
Sardar Vallabhbhai Patel: Serge Poncelet
Mahatma Gandhi: Andrés Pérez Araya
Abdul Ghaffar Khan, dito Badshah Khan: Simon Abkarian
Ghani Khan, seu filho: Fabien Gargiulo
Hermann Kallenbach: Bernard Martin
Kasturba Gandhi, esposa de Gandhi: Clémentine Yelnik
Aruna Asaf Ali: Sophie Piollet
Sushila Nayar: Silvia Bellei
Manu, sobrinha-neta de Gandhi: Catherine Schaub
A LIGA MUÇULMANA E SEUS PRÓXIMOS
Mohamed Ali Jinnah: Jean-François Dusigne
Liaquat Ali Khan: Paul Golub
Sir Mohamed A. Iqbal: Asil Rais
Fatima Jinnah, irmã de Jinnah: Catherine Schaub
Dina Jinnah, filha de Jinnah: Nirupama Nityanandan
Um mensageiro: Asil Rais
AS PROVÍNCIAS

A.K. Fazlul Haq, Ministro-Chefe muçulmano do governo provincial de Bengala, Partido Unionista: Maurice Durozier
Sir Sikander Hayat Khan, Ministro-Chefe muçulmano do governo provincial do Punjab, Partido Unionista: Simon Abkarian
Tara Singh, Ministro sikh do governo provincial do Punjab: Mario Chiapuzzo
Um Ministro do Congresso no governo provincial do Bihar: Simon Abkarian
Um outro Ministro do Congresso no governo provincial do Bihar: Zinedine Soualem

A INGLATERRA
Marquês Linlithgow, Vice-Rei das Índias de 1936 a 1943: Mario Chiapuzzo
Sir Archibald Wavell, Vice-Rei das Índias de 1943 a março de 1947: Christian Dupont
Lord Mountbatten, Earl of Burma, último Vice-Rei das Índias, de março a agosto de 1947: Asil Rais
O ajudante de ordens de Lord Mountbatten: Mahmoud Shahali

AS ESTRADAS E AS RUAS
Haridasi, solitária errante bengali: Baya Belal

A FRONTEIRA NOROESTE
Goulam, um pathan: Zinedine Soualem
Tughlak, um pathan: Jean-Louis Lorente
Masud Khan, o professor pathan: Mahmoud Said

NOVA DELHI
Ganga Singh, motorista sikh: Fabien Gargiulo
Inder, puxador de riquixá, intocável: Mauricio Celedon
Lala, puxador de riquixá, bengali: Éric Leconte
Ahmad, puxador de riquixá: Pascal Durozier
Rahman, seu irmão mais velho, puxador de riquixá: Mahmoud Said
Ima, mãe deles: Nirupama Nityanandan
O Guardião da Tumba do Santo Sufi: Zinedine Soualem

O PUNJAB
Rajkumar, camponês de Sialkot: Jean-François Dusigne
O Soldado Sikh de Simla: Asil Rais
Siddiqui, camponês de Sialkot: Mahmoud Said

O SIND
Bahadur, domador de ursos: Mahmoud Shahali
Moona Baloo, sua ursa: Catherine Schaub e Jean-Louis Lorente

O BENGALA
Hathihai Sen, originário do distrito de Noakhali: Simon Abkarian
Rajiv Sen, seu irmão: Bernard Martin

O BIHAR
O Homem que canta a canção da partição: Bernard Martin

BOMBAIM
Darshan Lal, criado hindu de Mohamed Ali Jinnah: Asil Rais

TAMIL NADU
O Soldado Hindu de Simla: Bernard Martin

OS CRIADOS, CARREGADORES, OFICIAIS E SOLDADOS
Sylvia Bellei, Duccio Bellugi, Beate Blasius, Mauricio Celedon, Pedro Celedon, Mario Chiapuzzo, Christian Dupont, Pascal Durozier, Fabien Gargiulo, Paul Golub, Pedro Guimarães, Éric Leconte, Jean-Louis Lorente, Ly Nissay, Bernard Martin, Nirupama Nityanandan, Sophie Piollet, Asil Rais, Mahmoud Shahali, Catherine Schaub, Zinedine Soualem, Clémentine Yelnik

Direção: Ariane Mnouchkine
Assistente: Sophie Moscoso
Cenário: Guy-Claude François
Figurinos: Jean-Claude Barriera e Nathalie Thomas, Marie-Hélène Bouvet, Nadia Soualem
Músicos: Jean-Jacques Lemêtre e Corinne Hache, Pierre Rigopoulos
Máscara: Erhard Stiefel
Luz: Jean-Noël Cordier e Laurence Aucouturier, Carlos Obregón
Madeira: Claude Forget e Thierry Meunier, Jean-Louis Lacarra
Pedra, gesso, cimento, tijolo e mármore: Victor Costa e Joaquim Pinto Serra, José Vasconcelos, Eugênio Sampaio, Ricardo Vasconcelos, Fernando dos Anjos, José Pais, Patrice Andreopa
Metal: José Vasconcelos e Antônio Ferreira
Construção de instrumentos musicais: Jean-Jacques Lemêtre e Corinne Hache, Daniel Lefebvre, Claude Forget, Selahattin Oter
Bharata natyam: Maïtreyi
Trabalho de fonética e linguística: Françoise Berge
Preparação física: Mare Pujo
Contrarregra: Christian Dupont com, para esse trabalho, a ajuda não qualificada mas indispensável de: Simon Abkarian, Myriam Azencot, Baya Belal, Silvia Bellei, Duccio Bellugi-Vannuccini, Georges Bigot, Beate Blasius, Mauricio Celedon, Pedro Celedon, Mario Chiapuzzo, Christian Dupont, Maurice Durozier, Pascal Durozier, Jean-François Dusigne, Fabien Gargiulo, Paul Golub, Pedro Guimarães, Éric Leconte, Jean-Louis Lorente, Ly Nissay, Maïtreyi, Bernard Martin, Nirupama Nityanandan, Andrés Pérez, Sophie Piollet, Serge Poncelet, Asil Rais, Mahmoud Said, Mahmoud Shahali, Catherine Schaub, Zinedine Soualem, Clémentine Yelnik
Administração: Jean-Pierre Hénin
Relações com o público: Liliana Andreone, Naruna de Andrade
Mecenato do público: Claire Duhamel
Relações com a imprensa: Sarah Cornell
Cartaz e programa, fotos: Martine Franck, Michèle Laurent
Tesouraria: Maria Albaiceta, Selahattin Oter e Kim San
Controle e manutenção: Baudouin Bauchau
Vigia: Hector Ortiz

Certos instrumentos musicais foram construídos por Marcel Ladurelle e Jacques Venant, luthiers, e Didier Hache, marceneiro. A poltrona do vice-rei foi fabricada por Gilles Bigot, companheiro marceneiro. O mapa geográfico da sala de recepção foi realizado pelo Atelier Passe-Muraille.

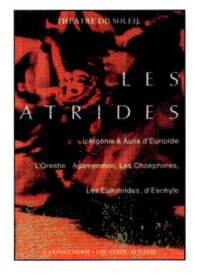

CICLO DOS ATRIDAS
Ifigênia em Áulis

De Eurípides,
tradução de Jean e Mayotte Bollack

Música de Jean-Jacques Lemêtre

Criação em 16 de novembro de 1990 na Cartoucherie

O CORO
O Corifeu: Catherine Schaub

Os Coreutas: Silvia Bellei, Duccio Bellugi-Vannuccini, Georges Bigot, Christian Dupont, Maurice Durozier, Pascal Durozier, Brontis Jodorowsky, Éric Leconte, Jean-Louis Lorente, Serge Poncelet, Asil Rais, Zinedine Soualem
OS PROTAGONISTAS (por ordem de entrada)
Agamêmnon: Simon Abkarian
O Ancião: Jean-Louis Lorente
Menelau: Asil Rais
O Mensageiro: Georges Bigot
Clitemnestra: Juliana Carneiro da Cunha
Ifigênia: Nirupama Nityanandan
Aquiles: Simon Abkarian
Direção: Ariane Mnouchkine
Assistente: Sophie Moscoso
Cenário: Guy-Claude François, com as esculturas de Erhard Stiefel
Figurinos: Nathalie Thomas, Marie-Hélène Bouvet, Marie-Paule Gaboriau
Músicos: Jean-Jacques Lemêtre e Sergio Perera
Concepção das maquilagens: Catherine Schaub
Concepção dos acessórios e figurinos: Simon Abkarian e Catherine Schaub
Danças executadas por Catherine Schaub, Simon Abkarian, Nirupama Nityanandan, e supervisionadas por Nadejda Loujine
Luz: Laurence Aucouturier, Carlos Obregón, Marc Semirchal, Rodrigo Bachler-Klein e Franck Millara
Realização do cenário:
Alvenaria (pedra, gesso, cimento, tijolo): Victor Costa, Joaquim Pinto Serra e Pedro Pinto Serra
Carpintaria (madeira, andaimes, mobília): Thierry Meunier e Jean-Pierre Marry, Aldo Vivoda
Metal: Marc Semirchal, Manuel Pereira da Silva e Jean-Baptiste Bernatene, Antônio Ferreira, Choukri Gabteni
Pinturas: Atelier Passe-Muraille: Karine Lemonnier, Xavier Philippe, Sylvie Espinasse, Marie Desforge e Pedro Guimarães, Ly Nissay
Construção de instrumentos musicais: Jean-Jacques Lemêtre, Sergio Perera
Contrarregra: Christian Dupont
Tesouraria: Maria Albaiceta, Selahattin Öter e Kim San
Controle e manutenção: Baudouin Bauchau
Diretor das trevas: Hector Ortiz
Administração: Nathalie Pousset e Pierre Salesne
Relações com o público: Liliana Andreone, Antoine Del Pin, Naruna de Andrade
Locação: Pedro Guimarães
Relações com a imprensa: Sarah Cornell
Preparação física e cuidados: Marc Pujo
Cartaz e programa: Tatoo
Fotos: Martine Franck, Michèle Laurent
Estagiários: Madeleine Blackwell (Austrália), Imor Herman-Andersson (Suécia), Mohammad Hirzalla (Israel), Kyeng-Mee Jung (Coreia)
A trilha sonora do espetáculo foi realizada por François Leymarie, Studio Sinuances.

Agamêmnon
De Ésquilo,
tradução de Ariane Mnouchkine

Música de Jean-Jacques Lemêtre

Criação em 24 de novembro de 1990 na Cartoucherie

O CORO
Os Corifeus: Simon Abkarian, Nirupama Nityanandan, Georges Bigot
A Corifeia da Dança: Catherine Schaub
Os Coreutas: Silvia Bellei, Duccio Bellugi-Vannuccini, Christian Dupont, Maurice Durozier, Pascal Durozier, Brontis Jodorowsky, Éric Leconte, Jean-Louis Lorente, Serge Poncelet, Asil Rais, Mahmoud Saïd, Zinedine Soualem
OS PROTAGONISTAS (por ordem de entrada)
A Sentinela: Georges Bigot
Clitemnestra: Juliana Carneiro da Cunha
O Emissário: Simon Abkarian
Agamêmnon: Simon Abkarian
Cassandra: Nirupama Nityanandan
Egisto: Georges Bigot
Direção: Ariane Mnouchkine
Assistente: Sophie Moscoso
Cenário: Guy-Claude François com as esculturas de Erhard Stiefel
Música: Jean-Jacques Lemêtre
Figurinos: Nathalie Thomas, Marie-Hélène Bouvet, Marie-Paule Gaboriau
Músicos: Jean-Jacques Lemêtre e Sergio Perera
Filólogos: Jean Bollack, Pierre Judet de La Combe
Concepção das maquilagens: Catherine Schaub
Concepção dos acessórios, dos figurinos: Simon Abkarian, Catherine Schaub
Danças executadas por Catherine Schaub, Simon Abkarian, Nirupama Nityanandan e supervisionadas por Nadejda Loujine
Ensaiadora: Myriam Azencot
Luz: Laurence Aucouturier, Carlos Obregón, Marc Semirchal, Rodrigo Bachler-Klein e Franck Millara
Realização do cenário:
Alvenaria (pedra, gesso, cimento, tijolo): Victor Costa, Joaquim Pinto Serra e Pedro Pinto Serra, Choukri Gabteni
Carpintaria (madeira, andaime, mobília): Thierry Meunier et Jean-Pierre Marry, Aldo Vivoda
Metal: Marc Semirchal, Manuel Pereira da Silva e Jean-Baptiste Bernatene, Antônio Ferreira
Pinturas e pátinas: Atelier Passe-Muraille: Karine Lemonnier, Xavier Philippe, Sylvie Espinasse, Marie Desforge e Pedro Guimarães, Ly Nissay
Construção de instrumentos musicais: Jean-Jacques Lemêtre, Sergio Perera e Caroline Lee, Marcel Ladurelle
Contrarregra: Christian Dupont
Criados de palco: Viviana Alberti, Odile Delonca, Choukri Gabteni, Ly Nissay
Criado na música: Laurence Ossart
Sonoplastia: Rodrigo Bachler-Klein
Ateliê de figurinos: Nathalie Thomas, Marie-Hélène Bouvet, Marie-Paule Gaboriau e Pascale Guene, Laurence Benoît, Charlotte Guicherd, Annie Tran, Stéphanie Triaud, Ysabel de Maisonneuve
Ateliê de escultura: Erhard Stiefel, auxiliado por Dominique Contesso e Érika Cixous, Claire Coutelle, Odile Delonca, Claudia Jenatsch, Nathanaëlle Lobjoy, Veronika Medici, Dominique Viars
Tesouraria: Maria Albaiceta, Selahattin Oter e Kim San
Controle e manutenção: Baudouin Bauchau
Diretor das trevas: Hector Ortiz
Administração: Nathalie Pousset e Pierre Salesne
Relações com o público: Liliana Andreone, Antoine Del Pin, Naruna de Andrade
Locação: Pedro Guimarães, Eve Doe Bruce
Relações com a imprensa: Sarah Cornell

OS PROGRAMAS DO SOLEIL: CRÉDITOS

Preparação física e cuidados: Marc Pujo e Nicolas Bounine
Cartaz e programa: Tatoo
Fotos: Martine Franck, Michèle Laurent
Estagiários: Madeleine Blackwell (Austrália), Imor Herman-Andersson (Suécia), Mohammad Hirzalla (Israel), Kyen-Mee Jung (Coreia)
A trilha sonora do espetáculo foi realizada por François Leymarie, Studio Sinuances:
Baixo: François Leymarie
Violino: Marie-Françoise Viaud
Viola: Marie-Emmanuelle Hérouard
Contrabaixo: Gilles Since
Flautas: Marjolaine Ott
Tabla: Ravy Magnifique
Clarineta, cordas orientais, percussão, instrumentos originais: Jean-Jacques Lemêtre
Daf, dhohol, derboukka: Edmond Zartariar
O mapa geográfico da Recepção foi realizado por Didier Martin e Stéphanie Guennessen.
O Théâtre du Soleil agradece especialmente a sua amiga Claudine Bensaïd pela ajuda que ela deu com tanta generosidade, encarregando-se do trabalho mais austero de todos: a tradução, palavra por palavra, dos textos gregos.

Coéforas
De Ésquilo,
tradução de Ariane Mnouchkine

Música de Jean-Jacques Lemêtre

Criação em 23 de fevereiro de 1991 na Cartoucherie

O CORO
O Corifeu: Catherine Schaub
Os Coreutas: Duccio Bellugi-Vannuccini, Georges Bigot, Christian Dupont, Maurice Durozier, Pascal Durozier, Brontis Jodorowsky, Éric Leconte, Jean-Louis Lorente, Serge Poncelet, Asil Rais, Zinedine Soualem
OS PROTAGONISTAS (por ordem de entrada)
Orestes: Simon Abkarian
Pílades: Brontis Jodorowsky
Electra: Nirupama Nityanandan
O Criado: Pascal Durozier
Clitemnestra: Juliana Carneiro da Cunha
A Ama: Simon Abkarian
Egisto: Georges Bigot
Direção: Ariane Mnouchkine
Assistente: Sophie Moscoso
Cenário: Guy-Claude François, com as esculturas de Erhard Stiefel
Figurinos: Nathalie Thomas e Marie-Hélène Bouvet, Marie-Paule Gaboriau
Músicos: Jean-Jacques Lemêtre e Maria Serrão
Filólogos: Jean Bollack, Pierre Judet de La Combe
Concepção das maquilagens: Catherine Schaub
Concepção dos acessórios, dos figurinos: Simon Abkarian, Catherine Schaub
Danças executadas por: Catherine Schaub, Simon Abkarian, Nirupama Nityanandan
Ensaiadora: Myriam Azencot
Luz: Jean-Michel Bauer e Thierry Tournon, Carlos Obregón, Franck Millara
Realização do cenário:
Alvenaria (pedra, gesso, cimento, tijolo): Victor Costa, Joaquim Pinto Serra e Pedro Pinto Serra, Choukri Gabteni
Carpintaria (madeira, andaime, mobília): Thierry Meunier e Jean-Pierre Marry, Aldo Vivoda
Metal: Marc Semirchal, Manuel Pereira da Silva e Antônio Ferreira
Pinturas e pátinas: Atelier Passe-Muraille: Karine Lemonnier, Xavier Philippe, Sylvie Espinasse, Marie Desforge e Pedro Guimarães, Ly Nissay
Construção de instrumentos musicais: Jean-Jacques Lemêtre e Caroline Lee, Marcel Ladurelle
Contrarregra: Christian Dupont e Ly Nissay, Jean-Pierre Marry, Pedro Pinto Serra, Odile Delonca, Choukri Gabteni
Sonoplastia: Rodrigo Bachler-Klein
Ateliê de figurinos: Nathalie Thomas, Marie-Hélène Bouvet, Marie-Paule Gaboriau e Muriel Galinie, Isabel O Guellec, Ta Muy Phong, Annie Tran
Ateliê de escultura: Erhard Stiefel, auxiliado por Dominique Contesso e Érika Cixous, Claire Coutelle, Odile Delonca, Claudia Jenatsch, Nathanaëlle Lobjoy, Veronika Medici, Dominique Viars
Administração: Nathalie Pousset e Pierre Salesne
Relações com o público: Liliana Andreone, Antoine Del Pin, Naruna de Andrade, Pedro Guimarães
Relações com o computador: Naruna de Andrade e Marcia Fani
Relações com a imprensa: Sarah Cornell
Locação: Eve Doe Bruce, Marie-Christine Bento
Preparação física e cuidados: Marc Pujo
Cartaz e programa: Tatoo
Fotos: Martine Franck, Michèle Laurent
Tesouraria: Maria Albaiceta, Selahattin Oter e Kim San
Controle e manutenção: Baudouin Bauchau
Diretor das trevas: Hector Ortiz
A trilha sonora do espetáculo foi realizada por François Leymarie, Studio Sinuances:
Violino: Marie-Françoise Viaud
Viola: Marie-Emmanuelle Hérouard
Flautas: Marjolaine Ott, Jacques Riou
Clarineta, cordas orientais, percussão, instrumentos originais: Jean-Jacques Lemêtre
Baixo: François Leymarie

Eumênides
De Ésquilo,
tradução de Hélène Cixous

Música de Jean-Jacques Lemêtre

Criação em 26 de maio de 1992 na Cartoucherie

OS PROTAGONISTAS (por ordem de entrada)
A Profetisa: Nirupama Nityanandan
Apolo: Shahrokh Meshkin Ghalam
Orestes: Simon Abkarian
O Fantasma de Clitemnestra: Juliana Carneiro da Cunha
As Erínias: Catherine Schaub, Nirupama Nityanandan, Myriam Azencot
Atena: Juliana Carneiro da Cunha
O coro: Duccio Bellugi-Vannuccini, Brontis Jodorowsky, Myriam Boullay, Stéphane Brodt, Sergio Canto, Laurent Clauwaert, Daniel Domingo, Martial Jacques, Jocelyn Lagarrigue, Jean-Pierre Marry, Christophe Rauck, Nicolas Sotnikoff
Os Guardas Negros: Stéphane Brodt, Nadja Djerrah, Eve Doe Bruce, Evelyne Fagnen, Isabelle Gazonnois, Valérie Grail, Martial Jacques, Brontis Jodorowsky, Samantha McDonald, Nicolas Sotnikoff
Direção: Ariane Mnouchkine

Assistente: Sophie Moscoso
Cenário: Guy-Claude François, com as esculturas e máscaras de Erhard Stiefel
Figurinos: Nathalie Thomas e Marie-Hélène Bouvet
Luz: Jean-Michel Bauer
Músicos: Jean-Jacques Lemêtre e Marc Barnaud, Isabelle Gazonnois
Filólogos: Jean Bollack, Pierre Judet de La Combe
Concepção das maquilagens: Catherine Schaub
Concepção dos acessórios e figurinos: Simon Abkarian, Catherine Schaub
Danças executadas por: Catherine Schaub, Simon Abkarian, Nirupama Nityanandan
Ensaiadora: Myriam Azencot
Realização do cenário:
Alvenaria (pedra, gesso, cimento, tijolo): Victor Costa, Joaquim Pinto Serra e Joaquim Baptista, Pedro Pinto Serra
Carpintaria (madeira, andaime, mobília): Thierry Meunier e Jean-Pierre Marry, Aldo Vivoda
Metal: Manuel Pereira da Silva e Antônio Ferreira
Pinturas e pátinas: Atelier Passe-Muraille: Sylvie Espinasse, Marie Desforge
Contrarregra: Ly Nissay e Odile Delonca, Eve Doe Bruce, Jean-Pierre Marry, Pedro Pinto Serra
Equipe luz: Carlos Obregón e Cécile Allegoedt
Sonoplastia: Rodrigo Bachler-Klein
Ateliê de escultura: Erhard Stiefel, auxiliado por Dominique Contesso e Érika Cixous, Claire Coutelle, Odile Delonca, Claudia Jenatsch, Nathanaëlle Lobjoy, Veronika Medici, Dominique Viars
Ateliê de figurinos: Nathalie Thomas, Marie-Hélène Bouvet, Annie Tran, Marie-Paule Gaboriau e Muriel Galinie, Isabelle O Guellec, Ta Muy Phong
Administração: Nathalie Pousset e Pierre Salesne
Relações com o público: Liliana Andreone, Antoine Del Pin, Naruna de Andrade
Relações com o computador: Naruna de Andrade, Marcia Fiani
Relações com a imprensa: Sarah Cornell
Preparação física e cuidados: Marc Pujo
Cartaz e programa: Tatoo
Fotos: Martine Franck, Michèle Laurent

Locação: Pedro Guimarães
Tesouraria: Maria Albaiceta, Selahattin Oter e Jean-Cyrille Merle-Remond, Kim San
Controle e manutenção: Baudouin Bauchau
Diretor das trevas: Hector Ortiz
A trilha sonora do espetáculo foi realizada por François Leymarie, Studio Sinuances:
Violino: Marie-Françoise Viaud
Viola: Marie-Emmanuelle Hérouard
Contrabaixo: Gilles Since
Acordeão: François Castellio
Flautas: Marjolaine Ott Jacques Riou
Tabla: Ravy Magnifique
Clarinetas, cordas orientais, percussão, instrumentos originais: Jean-Jacques Lemêtre
Daf, dhohol, derboukka: Edmond Zartarian
Baixo: François Leymarie
O mapa geográfico da recepção foi realizado por Didier Martin e Stéphanie Guennessen.
O Théâtre du Soleil agradece especialmente a sua amiga Claudine Bensaïd pela ajuda que ela deu com tanta generosidade, encarregando-se do trabalho mais austero de todos: a tradução, palavra por palavra, dos textos gregos.

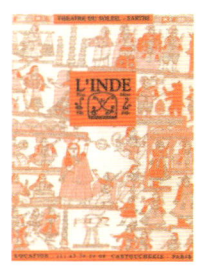

A Índia de Pai Para Filho, de Mãe Para Filha
Direção de Rajeev Sethi
sobre uma ideia de Ariane Mnouchkine

O Théâtre du Soleil recebe seus mestres e os alunos deles
O PANDWANI
Bhillai (Madhya Pradesh)
A Contadora: Teejan Bai: tamboora
Os Músicos: Brish Lal: tabla,
Tulsi Ram: harmônio,
Bishram Singh: Singar Cum
O Aluno: Rambha Bai Manjheera

OS MÚSICOS E CANTORES MANGANYARS
Jaisalmer (deserto do Thar, Rajastão)
OS CANTORES
Barkat Khan: Sinset
Chanan Khan: Khammayccha, been
OS MÚSICOS
Feroz Khan: Dholak
Ghazi Khan: Khartaal
Pempa Khan: Been
OS ALUNOS
Manjoor
Talab Khan
OS MASLETS
Andhra Pradesh
O Mágico: Chand Baba
O Aluno: Sayed Babu
OS NATS
Maharashtra
O Acrobata: Heera Bai
Os Alunos: Bharti, Netal Singh
OS DANÇARINOS KATHAK
Jaipur (Rajastão)
O Mestre: Girdhari Lal: harmônio, tabla
Os Alunos: Kamal Kant, Kaushal Kant, Keshav Kant
OS DANÇARINOS GOTIPUAS
Raghuraipur (Orissa)
O Mestre: Guru Shri Maguni Das: Pakhawaj
Os Alunos: Panchanand Bhuina, Prabhakar Mudali, Siddeshwar Mudali
OS BAULS
Bengala
Os Mestres: Nirmala Goswami: Ektara, Shri Haripada Goswami
Os discípulos: Lakhan Das Baul: Khamak, Anandalahari, Paban Das Baul: Dubki, Dotara, Phoolmala Das Baul: Ektara, Karatalas, Subal Das Baul: Ektara, Duggi
Cenário: Guy-Claude François
Pedra, gesso, cimento e tijolo: Antônio Ferreira, Joaquim Pedrosa, Pedro Pinto Serra, Manuel Pereira da Silva, Antônio Bonifácio
Madeira: Thierry Meunier, Ly Nissay, Jorge Luis Lobos Medel
Pintura e pátinas: Sylvie Espinasse, Jean-François Espinasse, Didier Pons
Luzes: Jean-Michel Bauer, Cécile Allegoedt, Rodrigo Bachler-Klein, Jean-Noël Cordier, Carlos Obregón
Decorações: Erhard Stiefel
Cozinha e hospitalidade: Maria Albaiceta, Christine Hours, Jean-Cyrille

OS PROGRAMAS DO SOLEIL: CRÉDITOS

Merle-Remond, Pharin Ly, Annie Tran, Estrela Gaspar, Liliana Andreone, Juliana Carneiro da Cunha, Nadja Djerrah, Maurice Durozier, Évelyne Fagnen, Isabelle Gazonnois, Danièle Heusslein-Gire, Ysabel de Maisonneuve, Ariane Mnouchkine, Sophie Moscoso, Nathalie Pousset
Diretor das trevas: Hector Ortiz
Programa: Tatoo e Anne Laville
Intérpretes: Bhagwati Prasad Hatwal, Mimlu Sen, Rahul Vohra
Traduções: France e Lokenath Bhattacharya, Rahul Vohra

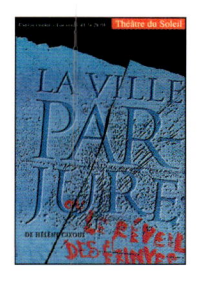

A Cidade Perjura ou O Despertar das Erínias

De Hélène Cixous

Música de Jean-Jacques Lemêtre

Criação em 18 de maio de 1994 na Cartoucherie

O CORO
Primeiro Corifeu, Imundo: Juliana Carneiro da Cunha ("Com dois caixões a seus lados…")
Segundo Corifeu, Lagadoue: Laurent Clauwaert ("Somos todos iguais perante a morte…")

OS CORFUTAS
Eliminado: Sergio Canto ("Se eu não tivesse a voz gasta…"), Brontis Jodorowsky ("É porque somos brilhantes demais, vivos demais…")
Abelle: Samantha McDonald ("É isso que me preocupa…"), Valérie Crouzet ("Especialistas existem, sim!")
Tessalônica: Nicole Chandi Ansari ("A consciência da Europa foi gravemente ferida…"), Évelyne Fagnen ("E depois disso ela pereceu totalmente"), Esther André-Konstantellos ("E jamais, há cinquenta anos, tu ouves o minúsculo clarim da consciência"), Carolina Pecheny ("Aquele lá, se dissese: Sim, eu pequei…"), Christophe Rauck ("Então o advogado, as provas e as testemunhas, se fazes tanto mais questão disso que da verdade…"), Rainer Sievert ("Então a uma ameaça tão vaga, tão vasta, tão absoluta…"), Marc Barnaud, Duccio Bellugi-Vannuccini, Alexandre Ferran, Isabelle Gazonnois, Martial Jacques, Eva Pérez, Marie Paule Ramo, Nicolas Sotnikoff, Maria Volodina

OS PROTAGONISTAS (por ordem de entrada)
A Mãe (em alternância): Renata Ramos Maza ou Nirupama Nityanandan
Ésquilo: Myriam Azencot
Mestre Brackmann: Jocelyn Lagarrigue
Mestre Marguerre: Duccio Bellugi-Vannuccini
A Noite: Shahrokh Meshkin Ghalam
As Erínias (em alternância): Nirupama Nityanandan ou Renata Ramos Maza e Juliana Carneiro da Cunha, Valérie Grail
X1: Brontis Jodorowsky
X2: Nicolas Sotnikoff ou Rainer Sievert
O Rei: Shahrokh Meshkin Ghalam
A Rainha (em alternância): Juliana Carneiro da Cunha ou Renata Ramos Maza ou Nirupama Nityanandan
O oficial de justiça: Laurent Clauwaert
O Ministro: Christophe Rauck
A Manutenção: Sylvain Jailloux
Forzza: Nicolas Sotnikoff ou Brontis Jodorowsky
Senhor Capitão: Duccio Bellugi-Vannuccini
Professor Cornu-Maxime: Brontis Jodorowsky
Professor Anselme: Jocelyn Lagarrigue
Doutor Berthier: Valérie Grail
Doutor Jumeau: Nicolas Sotnikoff
Professor Lion (em alternância): Nirupama Nityanandan ou Juliana Carneiro da Cunha ou Renata Ramos Maza
Doutor Brulard: Sylvain Jailloux
Daniel e Benjamin Ézéchiel, as crianças (em alternância): Melchior Beslon, David Brami, Michaël Couve de Murville, Léo Charron, Thésée Festinger, Ludovic Joyet, Valentin Mazzoran, Alexandre de Meireles, Luciano de Moliner, Romain Morice, Benjamin Pages, Abenamar Sanchez, Johnny Tran, Charles Vitez e depois Zacharie Abraham, Niloufar Amir Ebrahimi

Seus anjos da guarda: Juliette Plumecocq Mech, Martial Jacques, Sylvain Jailloux
Dublês kabuki: Juliette Plumecocq Mech
Direção: Ariane Mnouchkine
Assistente: Sophie Moscoso
Cenário: Guy-Claude François
Assistente: Sylvie Espinasse
Figurinos: Nathalie Thomas e Annie Tran, Marie-Hélène Bouvet, Christelle Muller
Músicos: Jean-Jacques Lemêtre e Morgane
Luzes: Jean-Michel Bauer e Cécile Allegoedt, Rodrigo Bachler-Klein, Carlos Obregón, Jacques Poirot, François Ravinet
Fabricação das marionetes: Erhard Stiefel
Ensino das marionetes: Francis Jolit
Grande conselheira para as maquilagens: Tamani Berkani
Embaixadora junto às crianças: Myriam Boullay
Pedra, gesso, cimento, concreto: Joaquim Pedrosa Baptista e Mohamed Charkaoui, Michel Dumur, Célestin Granomord, Nascimento Mendes, Joaquim Pereira Gonçalves
Madeira: Thierry Meunier e Jean-Pierre Marry, Ly Nissay, Blasco Ruiz
Metal: Antônio Ferreira e Alain Brunswick
Pinturas e pátinas: Sylvie Espinasse e François Bancilhon, Victor Bonnabel, Pedro Guimarães, Danièle Heusslein-Gire, Nicole Veilhan
Construção de instrumentos musicais: Caroline Lee
Contrarregra: Juliette Plumecocq Mech, Jean Pierre Marry, Thierry Meunier, Ly Nissay
Sonoplastia: Rodrigo Bachler-Klein
Estagiário: Ismael da Fonseca
Administração: Nathalie Pousset, Pierre Salesne
Relações com o público: Liliane Andreone e Emmanuelle Henry, Naruna de Andrade
Relações com a imprensa: Mara Negron
Locação: Pedro Guimarães e Anna Paula Petitdemange, Jean-Christophe Cardineau
Preparação física e cuidados: Marc Pujo
Trabalho de fonética e dicção: Françoise Berge
Tesouraria: Maria Albaiceta e Jean-Cyrille Merle, Remond Estrella, Gaspar Domingues, Zahra Amir Ebrahimi, Catherine Lefebvre
Controle e manutenção: Baudouin Bauchau

Diretor das trevas: Hector Ortiz
Fotos: Martine Franck, Michèle Laurent
Cartaz e programa: François Richez
Agradecemos a Anne-Marie Casteret pelo seu livro *L'Affaire du sang*, que nos foi muito precioso.

Tartufo

De Molière

Criação em Viena (Áustria – Wiener Festwochen) em 10 de junho de 1995

Elenco por ordem de entrada
O Mercador: Sergio Canto
Dorina: Juliana Carneiro da Cunha
Elmira: Nirupama Nityanandan
Mariane: Renata Ramos Maza
Valère: Martial Jacques
Flippe: Valérie Crouzet
Pote: Marie-Paule Ramo Guinard
Damis: Hélène Cinque
Cléante: Duccio Bellugi-Vannuccini
Senhora Pernelle: Myriam Azencot
Orgon: Brontis Jodorowsky
Tartufo: Shahrokh Meshkin Ghalam
Laurent: Jocelyn Lagarrigue
Loyal: Laurent Clauwaert
O Isento: Nicolas Sotnikoff
O Bando, os soldados: Jamalh Aberkane, Haim Adri, Sergio Canto, Sylvain Jailloux, Jocelyn Lagarrigue, Nicolas Sotnikoff
Canção: Cheb Hasni
Direção: Ariane Mnouchkine
Cenário: Guy-Claude François
Figurinos: Nathalie Thomas, Marie-Hélène Bouvet, Annie Tran
Luzes: Jean-Michel Bauer, Cécile Allegoedt, Carlos Obregón, Jacques Poirot
Trilha sonora: Jean-Jacques Lemêtre, François Leymarie e Yann Lemêtre
Sonoplastia: Rodrigo Bachler-Klein

Madeira: Thierry Meunier, Michel Tardif, Manuel Begbeder, Daniel Lefebvre, Ly Nissay
Metal: Antônio Ferreira, Alain Brunswick, Joaquim Pedrosa Baptista
Pintura e pátina: Danièle Heusslein-Gire, Sylvie Espinasse e Hadewy Freeve, Pedro Pinheiro Guimarães
Assistência à direção: Judith Marvan Enriquez
Contrarregra: Myriam Boullay, Marie-Paule Ramo, Ly Nissay
Administração: Nathalie Pousset, Pierre Salesne
Relações com o público: Liliana Andreone, Eve Doe Bruce, Kristos Konstantellos
Relações com a imprensa: Mara Negron
Locações: Maria Adroher-Baus, Pedro Pinheiro Guimarães, Christian Dumais-Lvowsky
Trabalho de fonética e dicção: Françoise Berge
Tesouraria: Christine Hours e Hélène Tersac
Controle e manutenção: Baudouin Bauchau
Diretor das trevas: Hector Ortiz
Fotos: Martine Franck, Michèle Laurent
Cartazes e programas: Louis Briat
Concepção do afresco da Recepção: Dorothée Crosland
Realização do afresco: Didier Martin, Anne Deschaintres, Charlotte Camus, Joseph Crosland

E Súbito Noites de Vigília

Criação coletiva em harmonia com Hélène Cixous

Música de Jean-Jacques Lemêtre

Criação em 26 de dezembro de 1997 na Cartoucherie

Elenco por ordem de entrada
Jacques, o diretor do teatro: Martial Jacques
Senhora Tsültim, mestre de dança, Yeshe, delegada, Dolkar, cantora e dançarina: Renata Ramos Maza
Tashi, cantor e dançarino: Duccio Bellugi-Vannuccini
Sonam, o diretor da trupe: Sergio Canto
Koubilai, cantor e dançarino, O jovem, o segundo provocador: Nicolas Sotnikoff
Senhora Rolanda Pantaleão, Marie-Ange, Solidarité Int. Médecine: Hélène Cinque
Senhora Florinda Pantaleão, Éléonore, a estagiária, Camille, o Sétimo Coletivo: Marie-Paule Ramo
Marie-Christine, a administradora, Charlotte, a estagiária: Delphine Cottu
Senhora Gabrielle, a guarda, Pupul, a eletricista: Myriam Azencot
Seu Gilles, um espectador: Pascal Guarise
Loubna Soltani, uma espectadora: Shaghayegh Beheshti
O professor, o espectador solidário, o monge, a babá das crianças: Serge Nicolai
Antoine, o braço-direito: Laurent Clauwaert
Suzanne Tellmann, geógrafa: Myriam Boullay
Paloma, a atriz, Tara, delegada, Dona Ana Amélia, a tia de Paloma, o mendigo: Juliana Carneiro da Cunha
Félicité, a costureira, Germaine, Sétimo Coletivo: Eve Doe Bruce
Zézé, a cozinheira: Fabianna Melo e Souza
Olívia, responsável pelas coletividades: Maïtreyi
Manuel, o discípulo: Matthieu Rauchvarger
O monge, secretário, Jean-Baptiste, o médico doente: Guillaume Briat
Urania Kukulis, a tibetóloga: Esther André-Konstantellos
Claude Delyon, o espectador belga, um espectador, o impertinente: Jean-Charles Maricot
François, eletricista, Georgy, papai de Charlotte, o jovem, o primeiro provocador: Sava Lolov
Olivier, ator: Vincent Mangado
Mathilde, atriz, Marguerite, mamãe de Charlotte: Dominique Jambert
Clarissa, Solidarité Int. Médecine: Carolina Pecheny
Os dançarinos de Tashi Shölpa: Duccio Bellugi-Vannuccini, Sergio Canto, Sava Lolov, Serge Nicolai, Carolina Pecheny, Nicolas Sotnikoff
O Iaque: Duccio Bellugi-Vannuccini, Serge Nicolai

OS PROGRAMAS DO SOLEIL: CRÉDITOS

As crianças: Zacharie Abraham Caillart, Jamel Ben Slimane, Aurélien Caoudal, Alexandre de Meireles, Marvin Gofin, Bonheur Ly, Pissei Ly, Sam Sarabandi, Pouya Mohtasham Ansary
Direção: Ariane Mnouchkine
Cenário: Guy-Claude François
Pinturas e pátinas: Danièle Heusslein-Gire e Didier Martin, Kristos Konstantellos, Pedro Guimarães, Yael Haber, Maria-Adélia Cardoso Ferreira, Jean-Charles Sankara
Máscaras: Erhard Stiefel e Ana Hopfer
Figurinos: Marie-Hélène Bouvet, Nathalie Thomas, Annie Tran, Ysabel de Maisonneuve e Élisabeth Jacques
Músicos: Jean-Jacques Lemêtre e Catherine Brisset
Luzes: Cécile Allegoedt, Carlos Obregón, Jacques Poirot
Pedra, gesso, cimento, metal e madeira: Antônio Ferreira, Thierry Meunier e Alain Brunswick, Amos Nguimbous, Ricardo Garcia Mateos
Assistência à direção: Sophie Moscoso, Judith Marvan Enriquez, Charles-Henri Bradier
Mestre de dança: Dolma Choden
Ensaiadora das danças: Maïtreyi
Instrutor de tibetano: Nicolas Silhé
Afresco da Recepção: Didier Martin e Gaëlle Bernard, Joseph Crosland
Construção de instrumentos musicais: Caroline Lee
Administração: Pierre Salesne
Relações com o público: Liliana Andreone, Naruna de Andrade, Sylvie Papandreou
Assuntos técnicos e informáticos: Étienne Lemasson
Mestres das cozinhas: Christian Dupont, Ly That-Vou, Josephina Rodriguez, Ly Nissay e Karim Gougam
Locações: Maria Adroher-Baus, Clara Bauer
Diretor das trevas: Hector Ortiz
Cartaz e programa: Louis Briat
Concepção do programa: Sophie Moscoso
Fotos: Martine Franck, Michèle Laurent
Trilha sonora: François Leymarie, Yann Lemêtre
Controle e manutenção: Baudouin Bauchau
Agradecemos especialmente aos imigrantes ilegais de Saint-Bernard, pela inspiração que o seu combate nos trouxe e traz ainda.
Agradecemos ao Tipa (Tibetan Institute of Performing Arts) por ter confiado em

nós, transmitido tanto saber e delegado a sra. Dolma Choden, sua arte e sua doce paciência. Agradecemos calorosamente a Sarthi, que, de Nova Delhi, nos permitiu o acesso a múltiplos tesouros, e Mireille Helffer, Jean-Paul Ribes, Jean Lassale e Marc Riboud, assim como Françoise Rousseau-Benedetti e Lorenzo Benedetti, cujo afeto e imensa generosidade nos acompanham e apoiam há tantos anos com total discrição.

Tambores Sobre o Dique, em forma de peça antiga para marionetes interpretada por atores
De Hélène Cixous

Música de Jean-Jacques Lemêtre
Direção de Ariane Mnouchkine

Criação em 11 de setembro de 1999 na Cartoucherie
Este espetáculo é dedicado a Jacques Lecoq e Paul Puaux.

OS PERSONAGENS por ordem de entrada
Duan, a filha do adivinho: Renata Ramos Maza
Seus manipuladores: Sergio Canto Sabido, Vincent Mangado
O Adivinho: Nicolas Sotnikoff
Seus manipuladores: Jean-Charles Maricot, Matthieu Rauchvarger
O Senhor Khang: Juliana Carneiro da Cunha
Seus manipuladores: Jean-Charles Maricot, Sergio Canto Sabido, Alexandre Roccoli
O Chanceler: Duccio Bellugi-Vannuccini
Seus manipuladores: Vincent Mangado, Stéphane Decourchelle
Hun, sobrinho do Senhor: Sava Lolov
Seus manipuladores: Stéphane Decourchelle, Martial Jacques
O Grande Intendente: Myriam Azencot

Seus manipuladores: Sergio Canto Sabido, Stéphane Decourchelle
O Arquiteto (sucessivamente): Martial Jacques, Sava Lolov
Seus manipuladores: Alexandre Roccoli, Serge Nicolai, Sergio Canto Sabido
Tshumi, o pequeno pintor da corte: Serge Nicolai
Seus manipuladores: Maïtreyi, Jean-Charles Maricot
O porta-estandarte do chanceler: Pascal Guarise
Seus manipuladores: Eve Doe Bruce, Maïtreyi, Sergio Canto Sabido
Os criados do palácio: Delphine Cottu, Eve Doe Bruce, Judith Marvan Enriquez, Maïtreyi, Shaghayegh Beheshti
Seus manipuladores: Sergio Canto Sabido, Shaghayegh Beheshti, Matthieu Rauchvarger, Maïtreyi, Eve Doe Bruce, Christophe Noël, Alexandre Roccoli, David Santonja
He Tao, tenente de Hun: Nicolas Sotnikoff
Seus manipuladores: Matthieu Rauchvarger, Vincent Mangado, Stéphane Decourchelle
Wang Po, secretário do Chanceler: Sava Lolov
Seus manipuladores: Martial Jacques, Alexandre Roccoli
Senhora Li, a vendedora de macarrão: Juliana Carneiro da Cunha
Seus manipuladores: Sergio Canto Sabido, Jean-Charles Maricot
Kina, sua criada: Sandrine Raynal
Seus manipuladores: Matthieu Rauchvarger, Judith Marvan Enriquez, Christophe Noël
O Monge: Myriam Azencot
Seus manipuladores: Stéphane Decourchelle, Sergio Canto Sabido, Alexandre Roccoli
O Primeiro Pescador: Duccio Bellugi-Vannuccini
Seus manipuladores: Vincent Mangado, Sergio Canto Sabido
O Segundo Pescador: Delphine Cottu
Seu manipulador: Christophe Noël
O Terceiro Pescador: Jean-Charles Maricot
Seu manipulador: Matthieu Rauchvarger
O manipulador do pescador minúsculo: Pascal Guarise
O Rio: Nicolas Sotnikoff
Seu manipulador: Martial Jacques

Os Tambores: Delphine Cottu, Dominique Jambert, Eve Doe Bruce, Fabianna de Mello e Souza, Jean-Charles Maricot, Judith Marvan Enriquez, Maïtreyi, Maria Adélia, Martial Jacques, Matthieu Rauchvarger, Sergio Canto Sabido, Shaghayegh Beheshti, Vincent Mangado
Seus manipuladores por fio: Jacques Poirot, Frédéric Potron
Os Palanquins: Nicolas Sotnikoff, Serge Nicolai, Sergio Canto Sabido
Seus manipuladores: Matthieu Rauchvarger, Alexandre Roccoli, Sandrine Raynal, Christophe Noël
O'mi, a vendedora de lanternas: Renata Ramos Maza
Seu manipulador: Stéphane Decourchelle
Seu Aprendiz: Nicolas Sotnikoff
Seu manipulador: Jean-Charles Maricot
Liou Po, o mensageiro da brecha: Duccio Bellugi-Vannuccini
Seus manipuladores: Sergio Canto Sabido, Vincent Mangado
A Mulher do Arquiteto: Renata Ramos Maza
Seu manipulador: Vincent Mangado
Os Esbirros do Grande Intendente: Matthieu Rauchvarger, Nicolas Sotnikoff
Seus manipuladores: Serge Nicolai, Alexandre Roccoli
Os Criados de Hun: Fabianna de Mello e Souza, Shaghayegh Beheshti
Seus manipuladores: Christophe Noël, David Santonja
O Primeiro Guarda: Nicolas Sotnikoff
Seu manipulador: Jean-Charles Maricot
O Segundo Guarda: Vincent Mangado
Seu manipulador: Matthieu Rauchvarger
O Menino, irmão de Wang Po: Sandrine Raynal
Seu manipulador: Christophe Noël
O Velho Pai de Wang Po: Duccio Bellugi-Vannuccini
Seu manipulador: Stéphane Decourchelle
Bai Ju, o marionetista: Sergio Canto Sabido
Seus manipuladores: Stéphane Decourchelle, Vincent Mangado
Sua Mulher: Maria Adélia
Seu manipulador: Christophe Noël
Sua Filha: Judith Marvan Enriquez
Seu manipulador: Matthieu Rauchvarger
Sua Mãe: Eve Doe Bruce
Seu manipulador: Jean-Charles Maricot
Direção: Ariane Mnouchkine

Cenário: Guy-Claude François
Sedas: Ysabel de Maisonneuve, Didier Martin
Figurinos: Marie-Hélène Bouvet, Nathalie Thomas, Ysabel de Maisonneuve, Annie Tran e Élisabeth Jacques
Máscaras: os atores e Maria Adélia
Músicos: Jean-Jacques Lemêtre e Carlos Bernardo Carvalho, Dominique Jambert
Aprendiz: Hsieh I-Jing
Mestre dos tambores: Han Jae Sok
Luzes: Cécile Allegoedt, Carlos Obregón, Jacques Poirot
Assistente de direção: Charles-Henri Bradier
Bosco: Martial Jacques
Grande conselheiro do movimento: Duccio Bellugi-Vannuccini
Construtores: Antônio Ferreira, Alain Brunswick
Metal: Maël Lefrançois e Nicolas Dallongeville
Gesso, cimento: Amos Nguimbous
Madeira: Frédéric Potron e Amos Nguimbous
Aprendiz de todos os materiais: Sébastien Marinetti
Pinturas e pátinas: Matthieu Lemarié, Pedro Guimarães
Fabricação das marionetes: Serge Nicolai, Fabianna de Mello e Souza, Shaghayegh Beheshti
Acessórios: Erhard Stiefel, Christian Dupont, Pascal Guarise, Serge Nicolai, Sergio Canto Sabido, Stéphane Decourchelle, Vincent Mangado
Memórias visuais: Judith Marvan Enriquez, Josephina Rodriguez, Myriam Boullay
Grande cuidador: Marc Pujo
Grande conselheiro das fabricações: Erhard Stiefel
Administração: Pierre Salesne
Relações com o público: Liliana Andreone, Naruna de Andrade, Sylvie Papandreou
Aprendizes: Anne Cheneau, Marine Bisaro
Assuntos técnicos e informáticos: Étienne Lemasson
Delegado à ação humanitária: Christophe Floderer
Mestres das cozinhas: Ly That-Vou e Ly Nissay, So Sekion, Christian Dupont
Locação: Maria Adroher-Baus, Pedro Guimarães

Cartaz e programa: Louis Briat, Étienne Lemasson
Fotos: Martine Franck, Michèle Laurent
Fonética e dicção: Françoise Berge
Capitão do site: Gérard Bagot
Diretor das trevas: Hector Ortiz
Controle e manutenção: Baudouin Bauchau
Aprendizes visitantes vindos de outras partes: Catherine Daele, Anna Hoeg, Lin Tsu-Cheng, Liu Mei-Yin

Lembrando-nos e alegrando-nos por ter que dizer obrigado, pois viajamos muito, logo fomos muito ajudados: na Coreia, foi o sr. Choe Juin que nos abriu as primeiras portas e muitos outros caminhos depois. Foi graças a ele que conhecemos o sr. Khang, que nos permitiu conhecer o sr. Kim Duk Soo, músico e diretor artístico de Samulnori Hanullim, que destacou para junto de nós aquele que se tornaria nosso mestre dos tambores, Jae Sok Han. A sra. Lee Byung Boc foi para nós mais que uma guia, ela se tornou, ela também, nossa amiga e uma espécie de musa. Isako Matsumoto foi, graças aos deuses, nossa doce e compreensiva lanterna pelo misterioso Japão. A sra. Chiu, diretora do Centro Cultural e de Informação de Taipei em Paris, nos lançou na descoberta da extraordinária vitalidade artística e da hospitalidade inesgotável de seu país, sob a batuta da sra. Tai-Fan Pan. Lá, o professor Mingder Chung e seu assistente Shu Lin, assim como Shin-Ni, dita Elisa, nos acompanharam através de maravilhas e tufões sem nunca nos abandonar, nem se cansar de nossas insondáveis ignorâncias e de nosso insaciável apetite por conhecimento. No Vietnã, foi Marcia Fiani, nossa grande e fiel amiga, que nos hospedou e tratou. Aqui em casa, queremos dar nosso reconhecimento a todos os que chamamos de "The Light Brigade" e que vieram nos trazer reforços no momento crucial: Tristan Abgrall, Elisabeth Cerqueira, Solene Delarne, Isabelle Deffin, Anna Gallotti, Laetittia Guichard, Mickaël Gunther, Anna Kamychnikova, Andrea Kelley, Franck Kubacki, Emma Scaife, Laure Seguela, Eun-Ju Song, Vania Vaneau, Claire Lise Vendé, Lorena Zilleruelo e aquele que, tal qual Ulisses, fez entre nós uma bela

OS PROGRAMAS DO SOLEIL: CRÉDITOS

viagem, Gregory Popov. E claro, como sempre, Françoise Rousseau-Benedetti e Lorenzo Benedetti, cujo afeto e imensa generosidade nos acompanham e apoiam há tantos anos com total discrição.

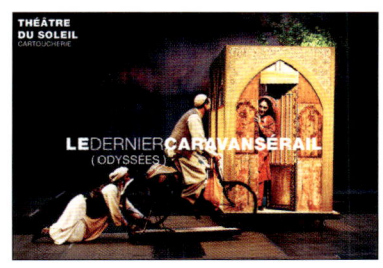

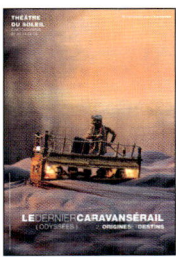

O Último Caravançará (Odisseias)

Criação "O Rio Cruel"
2 de abril de 2003 na Cartoucherie

Criação "Origens e Destinos"
22 de novembro de 2003 na Cartoucherie

Odisseias contadas, ouvidas, escutadas, improvisadas e encenadas por
Shaghayegh Beheshti, Duccio Bellugi-Vannuccini, Virginie Bianchini, Charles-Henri Bradier, Sébastien Brottet-Michel, Juliana Carneiro da Cunha, Hélène Cixous, Virginie Colemyn, Olivia Corsini, Delphine Cottu, Eve Doe Bruce, Maurice Durozier, Sarkaw Gorany, Astrid Grant, Émilie Gruat, Pascal Guarise, Jeremy James, Marjolaine Larranaga y Ausin, Jean-Jacques Lemêtre, Sava Lolov, Elena Loukiantchikova-Sel, Vincent Mangado, Jean-Charles Maricot, Judith Marvan Enriquez, Stéphanie Masson, Fabianna Mello e Souza, Ariane Mnouchkine, Serge Nicolai, Seietsu Onochi, Mathieu Rauchvarger, Francis Ressort, Edson Rodrigues, David Santonja-Ruiz, Andreas Simma, Nicolas Sotnikoff, Koumarane Valavane.
Proposta: Ariane Mnouchkine
Música: Jean-Jacques Lemêtre
Espaço: Guy-Claude François
Cenários: Serge Nicolai, Duccio Bellugi-Vannuccini
Grandes pinturas do palco e da recepção: Didier Martin e Mathieu Lemarié
Grandes tendas: Ysabel de Maisonneuve
Luz: Cécile Allegoedt, Carlos Obregón e Simon André, Cédric Baudic
Som: Patricia Caro, I-Jing Hsieh e Philippe Engel, Yann Lemêtre, François Leymarie
Figurinos: Marie-Hélène Bouvet, Nathalie Thomas, Annie Tran e Élisabeth Jacques
Assistente de direção: Charles-Henri Bradier
Construtores: Antônio Ferreira e Adolfo Canto Sabido, Karim Gougam, Everest Canto de Montserrat, Roméo Canto Sabido
Metal: Alain Brunswick e Nicolas Dalongeville
Grande conselheiro para os narizes: Erhard Stiefel
Madeira: Éric Den Hartog e Matthew Pomerantz
Árvores: Francis Ressort, David Santonja, Emmanuel Dorand
Grande conselheira para a maquilagem: Tamani Berkani
Assuntos administrativos: Pierre Salesne
Assuntos públicos: Liliana Andreone, Naruna de Andrade, Sylvie Papandreou e Myriam Azencot
Aprendiz: Christel Laurent
Assuntos informáticos, gráficos, técnicos e florais: Étienne Lemasson
Assuntos humanitários e turnês francesas e estrangeiras: Elaine Méric
Assuntos locativos: Maria Adroher-Baus, Pedro Guimarães e Nirupama Nityanandan, Jessica Rossel
Mestres das cozinhas: Ly That-Vou, Ly Nissay, Azizullah Hamrah, Gholam Rezah Hosseini
Grande cuidador: Marc Pujo
Tradução dos relatos: Shaghayegh Beheshti
Crianças: Françoise Berge
Programa: Catherine Schaub, Thomas Félix-François
Cartazes: Thomas Félix-François, com as fotos de Charles-Henri Bradier
Fotografias: Michèle Laurent, Martine Franck
Site: Gérard Bagot
Estagiários e aprendizes: Emmanuel Dorand, Alexandre Michel, Pauline Poignand, Xiang Rong Chen, Virginie Le Coënt, Marie Heuzé, Jennifer Sabbah e Jeanne Dosse, Matthieu Dosse
Meninas: Alba Gaia Kraghede-Bellugi, Galatea Kraghede-Bellugi, Sarah Gougam, Leah Agranat, Anahid Fuivo, Axelle Zavalichine, Juliette Hautebergue, Suzanne Wachnick
Produção geral: Fabianna Mello e Souza
Diretor das trevas: Hector Ortiz
Controle e manutenção: Baudouin Bauchau

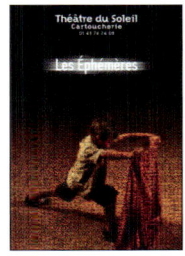

Os Efêmeros

Criação em 27 de dezembro de 2006 na Cartoucherie

Episódios sonhados, invocados, evocados, improvisados e encenados por
Shaghayegh Beheshti, Duccio Bellugi-Vannuccini, Charles-Henri Bradier, Sébastien Brottet-Michel, Juliana Carneiro da Cunha, Hélène Cinque, Virginie Colemyn, Olivia Corsini, Delphine Cottu, Marie-Louise Crawley, Eve Doe Bruce, Emmanuel Dorand, Servane Ducorps*, Maurice Durozier, Camille Grandville*, Astrid Grant, Émilie Gruat, Dominique Jambert, Jeremy James, Marjolaine Larranaga y Ausin, Virginie Le Coënt, Jean-Jacques Lemêtre, Elena Loukiantchikova-Sel, Vincent Mangado, Alexandre Michel, Alice Milléquant*, Ariane Mnouchkine, Serge Nicolai, Seietsu Onochi, Pauline Poignand, Matthieu Rauchvarger, Francis Ressort, Andreas Simma.

E as crianças: Alba Gaia Kraghede-Bellugi, Galatea Kraghede-Bellugi, Paco Falgas, Inaki Falgas, Emmie Poinsot, Emma Zinszner, Balthazar Perraud, Rebecca Jodorowsky, Alice Le Coënt-Salvetti, Ruben Delgado, Raquele de Miranda, Nathan Agranat, Amalia Guis*, Ivan Guis*, Nina Gregorio*, Lucien Jaburek*, Orane Mounier*, Simon Rousteau*, Louise Guy*, Saranya Siegel-Berger*, Alice Eynaud*, Milan Galland*, Jeanne Duquesne*.

(*Juntaram-se à criação para a reprise em 2008 ou para a turnê).

Proposta: Ariane Mnouchkine
Música: Jean-Jacques Lemêtre
Assistente de direção: Charles-Henri Bradier
Espaço apaixonadamente desejado por Ariane Mnouchkine
Ardentemente executado por Everest Canto de Montserrat
Fervorosamente pintado por Elena Antsiferova
Os pequenos mundos obsessivamente reunidos pelos atores, sob o olhar atento de: Serge Nicolai, Duccio Bellugi-Vannuccini, Sébastien Brottet-Michel, Jeremy James, Olivia Corsini, Francis Ressort, Eve Doe Bruce, Seietsu Onochi e Astrid Grant
Luz: Cécile Allegoedt, Cédric Baudic, Nil Tondeur, Régis Richard, Elsa Revol*
Som: Yann Lemêtre, Judith Marvan Enriquez, Virginie Le Coënt, Anthony Desvergnes
Todas as outras pinturas: Marion Lefebvre, Erol Gülgonen, Laure Gilquin, Clarence Boulay, Anna Deschamps
Construtores
Madeira: Jean-Louis Guérard, David Buizard, Tanguy Trotel, Jean-Marie Baudiniere
Metal: Nicolas Dallongeville, Kaveh Kishipour, Bertrand Mathevet, Alain Brunswick, Julie Kayser, Vincent Bernard
Em todos os materiais: Adolfo Canto Sabido, Jérôme Sauvion, Samuel Capdeville
Figurinos, tendas e tapeçarias de todo tipo: Nathalie Thomas, Marie-Hélène Bouvet, Annie Tran, Chloé Bucas, Cécile Gacon, Karin Faltlhauser, Élisabeth Leclerc, Laure Rewega, Mhorgane Ribiere, Anais Tondeur, Pauline Mazeaud
Grande ordenador das carretas: Sébastien Brottet-Michel
Produção: Hélène Cinque, Pauline Poignand, Emmanuel Dorand
Cabelo e perucas: Jean-Sébastien Merle-Barreau
Mestres das cozinhas: Pedro Pinheiros Guimarães, Maral Abkarian, Karim Gougam, Mohamed Hemmatjou
Mestres do bar: Paula Giusti, David Buizard, Lucile Cocito
Grandes assuntos técnicos e informáticos: Étienne Lemasson
As pinturas da sala dos mil budas foram realizadas em 1997 para a criação de *E Súbito Noites de Vigília* **por Danièle Heusslein-Gire e nossa equipe.**
Os parapeitos da recepção foram concebidos por Juliette Liberman e realizados por Juliette Liberman, Elsa Laborde e Hakim Belmatoug.
Assuntos públicos: Liliana Andreone, Sylvie Papandreou, Naruna de Andrade
Assuntos administrativos: Judit Jancso, Pierre Salesne
Assuntos humanitários e turnês francesas e estrangeiras: Elaine Méric
Assuntos locativos: Maria Adroher-Baus, Luciana Velocci Silva, Gaëlle Méric, Boutros El Amari, Dan Kostenbaum
Grandes preceptoras: Françoise Berge, Frédérique Falgas
Grande cuidador: Marc Pujo
Treinador: Frédéric Roualen
Fotógrafas: Martine Franck, Michèle Laurent
Site: Gérard Bagot
Memórias imagens: Judith Marvan Enriquez, Lucile Cocito, Jeanne Dosse, Marie Heuzé
Transcrições: Celia Daniellou, Nirupama Nityanandan, Patricia Cano
Arquivos: Claire Ruffin, Julie Sadeg
Programa: Catherine Schaub-Abkarian e Thomas Félix-François, com as fotos de Pedro Guimarães
Cartazes: Thomas Félix-François com as fotos de Charles-Henri Bradier
Estagiários e aprendizes: Alice Milléquant, Thérèse Spirli, Jenny Vernier e Ainur Camber-Rougé

Controle e manutenção: Baudouin Bauchau, Fanta Koita
Ronda noturna: Mohamed Nabbat

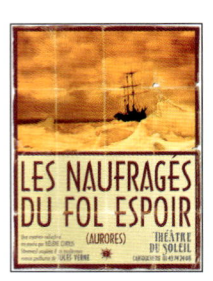

Os Náufragos do Louca Esperança (Auroras)

Criação coletiva do Théâtre du Soleil, meio escrita por Hélène Cixous sobre uma proposta de Ariane Mnouchkine

Livremente inspirada em um misterioso romance póstumo de Júlio Verne

Criação em 3 de fevereiro de 2010 na Cartoucherie

Com
SENHORITAS
Eve Doe Bruce, que encarna o Senhor Félix Courage, o patrão do cabaré A Louca Esperança
Juliana Carneiro da Cunha, que encarna a Senhora Gabrielle, irmã de Jean LaPalette, cineasta, que representa a Senhora Paoli, emigrante italiana, a mãe indiana
Astrid Grant, que encarna Miss Mary Danaher, especialista em rojões e fumaças, que representa Maria Vetsera, amante de Rodolphe, Victoria, Rainha Imperial, Emelyne Jones, socialista e feminista
Olivia Corsini, que encarna a Senhorita Marguerite, garçonete, que representa A neta de Marguerite, Rachel, célebre cantora, esposa de Simon, Irmã Augustine, da missão salesiana
Paula Giusti, que encarna Anita, a volteadora (hoje diríamos "equilibrista"), que representa Amalia Paoli, Herrera, Comissário da República Argentina
Alice Millequant, que encarna Suzanne, a outra volteadora, que representa a enfermeira do porto, Segarra, Comissário da República do Chile

OS PROGRAMAS DO SOLEIL: CRÉDITOS

Dominique Jambert, que encarna a Senhorita Adele, que representa Anna, a professora, Irmã Magnanime, da missão salesiana

Pauline Poignant, que encarna a Senhorita Marthe, braço-direito do Senhor Félix Courage, que representa A neta de Marthe, Gervaise, operária mostardeira, Rodrigo, secretário do governador da Patagônia, Anju, jovem indiana

Marjolaine Larranaga y Ausin, que encarna a Senhorita Flora, a pequena lavadeira

Ana Amelia Dosse, que encarna a Senhorita Rosalia, garçonete, que representa Louise Ceyrac, esposa de Pierre Ceyrac

Judit Jancso, que encarna a Senhorita Eszther, a balconista húngara, que representa a enfermeira de Rachel

Aline Borsari, que encarna a Senhorita Fernanda, garçonete, que representa um marujo

Frédérique Voruz, que encarna a Senhorita Victoire, garçonete

e a voz da Senhorita Shaghayegh Beheshti.
PARA A REPRISE
a Senhorita Delphine Cottu será a voz
a Senhorita Julie Autissier representará a Senhorita Flora
E OS SENHORES

Jean-Jacques Lemêtre, que encarna o Senhor Camille Bérard, o músico

Maurice Durozier, que encarna o Senhor Jean LaPalette, cineasta, que representa Émile Gautrain, banqueiro e industrial

Duccio Bellugi-Vannuccini, que encarna o Senhor Tommaso, cineasta também, que representa Josef, o cocheiro do arquiduque Rodolphe de Habsbourg-Lorraine, O médico do barco, Sir Charles Darwin, célebre naturalista inglês, Marat Razine, o condenado às galés, ideólogo de tendência bolchevique

Serge Nicolai, que encarna o Senhor Louis, o charlatão do estabelecimento de Felix, que representa o arquiduque Jean Salvatore de Habsbourg-Toscane, dito Jean Orth, dito o Kaw-djer (em Júlio Verne), Lord Salisbury, Primeiro-Ministro do Império Britânico, Governador da Patagônia;

Sébastien Brottet-Michel, que encarna o Senhor Ernest Choubert, dito Schubert, ator, que representa um agente dos serviços secretos austríacos, Simon Gautrain, banqueiro e engenheiro, Armando Paoli, o filho louco, Octavio Mac Lennan, um "caçador de recompensas" argentino

Sylvain Jailloux, que encarna o Senhor Alix Bellmans, administrador, que representa um agente dos serviços secretos austríacos, Charles, o motorista de Rachel, o professor John Jones, pastor, socialista cristão, o Tenente Laurence, enviado do governo britânico, Lusconi, um "caçador de recompensas" argentino

Andreas Simma que encarna Josef, o garçom austríaco, que representa o arquiduque Rodolphe de Habsbourg-Lorraine, o Padre Matthew, um guarda sikh do império das Indias, Lobo, um "caçador de recompensas" argentino

Seear Kohi, que encarna Bonheur, o ajudante cambojano, que representa um jovem assassino austríaco, um jovem marujo, Yuras, o jovem indiano

Arman Sarybekian, que encarna o Senhor Vassili, o pintor russo, que representa Toni, marceneiro, Miss Blossom

Vijayan Panikkaveettil, que encarna Ravisharanarayanan, dito Ravi, chefe dos ajudantes, que representa o Capitão, comandante do navio, um guarda sikh do império das Índias, Jenkins, criador de carneiros

Samir Abdul Jabbar Saed, que encarna Farouk, o confeiteiro egípcio, que representa um empregado, o Senhor Paoli, emigrante italiano, o mordomo do palácio de Windsor, um condenado às galés

Vincent Mangado, que encarna Ulysse, o garçom bretão, que representa Patrick O'Leary, marujo, Pierre Ceyrac, geógrafo e socialista utópico

Sébastien Bonneau, que encarna Jeannot, malabarista e vendedor de jornais, que representa um jovem assassino austríaco, Billy, o grumete

Maixence Bauduin, que encarna Jérôme, o caçador, que representa um empregado, Manuel, o professor

Jean-Sébastien Merle, que encarna o Senhor Dauphin, o cabeleireiro, que representa um groom no barco, Winston Churchill, jovem pajem da rainha Victoria, um condenado às galés

Seietsu Onochi, que encarna Akira, o cliente habitué, que representa Huang Huang Hshing, o tintureiro chinês

Jean-Jacques Lemêtre compôs muitas músicas deste espetáculo. Ele também invocou e convocou as almas de seus grandes ancestrais, compositores dos séculos XIX e XX: Ludwig van Beethoven, Hector Berlioz, Johannes Brahms, Anton Bruckner, Emmanuel Chabrier, Dimitri Chostakovitch, Vincent D'Indy, Claude Debussy, Anton Dvorák, Gabriel Fauré, César Franck, Edvard Grieg, Aram Khatchaturian, Carl Orff, Serguei Prokofiev, Serguei Rachmaninov, Ottorino Respighi, Nikolai Rimski-Korsakov, Franz Schubert, Jean Sibelius, Bedrich Smetana, Johann Strauss, Piotr Litch Tchaikovski, Giuseppe Verdi, Richard Wagner

Ariane Mnouchkine sonhou o espaço do espetáculo, que foi executado por Everest Canto de Montserrat.

Charles-Henri Bradier auxiliou Ariane Mnouchkine na direção com a ajuda de Lucile Cocito

Serge Nicolai imaginou e executou os cenários dos palcos com a ajuda de Sébastien Brottet-Michel, Elena Antsiferova, Duccio Bellugi-Vannuccini, Andreas Simma, Maixence Bauduin e de todos.

Elsa Revol concebeu e realizou a luz com Hugo Mercier e Virginie Le Coënt.

Yann Lemêtre concebeu e instalou o som, operado por Thérèse Spirli e Marie-Jasmine Cocito.

Nathalie Thomas, Marie-Hélène Bouvet e Annie Tran realizaram os figurinos do espetáculo com a ajuda dos atores, de Cécile Gacon, Adeline Boulé, Simona Grassano, Renaud Bélanger.

Danièle Heusslein-Gire pintou todas as telas pintadas do espetáculo. Os "mil budas" nas paredes do teatro são uma de suas obras antigas

Erol Gülgonen e Marion Lefebvre cobriram as outras paredes com suas obras júlio-vernianas e pintaram os cartazes de cinema da Recepção com a ajuda de Caroline Thibouville e Céline Schmitt

Didier Martin realizou o grande afresco da parede do fundo da recepção, com a ajuda

de Virginie Drougard, e as escritas murais no frontão do teatro
Tanguy Trotel e David Buizard trabalharam a madeira com a ajuda de Roland Zimmermann, e Iwan Lambert Kaveh Kishipour domou o metal com a ajuda de Guillaume Parmentelas.
Adolfo Canto Sabido enfrentou todos os materiais
Elena Antsiferova pintou o balcão do bar, patinou os parapeitos e os chassis, deu vida à fauna da Terra do Fogo e confeccionou os objetos revolucionários desse início do século xx (pavilhões de fonógrafos, placas de sinalização para pedestres, acessórios de efeitos especiais)
Mil e um detalhes foram perscrutados e resolvidos por Sébastien Brottet-Michel e Serge Nicolai.
Vincent Mangado e Dominique Jambert foram e são sempre os armadores/aparelhadores do teatro de filmagens
Erhard Stiefel talhou e erodiu os blocos de gelo e os icebergs
Paula Giusti reconstituiu as câmeras dos primeiros tempos do cinematógrafo.
Olivia Corsini com Aline Borsari, Ana Amelia Dosse, Martha Kiss Perrone, Andrea Marchant e outros mais dirigiram a confecção e a instalação da grande banquisa
Sylvain Jailloux regulou as idas e vindas de todos os chassis e seus contrapesos
Andrea Marchant e Ebru Erdinc estavam nas perseguições e na produção
O piso e certos elementos do cenário foram fabricados por nosso amigo Dominique Lebourge (Artefact).
Grandes assuntos técnicos e todo tipo de coisas mais: Everest Canto de Montserrat
Grandes assuntos informáticos, organizacionais e todo tipo de coisas mais: Étienne Lemasson.
Assuntos administrativos: Pierre Salesne, Claire Van Zande e Judit Jancso
Assuntos contábeis: Rolande Fontaine
Grandes assuntos públicos e todo tipo de coisas mais: Liliana Andreone, Sylvie Papandreou, Élise Nerrant, Svetlana Dukovska
Assuntos humanitários, as turnês francesas e estrangeiras e todo tipo de coisas mais: Elaine Méric

Assuntos editoriais: Franck Pendino
Assuntos locativos: Maria Adroher Baus e Frédérique Mathieu, com a ajuda de Luciana Velocci Silva, Charlotte Andrés e de Valérie Crouzet, Delphine Cottu, Caroline Panzéra
Mestres das cozinhas: Karim Gougam e Pascal Guarise, com a ajuda de Charles Gonon
Cartazes, panfleto publicitário e programa: Thomas Félix-François, Catherine Schaub-Abkarian
Arquivistas: Claire Ruffin e Thémis Acrivopoulos, sob o olhar vigilante de Liliana Andreone
Site: Frédéric Mastellari, Claire Ruffin, Étienne Lemasson e Gérard Bagot
Grande cuidador e todo tipo de coisas mais: Marc Pujo
Treinador: Frédéric Roualen
Ensaiadora das danças: Nadejda Loujine
Anotação dos textos do espetáculo: Annie-Joëlle Ripoll e transcrições das improvisações: Marie Constant
Fotógrafas: Martine Franck, Michèle Laurent
Luthier: Marcel Ladurelle
Ronda noturna: Olivier Slimani, Azizullah Hamrah
Manutenção: Baudouin Bauchau (22/04/1941-20/05/2010, Baudouin fazia parte da trupe do Théâtre du Soleil desde 1962, *Gengis Khan*, Arènes de Lutèce)
Transporte: Fred Sharre
Vendedora de sucos africanos: Fanta Koïta
Estagiários e aprendizes, reforços sem preço, atenciosos e discretos observadores do mundo inteiro: Beejan Olfat, Etsuko Tsuri, Mokonuiarangui Smith, Man Wai Fok, Martha Kiss Perrone e Sofia Norlin, Celia Daniellou, Daniela De Stasio, Ngapaki Emery, Bea Gerzsenyi
Indispensáveis reforços: na técnica Michel Fagon, Julie Kayser, Jean-Patrice Laîné, Yann Sanchez; na luz e na eletricidade Vincent Lefèvre, Jean-Philippe Morin, Rabah Benbahmeb e Thomas Guedon*; na costura Cristina Aché, Marina Menzhulina, Franck Parravicini, Louise Watts; na pintura Rachel Albaut, Marine Dillard, Polina Komarova, Grégoire Martin, Solenne Musseau, Antonios

Roussohadzakis, Camille Vallat e Jean-François, Lydia, Claire, Florence…
Para toda obra Hélène Cinque, que liderou com Caroline Panzera e Harold Savary a brigada dos "bombeiros voadores": Olivia Algazi, Victor Arancio, Baharan Baniahmadi, David Baqué, Léo Bonnefont, Celia Chabut, Marie Chaufour, Guiti Doroudi, Farid Joya, Chiang Kai-Chun, Dan Kostenbaum, Quentin Lasherme, Véronique Laurens, Agustin Letellier, Julia Marinheiro, Lynda Mebtouche, Nanor Petrosyan, Maylis Ripart, Amélie Rousseaux, Magali Rouvière, Ido Shaked, Valentin Simonet, Tseten e nossos amigos tibetanos, e Anna, Audrey, Céline, Monica…
Para a reprise, a Senhorita Marion Lefebvre, o Senhor David Baqué e o Senhor Thomas Guedon vieram prestar auxílio à valente equipe da contrarregra.
Obrigado a nossos companheiros de estrada Erhard Stiefel, Françoise Berge, Guy-Claude François. Obrigado às crianças atores do *Último Caravançará* e dos *Efêmeros* que fizeram com paciência e paixão numerosos ensaios e aceitaram sem rancor esperar o próximo barco.
Pelo seu socorro, um imenso obrigado a Agnes B. Obrigado a Paul-Dominique Giudicelli, Jean-Pierre Mongarny (Crédit Coopératif), Liv Ullmann, ao júri do prêmio Ibsen e ao Ministério da Cultura da Noruega, Anne de Amézaga. Obrigado a Gilles Corre e François Conan, os marinheiros carpinteiros de Douarnenez, salvadores incansáveis. Ao Seu Jaouen e ao Senhor e à Senhora Loiselet da associação Jeudi-Dimanche, pelas velas do barco. Obrigado à Comédie-Française, e especialmente a Stéphane Desmits, responsável pelos depósitos, Jean-François Chapelot, maquinista, e Jaafoura Raouf, tapeceiro. A *L'Humanité*, e especialmente a Charles Sylvestre, jornalista, Joël Lumien, fotógrafo, Lucien San-Biagio, documentalista. A Patricia Ollivier (hospital da Salpêtrière) pelos cobertores. A Claude Cudon e Paulette Michel (albergue Les Prisons de Montagny) pela mobília, Marie-Louise Crawley, pelas traduções para o inglês, Michel Benjamin, por seus conselhos de perito

em efeitos especiais, Alain Rey, por sua cultura de grande linguista e lexicógrafo, Madeleine Favre, pela sua permanente vigilância amical e médica, Anne Lacombe, Stéphane Ricordel. Obrigado a nossos vizinhos e parceiros L'Atelier de Paris-Carolyn Carlson e o Théâtre du Chaudron por emprestar sua sala de ensaios, Jean-Claude Lallias, Gaëlle Bebin (CNDP) pela sua corajosa cruzada pedagógica e sua fidelidade, Thierry Maudet, Jean-Robert Filliard (INSEP) pela sua proximidade protetora e amical. E como sempre, pela sua ajuda concreta e fiel, obrigado a Françoise e Lorenzo Benedetti. E um grande obrigado a todas aquelas e todos aqueles que nos deram algumas horas, ou mais, e que não foram citados aqui…

Macbeth

Tragédia de William Shakespeare como é atualmente representada no Théâtre du Soleil. Tradução Ariane Mnouchkine, música Jean-Jacques Lemêtre

Criação em 30 de abril de 2014 na Cartoucherie

DRAMATIS PERSONAE

A Primeira Bruxa: Juliana Carneiro da Cunha
A Segunda Bruxa: Nirupama Nityanandan ou Eve Doe Bruce
A Terceira Bruxa: Shaghayegh Beheshti ou Eve Doe Bruce
As Outras Bruxas: Dominique Jambert, Alice Milléquant, Astrid Grant, Judit Jancso, Frédérique Voruz, Ana Amélia Dosse, Camille Grandville, Aline Borsari, Man Wai Fok, Andrea Marchant, Marie Chaufour
Duncan: Maurice Durozier

SEUS FILHOS
Malcolm: Duccio Bellugi-Vannuccini
Donalbain: Martial Jacques
O Capitão: Arman Saribekyan
Lennox: Jean-Sébastien Merle
Angus: Sylvain Jailloux
Macbeth: Serge Nicolai
Banquo: Vincent Mangado
Seu filho, Fleance (em alternância): Victor Bombaglia, Lucien Bradier, Blas Durozier, Joshua Halévi, Eraj Kohi, Dionisio Mangado
O Camareiro: Seietsu Onochi
A jornalista: Shaghayegh Beheshti
O Cameraman: Sébastien Brottet-Michel
A equipe de televisão: Ana Amélia Dosse, Judit Jancso
Os fotógrafos: Eve Doe Bruce, Quentin Lashermes
Baronesa Caithness: Dominique Jambert
A Adida de Imprensa: Frédérique Voruz
Lady Macbeth: Nirupama Nityanandan
A Criada de Lady Macbeth: Camille Grandville
O Jardineiro: Samir Abdul Jabbar Saed
Um Jovem Senhor: Seear Kohi
Seyton: Sylvain Jailloux
Os guarda-costas de Duncan: Sergio Canto Sabido, Vijayan Panikkaveettil
O Porteiro: Eve Doe Bruce
Macduff: Sébastien Brottet-Michel
O Velho Guarda: Seietsu Onochi
Ross: Maurice Durozier
A "Cornamusa": Andrea Marchant
Os matadores: Martial Jacques, Frédérique Voruz em alternância com Sergio Canto Sabido, Judit Jancso
Os convidados do banquete: Aline Borsari, Sergio Canto Sabido, Eve Doe Bruce, Ana Amélia Dosse, Man Wai Fok, Camille Grandville, Astrid Grant, Samir Abdul Jabbar Saed, Martial Jacques, Seear Kohi, Iwan Lambert, Andrea Marchant, Alice Milléquant, Vijayan Panikkaveettil, Harold Savary, Luciana Velocci Silva
O Maître d'Hôtel: Duccio Bellugi-Vannuccini
Lady Macduff: Astrid Grant em alternância com Shaghayegh Beheshti
Seu Filho: Dominique Jambert
O Mordomo: Martial Jacques
Uma Mensageira: Camille Grandville

Os companheiros de Malcolm: Judit Jancso, Iwan Lambert
Os companheiros de Macduff: Aline Borsari, Seear Kohi, Harold Savary
A Aia de Lady Macbeth: Ana Amélia Dosse
O Médico: Juliana Carneiro da Cunha em alternância com Camille Grandville
Menteith: Vincent Mangado
Um Mensageiro: Quentin Lashermes
O General Siward: Vincent Mangado
Um Mensageiro: Arman Saribekyan
O Jovem Siward: Seear Kohi
E
A criadagem: Shaghayegh Beheshti, Aline Borsari, Marie Chaufour, Eve Doe Bruce, Ana Amélia Dosse, Man Wai Fok, Camille Grandville, Astrid Grant, Samir Abdul Jabbar Saed, Dominique Jambert, Judit Jancso, Seear Kohi, Iwan Lambert, Quentin Lashermes, Agustin Letelier, Andrea Marchant, Alice Milléquant, Miguel Nogueira da Gama, Seietsu Onochi, Vijayan Panikkaveettil, Arman Saribekyan, Harold Savary, Frédérique Voruz
Os oficiais e soldados: Man Wai Fok, Samir Abdul Jabbar Saed, Seear Kohi, Iwan Lambert, Quentin Lashermes, Agustin Letelier, Miguel Nogueira da Gama, Vijayan Panikkaveetti, Arman Saribekyan, Harold Savary
Os garçons: Marie Chaufour, Man Wai Fok, Samir Abdul Jabbar Saed, Judit Jancso, Quentin Lashermes, Agustin Letelier, Miguel Nogueira da Gama, Vijayan Panikkaveettil, Arman Saribekyan
As milícias: Aline Borsari, Sergio Canto, Eve Doe Bruce, Samir Abdul Jabbar Saed, Sylvain Jailloux, Iwan Lambert, Agustin Letelier, Vincent Mangado, Seietsu Onochi, Vijayan Panikkaveettil, Arman Saribekyan, Harold Savary, Frédérique Voruz
Os resistentes: Aline Borsari, Marie Chaufour, Samir Abdul Jabbar Saed, Iwan Lambert, Quentin Lashermes, Agustin Letelier, Andrea Marchant, Alice Milléquant
E
Os koken, isto é, os criados de palco: Todos os atores e Taher Baig, François Bombaglia, Saboor Dlawar, Camila de Freitas Viana de Moraes, Shafiq Kohi, Ghulam Reza Rajabi, Omed Rawendah, Wazhma Tota Khil, Luciana Velocci Silva

Os "peixes pilotos", isto é, a ajuda aos jovens atores: Juliana Carneiro da Cunha, Nirupama Nityanandan, Duccio Bellugi-Vannuccini

A música do espetáculo é obra de Jean-Jacques Lemêtre

A luz do espetáculo é obra de Elsa Revol com a ajuda de Virginie Le Coënt

Os sons operados por Thérèse Spirli e Marie-Jasmine Cocito foram concebidos por Yann Lemêtre com a ajuda de Melchior Derouet

Os figurinos do espetáculo são obra de Marie-Hélène Bouvet, Nathalie Thomas, Annie Tran e Simona Grassano, Élodie Madebos e Élisabeth Jacques

O hall da recepção é obra do ateliê de pintores dirigido por Anne-Lise Galavielle e composto por Mathias Allemand, Fabrice Cany, Martin Claude, Camille Courier de Méré, Marine Dillard, Fanny Gautreau, Marion Lefebvre e Erol Gülgonen

O grande afresco é obra de Didier Martin com a ajuda de Delphine Guichard

As sedas do espetáculo são obra de Ysabel de Maisonneuve, que as tingiu, e de Didier Martin, que as pintou

O piso do palco é obra de Elena Antsiferova.

As landes e charnecas são obra de Sylvain Jailloux, Haroon Amani, Sayed Ahmad Hashimi e Luciana Velocci Silva, suas tinturas foram realizadas por Aline Borsari, Ana Amélia Dosse, Andrea Marchant e Alice Milléquant

As colinas e bunkers são obra de Elena Antsiferova, David Buizard, Kaveh Kishipour e Samuel Capdeville

As brumas, névoas e neblinas são obra de Astrid Grant e Harold Savary, auxiliados por Suzana Thomaz, com a ajuda de Marie Chaufour e Man Wai Fok

Os jardins, estufas e florestas são obra de Shaghayegh Beheshti e Maurice Durozier com a ajuda dos estudantes de artes teatrais da Universidade Paris III.

Os parapeitos são obra de Elena Antsiferova e Roland Zimmermann.

As pinturas e pátinas dos parapeitos, cenários e acessórios são obra de Elena Antsiferova, Mathias Allemand, Fanny Gautreau e Anton Telegescu

As construções são obra do ateliê técnico dirigido por David Buizard, Kaveh Kishipour e Étienne Lemasson: David Buizard, Roland Zimmermann e Vivian Eon trabalharam a madeira, Kaveh Kishipour, Marie Antoniazza e Benjamin Bottinelli Hahn domaram o metal, François Bombaglia e Samuel Capdeville enfrentaram todos os materiais.

Erhard Stiefel criou certos misteriosos e surpreendentes acessórios

A grande produção: Duccio Bellugi-Vannuccini e Sébastien Brottet-Michel

Os eletricistas: Ibrahima Sow e Saboor Dilawar

Os armadores: Dominique Jambert e Vincent Mangado

A tapeceira: Chloé Bucas

Os acessoristas e decoradores: Sébastien Brottet-Michel e Serge Nicolai

Os cabelos e perucas: Jean-Sébastien Merle

A captação diária dos ensaios: Lucile Cocito

Ajuda no texto e anjo da guarda das crianças: Françoise Berge

A brigada dos assistentes:
de direção: Lucile Cocito
de figurino: Clara Bourdais, Mélanie Dion, Mégane Martinez, Émilie Paquet, Sacha Pignon, Charlotte Walther
de pintura: Saboor Dilawar, Wazhma Tota Khil, Laura da Silva, Alain Quercia, Xue Zhang
de tintura: Simona Grassano
de fabricação dos acessórios: Ekaterina Antsiferova, Elena Diego Marina, Silvia Circu, Paula Giusti
de pátina: Ekaterina Antsiferova, Majo Caporaletti, Alain Khouani, Maria Tavlariou
de construção: Aref Bahunar, Ali-Reza Kishipour, Asif Mawdudi, Jérémie Quintin
de eletricidade: David Baqué, Thierry Barbier, Kamel Beztout, Charles Goyard, Simon Jacquard
de acompanhamento das crianças: Lucie Chenet
de socorro, na contrarregra: Eugénie Agoudjian, Marie Braun, Zoé Briau, Hédi Tarkani

Para todos os grandes assuntos: Charles-Henri Bradier

Os assuntos técnicos e organizacionais: Étienne Lemasson

Os assuntos administrativos: Astrid Renoux com a ajuda de Louise Champiré

Os assuntos contábeis: Rolande Fontaine

Os assuntos públicos: Liliana Andreone, Sylvie Papandreou, Svetlana Dukovska, Eddy Azzem com a ajuda de Sarah Sanchez

NOTAS

DEDICADO

1. "Manifeste du Théâtre de l'Atelier" (1922), *Ce sont les dieux qu'il nous faut*, Gallimard, p. 31-32.
2. "Changement de Décor", programa consagrado a Patrice Chéreau, France-Culture, 13 de outubro de 2013.
3. Ver o filme *Au Soleil même la nuit*, de Éric Darmon e Catherine Vilpoux, AGAT Films & Cie, La Sept Arte (1997).
4. Referência à célebre Gaivota do Teatro de Arte de Moscou.

PRÓLOGO

1. Entrevista a Marie-Agnès Sevestre (2013), diretora do Festival das Francofonias em Limousin.
2. A.M., "Changement de décor", France-Culture, *op. cit.* Ver também V. Meierhold, "O teatro é uma arte, e também um pouco mais que uma arte".
3. Henry Rabine, *La Croix*, junho de 1961.
4. Em *À la recherche du Soleil*, documentário de Werner Schroeter, Ziegler Film, Berlim, 1986.
5. Que será esposa de André Benedetto.
6. J.-C. Penchenat é o vice-presidente.
7. Entrevista a Denis Bablet em M.L. e D. Bablet, *Le Théâtre du Soleil ou la Quête du bonheur*, CNRS-SERDDAV, 1979, p. 8.
8. Um só ator é profissional, Jacques Torrens, no papel de Gengis Khan.
9. Ela era então estagiária no setor de figurinos para filmes.
10. Depois em Paris no Théâtre de l'Alliance Française e no Théâtre Mouffetard.
11. Há um salário de estagiário para os novatos ou aqueles que não participam ainda totalmente do funcionamento da trupe. Mas para o *Louca Esperança* havia tanto trabalho para todos que o Soleil passou rapidamente a pagar um salário comum.
12. Após chegar em 1959, repetiu seu ano de estudo para poder permanecer na França.
13. Em M.-L. e D. Bablet, *Le Théâtre du Soleil ou la Quête du bonheur*, *op. cit.*, p. 16.
14. Em Fabienne Pascaud, *L'art du présent, Entretiens avec Ariane Mnouchkine*, Plon, 2005.
15. A peça acabava de ser representada em Bruxelas, mas foi o Soleil que a encenou na França. Gabriel Monnet criou em Bourges *Raízes* de Wesker, em 1967. Foi em Bourges que Mnouchkine encontrou o autor.
16. O texto da célebre cena do "tiro", na segunda metade do primeiro ato, será acertado durante os ensaios.
17. *Les Nouvelles littéraires*, de 30 de março de 1967, e *L'Événement*, de maio de 1967.
18. Em *Comme il vous plaira*, Discorama 70, programa de D. Glazer, realização R. Sanglat.
19. No fim de 1963, o Circo Medrano foi comprado pela família Bouglione e abriu suas portas com o nome de Circo de Montmartre, mas ainda se costuma chamá-lo de Medrano.
20. Pois Joseph Bouglione alugava o circo para festas da cerveja ou as festas de gala de cantores como Colette Renard.
21. Entrevista a D. Bablet, em *Le Théâtre du Soleil ou...*, *op. cit.*, p. 23.
22. Arnold Wesker julgará, todavia, que o espetáculo não era suficientemente realista.
23. Em *Comme il vous plaira*, Discorama 70, programa de D. Glazer, realização R. Sanglat.
24. *Idem.*
25. Em F. Pascaud, *L'art du présent*, *op. cit.*, p. 33.
26. Segundo as notas de Roberto Moscoso (Arquivos S. Moscoso).
27. "Une prise de conscience", em Fernando Arrabal (dir.), *Le Théâtre 1968-1*, Christian Bourgois, p. 120-121.
28. "Une prise de conscience", em Fernando Arrabal (dir.), *Le Théâtre 1968-1*, Christian Bourgois, p. 124.
29. Na revista *Europe*.
30. Compensando uma turnê anulada.
31. Resistente: aquele que participou da Resistência à ocupação alemã. [N.T.]
32. "Ariane Soleil", em *Double Page. Le Théâtre du Soleil: Shakespeare*, nº 21, 1982.
33. Personagem de uma tira de quadrinhos que gozou de grande popularidade na França. [N.T.]
34. No documentário *Les Clowns*, "Théâtre d'aujourd'hui", programa de L. Guyencourt, realização J. Brard, ORTF, 1969, Doc. INA, 2006.
35. *Idem.*
36. Tristan Rémy. *Entradas Clownescas*, São Paulo: Edições Sesc, 2016. [N.E.]
37. *Idem.*
38. Expressão utilizada por Philippe Ivernel.
39. No fim do documentário *Les Clowns*, *op. cit.*
40. Alguns, como Mario Gonzalès, estão ao mesmo tempo no palco e na orquestra.
41. R. Moscoso especifica que isso custou, no fim das contas, mais caro do que comprar madeira nova, mas que "a política interna da companhia era recuperar tudo que possuíamos".
42. *A Árvore Feiticeira* é convidada com *Os Palhaços* ao Festival de Avignon.
43. Após 1968, Paolo Grassi e Giorgio Strehler foram contestados como representantes da instituição. Strehler optou por partir e fundar o Teatro e Azione, Grassi resolveu permanecer e convidar Mnouchkine, Chéreau e Bellocchio.
44. Documentário *Les Clowns*, *op. cit.*
45. Em *Le Figaro*.
46. De A. Mnouchkine para D. Bablet, *Le Théâtre du Soleil ou la Quête du Bonheur*, *op. cit.*, p. 24.
47. Em 1969, Les Halles foram transferidos para Rungis.
48. *Comme il vous plaira*, Discorama 70, programa de D. Glazer, realização R. Sanglat.
49. A coleção de animais do Medrano terá desaparecido por ocasião do *Sonho*.
50. Em Jean-Jacques Olivier, "Les tribulations du Théâtre du Soleil. Ariane Mnouchkine: le théâtre doit participer à la connaissance", *Combat*, 11 de fevereiro de 1970.

CAPÍTULO 1

1. Trecho de 1789 em *Théâtre et Histoire*, documentário de Nat Lilenstein, "Théâtre d'aujourd'hui", INA, 1971.
2. Entrevista a G. Freixe, *La Filiation, Copeau, Lecoq, Mnouchkine*, L'Entretemps, 2014.

3. Canção de *Fracasse* (trecho).
4. No fim do filme *Les Clowns, op. cit.*
5. Ver H. Gignoux, *Histoire d'une famille théâtrale*, L'Aire théâtrale/Anrat, 1984, p. 344.
6. *Registres I: Appels*, Gallimard, 1974, p. 187.
7. Para *La Vie parisienne*, montada por Barrault em 1958, paralelamente ao *Soulier de satin*, e reprisada em 1962, 1963 e 1965.
8. *Revue d'histoire du théâtre*, 2009-4, p. 366.
9. Entrevista a Catherine Vilpoux para o filme *Ariane Mnouchkine. L'Aventure du Théâtre du Soleil*, AGAT Films & Cie / ARTE France, 2009.
10. *Histoire d'une famille théâtrale, op. cit.*, p. 121. Mehmet Ulusoy será acolhido pelo Soleil e representará *O Círculo de Giz Caucasiano* na Recepção do Soleil, em 1974, depois de Avignon, e em 1976 *Dans les eaux glacées du calcul égoïste* será ensaiado no Soleil.
11. O projeto *Molière* concorria com o de Strehler sobre Goldoni. O primeiro foi o que venceu graças ao apoio de Paolo Grassi.
12. Muito criticado no lançamento, é hoje um filme de referência.
13. J. Copeau, *op. cit.*
14. (1924-1929), comentado por D. Gontard, Seghers, 1974. Ver também A. Simon, "Un rêve vécu de théâtre populaire" e "Ariane, c'est une grande chose qui commence" (mesa redonda), *Esprit*, nº 5, junho de 1975.
15. Jacques Copeau, Louis Jouvet, *Correspondance (1911-1949)*, Paris: Éditions O. Rony/Les Cahiers de la NRF/ Gallimard, 2013, p. 232.
16. *Idem*, p. 236.
17. *Idem*, p. 655.
18. *Idem*, p. 237.
19. *Le Figaro*, 5 de maio de 1969; ver, p. 100.
20. Em 2011.
21. Entrevista de A.M. a Jean Chollet em *Construire pour le temps d'un regard – Guy-Claude François scénographe*, Lyon: Fage Éditions, 2009, p. 80.
22. Em 1970, o local é classificado como zona de desenvolvimento planejado. Em 1973, os pavilhões são destruídos, exceto dois.
23. Por intermédio de Noël Napo, diretor técnico do Chaillot, que teve igualmente um papel muito importante na vida teatral desta época e forneceu, em especial, filmes para o Soleil assistir. Du pavillon havia visto *A Cozinha* e *Os Palhaços*.
24. Ver p. 78.
25. A esse respeito, ver a obra de Joel Crasmenil, *La Cartoucherie, une aventure théâtrale*, L'Amandier, 2004.
26. Diferentemente dos outros teatros que se instalarão, em seguida, na Cartoucherie.
27. Entrevista de A.M. a Jean Chollet em *Construire pour le temps d'un regard…, op. cit.*, p. 82.
28. Entrevista a Béatrice Picon-Vallin, www.theatre-du-soleil.fr.
29. A equipe dirigida pela pintora Danièle Heusslein-Gire é composta por Didier Martin, Kristos Konstantellos, Pedro Guimarães, Yael Haber, Maria-Adélia Cardoso Ferreira, Jean-Charles Sankara.
30. Agradeço a Étienne Lemasson por todas essas especificações.
31. 1789 foi representado no Roundhouse de Londres, imenso hangar de locomotivas de forma redonda que se tornará um centro de arte.
32. Arquivos S. Moscoso.
33. A.M. transformou a expressão de V. Meierhold "País das Maravilhas" em "Palácio das Maravilhas".
34. Membros politicamente ativos das seções de Paris, durante a Revolução Francesa. [N.T.]
35. Ver H. Cixous, "Le lieu du Crime, le lieu du Pardon", em *L'Indiade ou l'Inde de leurs rêves, et quelques écrits sur le théâtre*, Théâtre du Soleil, 1987, p. 258.
36. Em *Ariane Mnouchkine*, col. "Mettre en scène", Actes Sud-Papiers, 2008, p. 94.
37. Entrevista a B. Picon-Vallin, www.theatre-du-soleil.fr.
38. Prefácio à peça *La prise de l'école de Madhubaï*, Avant-scène Théâtre, 1984, nº 745, p. 4.
39. "Le lieu du Crime, le lieu du Pardon", *op. cit.*, p. 258.

CAPÍTULO 2

1. Texto-programa de *L'Âge d'or, première ébauche*, preparado por nove membros do Soleil, col. "Théâtre ouvert", Stock, 1975, p. 40.
2. *Idem*, p. 51-53.
3. Ver p. 40.
4. Outro exemplo do interesse do público italiano pelo Soleil: Vittorio de Sica veio assistir *A Cozinha* em Paris.
5. *Les Sans-Culottes parisiens en l'an II: mouvement populaire et gouvernement révolutionnaire: 1793-1794*, Le Seuil, 1968.
6. Expressão de D. Bablet, em *Le Théâtre du Soleil ou…, op. cit.*
7. Texto-programa de *1789*, textos reunidos por S. Moscoso e J.-C. Penchenat, col. "Théâtre ouvert", Stock, 1971, p. 77.
8. Cito aqui improvisações transcritas à mão por J.-F. Labouverie, A.M. ou S. Moscoso, em Chatou à noite, ou em Paris, às vezes datilografadas, às vezes em muitas versões, agrupadas em seis cadernos e em folhas avulsas (Arquivos J.-F. Labouverie).
9. Ela desposa Roberto Moscoso em 1972 e se torna Sophie Moscoso.
10. Os três espetáculos desse ciclo foram objeto de uma publicação na coleção "Théâtre ouvert" que Lucien Attoun começou na editora Stock (textos, imagens, documentos de trabalho, relatos de atores). Ver nota 7.
11. As máquinas compradas para o dispositivo dos *Palhaços* haviam sido transportadas para lá.
12. Os dois primeiros filmes têm direção de Christian-Jaque, com Martine Carol, e o outro é de René Clair.
13. F. Tournafond para D. Bablet, em *Le Théâtre du Soleil…, op. cit.*, p. 48-49.
14. Ver J. Delcuvellerie, *Sur la limite, vers la fin*, Groupov/Alternatives théâtrales, 2012, p. 379.
15. Em Milão, os atores haviam traduzido seu texto para o italiano, mas tomando o cuidado de respeitar o ritmo do conjunto concebido para a língua francesa.
16. Ele precede de longe o magnífico espécime criado para a *Indíada*, obra de E. Stiefel.
17. *ATAC Informations*, abril de 1972, nº 40, p. 4.
18. Designa um grupo de partidários da monarquia constitucional que, em 1792, se instalou no antigo convento dos Feuillants, frades da ordem de S. Bernardo, em Paris, perto das Tulherias. [N.T.]
19. Partidários de Jacques-Pierre Brissot, jornalista, membro da Convenção e um dos chefes da Gironda durante a Revolução Francesa. [N.T.]
20. Em C. Morand, "L'élaboration d'un travail", *ATAC Informations, op. cit.*, p. 4-5.
21. Texto-programa, *1793*, col. "Théâtre ouvert", Stock, 1972, p. 135 e 138.
22. De P. J.B. Buchez e p. C. Roux-Lavergne, Paris, Paulin, publicados nos anos

1830. E também: Jean Massin, *Robespierre et Marat*, Club français du livre 1956 e 1960; Daniel Guérin, *La Lutte des classes sous la Première République (1793-1797)*, Gallimard, 1946, e *Bourgeois et bras-nus*, Libertalia, 2012 (reedição).
23. Teatro experimental de Aix-en-Provence.
24. Ver os dois estudos de Catherine Mounier, em *Les Voies de la création théâtrale*, vol. v, CNRS Éditions, 1977.
25. Seis metros por três metros para a maior.
26. Entrevista a B. Picon-Vallin, www.theatre-du-soleil.fr.
27. A.M., *ATAC informations*, nº 42, 1972, p. 5.
28. G. Bonnaud, "Chronique de l'illusion efficace (1968-1980)", em *Le Théâtre d'intervention depuis 1968*, vol. I, L'Âge d'Homme, 1983, p. 36-37. Para os espetáculos com o GIP, ver pp. 159 e 232.
29. J.-J. Gautier, *Le Figaro*, 19 de maio de 1972; P.Marcabru, *Le Journal du dimanche*, 21 de maio de 1972.
30. *La Quinzaine littéraire*, 16 de junho de 1972.
31. "L'histoire jouée", *L'Avant-Scène*, nº 526-527, 1973, p. 9.
32. Em *L'Art au présent*, op. cit., p. 170.
33. Programa de sala de *L'Âge d'or*.
34. Ver Anne Neuschäfer, *De l'improvisation au rite, l'épopée de notre temps: le Théâtre du Soleil au carrefour des genres*, Peter Lang, 2002.
35. J. Coupeau, *Registres I: Appels*, op. cit., p. 187.
36. O Rei de Ouro e Tangout (interpretado por G. Hardy) usam máscaras em *Gengis Kahn* (1961).
37. O Berliner Ensemble veio ao Théâtre de la Commune (Aubervilliers) com três espetáculos, entre os quais *A mãe* (1951).
38. É exatamente, palavra por palavra, o procedimento adotado por V. Meierhold em seu Estúdio entre 1913 e 1916.
39. Publicado em 1973 nas edições L'Âge d'homme.
40. Morte de um soldador de vinte e quatro anos num comissariado de Chambéry em dezembro de 1968, mas o processo terminou por improcedência. Ver Denis Langlois, *Les Dossiers noirs de la police française*, Le Seuil, 1973.
41. P. Caubère, "À nous la liberté", no texto-programa de *L'Âge d'or*, col. "Théâtre ouvert", Stock, 1975, p. 28 ss.
42. Em manuscrito inédito, Arquivos S. Moscoso.
43. Texto-programa, *L'Âge d'or*, op. cit., p. 61.
44. Graças a C. Dupavillon que os descobriu em 1972, eles foram convidados em 1973, com um espetáculo do mesmo coreógrafo e diretor, Sardono, para o Festival de Nancy, onde causaram sensação.
45. Em manuscrito inédito, Arquivos S. Moscoso.
46. "Máscara" em balinês. [N.T.]
47. Túnica árabe da África do Norte usada por homens e mulheres. [N.T.]
48. Texto-programa, *L'Âge d'or*, op. cit., p. 27 e 38.
49. Entrevista a J. Chollet, Construire pour le temps d'un regard..., op. cit., p. 79.
50. Estréia na rua d'Ulm em janeiro de 1974, reprise no Théâtre de l'Aquarium, vizinho do Soleil.
51. *En r'venant de l'expo* [Ao voltar da exposição] de Jean-Claude Grumberg será igualmente acolhida pelo Soleil em 1979.
52. Em 1981, *La Danse du diable* [A dança do diabo] é representada em Avignon; em 1986 começa *Le Roman d'un acteur* [O romance de um ator] em onze episódios, tendo o primeiro por título "Ariane ou A Era de Ouro". Também se desligaram M. Gonzalès, M. Lombart, C. Massart...

CAPÍTULO 3

1. Em *L'Art du présent*, op. cit., p. 49.
2. *Revue d'histoire du théâtre*, 2009-4, p. 366.
3. Citado por A.M., "Il nous aide à poser les bonnes questions", *Le Monde*, 4 de março de 1976.
4. *Méphisto, le roman d'une carrière* segundo Klaus Mann, adaptação de A.M., Solin, 1979.
5. Hervé Montjarret, Yvette Farnoux, Pierre Bichet, Marcel Degliame, Serge Ravanel, Daniel Mayer, Raymond e Lucie Aubrac. Eles encontrarão também Daniel Cordier, que foi o secretário de Jean Moulin.
6. Duas máscaras cômicas de madeira, articuladas, de E. Stiefel são utilizadas neste espetáculo.
7. Gravado por M. Rouvières, a cujo cargo estivera a preparação vocal dos atores.
8. Realizado por S. Moscoso e Lorenz Knauer. Ver a longa cronologia detalhada e a bibliografia em *Méphisto*, op. cit. Numerosos filmes alemães são então assistidos (Fritz Lang, Murnau, Karl Valentin etc.) graças a N. Napo.
9. *Méphisto*, op. cit., quadro VII, p. 95 ss. Ela será, entretanto, representada de 1980 a 1986 em diferentes países: Finlândia, Suécia, Inglaterra, Uruguai, Alemanha. Bernard Sobel roda um filme a partir do espetáculo, encomenda da televisão alemã.
10. "Ariane Mnouchkine, *Méphisto* et le diable nazi", *Les Nouvelles littéraires*, nº 2688, 1979. Um velho ator de Piscator, exilado sob o nazismo, Kurt Trepke, vindo de Berlim Oriental, encontra os atores na noite de estreia e lhes confia suas lembranças: um dos primeiros encontros da trupe com as personagens que ela interpreta ou seus delegados.
11. "En plein Soleil", *Fruits*, nº 2-3, junho de 1984, p. 212.
12. *Les Boréades*, de Jean-Philippe Rameau, proposta externa que será logo abandonada, mas dará ensejo a épicas aulas de canto pela manhã, durante as diversas "oficinas" dos atores.
13. S. Moscoso, "Avant-propos", *Double Page*, nº 32, p. 1.
14. Ele representou o papel de Théophile Sarder em *Mefisto* e será substituído por Bruno Sermonne.
15. De que é testemunha G. Bigot, que participou disso.
16. Robert Abirached encontra-se então na direção do Departamento de Teatro e dos Espetáculos sob o ministério Lang (1981-1988).
17. Marca francesa de máquinas de terraplanagem, comprada por Poclain em 1974. O trator foi utilizado até o *Caravançará* e abandonado como sucata apenas em 2013.
18. Livreto publicado pelo Théâtre National de Strasbourg. O Soleil reprisa *Canseiras do Amor em Vão* com esta tradução.
19. De A.M. para J.-M. Dépratz, "Le besoin d'une forme", *Théâtre/Public*, 1982, nº 46-47, p. 11.
20. "En plein Soleil", *Fruits*, op. cit., p. 212.
21. *Théâtre/Public*, op. cit., p. 10.
22. *Fruits*, op. cit., p. 93.
23. Ver pp. 62-66.
24. *Fruits*, op. cit., p. 219.
25. *Fruits*, op. cit., p. 218. O manuscrito da tradução da primeira parte de *Henrique IV* termina por "With love from William and me too" (Bnf, 4-COL 153 não listado, Acervo Théâtre du Soleil, Arquivos S. Moscoso, caderno espiral vermelho).
26. Ele se sentiu seduzido por *Os Palhaços* em Avignon.

27. O que se pode constatar nas notas de S. Moscoso.
28. BnF, 4-COL. 153 (120), Acervo Théâtre du Soleil, Arquivos S. Moscoso.
29. *Fruits*, *op. cit.*
30. BnF, 4-COL. 153 (898), Acervo Théâtre du Soleil, Arquivos S. Moscoso. Notas dos ensaios das comédias de Shakespeare.
31. *Idem*.
32. Assim como Hélène Cinque, que faz o papel de Curio.
33. Programa de sala de *Ricardo II*.
34. *Idem*.
35. *Théâtre/Public*, nº 46-47, 1982, p. 12. A palavra apareceu durante os ensaios de *A Era de Ouro*.
36. *Théâtre/Public*, *op. cit.*, p. 10.
37. A.M. em *Fruits*, *op. cit.*, p. 204.
38. BnF, 4-COL. 153 (920), Acervo Théâtre du Soleil, Arquivos S. Moscoso.
39. A.M., anotações de ensaios, BnF, 4-COL. 153 (907-911), Acervo Théâtre du Soleil, Arquivos S. Moscoso.
40. Cadernetas de notas de S. Moscoso, 21 de abril de 1981, Arquivos S. Moscoso.
41. Em Odette Aslan (dir.), *Le Corps en jeu*, CNRS Éditions, 1993, p. 233.
42. BnF, 4-COL. 153 (898), (922).
43. Síntese das notas tomadas nos ensaios, *Double Page*, nº 32, 1984.
44. Alfred Simon, "Les Dieux qu'il nous faut. Entretien avec Ariane Mnouchkine", *Acteurs*, nº 2, fevereiro de 1982, p. 20.
45. Que permanecerá onze anos e meio no Soleil.
46. Ver também *Théâtre/Public*, nº 46-47, p. 13.
47. Programa de teatro de *Ricardo II*.
48. Notas de ensaio de *Canseiras do Amor em Vão*, 23 de março de 1983. BnF, 4-COL. 153 (898).
49. Ensaio de *Henrique IV*, 1º de junho de 1981. BnF, 4-COL. 153 (921). Acervo Théâtre du Soleil, Arquivos S. Moscoso.
50. *Théâtre/Public*, *op. cit.*, p. 10.
51. Arquivos S. Moscoso, 1982.
52. BnF, 4-COL. 153 (920).
53. *Fruits*, *op. cit.*, p. 60.
54. Para *Henrique IV*, há vinte painéis.
55. *Théâtre/Public*, *op. cit.*, p. 10.
56. Depoimento recolhido por O. Aslan em *Le Corps en jeu*, *op. cit.*, p. 347.
57. Entrevista a B. Picon-Vallin, 2004, www.theatre-du-soleil.fr.
58. G. Bigot, *Théâtre/Public*, nº 46-47, *op. cit.*, p. 14.
59. É o que diz Lemêtre, em *Fruits*, *op. cit.*, p. 190.
60. Entrevista a B. Picon-Vallin, *op. cit.*
61. Uma parte das telas foi pintada no local, no salão da Grande Audiência do Palácio dos Papas.
62. O Soleil já o havia recebido por *A Cozinha*, em 1967.
63. *Fruits*, *op. cit.*, p. 32 e 149.

CAPÍTULO 4

1. Carnê de notas de S. Moscoso, 14 de fevereiro de 1981, ensaios dos Shakespeares (Arquivos S. Moscoso).
2. A.M. em *À la recherche du Soleil*, filme de W. Schroeter.
3. Entrevista de H. Cixous a B. Picon-Vallin, março de 2007, para o filme *Ariane Mnouchkine. L'Aventure du Théâtre du Soleil*, de C. Vilpoux, Arquivos AGAT Films/Arte, inédito.
4. Balland, 1979.
5. A.M., intervenção no colóquio "Histoire et théâtre: autour de Sihanouk", 25 de outubro de 2013, na Cartoucherie.
6. A propósito de Shakespeare, *Théâtre/Public*, nº 46-47, *op. cit.*, p. 11.
7. Trecho do prefácio La Prise de l'école de Madhubaï, *L'Avant-scène Théâtre*, nº 745, 1984.
8. *Idem*, p. 4.
9. J.-C. Barriera, o figurinista, participará também dessa viagem.
10. Dessas duas pessoas nascerá a personagem Madame Mom Savay.
11. H. Cixous, intervenção no colóquio "Histoire et théâtre: autour de Sihanouk", *op. cit.*
12. Carta de H. Cixous aos atores no início de *Sihanuk*, primeiro esboço, primeira parte, manuscrito copiado à mão por A. Mnouchkine, com anotações de S. Moscoso (caderno espiral vermelho), primeira página, BnF, 4-COL. 153, não rubricado, Acervo Théâtre du Soleil, Arquivos S. Moscoso. Títulos provisórios: *Une éternelle histoire* ou *Le Roi lépreux* ou... [Uma eterna história ou O rei leproso ou...].
13. *Idem*.
14. Depoimentos a B. Picon-Vallin de G. Bigot, M. Azencot e J.-F. Dusigne, fevereiro de 2012.
15. Prefácio à *Histoire terrible mais inachevée de Norodom Sihanouk, roi du Cambodge*, Théâtre du Soleil/Editions Théâtrales/BnF, 2010, p. 13.
16. Entrevista no filme de C. Vilpoux, *op. cit.*
17. Cadernetas de anotações de S. Moscoso, 22 de janeiro de 1985, Arquivos S. Moscoso.
18. BnF, 4-COL 153, não rubricado. Acervo Théâtre du Soleil, Arquivos S. Moscoso, primeiro caderno.
19. Anotações de ensaios, http://sihanouk-archives-inachevees.org.
20. G. Bigot, em *À la recherche du Soleil*, documentário, *op. cit.*
21. Ele receberá o prêmio do Sindicato da Crítica de melhor ator por esse papel em 1986.
22. O ator ensaia com uma máscara provisória de papelão. É com essa máscara que o ator cambojano representará na recriação de 2013. Peter Brook utilizou máscaras balinesas em *La Conférence des oiseaux* [A conferência dos pássaros], em 1979. No Soleil, as máscaras balinesas apresentadas em cena são sempre cópias.
23. Entrevista a Marie-Laure Basuyaux, http://sihanouk-archives-inachevees.org.
24. À la recherche du Soleil, *op. cit.*
25. *Le Soir*, 16 de junho de 1986.
26. Jean-Michel Filippi, "De la scène de l'histoire à l'histoire sur la scène", *site* do Kampotmuseum.
27. H. Cixous, "Le théâtre se tenant responsable", maio de 2010, www.theatre-du-soleil.fr.
28. F. Pascaud, *L'Art du présent*, *op. cit.*
29. Carta manuscrita de Hélène Cixous aos atores, início do manuscrito de *L'Indiade ou l'Inde de leurs rêves*, primeira versão, copiada a mão por A.M., BnF, 4-COL-153153, não rubricado, Acervo Théâtre du Soleil, Arquivos S. Moscoso.
30. Respectivamente, "sentamentos", "levantamentos" e sentados no chão de pernas cruzadas. [N.T.]
31. Entrevista a Éric Prenowitz, novembro de 2001, www.theatre-du-soleil.fr.
32. François Verret e Jean-François Matignon eram os porta-vozes da Declaração de Avignon.
33. Por ocasião do colóquio "Histoire et théâtre: autour de Sihanouk", *op. cit.*
34. Como G. Bigot, ela permaneceu onze anos no Soleil.

CAPÍTULO 5

1. *Au Soleil même la nuit*, *op. cit.*
2. Ver também acima, p. 113-114.
3. Carta ao público, 3 de outubro de 1988, Arquivos Théâtre du Soleil.
4. Um folheto anuncia a criação do espetáculo a partir de março de 1991, Arquivos Théâtre du Soleil. A peça não foi editada na França, mas existe em

inglês e foi apresentada diversas vezes no exterior.
5. Reunião da companhia em 16 de janeiro de 1989. Cadernetas de anotações de S. Moscoso, Arquivos S. Moscoso.
6. Uma das obras de referência desse trabalho: Antoine de Baecque (dir.), *L'An I des droits de l'homme*, Presses du CNRS, 1988.
7. "Ariane Mnouchkine and the History of the French *Agamemnon*", em *Agamemnon in Performance*, Oxford University Press, 2005, p. 273-289.
8. "Ariane Mnouchkine and the History of the French *Agamemnon*", em *Agamemnon in Performance*, Oxford University Press, 2005, p. 273-289.
9. A.M., *Le Corps en jeu, op. cit.*, p. 296.
10. Ver acima, p. 179.
11. Trechos de "Une oeuvre d'art commune", encontro em março de 1993 com o Théâtre du Soleil por B. Picon-Vallin, em *Théâtre/Public*, nº 124-125, 1995, p. 74-83 [N.E.: Os cortes não estão assinalados.]
12. Nos créditos do Soleil, há diferenças para *Ifigênia*, os nomes das personagens são Clitemnestra e Ifigênia; para as outras peças, encontra-se Clitemnestra e Cassandra.
13. Ver p. 258, o tratamento do cinema nos espetáculos do início do século XXI, *O Último Caravançará* e *Os Efêmeros*, depois no *Louca Esperança*.
14. S. Abkarian, que já havia atuado em *Sihanuk* e *A Indíada* em numerosos papéis, tinha, segundo G. Bigot, a "flor" (que significa representar bem, na cultura do *kabuki*, ver acima, p. 134). Em *Os Atridas*, ele podia, no ensaio, representar todos os papéis. Ele representará nos espetáculos Agamêmnon, Aquiles, a Ama, Orestes, um corifeu e um emissário.
15. Documentário de Georges Lacombe (1928). Trata-se de filme assistido na Videoteca de Paris durante a preparação do espetáculo *A Cidade Perjura ou O Despertar das Erínias* (1994).
16. Durante as turnês pela Sicília, em Gibellina, Maïtreyi os faz trabalhar na Cartoucherie e transmite as sequências dançadas servindo-se de gravações em vídeo.

CAPÍTULO 6

1. *Le Monde*, 26 de fevereiro de 1998.
2. Prefácio à reedição de *La Ville parjure ou le Réveil des Érynies*, Théâtre du Soleil/Éditions Théâtrales/BnF, 2010, p. 9.
3. Notas de ensaio, em *La Ville parjure…, op. cit.*, p. 225.
4. As personagens de guardas são recorrentes no Soleil (ver abaixo, *E Súbito Noites de Vigília* em 1997, *A Ronda Noturna* em 2013). E o guarda do Théâtre du Soleil, Hector Ortiz, se denominava nos créditos, no qual ele tinha também o seu lugar, o "Diretor das Trevas"; atualmente, Azizullah Hamrah, que o substituiu, corresponde justamente à denominação de "A ronda noturna".
5. *La Ville parjure…, op. cit.*, p. 15.
6. *La Découverte*, 1992.
7. Teatro Judeu de Estado (1919-1948). [N.T.]
8. *La Ville parjure…, op. cit.*, p. 202.
9. *Figaro Lyon*, julho de 1995.
10. Barrete cilíndrico de zuavo. [N.T.]
11. Sem dúvida pelas redes islâmicas locais.
12. Essas duas personagens continuarão a aparecer na sequência, notadamente por ocasião de um estágio em 2009.
13. Em *Tartufo* haverá apenas trilha sonora.
14. A.M., "Mettre en scène", *Le Monde*, número especial, Avignon, julho de 1995.
15. *Le Monde*, 6 de julho de 1995.
16. Falava-se numa "Ordem Cristã Branca" nos Estados Unidos. Poemas persas e indianos que cantam a tolerância e fustigam o embuste também estão presentes.
17. G. Bonnaud, do Théâtre du Soleil, "Chronique de l'illusion efficace (1968-1980)", em *Le Théâtre d'intervention depuis 1968, op. cit.*, p. 38.
18. Aida, *Argentine, une culture interdite*, Maspero, 1981.
19. Ver A.M. e P. Chéreau, "La liberté est une peau de chagrin", *Le Monde*, 21 de dezembro de 1979. Ver também Sarah Guthu, www.jsis.washington.edu.
20. Ver Béatrice Hamidi-Kin, *Les Cités du théâtre politique en France depuis 1989*, L'Entretemps, 2013.
21. Ele era a Noite na *Cidade Perjura*.
22. Bernard Sobel (cuja adaptação para a televisão de *Lulu* A. Mnouchkine havia adorado) para *Mefisto* (1980) e *A Indíada* (1987).
23. Quinhentas e vinte quatro horas de *rushes*, em vídeo beta digital; montagem de C. Vilpoux, que se tornará uma parceira fiel e essencial de A. Mnouchkine-cineasta; duração 180 minutos.
24. A experiência da filmagem do *Tartufo* terá uma consequência: a rápida filmagem da *Cidade Perjura…* (representada ao mesmo tempo que o *Tartufo*), graças à concessão pela produção de uma câmera suplementar durante um dia de trabalho. Mas trata-se de dois tipos de filme muito diferentes.
25. Groupe d'information et de soutien des immigrés (Grupo de Informação e Apoio aos Imigrantes).
26. H. Cixous e A.M. encontram Jetsun Pema, a irmã do Dalai Lama, e Matthieu Ricard em Dharamsala. A.M., S. Moscoso, Charles-Henri Bradier e atores vão à Fundação Alexandra-David-Neel em Digne.
27. *Le Feu sous la neige*, Actes Sud, 1997 (com Tsering Shakya).
28. H. Cixous, "Un moment de conversion", programa de sala de *E Súbito Noites de Vigília*.
29. O Soleil acolherá em 2001 os Monges Dançarinos de Schechen, mosteiro no Nepal que Matthieu Ricard elegeu por domicílio para reavivar a prática espetacular das danças sagradas. As apresentações serão então acompanhadas de duas semanas do colóquio "É preciso realmente dançar com a China?", reunindo os melhores especialistas internacionais nas relações entre a China e o Tibete, bem como os dissidentes chineses Harry Wu e Wei Jingsheng, cujo processo a AIDA havia denunciado.
30. A.M., "Plus on avance, plus on doute", *Journal du Théâtre*, 9 de fevereiro de 1998, p. 4.
31. Entrevista a R. Kretchetova, Moscou, 13 de junho de 1998.
32. Debate com o público no Teatro do Exército Vermelho, em Moscou, 11 de junho de 1998.
33. Conferência de imprensa em Moscou, *Nezavissimaja Gazeta*, 24 de fevereiro de 1998.
34. *E Súbito Noites de Vigília* é representada de dezembro de 1997 a maio de 1998. O espetáculo é retomado em 1999 em alternância com *Tambores Sobre o Dique*, criada em setembro do mesmo ano.
35. Depois de sair ao fim de *A Cidade Perjura*, S. Moscoso retornou ao Soleil por ocasião da acolhida dos sem documentos e cuidou das relações com o Colégio dos Mediadores. Podemos, pois, considerar que ela foi assistente de Mnouchkine por um período de vinte e oito anos (mas não para *Molière*, nem para *Tartufo*).
36. Entrevista de 14 de janeiro de 2012 com os autores, publicada em italiano, em Roberta Gandolfi e Silvia Bottiroli, *Un*

37. Ver BnF, Arquivos H. Cixous, pasta *Tambours sur le digue*.
38. H. Cixous, "L'auteur soufflé", www.theatre-du-soleil.fr.
39. Em entrevista a B. Picon-Vallin, www.theatre-du-soleil.fr.
40. Alguns fizeram a escolha (R. Ramos Maza e N. Sotnikoff) de permanecer numa única aldeia para estudar a ópera chinesa do Hebei com a sra. Pei Yanling.
41. Em sua primeira viagem, A.M. havia entrevistado os colaboradores de Mizoguchi e publicado, ao voltar, "Six entretiens autour de Mizoguchi", em *Les Cahiers du cinéma*, nº 158, 1964, p. 5.
42. O termo é utilizado pelo Soleil de modo um pouco impróprio, pois os *koken* são os criados do palco do *kabuki*. Mas sua função é também ajudar os atores na atuação e eles estão também muitas vezes vestidos de preto.
43. Ver Edward Gordon Craig, "L'acteur et la surmarionnette", em *De l'art du théâtre*, Circé, 1999, p. 79-106.
44. E não a do cantor-narrador do *bunraku*.
45. A.M. em A. Héliot, "La quête spirituelle d'A. Mnouchkine", *Le Figaro*, 27 de agosto de 1999.
46. V. Meyerhold, "Dédicace à S. Obraztsov", em *Écrits sur le théâtre*, v. IV, L'Âge d'Homme, 1992, p. 279.
47. H. Cixous, programa de sala de *Tambores Sobre o Dique*.
48. R. Doljanskij, "Ariane Mnouchkine. Je dois nettoyer la glace", *Kommersant*, 20 de fevereiro de 1998.
49. Programa de sala de *Tambores Sobre o Dique*.

CAPÍTULO 7

1. Em *Construire pour le temps d'un regard. Guy-Claude François scénographe*, Fage éditions, 2009, p. 79.
2. Encontro na Fundação Pierre-Bergé, 20 de abril de 2012.
3. A.M., entrevista a F. Pascaud, *L'Art du présent*, op. cit., p. 44-45.
4. Entrevista a H. Cixous e B. Picon-Vallin em 2004, www.theatre-du-soleil.fr.
5. Notas tomadas durante a filmagem dos *Efêmeros*, abril de 2005.
6. Ver, sobre esse tema e tudo o que concerne às relações entre teatro e cinema no Soleil, o longo estudo que dediquei a isso: "Parler du monde, parler au monde. *Le Dernier Caravansérail* et le 'ciné--théâtre' d'Ariane Mnouchkine", em *De la scène à l'écran, Théâtre aujourd'hui*, nº 11, CNDP, 2007, p. 46-76.
7. Respectivamente de Charlie Chaplin (1921), Merian C. Cooper e Ernest B. Schoedsack (1933) e John Ford (1939).
8. O subtítulo do espetáculo (*Auroras*) evoca *Aurora* de Murnau (1927). Ele foi retirado para o filme.
9. Judith Marvan Enriquez (para *Tambores*), Marie Heuzé (para *Caravançará* em que J. Marvan era atriz), depois, de novo, J. Marvan para *Os Efêmeros*, Lucile Cocito (para o *Louca Esperança*).
10. Publicado em italiano em R. Gandolfi e S. Bottiroli, *Un teatro attraversato dal mondo. Il Théâtre du Soleil oggi*, Titivillus, 2012.
11. "Écrire au présent: un récit intime à trente voix", entrevista de A.M. a B. Picon-Vallin, *Alternatives théâtrales*, nº 93, 2007, p. 56-62.
12. De A.M. para B. Picon-Vallin na Cartoucherie, 5 de junho de 2010.
13. Para mais pormenores sobre o trabalho dos atores, ver Ariane Mnouchkine, col. "Mettre en scène", Actes Sud-Papiers, 2009.
14. Para B. Picon-Vallin, Cartoucherie, 18 de setembro de 2004.
15. Os atores assistiram a filmes documentários (*Clandestins, Le Voyage infernal de Jean-Paul Mudry*, Télévision suisse romande, 2001), consultaram álbuns de documentos iconográficos etc.
16. Ch.-H. Bradier, nota de intenção do *O Último Caravançará*, novembro de 2004, dossiê de produção do filme.
17. Em entrevista a B. Picon-Vallin, "Écrire au présent: un récit intime à trente voix", op. cit.
18. M. Durozier, entrevista a B. Picon-Vallin, Paris, 23 de março de 2007.
19. Os atores dos *Efêmeros* fizeram na Arta (Association de recherche des traditions de l'acteur) [Associação de Pesquisa das Tradições do Ator], situada na Cartoucherie, um estágio de *salpuri* com a dançarina coreana Kim Ri-Hae.
20. Expressão de A. Mnouchkine, entrevista a B. Picon-Vallin, 1º de abril de 2007, "Écrire au présent: un récit intime à trente voix", *Alternatives théâtrales*, nº 93, 2007.
21. Seu livro *Je cherche les traces de ma mère*, Autrement, 2006, será uma fonte importante.
22. Um dos primeiros títulos do espetáculo era *Viver*, em homenagem ao filme de Kurosawa.
23. Movimento de inspiração cristã, reúne associações e grupos de luta contra a pobreza e a exclusão. Para tanto, busca seus recursos em atividades econômicas que recolhem e recuperam objetos e materiais usados e descartados. [N.T.]
24. Notas de trabalho de A.M., recolhidas por Ch.-H. Bradier, 18 de abril de 2006, programa do espetáculo.
25. *Idem*, 24 de abril de 2006. As citações não referidas foram tiradas desse mesmo programa.
26. "Un regard d'ailleurs sur *Les Éphéméres*, entretien avec B. Picon-Vallin", *ThéâtreS*, PUR, 2007, nº 26.
27. *Idem*.
28. "Parler du monde, parler au monde. Le ciné-théâtre d'Ariane Mnouchkine", op. cit.
29. Notas de ensaio tomadas por Ch.-H. Bradier, 25 de agosto de 2009.
30. No ensaio dos *Náufragos do Louca Esperança*, notas de Ch.-H. Bradier.
31. *Vento e Areia*, de V. Sjöström, *Horizonte sombrio*, de D.W. Griffith, *Aurora, A última gargalhada* e *Tabu*, de F.W. Murnau. Alguns domingos há projeções desses filmes no Soleil.
32. Bairro de Paris junto ao Sena. [N.T.]
33. A.M. em "Changement de décor", programa consagrado a Patrice Chéreau, France-Culture, 13 de outubro de 2013.
34. Que produzem trucagens, efeitos especiais, no cinema. [N.T.]
35. Ver A. Berthoz e G. Jorland (dir.), *L'Empathie*, Odile Jacob, 2004.
36. E-mail de 21 de junho de 2014. Trata-se de H. Cixous.

EPÍLOGO

1. *Le Nouvel Observateur*, 9-15 de setembro de 1999.
2. "Caminante no hay camino", *Proverbios y Cantares*, XXIX.
3. *L'Art du présent*, op. cit., p. 125.
4. Ver pp. 51-52.
5. Entrevista a M. Faye, dissertação de mestrado, Paris-III Sorbonne Nouvelle, 26 de abril de 2011.
6. Aparentemente, esse fichário tem a forma do S. Debeauvais. L. Andreone o pronuncia com seu leve sotaque argentino, o que dá a imagem da ronda do público em torno do Soleil.

7. Naruna de Andrade fez parte durante muito tempo do Escritório antes de voltar há pouco ao Brasil.
8. Trechos de uma entrevista a B. Picon-Vallin, na Cartoucherie, junho de 2010.
9. Quinhentos lugares quando há vomitório, passagem sob as arquibancadas.
10. Arquivos Théâtre du Soleil, trecho.
11. Árvore à cuja sombra tradicionalmente os habitantes de aldeias africanas se reúnem para discutir problemas sociais e políticos da coletividade, e as crianças se agrupam para ouvir histórias dos mais velhos. [N.T.]
12. A.M., entrevista a B. Picon-Vallin na Cartoucherie, junho de 2010.
13. *Sur la limite, vers la fin*, op. cit., p. 379.
14. A.M., "Une oeuvre d'art commune", *Théâtre/Public*, op. cit.
15. Idem.
16. Ver B. Picon-Vallin, "Les longs cheminements de la troupe du Soleil", *Théâtre/Public*, nº 152, 2000, p. 4-18. Trata-se de trechos de cartas de espectadores ao Soleil ou em diferentes *sites*, concernentes a *Os Atridas*, *A Cidade Perjura*. *E súbito...* Ver também "L'Arbre à palabres", mantido desde 1999 no *site* do Soleil.
17. Entrevista a G.-C. François e B. Picon-Vallin, www.theatre-du-soleil.fr.
18. Ver o que dizem L. Andreone e S. Papandreou, entrevista citada, que aplicam esta fórmula ao trabalho do Escritório.
19. Essas duas peças foram publicadas pela editora Actes Sud-Papiers, em 2009 e 2012.
20. *Fruits*, op. cit., p. 29.
21. No Brasil, o Teatro Amok arranjou seu lugar com um pequeno ar de Soleil.
22. O início de *L'Aventure du Soleil*, filme citado.
23. Entrevista a B. Picon-Vallin, Paris, 23 de março de 2007.
24. Notemos também o acolhimento dos antigos membros do Soleil: Georges Bigot com *La Dispute* (A Disputa) em 1997 (Compagnie de l'Étoile Peinte), *Embedded* (Incorporado) em 2006 (Petit Théâtre de Pain); Catherine Schaub com *Gilgamesh, chantiers de fouille* (Gilgamesh, Canteiro de Escavações) em 2006 (com jovens atores sírios que haviam se candidatado a um estágio no Soleil); Maurice Durozier com *Kalo* em 1993 e *Parole d'acteur* (Palavra de Ator) em 2013; Myriam Azencot com *Histoires de famille* (Histórias de Família) em 2006 (Compagnie I Chjachjaroni); Paul Golub com *Hamlet sur la route* (Hamlet na Estrada) em 2000 (Théâtre du Volcan Bleu, com Cyrille Bosc e Clémentine Yelnik); Valérie Grail com *1962* em 2001 e *La Chance de ma vie* (A Chance da Minha Vida) em 2007; Guy Freixe com *Danser à Lughnasa* (Dançar em Lughnasa) em 2004 (Théâtre du Frêne).
25. *Le Monde*, 26 de fevereiro de 1998.
26. C. Roy, "Ariane Soleil", op. cit.
27. A.M. em F. Darge, "Retour sur cinquante ans de création", *Le Monde*, 23 de abril de 2014.
28. "Changement de décor", programa de 30 de março de 2014, France-Culture.
29. A. Mnouchkine aceitou o convite para ser madrinha da turma da École Nationale Supérieure des Arts et Techniques du Théâtre de 2013, à qual se dirige e que levará seu nome.

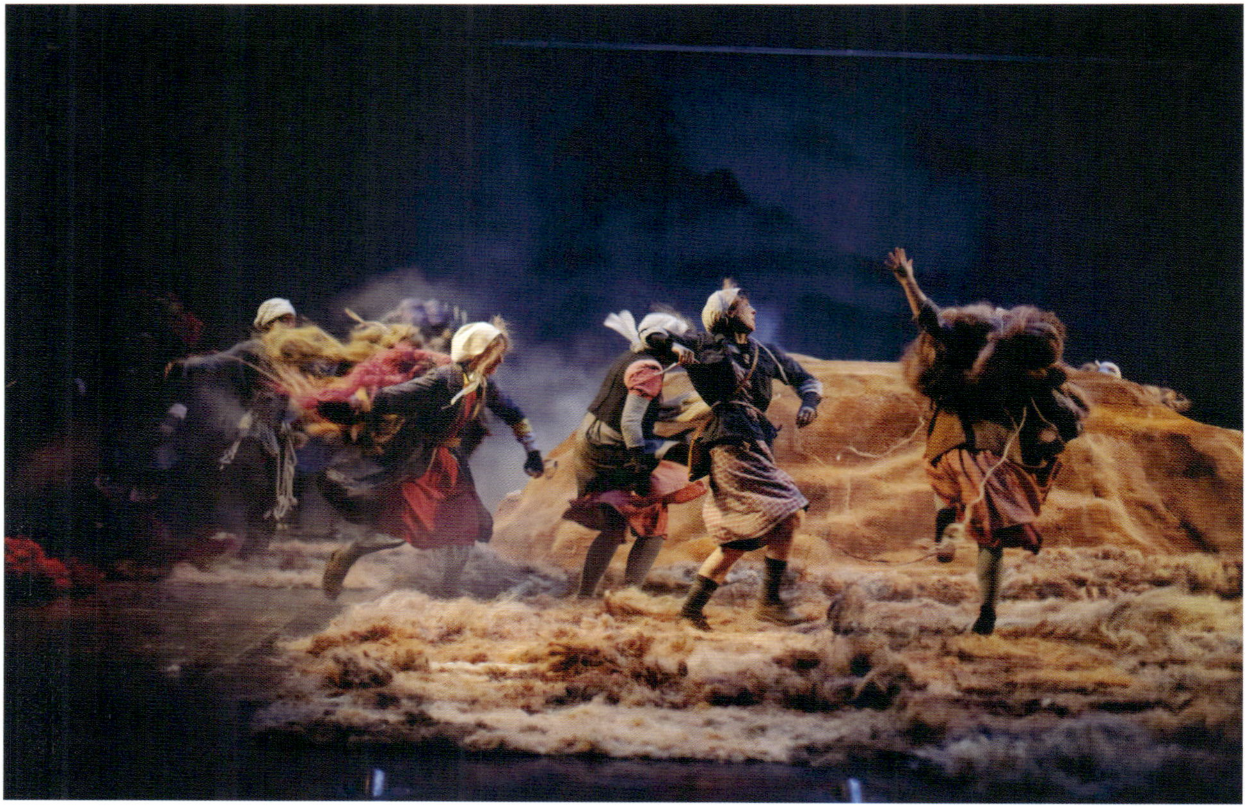

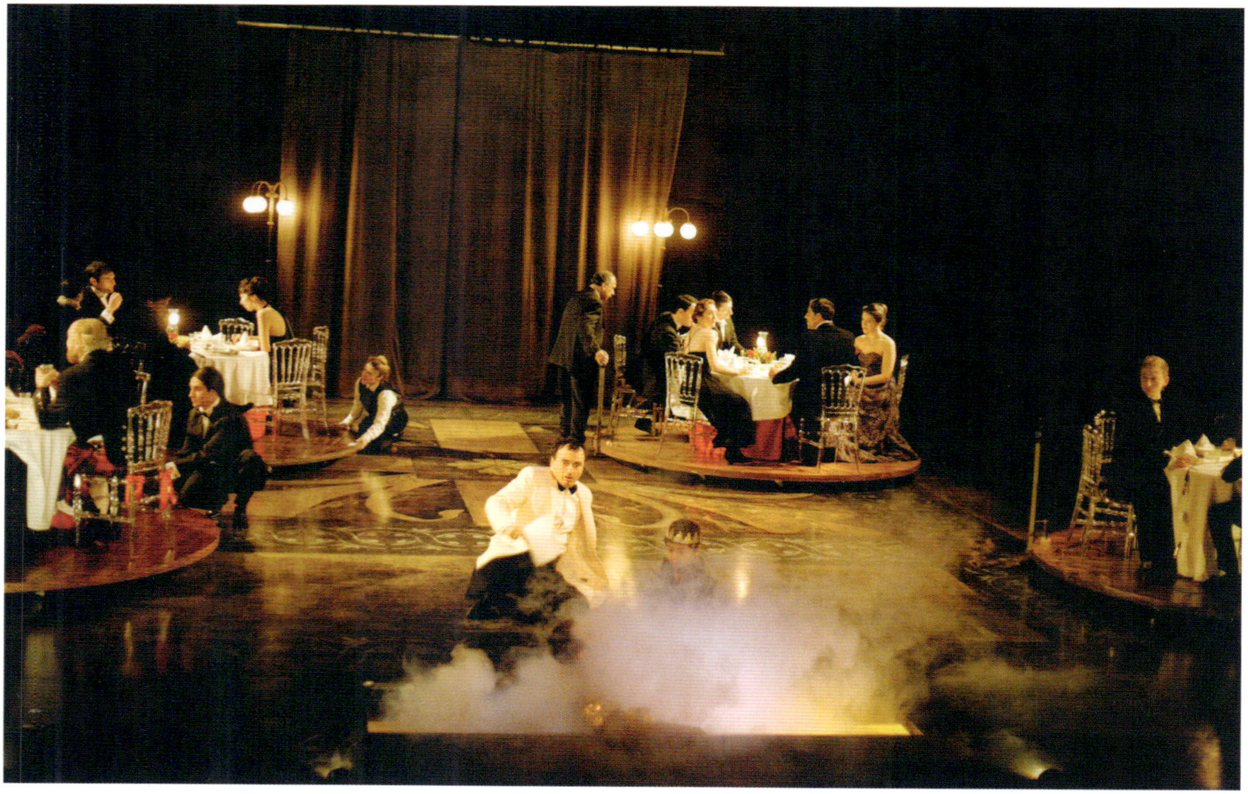

CRÉDITOS DAS FOTOS

Macbeth (ensaios)

▲ As três bruxas de Shakespeare tornaram-se no Soleil um coro selvagem e dançante. São elas que abrem o espetáculo em um ritual desenfreado sobre a charneca de cânhamo ruivo, ao som das percussões de J.-J. Lemêtre, que convocam os espectadores nas arquibancadas.

▼ O espectro de Banquo aparece a Macbeth (S. Nicolai) por um alçapão e em meio à fumaça. No fundo, quatro carretas redondas, provenientes dos Efêmeros, e, nas suas cadeiras transparentes, os convidados do banquete.

© Étienne Lemasson / Arquivos Théâtre du Soleil: primeira capa, p. 65 (em cima e embaixo) 238 (em cima), 313 (embaixo).

© Michele Laurent: orelhas da capa esquerda, direita e embaixo, p. 8, 48, 66 (embaixo), 67 (embaixo), 69 (em cima), 71 (detalhe),
111, 118 (em cima e embaixo), 119 (em cima), 120, 133 (embaixo),
135 (embaixo), 136, 138 (embaixo), 140 (embaixo), 141 (em cima e embaixo),
144 (embaixo), 147, 151 (embaixo), 153, 154 (detalhe), 161 (em cima),
164 (em cima e embaixo), 170 (em cima e embaixo), 174 (embaixo),
177 (embaixo), 182, 185 (em cima), 188 (embaixo), 193 (embaixo),
194 (em cima e embaixo), 195 (embaixo), 199, 202 (em cima), 205,
208 (em cima e embaixo), 212 (em cima e embaixo), 213, 218,
221 (embaixo), 222, 225 (em cima e embaixo), 226 (em cima embaixo),
232, 235 (embaixo), 242, 249, 252, 255 (em cima e embaixo), 256 (em cima e embaixo), 258, 260 (em cima e embaixo), 261 (embaixo),
268-269, 272 (em cima e embaixo), 274-275, 277 (em cima e embaixo),
280 (embaixo), 283 (embaixo), 289, 290, 292 (2, 4 e 5), 294 (1, 2, 4 e 6), 295 (7, detalhe e 8), 296 (2, 3, 4 e 5), 297 (6, 7 e 8),
298 (1 e 3), 299 (6, 9, 10 e 11), 300 (2, 3, 5, 6, 7 e 8), 301 (11), 303 (8), 314, 320, 350-351.

© Catherine Schaub / Arquivos Théâtre du Soleil: cartaz interior da capa.
© Joël Lambert: p. 12.
© Arquivos Théâtre du Soleil: p. 16 (em cima à direita), 53, 55, 56 (em cima à esquerda), 95 (em cima à direita), 97, 133 (em cima à direita),
159 (em cima e embaixo), 174 (em cima), 177 (em cima), 293 (10), 302 (2).
© Martine Franck / Magnum Photos: orelhas da capa alto, p. 16 (em cima à esquerda), 18, 21 (em cima e embaixo), 22 (em cima e baixo),
24, 27 (em cima e embaixo), 31 (em cima e embaixo), 36 (em cima e embaixo),
39, 41, 54 (embaixo, detalhe), 56 (em cima à direita), 63 (em cima à esquerda),
66 (em cima), 72 (detalhe), 76-77, 79 (embaixo), 80 (em cima), 87 (embaixo),
98, 101, 104 (em cima e embaixo à direita), 107 (em cima), 112,
129, 138 (em cima), 140 (em cima), 143 (em cima à direita e embaixo),
144 (em cima à esquerda e à direita), 151 (em cima), 156, 167,
171 (embaixo), 195 (em cima), 202 (embaixo à esquerda e à direita, detalhes),
211 (embaixo), 229 (em cima), 231, 235 (em cima), 238 (embaixo),
243, 246 (em cima e embaixo), 250-251, 261 (em cima), 262, 265 (em cima e embaixo), 282 (em cima e embaixo), 283 (em cima),
285 (em cima e embaixo), 293 (6), 294 (5).

© Arquivos Sophie Moscoso: p. 28, 45, 88 (embaixo), 123 (em cima), 127, 135 (em cima), 160, 171 (em cima), 185 (embaixo), 188 (em cima), 193 (em cima), 211 (em cima), 293 (7), 296 (1), 302 (1, 4 e 5), 303 (7).
© Max Douchin: p. 29.
© Arquivos Georges Bonnaud: p. 30 (em cima), 294 (3), 299 (5), 300 (1).
© Arquivos Joséphine Derenne: p. 119 (embaixo).
© Roberto Moscoso / Arquivos Sophie Moscoso: p. 37, 75, 87 (em cima), 88 (em cima), 292 (1), 296 (1).
© Michel Maingois / Arquivos Jean-François Labouverie: p. 42 (em cima e embaixo).
© Arquivos Jean-Claude Penchenat: p. 30 (embaixo), 32, 33, 46 (em cima), 57 (em cima), 84 (embaixo), 110, 309.
© Lesly Hamilton: p. 46 (embaixo), 57 (embaixo), 63 (em cima à direita e embaixo à esquerda), 299 (4).
© Everest Canto de Montserrat / Arquivos Théâtre du Soleil: p. 54 (em cima), 67 (em cima), 181, 316.
© Liliana Andreone / Arquivos Théâtre du Soleil: p. 59, 60 (em cima e embaixo), 161 (embaixo), 172, 302 (6), 303 (9 e 10).
© Françoise Saur: p. 63 (embaixo à direita), 115, 116.
© Franck Pendino / Arquivos Théâtre du Soleil: p. 69 (embaixo).
© Béatrice Heyligers / Arquivos Jean-Claude Penchenat: p. 79 (em cima).
© Gérard Taubman: p. 80 (embaixo), 95 (em cima à esquerda e embaixo), 293 (9).
© Danka Semenowicz / Arquivos Sophie Moscoso: p. 83.
© Françoise Tournafond / Guy-Luc Boyaval: p. 84 (em cima), 85, 92, 108-109.
© Gilles Hattenberger / Arquivos Georges Bonnaud: p. 96.
© Arquivos Monique e Daniel Cordin: p. 102, 104 (embaixo à esquerda), 143 (em cima à esquerda), 168, 176 (embaixo), 302 (3).
© Jean-Claude Bourbault: p. 107 (embaixo).
© Arquivos Guy-Claude François: p. 122, 176 (em cima), 221 (em cima), 299 (7).
© BnF / Acervo Théâtre du Soleil / Arquivos Sophie Moscoso / 4-COL-153 (931) e NAF-28080-II: p. 123 (embaixo), 124, 163.
© Béatrice Picon-Vallin: p. 133 (em cima à esquerda), 292 (3).
© Charles-Henri Bradier / Arquivos Théâtre du Soleil: p. 184, 304 (detalhe).
© Stefano Fogato: p. 217 (detalhe), 229 (embaixo), 306.
© Frédéric Mastellari / Arquivos Théâtre du Soleil: p. 280 (em cima).
© Claude Bricage / Acervo gerido por Hervé Bellamy: p. 293 (8).
© Marie-Hélene Bouvet / Arquivos Théâtre du Soleil: p. 293 (11).
© Arquivos Ysabel de Maisonneuve: p. 298 (2), 299 (8).
© Bettina Brinkman: p. 300 (4), 301 (9 e 10), 303 (11).
© Stéphanie Berger: p. 313 (em cima).
© Anne Lacombe: p. 347 (em cima).
© Lucile Cocito / Arquivos Théâtre du Soleil: p. 324, 347 (embaixo).

Na charneca, as primeiras "árvores" da floresta de Birnam emergem lentamente da bruma na direção de Dunsinane. À direita, o passarinheiro manipula o pássaro da esperança na extremidade de uma vara, dando a impressão de que é uma das crianças que o agita. Convite a resistir ativamente ao Mal resumido ao final pela fala: "Obrigado a todos em conjunto, e a cada um"

PÁGINA DUPLA SEGUINTE.
Cena de Os Náufragos do Louca Esperança

Il voule
à s'oppos

...urer de la détermination
...alistes allemands
...tes volontés belliqueuses.
...s lâchait pas.

Este livro foi impresso na cidade de Guarulhos,
nas oficinas da EGB Editora Gráfica Bernardi, em agosto de 2017,
para a Editora Perspectiva e as Edições Sesc São Paulo.